부재하거나
사라졌거나 영원한

이소 비평집
부재하거나 사라졌거나 영원한

펴낸날 2025년 8월 18일

지은이 이소
펴낸이 이광호
주간 이근혜
편집 최은지 김필균 허단 윤소진 유하은 김다연
마케팅 이가은 허황 최지애 남미리 맹정현
제작 강병석
펴낸곳 ㈜문학과지성사
등록번호 제1993-000098호
주소 04034 서울 마포구 잔다리로7길 18(서교동 377-20)
전화 02) 338-7224
팩스 02) 323-4180(편집) 02) 338-7221(영업)
대표메일 moonji@moonji.com
저작권 문의 copyright@moonji.com
홈페이지 www.moonji.com

ⓒ 이소, 2025. Printed in Seoul, Korea
ISBN 978-89-320-4428-6 03800

이 책의 판권은 지은이와 ㈜문학과지성사에 있습니다.
양측의 서면 동의 없는 무단 전재 및 복제를 금합니다.

이소 비평집

문학과지성사

부재하거나
사라졌거나 영원한

책머리에

어째서 어떤 이야기는

　종종 나이 지긋한 어르신들이 당신께서 살아온 과정을 글로 쓰면 대하소설이라며 긴 이야기를 시작하실 때가 있다. **6·25 때 내가 태어났는데 그때 우리 동네는—, 당시는 김영삼 정부였는데 그때 정부는—, 마침 그 무렵 원주에 사시던 우리 당숙모는—**. 이야기는 배율을 조정하며 시대와 시절과 이웃과 친지들을 조감하고, 나는 언제 어디서 말을 끊어야 할지 적당한 쉼표를 찾지 못해 초조해진다. 지나치게 대하소설 같아서 오히려 소설로 씌어지지 않을 이야기. 삶이 대하소설 같다는 말은 결코 거짓이 아니지만, 조금 말을 바꿔보면 더 진실에 가까워진다. 삶이 대하소설 같은 게 아니라 삶이 대하소설같이 말해진다.

　나는 내 삶에 6월 항쟁이나 대통령의 이름이나 친척들의 동향을 섞어 본 적이 없다. 내가 가르치는 학생들도 마찬가지라서, 왜 글을 읽고 쓰는지 밝히는 에세이를 과제로 내주거나, 어떤 작품을 쓰고 싶은지 계획을 묻거나, 요즘 관심사가 무엇인지 대화를 나누거나, 뭘 요구하고 뭘 묻든 답변은 심리 상담 기술지나 정신과 차트처럼 작성된다. **제가 어릴 때 저희 부모님은 저를—, 제가 다섯 살 때 그 폭력을 경험한 후부터—, 제가 공황장애가 있는데요—**. 깊이 새겨진 상처는 이후 삶의 모든 장면에서 등장한다. 맑은 물이 담긴 비커에 까만 잉크가 한 방울 떨어진 것처럼 오염과 훼손의 서사는 걷잡을 수 없이 퍼져나간다. 자신을 환자로 다루지 않고 자신에 관해 설명할 수 있는 사람을 만나기 점점 어려워진다. 상처는 기원이고 결핍은 기둥이 되어, 더 이상 시대와 시대를 함께 사는 타인에 대해 부연하지 않고도 복잡하게 내부로 함몰된 이야기가 만들어진다.

문학을 공부하는 사람의 입장에서, 삶이 실제로 어떠한가보다 삶이 어떤 형식에 담기느냐가 더 결정적이라는 사실은 흥미롭고도 무서운 이야기다. 인간은 대단하고 나약하여 애처롭다. 현실을 규정한 힘으로 기꺼이 현실에 복무하고, 정성껏 삶을 조형한 후 철저히 원망한다. 강력한 인력을 지닌, 그러나 조악하고 흔해빠진 그릇에 삶이 통째로 들어앉는다. 나는 세대나 시대에 관해 말하려는 것도, 누군가의 잘잘못을 따지려는 것도 아니다. 삶에는 조성(調性)이 없고 들려오는 건 오직 소음뿐이라 우리가 음악을 사랑하는 건 필연에 가깝다. 그러니 무정형의 꿈틀대는 삶을 단단한 그릇 안에 앉히고 싶은 마음이야 지극히 자연스럽고, 그 그릇의 모양이 임상병리실의 검체 용기를 닮았다는 사실이 조금은 서글플지라도 오류나 오답이 되는 것은 아니다. 제아무리 솜씨 좋은 도공이라 해도 그가 사용하는 재료는 시대로부터 자유롭지 않고, 몇 방향의 인력 속에서 작용과 반작용을 거듭하며 빚어낸 그릇의 모양새란 거기서 거기일 것이다. 어르신과 학생 들의 공약 불가능성은 장르가 바뀌었다는 데에서 기인한다. 그러나 그럼에도, 아니, 그렇기에 확률이 빚어낸 그릇으로부터 삶을 빼내어 새로운 그릇에 옮겨 담고 싶은 사람들은 언제나 존재하고, 어쩌면 그런 사람들이 신을 믿거나 문학을 한다.

몇 해 전 지도교수가 연구실을 이사했다. 이사라고 해도 같은 건물의 동쪽 끝에서 서쪽 끝으로 옮기는 것뿐이었지만, 몇천 권의 책 때문에 장정 여섯 명이 동원되었다. 이사 직후 찾아가본 새 연구실의 서가는 아직 자리를 잡지 못한 책들이 대충 갈무리되어 덩어리진 상태였다. 각자 자기 이야기만 하는 목청 크고 드센 사람들의 모임처럼 보고 있기 괴로운 그 서가에서 첫번째 책꽂이의 첫번째 자리에 놓인 건 두꺼운 성경이었다. 방 주인이 정리했다면 신학이나 정치철학 쪽에 꽂혔을 텐데. 첫번째 서가를 푸코도 라캉도 알튀세르도 아닌 성경에 내줬을 리 없을 텐데. 방 주인에게 물어보니, 이삿짐센터 아저씨가 책 꾸러미에서 성경을 발견하고는 첫 칸에 꽂아두더라고 했다.

신기한 일이다. 어떤 장면은 보지 않았는데도 마치 눈앞에서 펼쳐진 듯 강렬한 이미지가 되어 지워지지 않는다. 손바닥이 빨갛고 손등은 하얀 목장갑을 낀 손이 부지런히 움직인다. 두 시간 동안 몇천 권의 책을 나르는 와중에도 허리를 굽혀 먼지를 털고 서가의 첫 칸에 자리를 마련한다. 무수한 이야기 사이를 망설임 없이 가로질러 단 하나의 이야기 앞에 군더더기 없는 예의를 표한다……

3년 전 연말, 처음으로 문학과지성사의 시상식에 참석했다. 신인상 수상자들의 수상 소감은 지나치게 상세하고 산만하고 길었고, 그 점이 오래도록 기억에 남는다. 애써 증류하고 정제해왔을 말들이 왈칵 흘러넘치는 순간과 그토록 떨면서도 말을 멈추지 않는 사람들. 터져 나오는 말을 다시 잠글 방법은 없어서, 청중의 반응을 기다리고 계산할 여유도 없이 공적 발화와 사적 발화가 뒤섞인 뜨겁고 울컥거리는 것들이 쏟아져 나온다. 서툰 사람들이 거주할 장소를 스스로 마련하기 위해 애쓰고 견뎌왔을 날들. 그 시간에 관해 아는 바 없으면서도, 그때 나는 첫번째 서가에 반듯하게 성경을 세워두던 그 손길을 떠올렸다.

신앙을 갖고 싶다거나 소설을 쓰고 싶다는 바람은 없다. 언제나 나에게 가장 중요한 이야기는 이론의 형식을 하고 있고, 하나의 이론은 압도적인 어둠을 배경 삼아 날렵한 빛을 발하는 매력적인 이야기로 보인다. 그 빛이 온 세상을 비춰주리라 기대하는 것이나 그 어둠이 빛의 오점이라고 폄훼하는 것이나 그 어느 쪽도 유의미한 결과를 만들어내기 어렵다. 처음부터 그 이야기는 어둠 덕분에 빛이 보이고 빛 덕분에 어둠이 드러나는 그런 이야기. 그 빛을 조심조심 나의 좌표로 옮겨 와 먼저 옮겨둔 다른 빛들과 이리저리 연결하면, 종종 행운처럼 한 번도 본 적 없는 놀라운 광학기기를 손에 쥐게 된다. 그럴 땐 기쁘면서도 불안해진다. 내 수준을 훌쩍 초과하는 재료들로 이루어진 기기를 조작하여 그 빛으로 내가 만들지 않은 것들을 쏘아본다. 아마도 나는 신실하고 간절한 손을 갖긴 어려울 것이다. 그 점이 보지도 않은 손길을 생생하게 기억하는 이유일 터이다. 그러나 내가 가진 것들도 그리 추하진 않아서, 나는 내 것을 간직하기로 한다. 다만 부러움도 아쉬움도 없는 경외를 그 손길에 보내는 것만큼은 잊지 않으며.

차례

책머리에 — 어째서 어떤 이야기는 5

1부 큐레토리얼 — 좌표, 배치, 연결

부재하거나 사라졌거나 영원한 — 역사와 사물의 큐레이터 13
적산가옥 32
종언 앞에서 부활하기, 멸종 앞에서 사물 되기 — 21세기 문학비평의 지형도 47
비평의 몰락을 한탄하지 않는 방법 62
나의 아름다운 사물들 — 신유물론과 비평에 관하여 81
버티고 움직이고 미끄러지면서 — 최근 한국소설이 그리는 '집'의 좌표평면 95
비인간을 사랑하기로 했습니다 — 최근 소설 속 비인간 존재들어 관하여 111
세대와 시대 — 최근 소설의 세대 재현에 관하여 132

2부 적대와 품위 — 사건, 정치, 페미니즘

어른들의 벤다이어그램 — 세월호 이후의 문학 1 149
영원히 숲에 머무를 수 없다면 — 세월호 이후의 문학 2 162
테이블 위에서 — 세월호 이후의 문학 3 175
마녀들의 주방 혹은 실험실에서 188
새롭지도 훌륭하지도 않게 — 형식주의자의 페미니즘 200
'남성 성장소설'을 넘어서 — '위안부' 피해자를 재현한다는 것 2˜8
죄의식의 남성성, 해원의 여성성 — 임철우론 245
증언의 거처 — 김숨론 264
곁, 정류, 앎 — 고통과 문학에 관하여 282
제주에서 보낸 한철 — 김금희, 조해진, 한강의 장편소설과 '정치적인 것'에 대하여 291

3부 경도와 위도

일요일 오후를 견디는 법 — 성혜령, 위수정   315
그러므로 다시 이야기를 — 김기태, 정선임   326
잃어버린 허구를 찾아서 — 김성중, 정영수   336
전자 시대의 교향곡 — 신종원의 『전자 시대의 아리아』   346
주술과 언어의 유물론 — 신종원의 『고스트 프리퀀시』   358
소거되지도 승격되지도 않는 — 서수진의 『유진과 데이브』   366
그날 이후, 우리는 — 장희원의 『우리의 환대』   375
마음과 구조 — 김혜진의 『축복을 비는 마음』   388
키치 대신 미래를 드립니다 — 김멜라론   401
다만, 아주 작은 승산 — 김기태론   417
크레용과 샤프펜슬 — 한강의 『노랑무늬영원』   431
중력과 미래 — 인아영의 『진창과 별』   441
그렇게 열린 틈으로 무엇이 — 이광호의 『작별의 리듬』   449

나가며 — 번역의 시간   457

1부
큐레토리얼
―좌표, 배치, 연결

부재하거나 사라졌거나 영원한
─ 역사와 사물의 큐레이터

1

몇 해 전이었던가. 한 설문 조사에서 고등학생 대부분이 6·25전쟁의 원인을 '북침'이라 응답하여 그 사실을 전해 들은 대통령과 정부 각료들을 충격에 빠트린 일이 있었는데, 나는 그 이야기를 전해주던 사람에게 "왜요? 북침 맞잖아요?"라고 반문하여 그를 두 번이나 당황스럽게 만들었다. 변명하자면, 고등학생이 아니어도 나처럼 '북침'을 정답으로 고른 사람은 그리 드물지 않을 것이다. 반공 교육을 받지 않은 세대에게 '남침'이라는 단어는 앞선 세대와 달리 뇌리에 박힌 말이 아니고, 모든 걸 축약하길 즐기는 요즘의 어법상 '북한의 침략 = 북침' 쪽이 훨씬 직관적이고 일반적인 축약법이기 때문이다. 어쩌면 '남침'이라는 단어는 이제 반공 교육의 수혜 여부를 가늠하는 식별 기준 외 딱히 쓸모없는 말이 되어버렸는지도 모르겠다. 그렇다면 한 가지 궁금증이 생긴다. 하나의 사건이 당대의 것이 아닌 아득한 '옛날'의 일로 바뀌는 데에는, 하나의 단어가 정반대의 뜻으로 여겨질 만큼 형질전환을 겪는 데에는, 도대체 얼마만큼의 시간이 필요한 걸까.

2020년, 국립현대미술관(이하 '국현')은 6·25전쟁 70주년을 맞아 〈낯선 전쟁〉이라는 기획전을 선보였다. 근현대사의 가장 중요한 사건이지만 이미 많은 이들에게 '낯설어진' 이 전쟁을 오늘의 시선으로 되짚어본다는 의도였을 것이다. 국내 미술관의 수장 격인 국현에서 주최하는 만큼 규모도 상당했고 참여 작가의 면면도 다양했지만, 나는 '동시대-역사'의 언캐니함을 보여준 두 전시물에 관해 이야기하고 싶다. 첫번째는 「**한국전쟁 피난민 기록사진 및 비디오**」. 전쟁 당시 미군이 촬영하여 미국 국립문서기록관리청NARA에 소장하던 자료들을 디지털 변환 후 편집한 것으로, 전시장 벽면에 설치된 몇 개의 태블릿에 반복 재생되고 있었다. 영상에 등장하는 사람들은 전쟁의 포화를 피해 남루한 짐을 꾸려 피난을 떠나는 도중이거나 궁색한 차림으로 동냥을 하거나 차마 음식이라 부르기 어려워 보이는 무언가를 먹고 있는 모습이었지만, 영상 자체는 눈부시게 선명했고 태블릿의 액정은 요철 하나 없이 매끄러웠다. 완벽하게 디지털화된 이미지는 이제 막 촬영한 것처럼 또렷하고 생생했는데, 그렇다고 영화의 한 장면처럼 보이지는 않았다. 핥는 듯 집요하게 사람들의 얼굴을 비추는 카메라 앞에서 그 누구도 배우의 역할을 하고 있지 않았다. 만약 이 영상이 다큐멘터리의 문법대로 흐릿하고 흔들렸다면 나는 화면 속 이미지를 오래된 장비로 촬영한 과거의 풍경쯤으로 받아들였을 것이다. 그러나 그러기엔 영상의 해상도가 지나치게 높았다. 반대로 이 영상이 영화의 문법대로 카메라의 시선을 은폐하려 했다면 나는 관음증적 욕망을 충족시키며 '실감'을 느꼈을 것이다. 그러나 화면 속 사람들은 카메라를 향해 노골적으로 얼굴을 찌푸리거나 인위적일 정도로 웃고 있었다. 익숙하지 않은 구도와 표정. 바로 내 앞에 존재하는 것 같기도 하고 저기 머나먼 곳에 존재하는 것 같기도 한, 기묘한 불멸의 이미지들.

두번째는 한석경(1982~) 작가의 「**시언: 시대의 언어**」(2019). 실향민이었던 작가의 조부가 생전 거주하던 방과 거실을 컨테이너에 복원한 조형물이었다. 신발을 벗고 들어가니 좁지 않은 공간은 조부가 평생 수집해온 자료들로 가득 차 있었다. 가지런히 스크랩된 신문과 자료, 일일이 손글씨로 제목을 달아둔 카세트테이프와 비디오테이프로 빼곡한 책장. 모두 북한과 관련된 것들이었다. 카세트 플레이어에 테이프를 넣어보니 노이즈와 함께 목소리가 재생된다. 강박적일 만큼 깔끔하고 정성스럽게 정리된 자료들. 외롭고 기이하고 쓸쓸했다. 두고 온 고향과 가족을 향한 그리움으로 끊임없이 자료를 수집하고 기록했을 한 사람의 인생이 하나의 장소로서 완벽히 압축되어 있었다.

　어쩌면 오늘날 우리에게 역사는 이와 같은 방식으로 재현되고 있는 건 아닌지 생각해본다. 엄청난 규모의 아카이브로 발굴되거나 개인화되고 신체화된 기억으로 저장되거나. 일견 상반되어 보이지만 두 방식은 하나의 원리로 작동하고 있다. 미군 기록 영상의 피난민들은 한때 존재했고 지금은 사라진 역사 속 인물들처럼 보이지 않는다. 생경하게 윤색된 디지털 영상은 흡사 홀로그램이나 유령처럼 역설적이고 언캐니한 불멸의 이미지를 보여준다. '조부의 집' 역시 마찬가지다. 디테일을 강박적으로 구현한 이 조형물은 질곡의 역사를 살아온 주체의 형상을 보여준다기보다 유령의 집이라고 해도 좋을 만큼 으스스한 트라우마적 기억의 아카이브를 제공한다. 역사적 의미를 기획하고 그에 걸맞은 주체를 구축하는 것이 20세기의 방식이었다면, 이제 역사는 트라우마적 과거와 신체화된 기억을 기록과 사물의 형태로 제시한다. 기억의 아카이브를 떠도는 존재들은 역사적 주체가 아닌 유령적 이미지로 돌아오고, 그들은 의미와 이념의 형태가 아닌 고통을 증언하는 신체의 형태로만 주목받을 수 있다.

　실은 이것이 오랫동안 내가 지닌 두 가지 의문이었다. 첫째, 진보나 혁명 같은 거대 서사가 소멸한 후 한때 그것을 가졌노라 추억하는 일조차 이미 한물가버린 이 세계에서 역사는 어떻게 존재하고 또 존재해야 할까. 둘째, 미세한 시공간적 지연이나 단절 없이 늘 무한한 자료를 검색하고 소유할 수 있게 된 이 세계에서 역사는 어떻게 유효한 의미를 획득할 수 있을까. 입출력과 저장이 가능한 아날로그 매체(축음기, 카메라, 타자기)의 발명은 19세기까지 거슬러 올라가야 하는 일이지만, 입출력과 저장뿐 아니라 실시간 전송과 휴대가 가능한 매체를 누구나 소유하고 있는 디지털 시대가 도래한 지는 불과 몇십 년 지나지 않았다. 과거에는 역사적 사건이 밟아야 하는 정해진 수순이 있었다. 기억은 시간이 지나면 자연스럽게 흐려졌고, 그렇게 기억의 생생함이 퇴색되면 중요한 기억은 전문 인력의 관리를 받아 '역사'로서 문서고에 보관되었으며, 그것을 검색하거나 변형하기 위해서는 시간과 노력을 들여 문서고에 접근해야 했다. 그러나 오늘날에는 엄청난 양의 사진과 영상, 음성과 문서 들이 우주의 먼지처럼 떠돌아다닌다. 검색 한 번으로 찾아낼 수 있는 수많은 이미지는 존더코만도들이 목숨을 걸고 찍었던 네 장의 아우슈비츠 사진이나 외신 기자들이 몰래 반출했던 5·18 보도사진이 지녔던 무게를 완전히 잃어버렸고, 급기야 '사실'의 미세한 조각들을 재료 삼아 기묘하게 브리콜라주한 싸구려 '대안 역사'마저도 동등한 무게를 주장하는 형국에 이르렀다.

2000년대 이후, '타자의 기억'과 '신체의 기억'이라는 말로 증거 대신 기억을 존중하는 윤리적 경향이나 전문가와 학자의 담론보다 생존자의 증언을 절대시하는 역사 연구의 배경에는 이런 매체 환경이 큰 몫을 차지한다. 지금 숙고 중인 문제들, 예컨대 '위안부' 문제나 5·18, 4·3과 같은 사건들도 시간이 흐르면 별수 없이 거대한 데이터베이스 속으로 휩쓸려가고 말 것이다. 과거의 자료들이 쓰레기 더미처럼 자꾸 증식하지만 공인된 역사는 성립할 수 없는 시대. 그래서 이 모든 것을 '동시대'라는 내용 없는 이름으로 부를 수밖에 없는 시대. 우리는 전례 없는 시대를 맞이하게 되었다. 이토록 방대한 아카이브가 역사를 상대할 때 맞닥뜨려야 하는 유일하고도 무한한 대상이 되었다.

2

아즈마 히로키는 1990년대 일본 오타쿠 문화를 통해 포스트모더니즘의 원리를 새로이 설명한 바 있다. 그에 따르면, 오타쿠들이 이야기를 만들어내는 행위는 기존 포스트모더니즘 이론에서 말하는 것처럼 표층의 기호적인 것들을 리좀의 형태로 동등하게 결합하는 방식이 아니라 철저히 분리된 두 층위를 번갈아 통과하며 이루어지는 방식이라는 것이다. 포스트모던에 들어서자 심층의 거대 서사에서 표층의 미시 서사들이 퍼져나가는 근대의 '트리형 세계상'은 무너졌지만, 두 층으로 이루어진 구조 자체가 붕괴한 것이 아니라 단지 층위의 내용이 변한 것에 불과했다. 이제 심층에는 큰 이야기 대신 '정보의 집적'이, 표층에는 심층의 정보를 '유저'의 시선대로 조합하여 만들어낸 '작은 이야기들'이 자리하게 된다. 이상과 이념이라 부르든 진보와 발전이라 부르든 모던의 세계를 지탱하던 것이 거대 서사라면, 포스트모던의 세계는 '데이터베이스형 세계'로 운영된다.[1] 거대 서사가 존재하지 않는다고 해서 심층이 사라진 건 아니다. 대문자 역사를 담보할 수 있는 이야기 대신 파편화된 데이터베이스가 그 자리에 들어앉았을 뿐이다.

실제로 우리는 이런 방식으로 서사를 구성하기 시작했다. 동시대 미술의 주요한 작가들이 거의 예외 없이 아카이브 작업을 수행하는 것처럼, 우리는 과거를 진리와 정의의 서사에 따라 역사화하는 대신 한 공간에 죽 늘어놓는 방식으로 '박물관화'한다. 이 아카이브화된 과거는 흡사 자료의 무덤처럼 다층적 시간을 같은 공간에 모아둔다. 최근 대중매체에서 흔히 보이는 '레트로' 역시 아카이브화된 시간의 전형이라 할 수 있다. 가까운 과거의 디테일을 페티시즘에 가까운 수준으로 정

---

1   아즈마 히로키, 『동물화하는 포스트모던』, 이은미 옮김, 문학동네, 2007, pp. 69~70.

교하게 복원해낸 〈응답하라〉 시리즈나 이삼십 년 전 유행가를 재해석하는, 과거로의 복고를 끊임없이 재생하고 독려하는 각종 음악 프로그램은 가장 레트로한 것이야말로 가장 힙한 것이라고 주장하는 듯하다. 이러한 프로그램의 유행은 비단 우리나라뿐 아니라 전 세계적인 현상이다. 그렇다고 이 레트로 감성에서 '과거가 지금보다 좋았다'는 식의 과거 숭배나 '과거를 통해 현재를 비판하자'는 식의 저항적 시도를 발견할 순 없다. '레트로 마니아'의 마음에는 오직 현재화된 과거만이 유효하다. 그에게 과거란 "재활용과 재조합을 통해 (……) 힙한 스타일을 추출할 자료실"[2]에 불과할 따름이다.

도시 역시 자신의 과거를 새롭게 아카이빙하여 '지금'이 원하는 모습으로 재구성되는 중이다. 한때 "치욕스러운 수탈의 흔적으로나 가시화되던 1920~40년대 일제강점기 건축물들"은 "보존하고 활용해야 하는 문화적 자원으로서의 옛것"으로 승급되고, "얼마 전까지만 해도 진보의 상징으로 선전되던 1960~80년대 고도성장기 건축물들"은 "해체하고 재개발해야 하는 폐기물로서의 옛것"[3]으로 강등되었다. 이 변덕스러운 기준은 무엇이 더 옳은지에 따른 것이 아니라 무엇이 더 소비되기에 매력적인지에 따라 결정된다. 과거는 현재에 의해 빠르게 탈바꿈된다. 서울이라는 역사적·사회적 시공, 아니 대한민국의 시공 전체가 〈응답하라〉의 골목처럼 아카이브화된 시간 속에 재배치되는 중이다. 과거는 우후죽순 등장하지만 재빨리 현재화되어 하나의 스타일에 안착한다. 적산가옥을 고쳐 만든 카페가 가장 힙하고 인스타그래머블한 공간이 되는 것처럼, 레트로 열풍은 언뜻 건물에 새겨진 고유한 역사성을 기억하려는 시도처럼 보이지만 실은 어떠한 구체적 시

2 사이먼 레이놀즈, 『레트로 마니아』, 최성민 옮김, 작업실유령, 2017, p. 31.
3 윤원화, 『1002번째 밤—2010년대 서울의 미술들』, 워크룸프레스, 2016, p. 46.

간과 의미도 담지 않은 무해한 공간을 추구하는 제스처에 불과하다. 과거는 끊임없이 발굴되고 애호되지만, 세운상가처럼 향수와 복고를 자극할 수 없는 건물은 어떠한 희생을 치러서라도 반드시 철거된다.

상품을 마케팅하거나 소비하는 방식도, 문화생활을 하거나 지식에 접근하는 방식도 데이터베이스를 토대로 작은 이야기들을 만들어가는 방식이 된 지 오래다. BTS나 마블만 그러한 것이 아니라 우리 역시 다양한 매체와 데이터베이스를 토대로 작은 이야기들을 편집하고 배치하여 '라이프 스타일'을 만들어가고 그것을 타인에게 노출하는 일에 익숙해져 있다. 우리는 잘 구현된 스토리텔링을 소비하는 것에도 또 그것을 생산하여 자신을 설명하는 것에도 능숙하다. 이제 무언가를 계획하고 실천하기 위해서는 반드시 데이터베이스형 세계를 상대해야 하는 셈이다.

3

비평가라고 불리는 나 역시 일종의 '문학 큐레이터'가 되어버린 건 아닐까 생각해본다. 이념과 그에 따른 진영이 존재했고 민중문학, 민족문학, 노동자문학, 순수문학, 참여문학 등 온갖 '주의'가 서로를 비판하고 견제했던 시기를 지나, 동시대 모든 예술이 그렇듯 문학 역시 공간적으로 보기 좋게 배치되었다. 이 문학의 전당에는 공약 불가능한 내용과 형식의 작품들이 동등한 가치와 위계를 할당받아 사이좋게 빙 둘러서 있다. 사람들은 그 무더기 속에서 자신의 취향에 맞는 작품을 찾기 위해 비평가의 도움을 받는다. 그럴 때 비평가는 '지식인-비평가'도 '작가-비평가'[4]도 아닌 '큐레이터-비평가'이고, 그 도움은 비평의 형식으로만 이루어지지 않는다. 마치 미술계에서 큐레이터에게 전시 기획과 미술관 운영을 둘러싼 다양한 활동들, 예컨대 작가를 섭외하고 인맥을 유지하고 경영 전반을 파악하는 행정적 능력을 모두 요구하는 것처럼, 문학비평가도 이와 같은 역할을 요구받고 있다. 지금 '문학'에는 전통적인 맥락에서 '문학적인 것'으로 여겨졌던 것부터 지극히 현실적인 영역들, 그러니까 문화예술에 대한 국가 지원 사업을 따내는 방법이나 실적을 계산하고 가시적으로 관리하는 등의 일까지 포함되어 있으니, 이 모든 걸 포괄하는 역할로 큐레이터라는 명칭은 꽤 적절해 보인다. 물론 이런 요구는 1998년 시작된 '학진 체제(지금의 한국연구재단)'나 각종 재단과 위원회를 중심으로 한 문화·예술·인문학의 생태계에서 기인하는 바가 클 것이다. 지금 젊은 비평가들에게 이러한 환경은 '자연'이 되었다. 만약 그가 주류 문예지의 편집위원이라면 국공립 미술관의 큐레이터가 그러하듯 비교적 안정적으로 자기 담론을 개진할 수 있겠지만, 그렇지 않다면 매번 새로운 방식으로 일종의 콜라보 작업을 기획해야만 한다.

그런데 흥미롭게도 이는 일반적이고 국제적인 현상이다. 최근 큐레이터라는 용어는 미술관이나 박물관을 넘어 온갖 영역에서 쓰이는데, 사이먼 레이놀즈는 음악계에 큐레이터라는 말이 들어온 시기가 2000년대 초반이었다고 회고한다. 큐레이터를 자임하는 음악인들이 갑자기 등장한 이 무렵, 그 말을 원래 사용하던 미술계에서도 큐레이터의 위상이 급격히 부상한다. 현재까지도 이 흐름은 꺾이지 않아서, 큐레토리얼 작업을 주력으로 삼거나 큐레이터를 겸직하는 작가들은 드물지 않고, 저명한 미술이론가들이 큐레이션과 비평을 동시에 선보

4 소영현, 「지식인-비평(가)에서 작가-비평(가)로」, 『올빼미의 숲』, 문학과지성사, 2017. 소영현은 비평의 전사를 살펴보는 이 글에서 1960년대부터 유지되었던 백낙청과 김현으로 대표되는 '지식인-비평가'가 1990년대를 통과하며 의문시되기 시작하다 2000년대 초반 이광호와 김형중으로 대표되는 '작가-비평가'에 의해 내파되었다고 설명한다.

이기도 하며, 유명 큐레이터의 경우 마치 작가처럼 자신의 이름을 걸고 전시를 기획하는 일도 그리 낯설어 보이지 않는다. 큐레이터화 현상은 문학에서도 마찬가지라서, '북텐더(칵테일을 만들어주는 바텐더와 책을 조합한 말)' '북소믈리에' 같은 말을 사용하는 작은 서점들, 그 공간을 매개로 낭독회나 북토크 등을 주최하는 출판사, 단독 저서가 아닌 특정한 테마를 중심으로 기획된 앤솔러지 출판물의 증가 등 유사한 흐름이 형성되었다. 아마 앞으로도 큐레이터, 편집자, 기획자, MD의 역할은 플랫폼의 역할이 중요해진 사회적·경제적 구조와 맞물려 점점 더 큰 비중을 차지할 것이다.

  왜 이렇게 전방위적으로 큐레토리얼이 중요해졌을까. 앞서 말했듯이 지금 우리가 사는 시대는 '온라인'이나 '인터넷' '디지털' 같은 말이 이미 자연이 되어버린 '포스트-온라인' '포스트-디지털' 시대에 돌입했다.[5] 우리는 외부의 기계와 접속할 필요도 없이 신체 말단이 되어버린 스마트폰에 항시 연결되어 있고 어떠한 지연이나 간극 없이 정보를 검색하고 공유한다. 이제 주어진 것은 담론의 형태를 갖춘 지식이 아닌 균질한 조각들로 이루어진 데이터베이스다. 누군가 그것을 추려 재배치하는 작업을 해주지 않는다면, 우리는 쓰레기 더미와 크게 다를 바 없는 정보의 무더기와 대면할 수밖에 없을 것이다. 이렇게 질릴 만큼 방대한 정보 더미는 값싼 정보를 유통하는 온라인 사이트부터 고급문화를 선보이는 미술관 같은 아트센터까지 모든 곳에 산재해 있다. 그래서 오늘날에는 다수의 직업이 큐레이팅 능력을 요구받고 있고, 자신을 '크리에이티브'나 '에듀케이터' '지식큐레이터' '지식 소매상' 등으로 부르는 이들이 늘어나고 있으며, 이런 이들이 전통적인 학자나 전문가보다 폭넓은 영향력을 행사하고 있다. 창작자는 아니지만

---

5   이광석, 『데이터 사회 미학』, 미디어버스, 2017, p. 26.

다종다양한 것들을 매개하고 배치하는 창의적 작업을 수행하고, 경영자는 아니지만 경영과 무관하지 않은 행사를 기획하고 실행하는 것. 이는 끊임없이 자기를 기획하고 관리하는 신자유주의적 주체에게 지금의 플랫폼 자본주의가 요구하는 능력이다. 그리고 이 능력을 갈고닦는 과정에서 비평의 중요한 의의였던 비판의 기능은 그저 '선택과 배치'의 문제나 '태도와 윤리'의 영역으로 이동할 수밖에 없다.

4

그러므로 '기억과 경험의 아카이브'가 되어버린 역사를 향해 '역사의 상실' 이후 "시간 자체가 점차 심미화되어가는"[6] 과정이라고 비판하는 것은 지극히 타당하다. 그러나 이 비판에서조차 이제 우리가 시간보다 공간에 기대어 있다는 현실이 전제되어 있다. 이미 존재하는 감각을 의지로 극복할 수 있는 듯 '외부적 지점'을 가설하는 것은, 옳고 그름의 당위를 식별하는 데에 효과적이지만 실천을 기획하기 위해서는 무력할 수 있다. 어쩌면 늘 이것이 문제일 것이다. 발본적이고 급진적인 비판이 결코 사라져서는 안 되지만 동시에 그것만으로는 다음 행로를 발견하기 어렵다는 것. 그러니 이 같은 곤경 앞에서 조금 더 유효한 방법을 찾길 원한다면, 다음과 같은 말을 기억하는 편이 좋을 것이다. "똑똑한 인간은 자신의 시대를 증오할 수는 있을지언정, 그래도 자신이 자신의 시대에 돌이킬 수 없이 속하며, 자신의 시대에서 벗어날 수 없다는 것을 알고 있다."[7]

---

6   서동진, 『동시대 이후—시간-경험-이미지』, 현실문화A, 2018, p. 16.

7   조르조 아감벤, 『장치란 무엇인가? 장치학을 위한 서론』, 양창렬 옮김, 난장, 2010, p. 71.

모든 시대의 주류적 형식이 그렇듯이, 데이터베이스를 재배치하고 재발명하는 지금의 형식도 동시대를 향한 봉합인 동시에 대응이고 수용인 동시에 모색이라는 점에서 양가성을 지닌다. 아카이브를 상대한다는 것, 그 자체는 지극히 동시적인 반응에 불과하고 정치성을 보장하지 않는다. 그러나 우리가 이 세계에 비평적 개입과 대화를 시도할 수 있는 거의 유일한 방법이 있다면 그것은 아카이브를 대상으로 큐레토리얼 접근을 하는 것뿐이다. 우리는 엄청난 정보와 자본을 토대로 구성된 정교한 알고리즘에 따라 우리의 입맛에 맞게 제공된 '재생목록'을 끊임없이 재생하며 살아갈 수도 있고, 비판과 개입을 포기하지 않고 큐레토리얼 작업을 통해 '나의 아카이브', 더 나아가 '우리의 아카이브'를 구축하며 살아갈 수도 있다.

그러니 유효한 실천을 위해 조금 더 옆으로 티켜서본다. 최근 동시대 미술 전시를 진지하게 관람한 관객이라면 불가피하게 스스로 큐레이터가 되지 않을 수 없었을 것이다. 규모가 큰 대부분의 전시는 한두 시간 안에 돌아볼 수 있게 구성되어 있지 않다. 심지어 전시된 영상들의 재생 시간을 모두 합쳐보면 며칠의 시간이 필요한 경우도 드물지 않다. 그렇다면 애초에 이 아카이브 앞에서 유심히 봐야 하는 것은 아카이브 자체가 아닌 '아카이브-하기'인 셈이다. 전시된 공간은 큐레토리얼 작업의 잠정적 결과물일 따름이고 여기서 관객 역시 큐레이터로서 자신의 아카이브를 구성해야만 전시의 의미나 서사를 재구성해낼 수 있다. 전시실의 외부도 마찬가지다. 오늘날 떠돌아다니는 데이터 사이에서 의미를 창출해내기 위해서는 '아카이브-하기'를 보며 '아카이브-하기'를 수행해야 한다. 당연하게도 이때 가장 경계할 것은 알고리즘의 큐레이션이다. 알고리즘의 평평한 내부에서 우리는 기꺼이 타임라인과 자동 재생에 아늑하게 갇힌다. 새로운 모든 것은 내 취향에 맞춰 조정되어 있고, 끊임없이 옆으로 갱신하는 동일성의 세계는 무시간적일 만큼 균질하다. 그렇다면 이와 반대로 낯설고 울퉁불퉁한 시간성을 부활시키는 시도에 다시 한번 벤야민의 '성좌'라는 말을 빌려도 좋을 것이다. 과거를 정치적으로 재배치하여 그것이 낯선 방식으로 융기하고 부활하길 기도하는 큐레토리얼 실천이야말로 성좌를 그리는 일일 것이다.

동시대의 꼬리표를 단 온갖 기호들이 전 세계의 시장을 미끈하게 넘나들지만 그럼에도 누군가는 그것을 다른 맥락에서 인용하고 시대착오적으로 배치하여 지금과는 다른 세계를 상상하는 데 사용한다. 예술과 사유는 언제나 시대 내부에 있지만 완전히 내부화되지 않는 방법을 모색한다. 물론, 이와 같은 이유로 문학을 비롯한 모든 분야에서 제출되는 큐레이션에는 '어떻게'의 문제보다 '왜'의 문제, 다시 말해 '목적과 의도'에 대한 분명한 설명이 요구된다. 본래 "큐레토리얼 역할의 커진 존재감은 디스플레이된 예술작품의 미학적 자율성을 희생시키며 얻은 것"이라 할 수 있고, 그렇기에 큐레토리얼 작업이 이루어지는 이유나 목적에 대해서는 "동일 강도의 비평 조사가 길항적으로"[8] 이루어져야 할 의무가 있다.

과거를 통해 〈응답하라〉의 골목으로 돌아가고 싶은 것이 아니라면 정치적 상상력을 발휘하여 그 "정치적인 지평에서 다수의 시간성을 탐색"하는 시도를 멈춰서는 안 된다. 아카이브를 다루고 재배치하는 현재화의 작업을 수행하면서도 무한한 현재를 긍정하는 '현재주의'에 머무르지 않기 위해 "모든 양식과 신념이 똑같이 유효하다고 간주하는 현재 이 순간의 상대주의적 다원주의를 교란"하고 "세계를 재사유하는 프로젝트"를 가동해야 한다.[9] 과거가 데이터의 형태로 공간화·

---

8 폴 오닐, 『동시대 큐레이팅의 역사—큐레이팅의 문화, 문화의 큐레이팅』, 변현주 옮김, 더플로어플랜, 2019, p. 34.

9 클레어 비숍, 『래디컬 뮤지엄』, 구정연 외 옮김, 현실문화, 2016, pp. 35~37.

현재화된 지금, 큐레토리얼 작업이 과거에 접근하는 가장 유효한 방법이 된 지금, 우리는 그것을 사용할 수밖에 없고 또 사용해야 한다. 희미해진 역사 대신 데이터베이스화된 기억들이 우리를 기다리고 있고, 그 속을 헤집어 아카이브를 재발명하는 작업 외에 역사를 구출할 방법이 없기 때문이다. 이 모든 과정은 비판의 기획을 포기하지 않은 채 이루어져야 하며, 그 과정에서 "수집의 대상이 다시금 역사 행위자가 되게"[10] 해야만 그 큐레이션은 의미를 얻을 것이다.

5

인간의 유구한 역사에서 '시간의 서사'란 "언제나 시간의 정의에 관한 허구"였다. 시간을 재현하는 모든 방식은 "사건이 이해 가능한 방식으로 사고되고 연결될 수 있는 틀을 구축하는" 일종의 기본 설정값이라 할 수 있다.[11] 아카이브적 기억술 역시 오늘날의 시대가 시간을 다루는 조건이자 형식이 되었다. 아무리 현재에 저항하기 위해서라도 '지금 이곳'과 어울리지 않는 형식으로 비판을 수행한다면 그 목소리는 어디에도 들리지 않고 누구에게도 매력적이지 않을 것이다. 우리는 반드시 '지금 여기'의 감각을 포함한 채 그것을 초과해야 한다. 이렇게 내부에 존재하되 그곳의 핵심적인 모순을 정면으로 내파하는 이들이 늘 문학에는 존재했다.

박민정, 신종원, 정지돈, 한정현.[12] 이들은 대규모 데이터베이스를

---

10   같은 책, p. 93.
11   자크 랑시에르, 『모던 타임스 — 예술과 정치에서 시간성에 관한 시론』, 양창렬 옮김, 현실문화A, 2018, pp. 13~14.
12   2020년에 발간된 작품으로만 논의를 한정한다. 정지돈의 『모든 것은 영원했다』(문학과지성사,

상대하여 과거와 절합을 시도하고, 그들의 소설은 무한한 텍스트의 목록을 상대하는 경험을 선사한다. 이들의 소설이 제공하는 정보와 지식의 깊이는 단발적 검색으로 얻을 수 있는 수준을 훨씬 초과하고, 독자는 위키피디아의 하이퍼링크처럼 무수한 텍스트를 경유하며 새로운 맥락을 연결해간다. 소설들은 하이퍼텍스트처럼 작동하고, 텍스트와 함께 쓰인 소설을 텍스트와 함께 읽느라 독서 시간은 끝없이 늘어난다. 큐레토리얼 결과물을 통해 아카이브를 재배치하고 재맥락화하는 과정, 흥미롭게도 이와 같은 과정은 알고리즘과 매체적 토대를 공유하되 알고리즘의 자동성과는 다른 우발성과 운동성을 지닌다. 언제나 유효한 예술적 실천의 모색은 동시대의 문법을 공유하면서도 동질적 세계를 강화하는 자동성을 탈피하는 방향으로 자신의 문법을 정립하는 것일 테다.

물론 이미 2000년대 초반에 과거를 성좌처럼 그리며 선형적 역사관에 이의를 제기했던 김연수의 소설도, 민족 서사나 민중 서사 같은 거대 서사로부터 거침없이 탈주했던 김영하의 소설도 존재했다. 그러나 이들이 포스트모던한 방식으로 말하고자 한 것은 역설적으로 모던에 관한 것이었다. 지나간 것과 다가온 것의 시대착오적 결합을 시도하는 이가 동시대인이라면, 김연수와 김영하는 아직은 포스트모던하지 않던 시대에 이미 포스트모던한 방식으로 모던과 포스트모던을 연결했다고 할 수 있다. 그런데 이제는 정확히 같은 이유에서 포스트모더니즘을 힘주어 말하는 이들이 사라졌다. 오늘날, 세계는 완전히 포스트모던해졌고 이로써 포스트모던의 명명은 힘을 잃었다. 형식으로서 포스트모더니즘은 자연화되었고, 인터넷의 전방위적 확산은 "포스

2020), 한정현의 『소녀 연예인 이보나』(민음사, 2020), 박민정의 『바비의 분위기』(문학과지성사, 2020), 신종원의 경우 2021년에 단행본을 출간했지만, 이 지면에서는 2020년에 발표한 소설만을 대상으로 삼는다.

트모더니즘 예술 전략을 무용지물로 만들"어버렸다. 기존의 것을 탈맥락화하여 재맥락화하는 포스트모더니즘의 주된 전략은 맥락에서 탈취되어 온갖 곳을 떠돌아다니는, 다시 말해 "그 단계를 이미 거친 자료들이 우리를 기다리고 있기"에 무의미한 유희로 전락해버렸다.[13]

그러니 네 명의 작가는 큐레이터나 아키비스트에 가까울 뿐 결코 포스트모더니스트가 될 수 없다. 이들은 전(前) 세대가 지녔던 '모던에서 포스트모던으로의 이주' 감각이 부재하는 포스트모던의 정주민들이고, 그렇기에 이들이 포스트모던한 기법을 구사한다고 해서 포스트모던을 말할 순 없다. 2000년대 전후에 등장했던 포스트모던 역사 서사가 주체에 대한 비판과 재현 불가능성에 관한 윤리의 문제를 도입했다면, 네 명의 작가들은 더 이상 그와 같은 고민에 사력을 기울이지 않는다. 이들에게 '어떻게' 재현할지에 대한 고민이 없는 것은 아니지만 그보다 앞선 것은 '무엇'을 '왜' 말할지에 대한 큐레토리얼 비전이다. 아방가르드가 모더니즘의 형식을 십분 활용하여 모더니즘이 지닌 '예술의 자율성 논리'를 비판했듯이, 동시대 작가들은 포스트모더니즘을 숙지하여 포스트모던한 세계에 비판을 가하고 주석을 달고 있다. 이들은 대문자 역사를 뒤틀기 위해 역사적 사료의 임의성을 드러내는 포스트모던한 저항 대신 오히려 아카이브를 사려 깊게 살피고 거기서 선별한 정보들의 가치를 소중히 여긴다.

어쩌면 이런 방식으로 세계는 해체되지 않고 계보는 사라지지 않는 것인지도 모른다. 2000년대 무렵 시도되었던 포스트모던 역사 서사의 전략은 '동시대-역사 서사'에서 변형되고 반박되며 계승된다. 포스트모던 역사 서사가 대타자에 대항하는 데 전력을 다하고 민족·민중 같은 대문자 주체의 거대 서사를 해체하는 데 경주했기 때문에 동

---

13   사이먼 레이놀즈, 같은 책, p. 393.

시대-역사 서사는 그 이후로부터 출발할 수 있었다. 포스트모더니즘의 이론들이 저자의 죽음이나 재현 불가능성에 대해 성찰하고 집중했기 때문에 동시대 예술과 문학은 강한 자의식을 지닌 주체를 노출하는 것에 반성적 주석을 달지 않아도 되었다. 그래서 네 작가의 소설에는 정보가 빽빽하게 들어차고, 정보의 이음새가 노출되며, 정보를 채굴하고 연결한 '큐레이터-서술자'의 존재가 선명하게 새겨진다. 아즈마 히로키가 포스트모던의 논리를 오타쿠의 유희로 예증한 것처럼 나 역시 이들이 일종의 '덕후'에 가깝다고 생각한다. '덕후'가 설정의 세목에 집착하는 것처럼, 아키비스트 겸 큐레이터는 자료의 정밀함과 방대함에 집착한다. 이들의 소설은 감정이입을 주된 목적으로 삼지 않고 아카이브를 바탕으로 가능성을 탐구하는 데 집중하며 자료의 공백을 보충하기 위해 역으로 문학적 상상력을 동원한다.

정지돈의 소설에 관한 가장 정확한 해설과 참고 문헌이 정지돈의 소설 내부에 존재하는 것처럼, 이들은 필연적으로 메타적이고 담론적이며 지적이다. 예술의 문법이 추상과 구상을 상호 전환하는 것이고 문학의 움직임이 문학과 '문학이 아닌 것' 사이를 넘나드는 것이라면, 방대한 데이터베이스를 누비고 연결하여 그것을 문학적 텍스트로 변환하는 작업을 능숙하게 구사하는 이들이야말로 진정한 의미의 문학주의자라 할 수 있을 것이다. 어쩌면 내가 '반영'이나 '재현'이라는 말 대신 '변환'이라는 말을 사용하는 습관 역시 동시대적인 징후일지도 모르겠다. 나는 이들의 작업을 동시대인이 명백히 의도적으로 써 내려간 '동시대에도 역사는 가능한가'에 대한 질문이자 답이라고 해석한다. 그 자문자답을 위해 네 명의 작가들은 모자이크처럼 파열하는 동시에 중첩되는 우리의 세계를 미메시스한다. 그리고 아카이빙된 과거, 공간화된 시간 속에서도 '미래의 전망'은 존재한다고 주장한다.

물론 이 전망이라는 것은 실체화된 과거를 반성하고 선형적인 미래를 기대하는 방식이 아닌, 가능성으로서의 과거를 상상하고 기대가 도저히 닿을 수 없는 '완벽히 미래적인 것'을 잊지 않는 방식에 가깝다. "가장 근대적이고 최근의 것들 속에서 의고성의 지표나 서명을 지각하는 자만이 동시대인"[14]인 것처럼, 다른 세계를 향한 모색은 시간성에 대한 새로운 상상력을 요구하지 않을 수 없고 그 상상력은 "결을 거슬러 역사를 솔질하는 것"[15]과 다르지 않을 것이다. 우리가 거대한 현재에 짓눌려 '시간'을 내팽개치지 않으려면 과거와 현재가 유동하는 그물망으로서의 동시대성을 정확히 인식해야 한다. 그것을 납작하게 평면화해버리지 않도록 시간성이 넘실대고 운동하는 세계, 미래가 다시 의미를 찾는 세계를 상상하고 지향해야 한다. 그런 의미에서 어쩌면 소설이라는 오래된 매체는 의외로 시간성의 함수를 갱신하고 설계하는 데 최적화된 동시대적 형식일지도 모른다. 비록 이 마지막 문장에 내 바람이 섞여 있음을 부정할 순 없지만 말이다.

6

이제 도록을 작성할 시간이다. 이 글의 마무리로 전시의 도록을 첨부한다.

---

14 조르조 아감벤, 같은 책, p. 83
15 발터 벤야민, 「역사의 개념에 대하여」, 『역사의 개념에 대하여/폭력비판을 위하여/초현실주의 외』, 최성만 옮김, 도서출판 길, 2008, p. 336.

〈역사와 사물의 큐레이터 展: 박민정, 신종원, 정지돈, 한정현〉

(중략)

정지돈과 한정현은 해방 전후 시기를 다루고 있고 문서화된 자료를 선별하고 배치하는 데 탁월한 감각이 있지만, 큐레이터로서의 정체성은 다소 대조적이라고 할 수 있다. 두 사람 모두 다수의 시간성을 탐구하기 위해 문서고를 뒤지지만 정지돈이 우발성과 불능의 감각에 집중하는 잠정적-산책자라고 한다면 한정현은 필연성과 가능성을 발굴하는 항구적-연구자에 해당한다.

박민정과 한정현은 여성과 퀴어를 비롯한 소수자들이 처한 폭력의 구조를 규명하기 위해 역사적 사료를 발굴하는 데 집중한다는 뚜렷한 공통점이 있다. 하지만, 한정현이 낙관적인 미래를 상상하고 대안적 서사를 그리는 데 골몰한다면 박민정은 비관과 절망으로 보일 정도의 강력한 화력을 비판의 기획에 집중하는 냉철한 운동가라고 할 수 있다.

신종원과 정지돈은 둘 다 소설이라는 매체와 소설가라는 정체성에 대한 자의식이 두드러지지만, 정지돈의 숨길 수 없는 멜랑콜리한 뒷모습에 비해 신종원은 디렉터 혹은 지휘자로서의 권능을 보여준다. 또한, 정지돈이 텍스트 간의 연결과 접속에 섬세한 재능을 보인다면 신종원은 다종다양한 매체 간의 전방위적 변환에 흥미를 느낀다.

한정현과 신종원은 마치 구술하는 듯한 목소리를 지닌 서술자를 내세우는 경우가 많지만, 한정현이 마치 인터뷰하는 것처럼 쌍방향을 전제하는 목소리라면 신종원의 목소리는 다채널 영상처럼 부유하는 카메라의 음성으로 감지된다. 그래서 한정현의 목소리는 다정하고 신종원의 목소리는 유령적이다.

정지돈과 신종원의 시간성이 흘러가고 흩어지는 편에 가깝다면 박민정과 한정현의 시간성은 역사적·구조적 상동성을 띠는 경우가 많다. 하지만 이 경우에도 개방성의 차이가 존재한다. 박민정이 특정한 사건을 중심에 두고 종적·횡적 인과관계를 규명하여 사회학적 큐브를 완성하는 쪽이라면 한정현은 견고한 구조에도 불구하고 다른 역사가 가능함을 증명하기 위해 계보를 구성하는 쪽에 가깝다. 또한, 한정현과 신종원 모두 새로운 계보를 완성하려는 의지가 관찰되지만, 한정현이 계보의 구심력을 사람들 간의 온기와 연대에서 찾아 지금 우리의 현실과 연결하고자 한다면 신종원은 특정한 사물이나 건물을 중심축으로 삼아 '사물의 전기The Biography of the Object'를 직조하는 방식으로 자신의 소설을 하나의 오브제처럼 구현하고자 한다.

(중략)

적산가옥[1]

1

프로이트의 글에서 읽었던가. 우리의 꿈에는 지금 사는 집이 아니라 유년시절에 살던 집이 등장한다고. 엄마와 할머니도 종종 말씀하시곤 했다. 꿈에 집이 나오면 늘 그 옛집이 나와. 가끔 나이 지긋한 어르신들이 어린 시절에 살았던 집과 그 주변에 관해 이야기하는 걸 듣고 있노라면, 마치 박완서나 김원일의 소설을 읽을 때처럼 집요하고 생생한 열감 같은 것이 느껴진다. 그곳은 흡사 발생학적 장소 같다. 어릴 적 현미경으로 관찰한 말랑하고 투명한 개구리 알처럼, 수정란이 분열하고 낭배가 형성되고 기관이 분화하여 급기야 올챙이가 부화하는 것까지 눈에 보이는 '개체 발생의 장소'. 그러나 꿈은 시대에 따라 변하는 법인지, 나의 꿈은 프로이트의 말과 달리 상당히 공평한 균형 감각을 갖고 있다. 도시 한복판에서 태어나 아파트에서 아파트로 이사하며 살아온 나에게 독점적으로 꿈에 출현할 '집 중의 집'은 없는 모양이다.

---

[1] 이 글에서 다루는 작품들은 다음과 같다. 심윤경의 『영원한 유산』(문학동네, 2021), 강화길의 『대불호텔의 유령』(문학동네, 2021), 신종원의 「전자 시대의 아리아」(『전자 시대의 아리아』, 문학과지성사, 2021), 박민정의 「신세이다이 가옥」(『바비의 분위기』, 문학과지성사, 2020). 인용할 경우 본문에 쪽수만 표기한다.

모두 고만고만했고, 빌리거나 빌려주거나 사고파는 것들이었다.

  나의 무의식만 유난히 얄팍한 게 아니라면, 최근 작가들이 집을 다룰 때 '마당 깊은' 집이나 '엄마의 말뚝'이 박힌 집을 회상하는 대신 부동산, 임대차, 재개발 등 집을 둘러싼 제반 상황의 사회적·심리적 역학을 다루는 것에 더 능한 것은 같은 맥락일지도 모른다. 이제 우리의 심리적 현실에 집home보다 더 육중하게 드리워진 것은 주택house일 것이다. 하지만 무의식의 구조라는 것도 그리 만만치는 않아서, 어떤 집이 사라지면 또 다른 집이 눈에 들어오기 마련이다. 집이 사라질수록 사람들은 내 집보다 더 '집'처럼 보이는 곳에 며칠이라도 머물고 싶어 에어비앤비 사이트를 뒤지고, 어디든 똑같아 보이는 매끈한 프랜차이즈 카페 대신 허름한 구옥을 리모델링한 카페에 찾아간다. 비유적인 의미에서건, 현실적인 의미에서건, 집을 잃으면 폐허라도 유심히 바라보게 된다. 마치 그것이 훼손되고 황폐해진 나의 집이라도 되는 듯이. 실제로 한동안 미술관에는 그런 작품들이 쏟아져 나왔고 누군가는 거기에 "폐허 애호"[2]라는 적절한 이름을 붙이기도 했다. 어쩌면 우리에게는 항상 발생학적 장소가 필요한지도 모른다. 만약 개체발생의 차원에서 폐허가 되어버렸다면 대신 '계통발생의 장소'라도. 그마저 찾기 어렵다면 그것을 흉내 낸 '유사 역사적 공간'이라도. 예컨대 적산가옥을 개조한 힙한 카페 같은.

2

  1930년대, 남쪽 곡창지대의 지주였던 한 남자가 남다른 교육열 때

---

2 윤원화, 『1002번째 밤—2010년대 서울의 미술들』, 워크룸프레스, 2016, p. 39.

문에 서울 옥인동으로 올라와 터전을 잡는다. 그에게는 두 아들이 있었는데, 그중 장남은 대학을 졸업한 후 그 시대 고등교육을 받은 많은 이가 그러했던 것처럼 사회주의자로 활동한다. 광복이 되자 그는 결혼하여 독립하게 된 장남을 위해 장충동에 적산가옥을 불하받는데, 불행히도 사회주의자로 활동했던 장남의 행적이 문제가 되어, 6·25 전쟁 발발 후 장남과 적산가옥을 모두 잃게 된다. 그 후 1970년대 초, 차남의 아들인 장손자가 성장하여 큰아버지의 적산가옥을 지금 누가 차지하고 있는지 알아보고 싶다고 말하자, 그는 손사래 치며 손자에게 침묵을 요구한다. 장남을 잃은 후 그는 남은 가족들이 무사히 살아갈 수 있도록 많은 이에게 많은 돈을 지불하며 살아왔고, 애지중지 키운 장손에게 어떠한 위험도 진실도 물려줄 생각이 없었다. 그는 지금 그 집에 '별'이 살고 있다는 말만 전했다. 손자는 세월이 꽤 흘렀으니 괜찮지 않겠냐고 되물었지만 자신에게 걸려 있는 연좌제도 풀리지 않았기에 그 말을 스스로도 믿지 못했다.

　이 전형적인 이야기는 내 가족의 이야기다. 도무지 정을 붙이기 힘들었던 그 집안에서 왜 누군가는 그토록 재산 모으는 일에 집착했는지, 왜 누군가는 단 한 번도 웃는 모습을 보여주지 않았는지, 이 이야기를 듣고도 모두 이해할 수 있었던 건 아니다. 형을 잃은 슬픔보다 형에 대한 원망과 분노가 더 컸던 차남이 평생 지고 살았던 불안이나 그런 아버지와 끝내 불화할 수밖에 없었던 차남의 아들 서사에 단지 심리적인 기원만 있는 것은 아니라는 걸 알게 되었지만, 그렇다 해도 내게는 한 다리 건넌 이야기였다. 오히려 이 '아들들의 서사'보다 내게 깊은 인상을 남긴 건 바로 그 적산가옥이었다. 개인에게는 형언할 수 없는 고통으로 기억되었을 삶의 절대적 순간들, 하지만 거리를 두고 보면 충분히 전형적이라고도 말할 수 있을 시대의 광경들이 그곳에서 정확히 포개졌다. 그 집을 불하받은 후 그곳에서 얼마 살지 못했던 지주 집안 출신 좌파 지식인이 상징하는 바나, 분명 합법적일 리 없는 방법으로 그 집을 차지했을, 그리고 아마도 그것을 종잣돈 삼아 부를 축적했을 '별'이 상징하는 바가, 그들보다 먼저 탄생했고 그 후로도 오랫동안 이어졌을 적산가옥을 소실점 삼아 입체적으로 그려졌다. 그 소실점을 따라 개인과 구조와 역사를 잇는 연장선이 그어졌다고 말한다면, 내가 너무 무감한 걸까. 피해와 가해가 뒤얽혀 형성된 한 개인의 심리적 전형성과 '적의 재산' 위로 아슬아슬하게 쌓여가는 대한민국의 발생학적 전형성이 그 선 위에 함께 올라서 있는 것처럼 보였다고 말한다면.

3

황석영의 소설 『한씨연대기』에는 평양에서 의대 교수였던 한씨가 6·25전쟁 도중 홀로 남하할 수밖에 없었던 안타까운 상황과 이후 그가 남한 사회에서 겪게 되는 부조리한 시련이 생생하게 그려져 있다. 그런데 아마도 이 소설의 독자들 가운데 상당수는 한씨가 겪은 비극의 세목은 선명히 기억하더라도 그가 쓸쓸한 죽음을 맞이하는 곳이 적산가옥의 셋방이라는 사실은 떠올리지 못할 가능성이 크다. 그럴 만한 것이, 이 소설에서 적산가옥은 특정한 사물로서의 강력한 이미지를 보여준다기보다 적절한 수준의 배경으로만 등장하기 때문이다. 물론 이 배경에 중요한 의미가 없는 것은 아니다. 북한에 가족을 남겨둔 채 단신으로 월남한 한씨는 말 그대로 '집'을 잃은 사람이고, 그런 그가 죽기 직전 노쇠한 몸을 잠시 의탁하는 곳이라면 그곳은 결코 '집'일 수 없을 뿐 아니라 오히려 '집의 대립항'에 가까운 상징적인 장소여야 하니까. 더구나 한씨가 죽은 후 그의 셋방을 차지하기 위해 잔꾀를 부리는 주변 인물들의 면면까지 고려해본다면, 이 소설에서 적산가옥은 비극적인 역사를 통과하며 피폐해진 개인들의 삶을 양각해줄 세태적인 장치로도 충분히 기능한다.

그런데 한씨의 죽음 이후 한참의 시간과 거리가 확보된 지금 그 집을 다시 떠올려보면, 그곳에 머물렀던 사람들과 그 집을 사고팔며 오간 돈의 흐름이 연결과 단절을 반복하며 긴 궤적을 그려냈으리라는 상상을 하지 않을 수 없다. 한씨가 죽은 방의 의미는 그때와 비교도 할 수 없이 두터워졌고, 한씨와 그의 이웃들은 그 막강한 집에 잡아먹힌 듯 왜소하게 느껴진다. 그렇다면 앞으로 다룰 몇 편의 소설에서, 자신의 소유주를 능가하는 권능을 갖게 된 '적산가옥'이 주변의 시공을 장악하고 비록 '인지적 지도'는 아닐지언정 '인지적 사물'의 지위에 이르는 것은 자연스러운 흐름일지도 모르겠다.

4

심윤경의 장편소설 『영원한 유산』은 1960년대 한국 사회의 들끓는 욕망의 한복판에 친일파 윤덕영이 남긴 호사스러운 저택 '벽수산장'을 세워둔다. 당시 벽수산장은 유엔 한국통일부흥위원회, 약칭 '언커크'의 본부로 사용 중이었는데, 그 무렵 교도소에서 돌아온 윤덕영의 딸 '윤원섭'은 그 집을 다시 차지하기 위해 대단한 수완을 발휘하기 시작하고, 그 모습을 지켜보는 언커크의 통역 비서 '해동'은 누구의 것이라 단정할 수 없는 벽수산장의 '아름다움'을 곱씹으며 심리적 갈등을 겪는다. 이 흥미로운 소설에 대한 자세한 설명을 모두 생략하고 우선 단 하나의 질문만을 남겨보자. '적산이란 무엇인가.' 적의 재산을 의미하는 '적산'이라는 말이 암시하듯, 적산가옥에는 "불을 지르고 싶은 적의와 한입에 삼키고 싶은 상반된 욕망이 뒤섞여"(p. 67) 있다. 경악스러울 정도로 호화롭고 그로테스크할 만큼 아름다운 이 저택은 마치 강력한 자석처럼 기괴한 자장을 만들어내고, 그 자장에 빠진 사람들은 어느 한 극으로 속수무책 끌려가게 된다.

> 저택은 다시 복구될까 아니면 이대로 무너져 기억 속으로 사라질까? 해동은 어느 쪽을 바라야 할지 도무지 알 수 없었다. 저택은 나라의 것 같기도, 유엔의 것 같기도, 윤원섭의 것 같기도 했다. 친일파의 자손이 빌붙은 썩어빠진 집이기도 했고 세상에 다시 없이 아름다운 것이기도 했다. 적산, 그것은 그렇게 사람을 혼동되게 했다. 썩어문드러져 짜내야 할 고름인지, 다시 얻지 못할 귀중한 자신인지 알 수 없었다. (p. 274)

박민정의 단편 「신세이다이 가옥」은 그보다 10년쯤 후, 1970년대 후반 강남 개발의 여파로 강북 집값이 폭락한 기회를 잡아 후암동 적산가옥을 소유하게 된 괴팍한 할머니를 등장시킨다. 소설은 1980년대 초반까지 그 집에 함께 살다 버리다시피 외국으로 입양 보낸 사촌 언니 야엘이 한국에 찾아오며 시작되는데, 후암동 옛집에 가보고 싶어 하는 그녀의 바람과 달리 할머니는 돌아가신 지 오래고 지금 그 집에 누가 사는지는 알 수 없다. 화자인 '나'는 1980년대 중반에 태어났기에 야엘을 직접 본 건 이번이 처음이지만, 어릴 적 집안 살림이 어려워져 잠시 할머니의 집에 머물렀던 시절에 할머니가 '딸들'을 얼마나 모질게 취급했는지 익히 경험한 바가 있다. 무능한 가부장을 대신하여 억척스럽게 돈을 모으고, '일본 망령' 운운하는 소리 따위 비웃으며 적산가옥을 손에 넣었던 할머니는 '권연벌레'와 '쇠 냄새' 가득한 그 집의 진짜 망령이었다.

강남은 당연히 꿈도 못 꾸고 마포나 강변 같은 동네도 말도 안 되게 비싸고…… 용산은 놀랍도록 비쌌다. 내게 그 동네는 우리 집이 망했을 때 기어들어 간 동네였는데? 결혼을 준비하는 1년 동안 나는 예전보다 더 많이, 더 깊이 후암동 집을 생각했다. 1980년대의 상황과 지금의 상황은 물론 다르겠지만 어떻게 할머니는 그 집을 소유했을까. 그러고도 어떻게 작은아들에게 떡하니 고덕동 아파트를 사주었을까? (p. 125)

두 편의 소설은 일종의 비판적 기획이라고도 할 수 있을, 상당히 실증적인 자료에 기반하여 구성된 정교하고 지적인 소설들이다. 1960년대 중반 윤덕영이 세웠던 벽수산장을 중심으로 그곳을 둘러싼 다양한 세력들의 욕망과 갈등을 그려낸 『영원한 유산』이 역사학자의 시선을 지녔다면, 현재 무시무시한 집값을 자랑하는 서울에서 어떻게든 신혼집을 마련해야 하는 '나'의 입장으로 1970년대 후반 할머니가 적산가옥을 소유하고 재산을 불리는 과정을 회고하는 「신세이다이 가옥」의 시선은 사회학자의 것에 가깝다고 할 수 있다. 하지만 두 시선의 차이를 잠시 제쳐두고 보면, 두 작품은 소설의 구조적 중심점인 '적산'을 역사적으로나 사회적으로나 영속하는 매듭으로 다룬다는 점에서 공통된 인식을 보여준다. 앞서 인용한 대목이 보여주는 것처럼 『영원한 유산』의 마지막 장면에서 벽수산장을 태우는 화염보다 더 이글거리는 것은 적산을 향한 모호하고 강력한 욕망들이고, 그 욕망들은 망령처럼 살아남아 「신세이다이 가옥」에서 부동산을 둘러싼 멈출 줄 모르는 광풍으로 불어닥친다.

그렇다면 이렇게 메워질 수 없는 열망과 모순까지 포함하여 다음 세대로 채권과 채무를 이어주는 적산가옥을 '발생학적인 장소'이자 '외상적 장소'라고 부를 수 있지 않을까. 그리고 정말 프로이트의 말처럼 '집'이란 집과 같은 homely 동시에 집 같지 않은 unhomely 언캐니한 것이라면, 적산가옥이야말로 '집 중의 집'이자 '집다운 집'을 이르는 말이 아닐까. 우리가 누리는 모든 것은 온전히 우리를 위해 마련되었거나 우리가 성취한 것이 아니라, 얼마만큼은 족쇄처럼 우리를 묶어버렸고 또 얼마만큼은 우리가 갈취한 것이니, 물려받은 자산이자 부채로서 우리 삶을 둘러싼 모든 물질적·비물질적 방식은 적산과 크게 다르지 않을 것이다. 식민지 시대의 유산만이 아니라, 그것을 근대라 부르든 자본주의라 부르든 지금 우리 손에 받아 쥐어 가꾸며 살아가는 모든 것이 적산으로부터 출발했다. 무언가를 청산하는 일의 어려움이 여기 있을 것이다.

5

이렇게 '집'이라는 것이 필연적으로 언캐니하다면 이곳에 유령이 출몰하는 것은 당연한 일이다. 적산가옥의 다른 이름은 유령의 집. 신종원의 단편 「전자 시대의 아리아」에는 일제강점기 고문 시설이자 연구소인 적산가옥이 등장한다. 이곳은 마치 정상적인 물리법칙을 찢어 마련한 틈새처럼, 복잡한 서울 한복판에 돌출한 기묘한 공간이다. 이곳 지하실에 음향 기록으로 저장되어 남아 있는 조선인들의 음성은 군인과 연구원 들을 마음대로 조종할 수 있을 단큼 초자연적인 힘을 발휘한다. 그러나 '억압된 것은 회귀한다'는 말을 증명이라도 하듯 강력한 존재감을 선보이며 등장한 목소리가 정작 할 수 있는 일은 많지 않다. 그저 "나는 기억해"(p. 69)라는 말과 함께 적산가옥을 무너뜨리며 영원히 사라질 뿐이다. 잠시 회한을 읊조릴 기회를 얻기 위해 오랜 시간 기다렸던 목소리는 어둠과 침묵 속으로 다시 사라져버린다.

강화길의 장편 『대불호텔의 유령』에는 일본인 사업가가 인천에 세운 최초의 서양식 호텔이자, 1918년 화교 가문에 매각되어 광복 이후에도 중식당으로 운영되었던 대불호텔이 등장한다. 이곳은 정확히 말하자면 적산가옥은 아니지만, 불공정한 개항 이후 실력을 행사했던 외국인 소유의 건물이라는 점과 그 후 일제강점기, 광복, 전쟁의 부침을 겪어낸 역사적 장소라는 점에서 적산가옥과 유사한 복잡성을 지닌다. 바로 이 대불호텔 터에서 소설가인 화자는 유령을 목격한다. 소설은 액자식구성으로 친구의 할머니가 화자에게 들려주는 1950년대 대불호텔의 이야기와 현재의 화자가 소설을 쓰며 겪고 있는 이야기를 연결한다. 소설이 지금의 이야기를 1950년대 이야기만큼 중요하게 병치한 이유는 명백하다. 대불호텔을 둘러싼 인물들의 악의와 욕망의 서사를 다루면서도 거기에서 벗어나 "원한을 사랑으로 바꾸는 삶"(p. 299)을 희망하는 것. 그러나 이 모든 바람에도 불구하고, 근 백 년의 이야기를 통틀어 가장 매혹적으로 진동하는 존재는 아무리 갈망해도 절대 '나의 집'이 될 수 없는 이 음울하고 섬뜩한 건물이다. 바로 그곳에서 두려우면서도 거부할 수 없는 유령의 목소리가 흘러나온다. 그리고 가장 풀기 힘든 수수께끼는 그 목소리에 홀린 듯 끌려가는 나도 모를 나의 마음이다.

> 여기에는 저만 있는 게 아니에요. 소리들이 있어요. 그리고 누군가가 있어요. 그 사람들, 그 여자들이 있어요. 그들은 이곳에 스며들어 있어요. 제가 이곳에 영원히 갇히기를 바라고 있어요. 저는 나갈 수 없어요. (p. 264)

심윤경과 박민정의 소설이 발생학적 장소에 내재한 외상을 인식하고 규명하기 위해 논증한다면, 신종원과 강화길의 소설은 외상적 장소가 간직한 발생의 비밀을 누설하기 위해 속삭인다. 이곳은 발생학적 실험실이라기보다 외상이 침입해오는 유령적 공간. 이들은 새로운 계보를 만들기 위해 외상의 틈을 힘껏 벌려본다. 그 틈으로 침습해오는 실재의 그림자는 상징화되지 못한 채 유령적 심상으로 번성하고, 그런 만큼 두 소설에 영혼과 원혼이 우글거리는 것은 자연스럽다. 그런데 여기서 흥미로운 점은, 두 소설이 적산가옥을 외상적 실재가 보존되고 누설되는 장소로 설정하는 점은 동일하지만 그곳에서 흘러나온 실재의 흔적에 직면한 순간 보여주는 태도는 대조적이라는 점이다. 부유하며 떠도는 것들 앞에서 두 소설은 상반된 선택을 한다. '퇴마'와 '강신'. 어쩌면 같은 충동에서 시작되었을, 삶 충동보다 죽음 충동에 이끌려 출발한 길. 그러나 길의 막바지에 이르면 둘의 행로는 갈라진다.

　신종원이 천착하는 것은 기억을 저장하고 변환하는 '매체의 계보'다. 이 계보는 사라진 것들을 향한 짙은 멜랑콜리를 포함하지만, 애초에 기억이란 망각의 전구체임을, 기억과 기록 사이에서 이루어지는 모든 변환이란 불가피하고 비가역적인 것임을 잘 알고 있다. 영혼의 목소리에 귀 기울이는 무당이 은밀하게 품고 있는 소망은 퇴마인 것처럼, 모든 과거의 것은 사라질 것이고 사라져야만 비로소 아름답다. 예술은 그렇게 늘 잔존하는 것들과의 관계 속에서만 빛을 뿜는다. 그러니 재현을 업으로 삼은 예술가는 언제나 배신자나 기생자의 역할을 맡는다. 기억은 돌이킬 수 없지만 예술은 영원하고, 유령은 회귀하지만 그 존재를 변환해줄 예술가가 없다면 무력하다. 유령적인 것은 예술가에게 복종해야만 증폭되고 가시화될 수 있으며 나아가 평화롭게 소멸할 수 있다. 언뜻 의고적인 취향으로 보이는 이 계보에 흐르는 '아리아'는 유구한 것들을 사랑하지만 그것들의 사라짐까지 포함하여 사랑한다는 점에서 철저히 동시대적이다.

  반면, 강화길은 불러내고 끌어들이고 오염시키기 위해 강신(降神)을 기원한다. 이 강신의 목적은 부당하게 폄훼되거나 사라져버린 소수자들의 계보를 잇는 것. 그렇지만 삶이 우리에게 알려주는 정확하고도 안타까운 진실에 의하면 이렇게 사라진 것들을 재소환하는 행위가 마냥 아름다울 리는 없다. 혼입의 계보를 꾸리는 자는 마땅히 소란과 소음을 감수해야 하고, 그렇기에 이 계보는 단절과 변환의 역학에 의존하기보다 연결과 상속의 의지에 지배된다. 상속을 원하는 자는 유령에게 묻는다. 내 귀에까지 들리는 이토록 기이한 목소리는 누구의 것인가, 한 인간의 유한한 삶을 초과하여 유령의 형태로 영속하는 이 음성의 주인은 누구인가. 상속의 절차는 퇴마 의식이라기보다 떠도는 목소리를 제 목소리로 삼는 섭식 과정에 가깝다. 그가 원한과 욕망과 애정과 악의를 섭취하여 어떤 존재로 변할지는 아직 알 수 없다. 다만 이 방법 외에 다른 방법이 없을 뿐이다. 이것이 유령을 소환하는 정당한 거래다.

6

  이제 우리 시대에 '역사'라는 것이 바라는 바도 가야 할 바도 모두 잃은 채 기억과 증언과 기록의 합집합을 이르는 말이 되어버렸다면, 역사와 가장 유사한 속성을 지닌 것은 '외상'이라 해도 틀리지 않을 것이다. 그리고 외상의 본질이 다름 아닌 '말할 수 없음'이라는 사실을 떠올려보면, 역사를 외상처럼 인식할 때 그것을 서사화하려는 시도는 흡사 뮤지엄이 사물의 배치와 배열을 통해 과거를 펼쳐놓는 것처럼 공간과 사물에 기대어 이루어지기 쉬울 것이다. 그렇게 외상의 장소에서 발생을 말하고자 할 때 적산가옥은 솟아오른다. 우리의 눈앞에 폐허의 더미가 쌓여 있고, 누군가는 그 잔해를 재료 삼아 가까스로 구조물을 건축한다. 폐허 위로 다시 역사를 구체화하려는 욕망이 '집'을 발생학적 장소로 세우는 동시에 외상적 장소로 무너뜨린다. 두 종류의 상충된 힘이 동시에 작동하는 곳, 구축되는 동시에 허물어지는 곳, 권능으로 군림하는 동시에 속절없이 삭아 내리는 곳. 그럴 때 적산가옥은 주체이자 객체이고, 유령이자 구조이며, 실재이자 상징인 것, 그렇게 선명하면서도 희미한 것이 된다.

미디어 작가 재커리 포름발트의 영상 〈자본의 자리In place of Capital〉(2009)는 1845년 런던 왕립 증권거래소를 촬영한 윌리엄 폭스 탤벗의 사진으로 시작한다. 당시 초창기 사진술은 극단적으로 긴 노출 시간이 필요했기 때문에 움직이는 것을 포착할 수 없었다. 그래서 손님을 기다리는 마차와 마부의 흔적이 흐릿하게 남은 것을 제외하면, 사진에는 증권거래소를 왕래하는 그 어떤 사람의 형상도 담겨 있지 않다. 카메라의 시선에 포착된 것은 오직 거대한 증권거래소 건물과 텅 빈 거리뿐이다. 그런데 지금 우리가 최신식 카메라를 들고 다시 증권거래소를 찾아간다 해도 이곳을 둘러싼 운동의 핵심을 포착해낼 수 없기는 마찬가지다. 이제 증권거래소에는 사람이 필요하지 않다. 세계를 떠도는 거대하고 복잡한 자본의 운동이 모두 디지털상에서 이루어지기 때문이다. 초기 사진술이 초기 자본주의의 운동을 포착해내지 못한 것처럼, 지금 우리 시대의 어떠한 매체도 고도로 발달한 금융의 흐름을 포착할 수 없다. 다만 네트워크상에서 사후적으로 집계할 뿐이다.

나는 이 오래된 초창기 사진 한 장을 보며, 우리가 실체처럼 대우하고 토대처럼 떠받드는 '자본'이라는 것이 실제로는 포착할 수 없는 유령적인 것임을, 동시에 그럼에도 그것을 전제로 한 자본주의 체제는 마치 육중한 건물처럼 현실 세계에 확고한 지위를 차지하고 있음을 이해할 수 있었다. 우리가 사용하는 화폐가 구체적이고도 추상적인 것처럼, 우리가 흔히 말하는 '자본'이 주체로 활약하는 동시에 객체로 기능하는 것처럼, 자본주의라는 체제는 어디에나 침투할 수 있는 막강한 것이면서도 그 어떤 수단으로도 포착할 수 없는 유령적인 것이다.[3]

⟨자본의 자리⟩가 증권거래소의 이미지들을 집요하게 추적하며 말하고자 하는 바는, 우리의 삶에 막대한 영향력을 행사하는 이 자본이라는 것이 실은 얼마나 재현 불가능한 것인지, 그럼에도 그것을 비판적으로 재현하기 위해 '자본의 이미지'를 포착하려는 시도가 얼마나 유용할 수 있을지에 관한 질문들이다. 나는 이 오래된 건물들, 유령적인 동시에 물질적인 증권거래소와 우리가 살펴본 적산가옥들 사이에 근본적인 공통점이 있다고 생각한다. 그리고 그 이미지의 계보를 비판의 기획하에 읽어내는 것이 여전히 유의미하다고 믿는다. 적산가옥은 물려받은 것들이 어지러이 엉켜 있는 대한민국의 혼탁한 시작점에 계통발생적 장소로서 놓여 있다. 거기서부터 우리가 살아가는 지금의 시공이 꾸역꾸역 자라났다. 동시에 그것은 그 발생에 의해 파열하거나 폐기된 것들을 육중하게 누르고 날카롭게 가로지르며 외상적 장소로서 등장한다. 거기서부터 폐허처럼 버려지고 결여로서 남겨진, 어느 날 예상치 못한 순간에 우리 곁에 다시 나타날 망령들이 은밀하게 숨어들었다.

나에게 지금의 세계는 다만 납작하고 평평한 데이터의 바다를 자

---

[3] 이소, 「유령이자 구조인 것에 대하여」, 『릿터』 2021년 10/11월호 일부 수정.

동 재생 목록에 따라 무한히 떠다니는 뫼비우스의띠에 가까운 것으로 느껴진다. 그리하여 세계는 고작 내 머릿속에 존재하는 주관적인 망상이나 서사로 비하되거나, 혹은 반대로 미약한 나를 둘러싼 강고하게 세팅된 체계나 네트워크로 군림한다. 때로 나는 나의 내부에만 머무르며 감각과 감정의 차원에 충실하기 위해 예민해지고, 때로는 정교한 외부에 압도되어 외부가 불러주는 결괏값을 반복적으로 상술하고 승인한다. 어느 쪽이든 비평으로서는 실패임이 자명하다. 세계를 무시하는 것이나 세계에 압도되는 것이나, 나에 대한 나르시시즘에 빠지는 것이나 사물에 과잉 해석을 부여하고 희망하는 것이나, 무력함의 표현이거나 사유의 포기일 것이다.

그러나 그것이 식민주의든 자본주의든, 역사나 사회나 국가든, 반드시 우리가 사유해야 하지만 고도로 추상화되어 파악조차 어려운 것들의 흔적이 종종 사물의 형태로 입체화되어 솟아오른다. 우리가 발생한 '그때의 그곳'은 쉽사리 소멸되지 않고, 영원히 유령이자 구조로 남아 우리의 강력한 현실이 된다. 그러니 우리가 단지 폐허 애호의 수준에서 벗어나 사물에 드러난 연결과 단절의 관계망을 파악하고 싶다면, 건축도 혁명도 불가능한 무한하고 편평한 시공에 여전히 솟아나는 이 울퉁불퉁한 것 앞에서 그것을 구성하는 성분과 조성을 분석해 볼 필요가 있다. 네 편의 소설에서도 적산가옥을 형상화하는 방식에는 동시대 예술의 상이한 요소들이 다양한 비율과 밀도로 결합해 있다. 첫째, 현실을 문제화하고 이면을 포착하려 하는 비판적 전통. 둘째, 기억의 파편을 소중히 긁어모으는 '아카이브 충동'과 그 자료를 재배치하여 세계를 구성하려는 동시대적 역사의식. 셋째, 외상의 침입을 실재로서 대우하는 "외상적 리얼리즘"[4]의 감각. 거칠게나마 이것

---

4 핼 포스터, 『실재의 귀환』, 이영욱·조주연·최연희 옮김, 경성대학교출판부, 2010, p. 208.

이 지금 우리가 지닌 힘의 개요일 것이다. 보다시피 성실한 재현은 비록 양가성을 지닐지언정 마냥 무력하지 않고, 그 결과물은 이음새가 헐겁고 버거워 보일지라도 다수의 축으로 결합된 복수의 힘들을 운용하고 있다. 어느 쪽도 만만치 않다. 세계가 아무리 우리에게 건망증과 분열증을 선사할지라도 강박적인 수집과 수렴의 의지는 사라지지 않고, 시대가 아무리 역사를 상처뿐인 넝마처럼 취급할지라도 그 외상으로부터 발생을 관찰해내고야 마는 시도는 불가능하지 않다. 그러니 여기서 버텨볼 수 있을 것이다.

종언 앞에서 부활하기, 멸종 앞에서 사물 되기
― 21세기 문학비평의 지형도

　이 글은 한 번 사망 선고를 받은 이후 문학비평의 삶에 찾아왔던 몇몇 중요한 순간에 관한 이야기다. 2004년에 '근대문학이 죽을 것이니 너도 곧 따라 죽게 되리라'라는 진단과 함께 시한부 인생을 선고받았던 바로 그 문학비평의 삶에. 진단을 내린 의사는 가라타니 고진이었고, 그렇기에 소식을 들은 사람들은 크게 동요했다. 내 진작에 문학의 운명이 이렇게 될 줄 알았다고 말을 보태는 사람들, 문학이 어떤 문학인데 절대 죽을 리 없다고, 지금이야말로 문학의 곁에 문학비평이 더욱 필요한 시기라고, 다 함께 노력한다면 얼마든지 더 훌륭한 근대문학으로 거듭날 거라고 용기를 북돋아주는 사람들, 가라타니의 분석이 맞긴 하지만 다른 패러다임에서 보면 굳이 질병으로 진단하지 않을 수도 있다며 '포스트'에 관해 이것저것 알려주는 사람들 등등 문학비평의 주변은 소란스러워졌다. 그때 그 일에 관해서라면 이미 충분히 알려져 있으니 생략하는 편이 나을 것이다. 불행인지 다행인지 문학비평은 세번째 그룹이 일러준 것처럼 상황이 별반 달라지지 않았는데도 끝내 죽지 않았고, 여전히 그의 삶에는 크고 작은 만남과 이별이 끊이지 않고 있다. 이제 이 글은 사망 선고를 받고도 죽지 않은, 그러니까 '근대문학의 종언' 이후 문학비평에 관한 몇 가지 이야기다.

1. 종언 이후 열린 무중력의 공간

죽음을 선고받은 자가 부활과 재생을 염원하는 건 지극히 당연하지만, 그 무렵 "종언론을 전후로 제출되었던 비평적 어휘들, 예컨대 '탈내면' '탈현실' '무중력' 같은 세대론적 의장들이 종언론을 경험적으로 뒷받침해주는 일종의 증상처럼 여겨졌기"¹에 종언론 자체를 전적으로 부정하기는 쉽지 않았다. 대개의 비평가는 증상을 인정하되 그것을 어떻게 배치하고 해석할지에 대해 고민하기 시작했는데, 그 비평적 모색의 순간을 가장 잘 보여주는 세 가지 장면이 '미래파 선언' '장편소설 대망론' '문학과 정치 논쟁'이라 할 수 있다.

가장 먼저 2005년 '미래파 선언'이 있었다. 권혁웅은 1990년대 서정시와 구별되는 전위적 상상력을 선보인 일군의 시인들을 향해 다분히 소망 투사적이고 수행적인 '미래파'라는 명칭을 부여하고 신형철, 이장욱, 김수이 등과 함께 미래파 담론을 주도한다. 이 비평가들은 1990년대 서정시가 지닌 통합적 세계 인식에서 탈주하여 해체와 분열의 방식으로 삶의 균열을 드러내는 1970년대생 시인들에게서 새로운 '시의 미래'를 본다. 미래파 비평가들에게 시는 더 이상 통합된 자아가 자신의 내면에서 세계를 나르시시즘적 풍경으로 전환하는 상상의 산물이어서는 안 되고, 오히려 이와 같은 봉합의 허구성과 불가능성을 폭로하는 '삶의 진실'이어야 했다. 그러니까 이제 시는 '상상적 자아'의 것이 아닌 '분열된 주체'가 '실재'를 향해 나아가는 불가능하지만 진실된 시도를 이르는 말이 된다. 미래파 비평가들에 따르면, 내면의 합일이 아닌 폐허의 잔해야말로 "재래의 서정이 주던 감흥과는 확실히 다른 어떤 '시적인 것'"이고, 1980~1990년대의 시가 지녔던 "집

---

1 강동호, 「파괴된 꿈, 전망으로서의 비평—2000년대 미래파 담론 비판」, 『지나간 시간들의 광장』, 문학과지성사, 2022, p. 115.

단적 정치학과 상상적 도덕률이 무의식중에 회피한 어떤 세계"의 누설이며, "새로운 시학poetica"과 "시학-윤리학po-ethica"[2]이 발아할 수 있는 장소였다. 그렇게 미래파 담론에서는 '근대문학의 종언'을 고했던 가라타니가 '근대문학의 탄생'에 관해 설명할 때 사용했던 핵심적 개념인 '내면과 풍경'이 '상상적인 것'에 불과한 것으로 용도 폐기되고 그 자리를 라캉의 개념인 '실재와 외상'이 차지한다.

미래파 선언에 대한 김홍중의 분석은 흥미롭다. 그는 선언문의 시대이자 아방가르드의 시대였던 20세기를 향해 바디우가 '실재의 열정'이라 규정했던 것을 이어받아, '진정성의 레짐'이 사라지며 더 이상 '실재의 열정'이 불가능한 시대가 도래했음에도 불구하고 여전히 일군의 비평가들은 '실재의 열정에 대한 열정'을 품고 있다고 평가한다. 김홍중에 따르면, "시인들은 이미 오타쿠-동물이 되었지만, 비평가들은 인텔리겐치아의 형상을 품고 있"고, "미래파 시학은 만화적인 데 반하여, 미래파 비평론은 중후하고 고전적"인 형식을 지키고 있다. 다시 말해, 이미 시인들은 '실재의 열정'에 기대어 시를 쓰지 않지만, 비평가들은 그것을 벌충하기라도 하려는 듯 강렬한 파토스의 비평으로 열정을 부활시키려 한다. 마치 아서 단토가 앤디 워홀의 「브릴로 상자」를 보며 이제 예술이 예술일 수 있는 이유는 작품이 아닌 작품에 의미를 부여하는 예술 담론에 있다고 말하며 '예술의 종언'을 선언했던 것처럼, 미래파 담론 역시 "예술보다 더 예술적인 비평과 담론이 예술의 예술성을 담지하는" 시대를 드러내는 일종의 현상, 아서 단토 식으로 말하면 "시의 종언이자 새로운 시의 시작을 증거하는 하나의 사건"[3]이라고 볼 수 있다는 것이다.

2 신형철, 「문제는 서정이 아니다」, 『몰락의 에티카』, 문학동네, 2008, pp. 202~203.
3 김홍중, 「실재에의 열정에 대한 열정—미래파의 시와 시학」, 『마음의 사회학』, 문학동네, 2009, pp. 422~25.

그렇다면 똑같이 소설의 '동물화' 경향을 파악하였음에도 시 비평과 유사한 선언이나 지지가 뒤따르지 않았던 소설 비평에 주목할 필요가 있다. 유사한 경향 앞에서 유사한 실천이 나타나지 않은 점은 시와 소설이라는 형식의 차이 때문일 수도 있고, 비평장의 구조와 역학에서 기인했을 수도 있다. 예컨대 그 무렵 2000년대 소설에 대해 이광호는 "탈역사적이며 동시에 탈일상적인 서사 공간"을 만들어낸 '무중력 공간'의 글쓰기라 칭했고,[4] 김영찬은 1990년대 문학이 다다랐던 "집요한 자아탐구의 치열함에 미치지 못하"지만 대신 "내면의 폐쇄성에 일방적으로 고착되지 않는 개성적인 탈내면의 상상력"을 보여준다고 평가했으며,[5] 김형중은 "진정성이 없는 시대라기보다는 오히려 진정할 수 없는 시대에" 소설은 왜소한 주체들의 인식론적 무력감을 분열증이나 망상처럼 '정신 승리법'으로 보여줄 수밖에 없다고 분석했다.[6] 이렇게 소설 비평은 개별 작품의 층위에서 시 비평과 유사한 분석을 제출했고 그 분석의 근거 역시 정신분석학이라는 공통된 이론적 토대를 지녔음에도, 시 비평과 달리 작품보다 앞선 '지도 제작'을 포기하고 대신 "작품들의 은하 속을 헤매면서 어떻게든 별자리 하나라도 그리"는 길을 선택했다고 할 수 있다. 당시 가장 활발히 활동했던 비평가 중 한 명이 스스로 비평에 부여한 정언명령은 "기어라, 비평!"[7]이었다.

---

4   이광호, 「혼종적 글쓰기, 혹은 무중력 공간의 탄생―2000년대 문학의 다른 이름들」, 『이토록 사소한 정치성』, 문학과지성사, 2006, p. 102.
5   김영찬, 「2000년대, 한국문학을 위한 비판적 단상」, 『비평극장의 유령들』, 창비, 2006, p. 76.
6   김형중, 「진정할 수 없는 시대, 소설의 진정성」, 『변장한 유토피아』, 랜덤하우스중앙, 2006, pp. 72~76.
7   김형중, 「기어라, 비평!―2000년대 소설 담론에 대한 단상들」, 『단 한 권의 책』, 문학과지성사, 2008, p. 50.

강동호는 이렇게 소설 비평과 시 비평이 공통된 경향 앞에서 다른 경로로 갈라지게 된 이유를 시 비평 쪽에서 찾는다. 그는 미래파의 담론을 반성하고 보충하는 방식으로 계승한 '문학과 정치 논쟁'에서 신형철이 발표한 글("미학적인 것을 포기하지 않으면서 정치적인 것을 얻을 수 있다면 진화가 아니고 무엇이겠는가")을 인용하며 이 '진화'라는 단어가 "다분히 선형적 역사관을 반영하고 있음"을 포착한다. 강동호에 따르면, 미래파 선언에서부터 시와 정치를 둘러싼 논쟁에 이르기까지 이 무렵 시 비평은 "가라타니의 결정론에 대항하여 새로운 미래 지평을 창출하고자 하는 적극적 응전의 역할을 수행"했고, 그런 이유로 "가라타니의 종언론을 돌파하기 위한 또 다른 형태의 선형적 목적론의 잔영이 스며들" 수밖에 없었다. 그리고 그 시대적 당위를 신속하게 확보하기 위해 "1990년대 신서정이라는 다분히 특수한 역사적 현상"을 "서정시 일반의 본질적인 존재태"로 상정하고 그것을 대타항 삼아 담론을 구축했다.[8] 다시 말해, '근대문학의 종언'에 대한 미래파 비평가들의 강력한 대타의식이 작품보다 먼저 지도를 제작하도록 이끌었다는 말이다.

그러나 실은, 소설 비평에서도 가라타니의 테제에 대한 응전의 움직임이 없었다고 할 수는 없다. 다만 그것은 시 비평의 반대편에서, 그러니까 미래파 비평가들이 서정시로 대표되는 과거와 단절하고 미래를 선취하는 방식으로 '문학'의 종언에 맞선 것과 달리, 일군의 소설 비평가들은 '근대문학'의 종언을 부정하고 되돌리는 방향에서 리얼리즘 문학의 복권을 시도했다는 차이가 있다. 2007년 창비를 중심으로 몇 해간 이어진 '장편소설 대망론'은 "장편소설 장르의 '저개발' 상태가 한국문학의 발전을 제약하는 중대 요인"이라는 분석과 '창조적 장

---

8   강동호, 같은 책, pp. 126~29.

편소설의 시대'의 실현에 "성공할 경우에는 한국문학사에 새로운 장이 열리리라"는 전망을 제출하면서, 앞서 언급한 이광호, 김형중, 김영찬 등의 '단절적 역사 인식'을 비판하고 "장편소설은 역사와 잠시 별거할 수는 있어도 아주 이혼할 수는 없는 형식"이라고 주장한다. 한기욱은 박민규와 김애란의 장편을 예시로 삼아 "개인들의 진실된 관계를 추구하는 열정이 시대의 성격 자체를 문제 삼는 장편소설 특유의 면모"가 사라지지 않았다고 평가하며, 지금의 역사적 국면에서는 리얼리즘·장편소설·근대문학 중 어느 것 하나 삭제될 수 없다고 주장한다.[9] 당연하게도 이에 대한 다수의 반박과 옹호가 이어진다. 그러나 이 논쟁은 미래파 담론처럼 다양한 실제 작품들을 대상으로 구성된 담론이라기보다 말 그대로 소망과 염원의 형태로 등장한 '대망론'의 가능 여부를 둘러싼 논란이었기에, 지금까지 유의미하게 참조되는 비평적 개념을 산출했다고 평가하기엔 어려워 보인다.

2. 실재의 침범 혹은 귀환

그렇게 2000년대를 통과한 문학비평에 '정치'나 '역사'보다 더 강력한 압력으로 작용하는 힘은 '윤리'가 되었다. 물론 이때의 윤리는 상징계 차원에서 작동하는 일반적 도덕이나 전통적 규범이 아닌 '실재'를 향한 충동에 가까운 것으로, 이미 2000년대 비평에 자주 등장했던 '잔여' '틈새' '간극' '균열' '무중력' 등의 말과 상통한다고 할 수 있다. 이제 문학의 미학성과 정치성을 동시에 보증하는 최종 근거는 '실재의 윤리'라 해도 과장이 아니어서, '정치의 윤리화'는 사회적으로는 용산

---

9 한기욱, 「한국문학에 열린 미래를」, 『창작과 비평』 2011년 여름호, pp. 214, 228.

참사와 쌍용차 사태를 거치며, 이론적으로는 라캉, 지젝, 바디우, 레비나스 등을 경유하며 더욱 강고해진다. 개인적인 외상부터 정치적·역사적인 사건에 이르기까지 '실재의 윤리'는 문학이 복무해야 할 유일한 주인기표가 된다. 그리고 2014년 4월 16일, 세월호가 침몰한다.

인간의 유구한 역사에서 배는 언제나 다른 세계로의 매개를 의미하는 것이었지만, 이날 이후 한국 사회는 바깥이나 종착지에 대한 어떠한 감각도 갖지 못한 채 침몰 중인 세계 자체가 되어버린 강력한 '공간적 상징' 하나를 얻는다. 그리고 이 압도적인 '실재'이자 '사건'이자 '외상' 앞에서 문학비평은 미묘하게 다른 저 세 가지 개념을 완벽히 일치된 것으로 받아들이지 않을 수 없게 된다. 이제 특정한 창작자나 비평가를 지명할 필요도 없이, 모든 문학은 '세월호 이후의 문학'이 되었고 그 문학을 둘러싼 질문은 "세월호 이후의 문학이 그 이전의 문학과 달라야 한다면, 혹은 다를 수밖에 없다면, 문학은 이제 무엇인가?"로 수렴될 수밖에 없었다. 아도르노의 '아우슈비츠 이후 서정시는 가능한가'라는 질문이 서정시의 불가능성을 선언하는 것이 아니라 "아우슈비츠를 증언할 수 있는 침묵의 언어를 '어떻게' 발명할 수 있는가의 문제"[10]였던 것처럼, '세월호 이후의 문학'에 대한 질문 역시 사건을 둘러싼 '재현 불/가능성'의 곤경에 문학이 어떻게 접근할 수 있는지에 관한 비평적 답변을 요구했다. 김미정이 제도권 문학뿐 아니라 '세월호 이후의 글쓰기' 경험 전체를 '프리모 레비의 쓰기'와 "강남역과 구의역의 쓰기, 광장의 쓰기들"[11]과 병치하여 살피는 것이나 김형중이 세월호 이후 발표된 다수의 시와 5·18 소설을 아우슈비츠

---

10 이광호, 「남은 자의 침묵—세월호 이후에도 문학은 가능한가?」, 『문학과사회』 2014년 겨울호, pp. 320~21.

11 김미정, 「'쓰기'의 존재론—'나-우리'라는 주어와 만들어갈 공통장」, 『움직이는 별자리들』, 갈무리, 2019, p. 97.

에 있었던 소년 후르비네크의 '비언어'와 연결지으며 "트라우마가 거처하는 장소"[12]로서의 문학을 이야기한 것은 저 질문에 대한 타당한 비평적 응답이라 할 수 있다. 그런데 여기서, 원치 않는 역설 하나가 발생한다.

문학이 '세월호 이후의 문학'을 향해 '사건 이후의 문학'이라는 강력한 규정이자 윤리를 요청한 것은 사건을 상징질서로 성급하게 회수하지 않고 그 유일무이한 사건성을 보존하기 위함이었지만, '사건'과 '외상' 사이에 '말할 수 없음'이라는 등식이 성립되자 그 등식의 끝에 다양한 개인적·역사적 사건들이 외상이라는 이름으로 꼬리에 꼬리를 물고 연결된다. 이제 일본군 '위안부' 피해자든 성폭력 피해자든 4·3 피해자든 5·18 피해자든 모두 '증언과 재현의 불가능성'을 지닌 '외상 후 주체'라는 점에서 동질적인 존재가 된다. 문학비평은 고유한 사건성을 존중하기 위해 익숙한 역사적 서사에 사건을 포함시키길 거부했지만, 바로 그 때문에 사건을 이해하기 위해서는 축적된 역사적 사례 위에 사건을 올려두고 그 공통점과 차이점을 식별할 필요가 있다는 점도 함께 거부된다. '외상'과 '사건'을 동일한 의미로 사용하고 둘을 '실재의 윤리'로 통약하는 것은 그 윤리적 의도와는 무관하게 다양한 사건들을 고통의 이름으로 얼버무리는 결과를 초래할 수밖에 없었다.

물론 이렇게 정치에서 윤리로, 종적인 서사에서 횡적인 사건으로, 역사의 주체에서 학살의 피해자로 초점이 이동하는 것은 문학비평이라는 분야에 특수한 것도, 한국이라는 지역에 한정된 것도 아니다. 역사학이 기억 연구로 대체되고, 사료보다 증언이 존중되고, 혁명의 주체가 폭력의 피해자로 다시 쓰이는 상황은 더 이상 외부를 상상할 수

12　김형중, 『후르비네크의 혀』, 문학과지성사, 2016, p. 92.

도 이념을 기대할 수도 없는 오늘날의 세계에서 '경험'을 설명하는 유일한 기준이 '변화'의 시간 축이 아니라 '정동'의 공간 축이 되었기 때문일 것이다. 나는 이 무렵의 문학비평이 출구 없는 폐허 위에 무릎을 꿇고 써 내려간 '실재의 윤리'에 대해 어떠한 불만도 품은 바가 없다. 다만, 과거의 비평을 되짚어보는 행위가 그 당시에는 파악할 수 없었던 '담론을 구성하는 매트릭스'를 살펴보는 또 다른 비평적 실천이 될 수 있다고 믿기에, 이렇게 외상과 증언이 "과거를 운반하는 일차적인 중계자"[13]가 되어버린 사실을 역사화하여 바라볼 필요를 느낄 뿐이다.

20세기를 혁명의 시대가 아닌 학살의 시대로 떠올릴 수밖에 없는 오늘날, 디디 위베르만이 아우슈비츠의 사진을 통해 보여주는 현상학적 이미지 비평에 못사람들의 열광이 쏟아진다. 서동진은 디디 위베르만이 보여주는 "숨 막힐 듯한 윤리적인 세심함"과 "놀라우리만치 투박한 역사적인 시간에 관한 의식"을 대조하며, 그와 같은 "기억과 역사의 양립불가능한 대립"의 허위성과 "주관적인 기억과 객관적인 역사라는 도식"에 대해 비판한다.[14] 다소 삐딱하게 들리지만, "재난, 참사, 재앙과 같은 충격 체험은 우리로 하여금 현재의 충만한 경험 속에 빠져들게 하는 동시에 역사적 시간으로부터 순식간에 빠져나오도록" 한다는 분석과 그렇기에 "세월호 이후의 문학이란 말은 이전과 이후라는 시간적 분할을 도입하면서도 정작 시간에 관해서는 아무런 말을 들려주지 못한" 채 "종래 시간을 경험하는 방식과 다를 수밖에 없다고 발언할 뿐"[15]이라는 비판에는 경청할 단한 점이 있다. '사건 이후의 주체'와 '외상 이후의 주체'가 같을 수 없음에도 문학비평은 둘

---

13   서동진, 『동시대 이후─시간-경험-이미지』, 현실문화A, 2018, p. 23.
14   같은 책, pp. 32, 38.
15   같은 책, p. 204.

을 거의 동일어로 사용하며 이 주체에게 '실재'를 향하라는 부정성의 윤리를 요구한다. 재난과 폭력에 가장 특권적인 자리를 내어주고 그 앞에 윤리의 시험장을 마련한 것이다. 그러나 실재란 모호한 얼룩이나 흔적 같은 것이고, 충동에 가까운 '실재의 윤리'로 이룰 수 있는 일이란 실재에 닿고자 하는 수행성과 정동적 경험 정도를 제외하면 파악조차 할 수 없다. 안타깝게도 '사건 이후의 문학'이라는 비평적 담론은 그 윤리의 시험장에서 숙연한 리뷰를 작성할 수 있도록 도와주었지만, 그 사건을 둘러싼 비판과 실천의 장을 기획하고 마련할 수 있도록 도와주진 못했다.

3. 페미니즘으로 조성 부여하기

"재현의 효과인 리얼리티로부터 외상의 실체인 실재로의 전환"은 문학을 비롯한 동시대 예술의 특징적인 현상이고, 핼 포스터는 이렇게 외상과 정동이 결합하여 충격의 경험을 선사하는 예술의 형식을 '외상적 리얼리즘'이라고 명명한다.[16] 그렇다면 세월호를 비롯하여 다양한 사건들을 연상시키는 작품들은 물론이거니와, 그것과 무관하더라도 복잡한 윤리적 딜레마 앞에서 어떠한 결정도 내리지 못한 채 외상적 정동과 무수한 물음만을 배태하는 오늘날의 작품들 역시 '외상적 리얼리즘'이라 부를 수 있을 것이다. 그러니 이제 질문은 "결정적 주조tonality가 없는" 세계에서 우리가 어떻게 비판과 실천의 지점을 확보할 수 있느냐 하는 것이 된다. 이 질문에 바디우를 경유하여 지젝이 내리는 답은 이러하다. "우리는 그 세계가 스스로 조음화되도록 몰

---

16   핼 포스터, 『실재의 귀환』, 이영욱·조주연·최연희 옮김, 경성대학교출판부, 2010, p. 236.

아붙임으로써, 자신의 무조음성을 지탱하는 은밀한 조음성을 공개적으로 인정하도록 함으로써 [⋯⋯] 이런 무조음성을 지탱하는 근저의 구조화 원리를 공격해야 한다."[17] 그리고 어쩌면 이와 같은 맥락과 요구에서 페미니즘 리부트가 시작되었다.

물론 글로벌 자본주의에 좌파로서 대항하길 촉구하는 두 철학자의 입장이 페미니즘의 입장과 완전히 일치한다고 말할 수는 없다. 그러나 자타가 공인하는 마르크스주의자 테리 이글턴 역시 "올바른 혁명적 이론"의 등장을 촉구하며 "아카데미 안에 귀하게 모셔져 있었던" 마르크스주의 비평 대신 페미니즘 비평에 기대를 건다는 사실은 흥미롭다. 그는 페미니즘 이론이야말로 "아카데미에서 다수 생산되면서도 아카데미의 경계를 벗어나 그 일차적 동력을 정치 운동으로부터 가져"오는 현재의 '유일한' 이론이라고 주장한다. 실제로 그의 말대로 페미니즘은 "문학적 위계질서의 이데올로기적 속성을" 인식하고 분석하는 동시에 "그런 위계질서를 재구축하기 위해 고군분투"한다. 다시 말해, 페미니즘은 이론과 실천의 분업을 원천적으로 거부하고, 나아가 "문학실천과 다른 실천 간의 이데올로기적 분업"이나 "문화비평을 문화생산과 구분하는 관행"을 쉽사리 수용하지 않는다.[18] 물론 정체성 정치의 형태로 가시화되기 쉬운 페미니즘이 퇴행적인 권리 담론 정도로 등장하는 일도 드물지 않게 발생하지만, 페미니즘은 그 원리상 완성태를 주장하거나 지도적 교리를 간직할 수 없기 때문에 생물학적·분리주의적 페미니즘에 대항하는 정교한 비판 역시 페미니즘의 내부에서 가장 활발히 진행된다. 그리고 무엇보다 페미니즘은 저항의 지점을 찾기는커녕 일관된 세계상조차 그려내기 힘든 이 '무조음의 세

---

17 슬라보예 지젝, 『잃어버린 대의를 옹호하며』, 박정수 옮김, 그린비, 2009, p. 53.

18 테리 이글턴, 『발터 벤야민 또는 혁명적 비평을 향하여』, 김정아 옮김, 이앤비플러스, 2012, pp. 177~78.

계'에 다시 조성을 부여해준다. 바로 페미니스트 비평가에 의해, 문학장에서 별다른 저항 없이 받아들여졌던 '진정성 테제'는 '386세대'로 통칭되는 "'비장애인 이성애자 지식인 남성이라는 사회적인 위치'에 의해 공유되는 에토스'"[19]로, 서사성이 강한 소설가를 가리키는 '이야기꾼'이라는 명칭은 "전통적인 남성 중심 문학사에 대한 향수"이자 사회적 약자를 향한 차별과 비하를 마음 놓고 할 수 있었던 "'민주화 이전'의 시절에 대한 노스탤지어"[20]로 역사화되고 젠더링된다.

오해하지 말아야 할 것은, 지금의 페미니즘 문학이 2016년 강남역 지하철 살인사건이나 '#문단_내_성폭력' 운동 등을 통해 가시화되었다고 해서 일시적이거나 우연적인 현상으로 등장한 건 아니라는 점이다. 1990년대 활발했던 '여성적 글쓰기'까지 거슬러 올라가지 않아도, '여성문학'의 소강상태처럼 보였던 2000년대 역시 거대 서사와 대문자 정치가 사라진 빈터에 여성, 퀴어, 장애, 인종, 지역 등 다양한 쟁점이 쏟아졌고, 그것은 페미니즘을 통해 감각되고 인식되지 않았다면 들어올 수 없는 것들이었음이 자명하다. "문학이 끊임없이 자기부정을 통해서만 가능"하고 "여성성 또한 그러한 부정성을 자기 존재의 근거로 삼는다"는 점에서 페미니즘은 항상 "문학 자체와 맞닿아"[21] 연동한다. 그리고 그러한 이유로, 지금의 문학장에 가장 강력한 변수로 작동하는 '미디어 생태계의 전환'이나 '독자와의 소통 관계의 변화'에 가장 민감하고 정확하게 반응하는 것 역시 페미니즘 비평이다. 예컨대, 2017년 『82년생 김지영』을 둘러싼 논쟁에서 김미정은 '동시대 독자'를 가시화한다. 김미정에 따르면, 오늘날 '미디어된 존재'로서 독

---

19 인아영, 「눈물, 진정성, 윤리—한국문학의 착한 남자들」, 『문학동네』 2019년 겨울, p. 94.
20 오혜진, 「'장편의 시대'와 '이야기꾼'의 우울—천명관과 정유정에 대한 비평이 말해주는 몇 가지 것들」, 『지극히 문학적인 취향』, 오월의봄, 2019, p. 31.
21 심진경, 「여성성 혹은 문학적 상상의 원천」, 『떠도는 목소리들』, 자음과모음, 2009, p. 150.

자는 "세상의 가치, 정동, 담론들이 빠른 주기로 엎치락뒤치락하는 와중에 '명료한 사실'로서의 메시지, 정보를 원"하고, 그래서 소설에 진입하기 위해 넘어야 할 문턱 같은 '문체'와 그 문체로 세공된 '내면과 풍경' 대신 "해석의 노고 없이" 읽을 수 있는 "사회학 보고서 같은 형식"[22]을 선호한다. 이렇게 '새로운 미학'의 가능성을 타진하기 위해 어떠한 경계선도 미리 긋지 않고 현장과 밀착하는 비평은 '정치적으로 올바르나 미학적으로 후지다'는 평가를 받았던 소설을 향한 여성 독자들의 호응을 단지 대중성/문학성, 정치적 올바름/미학성, 내용/형식이라는 전통적인 이분법으로 환원하지 않고, 문체와 내면으로 상징되는 근대문학과 재현·대의 체제로 구축되는 근대성의 동요까지 포착하며 이글턴이 말한 '분업과 관행'에 저항하는 페미니즘 비평의 예시를 보여준다.

4. 작가-비평가에서 큐레이터-비평가로

앞서 '트라우마적 기억의 아카이브'가 되어버린 역사의 수장고에서 자료를 선택하고 배치하고 연결하는 방식으로 소설을 쓰는 '큐레이터-작가'들을 다룬 적이 있다. 그때 나는 "동시대 모든 예술이 그렇듯 문학 역시 공간적으로 보기 좋게 배치되"어 "상반된 내용과 형식의 작품들이 같은 가치와 위계를 할당받아 사이좋게 빙 둘러" 앉아 있는 상황에서 비평가 역시 '지식인-비평가'도 '작가-비평가'도 아닌 '큐레이터-비평가'로서 존재할 수밖에 없다고 분석했다.[23] 당연하게도

---

22 김미정, 「흔들리는 재현·대의의 시간―2017년 한국소설의 안팎」, 같은 책, pp. 69~76.

23 이소, 「부재하거나 사라졌거나 영원한―역사와 사물의 큐레이터」, 『부재하거나 사라졌거나 영원한』, 문학과지성사, 2025, p. 19.

역사적 조건은 작품의 형식뿐 아니라 작가와 비평가의 형상까지 변화시킨다. 마찬가지로 나는 최근 인간중심주의적 주객 관계에서 벗어나 인간동물, 비인간동물 그리고 사물까지 '연결'과 '결합'의 관점에서 감각하고 인식하려는 이론적 흐름 역시 '큐레이터-이론'처럼 보인다는 인상을 지울 수 없다. 마치 미술관에서 큐레이터가 전시를 위해 일시적으로 작품들을 배열하는 것처럼, '사물로의 전회'는 세계를 깔끔하고 평평하게 만들고 그 표면에 다양한 존재자들을 배치하고 연결한다.

질적 차이를 지닌 존재라도 디지털상에서는 비트로 이루어진 데이터가 되어 거대한 네트워크를 이루는 것처럼, 오늘날의 미디어와 금융자본주의는 인간과 자본과 사물을 하나의 입자나 픽셀처럼 균질하게 추상화하여 취급한다. 그리고 이와 같은 통치의 '물리학적 복잡계'는 신유물론이 그려내는 세계상과 퍽 닮아 보인다. 오해할까 봐 부연하자면, 나는 통치와 저항이 접면으로 존재한다는 푸코의 말을 믿어 의심치 않고, 그렇기에 이 구조적 상동성 자체에는 별반 거부감을 느끼지 않는다. 과거에 지식인-비평가의 시대가 가능했다면 그것은 보편적 지식이 저항의 전략에서든 통치의 전략에서든 중요한 대상이었기 때문일 것이고, 2000년대에 작가-비평가의 시대가 가능했다면 그것은 대문자 역사와 정치 대신 개인의 고유한 영토와 휘장을 만들어내는 것이 저항과 통치 양편에서 모두 유효했기 때문일 것이다. 마찬가지로 지금이 큐레이터-비평가의 시대라면 그것은 우리가 압도적인 양의 데이터와 실시간으로 연결되어 필요할 때마다 데이터를 선택하고 배치하는 방식으로 통치받고 저항하며 살아간다는 것을, 고도로 추상화된 금융자본주의와 끊임없이 존재 방식을 전환해야 하는 플랫폼 자본주의를 살아간다는 것을 의미한다. 그러니 통치와 저항이 상호 구성적이라는 사실을 지울 생각은 없다. 다만, 지나치게 유토피아적인 세계상을 그리는 이론일수록 과도하게 통치술과 닮아 있음을 잊을 생각도 없을 뿐이다.

돌이켜보면 '근대문학의 종언' 이후 의식했든 의식하지 않았든 문학비평은 벤야민의 시선으로 역사를 바라보려고 애썼던 것 같다. 더 이상 출처를 밝힐 필요도 없을 것 같은 문구들, 진보의 폭풍에 휩쓸려 미래로 떠밀려 가면서도 과거로 고개를 돌려 파국과 잔해를 바라보는 '역사의 천사'처럼 "결을 거슬러 역사를 솔질하는 것을 자신의 과제로"[24] 삼은 이들이 문학의 자리에 적지 않았다. 천사가 바라보는 폐허에 머무는 존재들을 타자, 이방인, '몫이 없는 자들'이라 부를 수도 있고, 흩어진 고통의 기억과 사건의 증언이라 말할 수도 있을 것이다. 여하튼 21세기는 벤야민의 시대이자 윤리의 시대였다. 거기엔 우울하지만 처연한 아름다움이 있었다. 나는 바로 이 폐허에서 문학비평이 맞이할 다음 장면이 빚어지리라 생각한다. 오랫동안 비평가들은 자신이 역사의 천사인 줄 알았지만, 저 멀리 폭풍을 타고 천사가 날아가도 자신의 몸뚱이는 여전히 쓰레기 더미에 엉켜 있다는 걸 알게 되었다. 한 명민한 예술가의 말처럼, "우리는 천사가 아니다. 우리는 잔해 그 자체이다. 우리는 한 더미의 폐물이다".[25] 그러니 앞으로의 이론과 비평의 쟁투가 여기에 남을 것이다. 그때의 나는 큐레이터-비평가의 형상을 하고 있을 수밖에 없고, 내가 선택하고 수집하여 빛에 비춰보는 모든 것이 어김없이 이 쓰레기 더미에 속해 있음을, 그것들은 도저히 생생할 수도 아름다울 수도 평등할 수도 없음을, 그럼에도 그것들과 함께 살아남아야 하는 이유를 찾아내야 함을 잊지 않으려 한다.

24　발터 벤야민, 『역사의 개념에 대하여/폭력비판을 위하여/초현실주의 외』, 최성만 옮김, 도서출판 길, 2008, p. 336.

25　히토 슈타이얼, 「당신이나 나 같은 사물」, 『스크린의 추방자들』, 김실비 옮김, 워크룸프레스, 2018, p. 79.

비평의 몰락을 한탄하지 않는 방법

1

비평의 몰락을 한탄하는 바보들. 그들의 시간은 이미 오래전에 끝나버렸건만. 비평이란 적당한 거리 두기이다. 비평은 관점과 전망이 중요하고 입장을 취하는 것이 아직 가능했던 세계에 터전을 둔다. 그동안 사물들은 너무나 뜨겁게 인간사회에 밀착되어버렸다. 이제 '선입견 없는 공평함'과 '자유로운 시선'은 단순한 무능함을 드러내는 순진하기 짝이 없는 표현이 아니라면, 거짓말이 되어버렸다. 오늘날 사물의 심장을 들여다보는 가장 본질적이고 상업적인 시선은 광고다. 광고는 자유롭게 관찰할 수 있는 자유공간을 없애버리고 사물들을, 거대하게 부풀어 오르면서 화면 밖으로 우리를 향해 달려 나오는 자동차처럼, 그렇게 위험할 정도로 우리 앞에 가까이 밀어붙인다.[1]

발터 벤야민은 1924년부터 신문에 발표했던 아포리즘을 모아 출간한 『일방통행로』에서 '비평의 몰락'이 아닌 그것을 '한탄'하는 자들을

---

1 발터 벤야민, 『일방통행로/사유이미지』, 최성만·김영옥·윤미애 옮김, 도서출판 길, 2007, p. 138.

향해 냉소를 보낸다. 근대 이후 한 시대의 종언과 새 시대의 선언이 겹쳐 들려오지 않은 시절은 없었고, 이미 도래한 변화를 가늠하지 못하고 지나간 시절을 한탄하는 어리석은 비평가들에게 그가 보여줄 수 있는 유일한 것은 그에 대한 '비평'이었다. 비평은 법칙이나 실체로 고정될 수 없고, 언제나 현실과 조응하고 쟁투하며 갱신된다. 아무리 과거가 아름다워도 그것은 현재에 밀려날 것이고, 아무리 과거를 사랑해도 비평가는 현재의 길을 따라갈 뿐이다. 앞으로의 비평이 사물과 거리를 확보한 채 체계적인 관점을 표명하는 것과는 전혀 다른 방식으로 이루어지리라는 것, 더는 안전거리 너머에 서 있는 것이 불가능할 만큼 모든 것이 밀어닥치는 세계에서 살게 되리라는 것, 그럼에도 어떻게든 거리를 마련하고 가늠해야 하는 것이 비평의 임무라는 것, 비평가 벤야민은 누구보다 예민하게 현재를 포착한다.

사진을 다루는 또 다른 글에서 그는 사진술이 발명되자 과거와 달리 "인간이 의식을 갖고 엮은 공간의 자리에 무의식적으로 엮인 공간이 들어서"게 되었다고 말한다. "충동의 무의식적 부분을 정신분석을 통해 알게 되듯이 이러한 시각적 무의식의 세계에 관해 사진을 통해 비로소 알게 된다."[2] 그는 새로운 기술인 사진에 담긴 가능성을 누구보다 기민하게 알아차렸으나 그렇다고 긍정하지만은 않았다. 비평가로서 그의 탁월함은 그가 지닌 특유의 양가감정에서 유래한다. 혁명의 열정을 동경하면서도 구시대의 골동품을 소중히 어루만지고, 아우라의 파괴를 촉구하는 글에서도 짙은 상실감과 비애감을 행간에 남겨둔다. 그는 사진술이 기존의 상징질서를 초과하는 실재의 흔적을 드러낼 수 있음을, 그러나 정확히 같은 이유로 모호하고 매혹적인 상품 광고가 될 수 있음을 알아챈다. 그러니 그의 냉소는 사물들이 비약적

---

2   발터 벤야민, 「사진의 작은 역사」, 『기술복제시대의 예술작품/사진의 작은 역사 외』, 최성만 옮김, 도서출판 길, 2007, p. 168.

으로 밀려오는 광고를 향하는 대신 기술에 담긴 양가성을 성찰하지 못하고 비평의 몰락을 한탄하는 이들을 향한다. 비평가란 과거와 현재의 낙차로 알리바이를 만드는 대신 지금 이곳의 비평을 발 빠르게 구성하는 자다. 현실과 예술의 관계를, 현실과 비평의 관계를 언제나 재구성하라.

물론 지금 와서 보면 그의 시절 역시 새로운 기술이 등장하면 새롭게 실재를 포착할 수 있다고 믿던, 여전히 장막 뒤편에 실재가 존재한다고 믿던 시절이었다. 실재와 비평가 사이에는 엄연한 거리가 있었다. 그러나 근 백 년의 시간이 지난 오늘날, 사정은 완전히 달라졌다. 형식상으로나마 광고판, 광고 지면, 광고 시간 등이 구분되던 과거와 달리 이제 광고는 작품이나 현실과 구별되지 않고 구별될 필요도 없다. 이미지는 완벽히 신체화된 스마트폰과 컴퓨터에 편재하고, 우리의 감각과 행위는 게임의 용어를 빌리지 않고서는 설명하기 어려울 만큼 전방위적으로 거리를 상실했다. 벤야민이 일찌감치 예감했던 것처럼 실재가 등장하는 방식은 생산양식에 따라 얼마든지 달라지고, 비평가는 낙담도 환호도 없이 다만 실재를 포착하는 프레임을 전환하는 데 온 힘을 기울일 수밖에 없다.

2

핼 포스터는 실재를 바라보는 지난 백 년간의 관점의 변화를 세 단계로 나누어 설명한다. 마르크스, 프로이트, 니체에게서 '의혹의 해석학'을 물려받은 현대 비평은 관습화된 현실과 진짜 현실인 '실재'를 구별했는데, 그 실재를 다루는 방법론은 조금씩 달라져왔다. 그리고 그 변천 과정은 롤랑 바르트의 저작 사이에 존재하는 결절 지점에서 확연히 드러난다.

먼저, 『신화학』(1957)에서 바르트는 이미지를 비판적으로 해독하고 탈신비화하는 전형적인 '이데올로기 비판'을 수행한다. 우리가 진실이나 현실이라 믿는 이데올로기의 장막을 걷어내면, 그 뒤편에 계급투쟁이든 무의식이든 권력의지든 메마른 진짜 현실이 나타난다. 유구한 비판 전통의 '현실 폭로' 작업은 날카롭고도 성실하게 수행된다. 당연하게도 기존의 제도와 관습에 도전하는 개념 미술과 페미니즘 미술이 이 '실재 찾기' 지침에 충실하게 복무하는데, 그럼에도 장막을 베어내는 비판적 예술의 벼려진 칼날이 심층에 실재가 엄존한다는 믿음마저 훼손하는 일은 일어나지 않는다.

두번째, 『S/Z』(1970)에서 바르트는 급진적으로 선회한다. "탈신화화를 넘어 재현 자체를 공격하라는 '기호 파괴론'"[3]이 선포되고, 이제 비평에 요구되는 임무는 실재를 은폐하는 기호를 '폭로'하는 것이 아니라 기호 자체를 '폭파'하는 것이다. 그는 발자크의 단편 「사라진」을 치밀하게 분석하는 과정에서, 발자크의 소설이 실제 현실을 대상으로 삼아 현실의 사본을 만드는 '모방'이 아니라 하나의 약호 체계에서 다른 약호 체계로 변환되는 '모방의 모방'임을 보여준다. 이렇게 위대한 리얼리스트 발자크마저 '재현의 재현'을 거듭하는 포스트모더니스트가 되자, 이제 예술의 유효하고도 유일한 전략은 전유와 차용이 된다. 실재들은 심층에 보물처럼 은폐된 것이 아니라 표층에 '혼성모방'의 형태로 떠돌아다니며 편재한다. 그리고 그로 인해 주체 역시 일종의 효과에 불과한 것으로서 흔적처럼 희미해진다.

마지막, 『밝은 방』(1980)에서 바르트는 '푼크툼'이라는 이름으로 "관람자의 무의식을 무심코 찌르는 사진 속의 특정한 지점"을 라캉적

---

3 핼 포스터, 「실재적 픽션」, 『소극 다음은 무엇?—결과의 시대, 미술과 비평』, 조주연 옮김, 워크룸프레스, 2022, p. 218.

인 의미에서의 '외상 기호증적' 실재로 예시한다. 앞선 두 관점에서 실재의 위치는 반전되었음에도 "비평가가 실재를 폭로"한다는 점이 공통적이었다면, 세번째 관점에서 실재는 "실재가 비평가를 폭로"[4]한다는 점에서 전혀 다른 위상을 갖는다. 폭로되는 것이 아니라 폭로하는 것으로서 외상적 실재는 충격적으로 귀환하고, 그 귀환으로 인해 1990년대 이후 예술은 '외상적 주체'를 수립하며 온통 비체abject로 뒤덮인다.

  당연하게도 한 번 생긴 것은 완전히 사라질 수 없고, 역사에는 깨끗한 절단면이 존재하지 않는다. 편의상 세 단계로 나누었지만, 오늘날 예술에서 세 종류의 프레임은 중첩되어 작동한다. 우리는 오물과 피로 범벅되어 이데올로기와 재현 양쪽을 공격하는 작품을 얼마든지 상상해볼 수 있다. 또 징그럽고 혐오스러운 장면이 외상적 실재로 등장하는 동시에 그 앞에 선 외상적 주체가 그로 인해 드러난 모종의 진실을 비판적으로 사유하는 작품도 혹은 환상처럼 유희하는 작품도 상상할 수 있다. 조합의 구성과 비율은 얼마든지 조절 가능하다. 좀더 정치성을 부여하고 싶다면, 역사적 사건이나 재난을 다루는 편이 좋다. 역사가 외상적 실재로 등장하면 이데올로기에 대한 비판을 담으면서도 그 비판을 다시 다원화하는 방식으로 언술 행위나 재현 자체를 심문할 수 있다. 그렇게 정치성을 획득한 실재의 귀환 앞에서 좌파 비평가들은 대체로 후한 반응을 보일 수밖에 없고, 나 역시 마찬가지다. 아무리 형식화되었다고 할지라도 실재를 향한 이러한 세 가지 관점은 예술이 수많은 시행착오 끝에 가까스로 확보한 비판의 지점이자 방법이기 때문이다.

4   같은 책, p. 221.

3

그러나 이 같은 비판적 예술에 대해 자크 랑시에르는 완전하고 강고한 거부감을 보인다. 그에 따르면, 1970년대 사진예술가 마르타 로슬러가 시도했던 포토몽타주는 안락한 미국 중산층 집안 내부에 베트남전쟁 피해자의 시신을 도입하여 전형적인 미국 가정의 행복을 폭파했다. 미국의 매끄러운 행복 뒤에 피 흘리고 너덜거리는 시신이 깔려 있다는 사실을 폭로하는 것은 나름대로 비판의 효과가 있었다. 그러나 다음 세대의 비판적 예술가인 조세핀 멕세퍼가 쓰레기가 넘쳐흐르는 쓰레기통을 전경에 두고 그 뒤편에 반전 피켓을 든 시위대를 배치한 사진은 미국적 풍요와 그 외부의 전쟁이라는 이질적 요소를 한 장소에 중첩시켰음에도 어떠한 비판의 효과도 거두지 못한다. 관객은 미국이 세계에 행하는 폭력을 인식하는 대신 미국인들의 정치적 행위 역시 일시적 소비 행위에 불과하다는 냉소적 반응을 보인다.

랑시에르는 비판 전통이 보여주었던 "현실을 가상으로 변환하거나 가상을 현실로 변환하는" 역전의 방식이 "인식하지 못하는 무능력과 무지하고자 하는 욕망을 계속 고발"하여 관객에게 '죄책감'을 불러일으키는 데에는 성공했을지 몰라도 "해방의 지평과 완전히 절연"하게 되었을 뿐 아니라 급기야 "해방의 꿈에 맞서는 쪽으로 돌아섰다"[5]고 주장한다. 편하게 전시장에 서서 죄책감 좀 느끼는 게 뭐 그리 대수냐 싶지만, 랑시에르에게 이 사실은 중요하다. 그는 포토몽타주의 효과가 소진되었다는 말을 하거나, 과거에는 옳았고 지금은 틀리다는 식의 판단을 하려는 게 아니다. 그가 정말로 하고 싶은 말은 "해방의 집단적 지적 능력은 전반적인 예속화 과정에 대한 이해가 아니"라는 말

---

5   자크 랑시에르, 「비판적 사유의 재난」, 『해방된 관객』, 양창렬 옮김, 현실문화, 2016. p. 49.

이다. 그가 보기에 누군가 비판하고 다른 누군가 그 비판을 통해 새로운 인식에 도달하는 이데올로기 비판은 아무런 의미가 없다. "있는 것이라곤 그저 아무 곳에서나 아무 때나 돌발할 수 있는 불일치의 무대들뿐이다."[6] 그는 '아무나' 혹은 '몫이 없는 자들'의 미적 주체화가 이루어져야만 해방된 감성 공동체가 성립된다고 주장한다.

랑시에르의 말은 언제나 아름답고, 나 역시 그런 일이 가능한 세계를 믿고 싶다. 그러나 안타깝게도 내게는 미학과 믿음이 중첩되는 영역에 관해 할 말이 많지 않다. 미적인 것과 정치적인 것이 일치하는 순간, '아무나'가 '아무 때나' 도달할 수 있는 이 미적이고도 정치적인 혁명은 언제 어떻게 이루어질 수 있나. 랑시에르 특유의 과소 진술과 과잉 진술을 오가는 화법은 그 사이에서 적절한 매개와 실천을 발견하기 어렵게 만든다. 그에게 해방은 "모든 역사적 규정으로부터 자기를 이탈시키고, 구체적인 시간성으로부터 자기의 독립을 선언"하는 방식으로 이루어진다. 그에게 "정치란 주체를 역사·사회·제도들과 분리시키는 역설적 행위"[7]이고, 나에게 정치란 정확히 그 반대의 행위에 해당한다.

4

물론, "모던한 비판에서 포스트모던한 니힐리즘으로 가는 이론적 이행은 없다"[8]는 랑시에르의 분석은 일면 타당하다. 벤야민의 말처럼

6   같은 책, p. 69.
7   히로세 준, 「맑스 없이 코뮤니스트가 되는 것은 가능한가?」, 『혁명의 철학』, 은혜 옮김, 도서출판 난장, 2018, p. 189.
8   자크 랑시에르, 같은 책, p. 65.

사물과 사람들의 거리는 급격히 압축되었지만 랑시에르의 말처럼 실재와 비평가의 거리는 여전히 소멸되지 않았다. 모던에서 포스트모던으로 이어지는 비판은 세계를 텍스트로 바라보는 절대적이고 회복 불가능한 거리를 마련했다. '실재 찾기'를 수행하는 첫번째 프레임과 '실재들'을 유희하는 두번째 프레임의 공통점은 공간적 차원에서의 '거리'이고, 둘 사이의 차이점은 모더니즘 예술과 포스트모더니즘 예술의 차이처럼 진지함과 가벼움, 한정과 개방, 좀더 중립적인 용어로 말하자면 '정지' 상태와 '운동' 상태일 것이다.

그렇다면 이와 같은 방식으로, 핼 포스터가 시기별로 구별한 '실재를 바라보는 프레임'을 추상화·형식화하여 공시적인 '비판의 형태학적 분류'로 전환해볼 수도 있다. 눈에 보이는 것이 실재 그 자체라고 믿는 소박한 실재론자들을 제외하면, 언제나 비판은 실재와 주체 사이의 관계를 고유한 방식으로 정립하고 활성화한다. 그러니 실재를 보는 첫번째 프레임을 '거리-정지'의 비판, 두번째 프레임을 '거리-운동'의 비판이라 명명할 수 있다. 모더니즘과 포스트모더니즘의 관계가 대립인지 연장인지 언제나 모호한 것은 이렇게 형태상의 공통점과 차이점이 마치 데칼코마니처럼 대칭을 이루기 때문이다. 그렇다면 이제 세번째, 실재를 외상으로 대하는 프레임을 어떻게 분류할지 알아챘을 것이다. 외상적 실재 앞에서 주체가 보여주는 충격의 정동은 거리를 삭제한다. 1990년대와 2000년대 포스트모더니즘의 질주를 통과한 후 2010년대 한국문학이 보여준 '실재의 윤리'처럼, 외상적 주체는 실재의 귀환에 충격을 경험하고 끝없이 침잠하는 절대적 윤리를 보여준다. 따라서 실재를 바라보는 세번째 프레임은 '몰입-정지'의 비판에 해당한다. 거리는 더이상 다른 층위로 갱신되지 못한다. 거리는 폐기되고, 주체의 특권은 외상적 실재 앞에 몰입해야만 가까스로 보장된다.

이제 거리/몰입, 정지/운동을 x축과 y축으로 삼아 위치와 운동 상태의 좌표계를 그려보면 가능한 한 가지 쌍이 남는다. 마지막 사분면에 해당하는 '몰입-운동'이다. 한번 상상해보자. 여전히 사물들은 거리를 확보할 수 없이 압도적이며 미디어는 범람한다. 비평가의 특권적 위치가 재용인된 것도, 통일된 이념이나 보편적 세계상이 정립된 것도 아니다. 그런데 주체는 이제 정지 상태에 머무르기를 거부한다. 실재의 귀환 앞에서 주체는 가장 위축된 상태로, 동시에 외상의 증인으로서 특권적으로 복권되었고, 바닥을 친 주체는 서서히 몸을 풀고 움직이기 시작한다. 윤리적이면서도 행동력을 갖춘, '포스트-외상적 주체'라고 부를 만한 주체가 등장한다.

5

실제로 핼 포스터는 최근 10년 사이 실재를 바라보는 새로운 태도가 나타났다고 언급한다. 은폐되거나 부유하는 실재도, 충격과 공포 속에서 귀환한 실재도 아닌 "염려하며 보살펴야 하는 연약한 구성물로 실재를 보는 관점"[9]이 등장했다는 것이다. 이 네번째 프레임이 '포스트-외상적 주체'의 '몰입-운동'의 비판에 해당할 것이다. 최근 문학과 미술을 비롯한 예술의 전 영역에서 아카이브를 구축하거나 모큐멘터리를 제작하는 시도가 자주 나타나는 것은 이와 같은 맥락에서 이해할 수 있다. 이제 작가들은 '해체'의 전략을 택하기보다 '재구성'의 노고를 감당하기로 한 것처럼 보인다. 실재를 '보살펴야 하는 구성물'로 여기며 새로운 현실을 재구성하는 이 같은 '몰입-운동'에는 냉소 대신 성실함이 수반된다.

9   핼 포스터, 같은 책, p. 224.

평단에서 많은 주목을 받았던 정지돈, 한정현, 서이제, 신종원 등의 아카이브 서사뿐 아니라 SF 장르의 약진, 대안적 여성 서사의 유행, 역사 서사의 재등장까지, 재현 뒤에 은폐된 현실을 드러내는 대신 재현을 통해 현실을 재구성하거나 발명하는 흐름은 분명 존재한다. 비판적 예술과 담론이 공격 대상으로 삼았던 자들이 역으로 그 메커니즘을 습득하여 현실을 기각하는 상황에서, 일군의 예술가들은 전통적인 비판 방식보다 "위계화된 현실의 질서를 무력화시키고 평등한 위계를 산출하는 정보들로 구성된 서사를 발명함으로써 새로운 현실을 창조해내"[10]는 것이 더 유효한 전략이라고 판단한 것처럼 보인다.

내게는 신유물론으로 총칭되는 최근의 이론적 경향 역시 실재를 염려하고 돌보는 네번째 프레임에 해당하는 것으로 보인다. '언어적 전회'가 비판적 담론이 작동할 수 있는 메타적 좌표를 설정하는 데 유효했다면, '사물로의 전회' '존재론적 전회'는 비인간, 사물, 객체와 연결된 새로운 실재를 만들어내고자 정성을 기울인다. 이 점은 "비판가는 폭로하는 사람이 아니라, 집결하는assemble 사람"[11]이라는 브뤼노 라투르의 글에서 더욱 분명해진다. 라투르는 피에르 부르디외로 대표되는 기존의 비판이 싸우지 않을 사람들끼리 싸우게 만들고 진짜 싸워야 할 사람들에게 강력한 무기를 제공하는 전략적 실패를 초래했다고 보며, 이제 그와 같은 형태의 비판을 고집하기보다 "고집스러울 정도의 실재론적 태도"를 유지하는 편이 더 유용함을 지적한다. 라투르 역시 강한 어조로 '비판을 비판'하지만, 두번째 프레임의 비판을 관습화하고 일반화한 뒤 모든 비판을 우상파괴하듯 청산해버리는 랑시에르와는 조금 다른 톤을 보여준다. 그는 전략적인 평가와 분석의 차원

---

10 이은지, 「편집과 연출—아카이브 서사의 가능성과 한계」, 『뿔』 2022년 상권, p. 477.

11 브뤼노 라투르, 「왜 비판은 힘을 잃었는가? 사실의 문제에서 관심의 문제로」, 『문학과사회』 2023년 가을호, 이희우 옮김, p. 298.

에서, 그러니까 "적어도 한 세기에 한 번 새로운 비판적 도구를 고안하자는 말이 우리 지적 생활의 집합체에 너무 지나친 요구는 아니"[12]지 않냐며 읍소하듯 논리를 전개한다.

6

그러나 네번째 프레임만 작동하는 것은 첫번째 프레임만 작동하는 것보다 더 위험할 수도 있다. 우리가 만들어진 실재를 쉽게 목격할 수 있는 곳은 '마블 세계관'처럼 대중 서사가 선보이는 다양한 '세계관'의 전시장이다. 언젠가부터 세계가 존재하고 그에 대한 세계관이 만들어지는 것이 아니라 세계관이 존재하고 그에 맞는 세계가 구축되고 있다. 모두의 것이 엄존하고 각자의 것이 생성되는 것이 아니라 각자의 것이 정해지고 그에 부합하는 모두의 것이 제공된다. 그리고 이렇게 빚어진 세계는 어떠한 비판도 튕겨낼 수 있는 방패를 얻는다. '그 세계관에서는 그렇다'는 말이나 '서로 세계관이 달라서 그렇다'는 말은 실은 아무런 의미도 갖지 않는 말이지만 그 자체로 완벽한 알리바이가 된다. 그러니 첫번째와 두번째의 프레임이 존재하지 않으면, 다시 말해 어떤 식으로든 '거리'가 확보되지 않으면 네번째 프레임은 자족적인 망상 체계를 다양하게 구축하는 것에 만족할 위험이 있다.

또한, '평평한 존재론'이라는 말이 암시하듯 신유물론의 '몰입-운동'이 동등한 층위에서 수평으로 확장하는 움직임에 가깝다면, 수평과 수직을 가로지르며 난폭하게 질주하는 방식도 얼마든지 가능하다. '몰입'과 '운동'이 쌍으로 결합했는데 반드시 착한 놈만 나오라는 법은 없

---

12 같은 책, p. 311.

다. 훨씬 더 위험하고 거친 놈도 나올 수 있다. '거리-운동'인 포스트모더니즘 예술에서 무게를 느낄 수 없이 부유하는 움직임만큼이나 비약적인 속력으로 탈주하는 움직임도 존재했던 것처럼, '몰입-운동' 역시 스펙트럼이 넓을 것이다. 아니, '몰입-운동'은 '거리-운동'과 달리 거리감 없이 몰입된 상태이기에 더 격렬한 폭주를 보여줄 수 있다. 최근 '가속주의'라는 이름으로 등장한 일련의 흐름이 정확히 이에 해당하는 예시가 될 것이다.

가속주의자들은 '평평함' 따위는 거부한다. 그들은 자본주의를 파쇄하기 위해 자본주의의 모순을 비판하거나 반성하거나 저지하는 대신 오히려 그것을 강화하고 가속화해야 한다고 주장한다. 이렇게 정동이 흘러넘치는 고속 질주에는 당연히 잠재성과 위험성이 동시에 존재할 수밖에 없다. 복잡한 맥락이 존재하긴 하지만, 트럼프의 당선에 기여한 대안 우파 닉 랜드부터 얼마 전 스스로 목숨을 끊은 좌파 비평가 마크 피셔까지 모두 가속주의의 울타리 안에 포함된다. '대안적 사실'을 만들어내고 인종혐오를 일삼는 극우파부터 시장 친화적인 기술 유토피아주의자, 세계의 멸망을 기다리는 오컬트 집단, 극단적인 무정부주의자에 이르기까지 가속주의자는 기이할 정도로 넓은 범위에 걸쳐 있고 정합적인 실천을 일관되게 유지하지도 않는다. 물론 애당초 그럴 이유도 필요도 없다. 세계를 분쇄하고자 가속된 몸짓을 할 때 지속성과 안정성은 중요한 기준이 될 수 없다. 그래서 가속주의는 아무리 세계를 구원하고픈 강렬한 갈망에서 출발했어도 본질적으로 자기 파괴적인 속성을 보인다.

그럼에도 가속주의에 모종의 매혹이 있음은 부정할 수 없다. 만약 가야 할 방향을 확실히 정하고 다른 프레임들을 중첩시켜 실행한다면 가속주의는 꽤 강력한 비판이 될 수도 있다. 예컨대, 온갖 죄악의 온상으로 취급받지만 그렇게 비난하는 이들 역시 은밀하게 즐기는 유튜브를 생각해보자. 사용자에게 자괴감과 죄의식까지 불러일으키는 유튜브에 대해 가속주의자는 그것이 "내재적으로 자본주의적"인 것은 아니라고, 오히려 "자본이 본질적으로 기생적이라는 마이클 하트와 안토니오 네그리의 주장을 입증해"[13]준다고 말하며, 유튜브의 배후에 있는 '협동적인 욕구'를 가속화할 것을 주장한다. 언뜻 상황주의를 연상시키는 가속주의자들의 실천은 미학적 실험으로 수렴될 수도 있고, 정치 신학에 기대지 않는 "오늘날의 코뮤니즘 과업에 적합"[14]한 대안일 수도 있다. 또한, 태그를 반복하며 "'#가속하라'를 맹목적으로 옹호"하는 온라인 폭주족들에게는 금세 타올랐다 사그라지는 힙한 유행일 수도 있고, 신중한 학자들에게는 "신미래주의적인 파시즘적 사기극"[15]처럼 보일 수도 있다. 중요한 것은, 아무리 강력한 실재론자가 된다고 할지라도 그 힘만으로는 어떠한 가치도 담보할 수 없다는 것, 그 연결과 구축에 비판이 부재한다면 그것은 시류에 어울리는 힙하고 화려한 수사로 장식된 제자리걸음에 그칠 수도 있다는 사실이다. 그럼에도 가속주의가 불러일으키는 매혹에 대해 한마디 더 보태자면, 누구나 혼자서 조용히 신유물론자가 될 수는 있지만 그런 방식으로 가속주의자가 될 수는 없다는 것이다. 가속주의자가 되기 위해서는 꽤 큰 판돈을 내놓아야 한다.

---

13   마크 피셔, 『자본주의 리얼리즘―대안은 없는가』, 박진철 옮김, 리시올, 2018, p. 151.
14   안토니오 네그리, 「「가속주의 정치 선언」에 대한 성찰」, 『#가속하라―가속주의자 독본』, 로빈 맥케이·아르멘 아바네시안 엮음, 김효진 옮김, 갈무리, 2023, p. 357.
15   퍼트리샤 리드, 「가속주의에 대한 일곱 가지 처방」, 같은 책, p. 502.

7

김연수의 소설 「다시 한 달을 가서 설산을 넘으면(이하 「다시 한 달」)」(2005)과 「이토록 평범한 미래(이하 「이토록」)」(2022)는 실재를 바라보는 프레임의 변화를 뚜렷이 보여준다. 전자는 여자친구이고 후자는 엄마, 전자는 1980년대이고 후자는 유신 시절이지만, 둘 다 엄혹했던 시절 사랑하는 사람의 자살을 경험하고 그 죽음의 이유를 곱씹는 남겨진 사람들의 이야기다. 여기에는 어떤 방식으로든 추론과 상상, 상상과 사실, 사실과 진실 사이의 관계가 수립될 수밖에 없다. 먼저, 「다시 한 달」에서 여자친구의 유서에 담긴 진의를 파악하기 위해 히말라야까지 간 '그'와 '그'의 실종 이후 그가 남긴 기록을 보며 그의 마음을 짐작해보는 '나'는 "원문이 사라졌으므로 우리가 상상하는 모든 문장은 원문이 될 수 있"다는 낙관과 "주석이란 선택할 수 있는 많은 해석 중에서 가장 많은 사람들이 합당하다고 생각하는 해석을 채택하는 일에 불과하"[16]다는 낙담 사이에서 괴로워한다. 반면, 근작 「이토록」의 주인공들은 행복한 미래에 무사히 도달한 뒤 과거를 회고한다. "이제는 안다. 우리가 계속 지는 한이 있더라도 선택해야만 하는 건 이토록 평범한 미래라는 것을. 그리고 포기하지 않는 한 그 미래가 다가올 확률은 100퍼센트에 수렴한다는 것을." 그들은 "엄마도 이토록 평범한 미래를 상상할 수 있었다면 좋았을 텐데"[17]라고 말하며, 간절히 믿고 상상하는 것은 결국 현실로 이루어진다고 확신한다.

'진실은 해석에 달려 있다'는 희망과 '진실은 끝내 찾을 수 없다'는 절망 사이에 끼여 재현의 (불)가능성을 포기하지 못했던 불가지론자

16 김연수, 「다시 한 달을 가서 설산을 넘으면」, 『나는 유령작가입니다』, 창비, 2005, pp. 143, 151.
17 김연수, 「이토록 평범한 미래」, 『이토록 평범한 미래』, 문학동네, 2022, pp. 34~35.

가 '실재하는 미래'의 희망을 전파하는 '미래완료주의자'가 되기까지, 20년은 긴 시간일까 짧은 시간일까. 아무리 설산을 넘어도 알 수 없던 그녀의 마음이 미래완료로 해명되어버리는 것에는 어딘가 허탈한 구석이 있다. 정말 우리에게 '이토록 평범한 미래'가 주어질지 그 여부는 차치하고서라도, 역사적 시공을 살고 간 한 사람의 고통과 자살이 '평범한 미래'가 올 줄 몰랐던 정확히 말해 '믿지 못했던' 이의 안타까운 자기 포기로 해석된다면, 그것은 마치 역사적 시간성을 동시대성으로 한꺼번에 감싼 후 과거와 미래를 손쉽게 현재화하는 것밖에 되지 않는다. 시대의 폭력 속에서 죽어간 자들을 미래를 믿지 못해 낙담한 자들로 취급하면, 과거의 고통은 불신자의 미망으로 해석 완료되고 만다.

대문자 역사를 의문에 부치고 사실의 영역을 가능성의 영역으로 분산시키던 포스트모더니스트 김연수는 한 가지 가능성의 영역을 실재의 영역으로 옮겨와 믿고 돌보는 자가 되었다. 아마 그사이 6년여 간의 침묵에는 '세월호'로 상징되는 외상적 실재의 귀환이 놓여 있으리라 짐작해본다. 2000년대 김연수의 소설은 '거리-운동'인 포스트모던 역사 서사로서 공인된 역사를 하나의 재현으로 바라보고 '거리-정지'인 근대적 역사관을 향한 비판을 수행했다. 그리고 몇 해간 '몰입-정지'의 어둠에 머물렀고, 이제 바람직한 실재를 창출하고 돌보는 '몰입-운동'으로 이동했다. 랑시에르가 첫번째 프레임에서 두번째 프레임으로의 이동이 둘 사이의 공통점을 의미한다고 보았던 것과 달리, 프레임 간의 이동은 어느 쪽으로든 그리 어려운 일이 아니다. 네 종류의 프레임을 통시적인 단계 대신 공시적인 형식으로 보면, 두 쌍의 이항 대립으로 이루어진 좌표계는 언제든 상하좌우 이동이 가능하다. 물론 이 변화를 둘러싼 맥락을 탈역사화하자는 말은 아니다. 다만 이항 대립은 특정한 시대를 초과하는 유구한 속성을 지닌 형식이고, 이미 성립된 프레임들은 공시적으로도 작동할 수 있음을 환기하려는 것뿐이다. 앞으로 김연수의 소설이 언제 어느 좌표로 이동할지는 알 수 없고, 다른 작가들 역시 그 이동 여부나 방향은 제각각일 것이다. 더구나 소설이 아닌 현실에서라면 더더욱 상황은 복잡하고, 네 종류의 실재와 비판은 필요에 따라 끊임없이 중첩되고 변형되며 움직일 것이다. 그러니 비판을 '이후'의 틀로 다루는 태도에는 지나치게 깔끔한 선형의 회로가 작동하는 건 아닌지 의문에 부칠 필요가 있다.

8

내게 비판이라는 말은 규정된 한계를 지닌 말이 아니라 어떤 맥락에서 누구에 의해 이루어졌느냐에 따라 완전히 다른 의미를 지닌다. '비판에 대한 비판'은 누군가에게는 비판이론의 효력 상실에 대한 불만일 수도 있고, 누군가에게는 페미니즘을 비롯한 정체성 정치의 언설에 대한 경계일 수도 있고, 누군가에게는 음모론을 쌓아가는 진영주의에 대한 단죄일 수도 있다. 물론 누군가에게는 이 모든 것이 '피곤한 비판'으로 묶일 수도 있지만, 이 경우 자신의 비판 역시 그 비판에 포함된다는 점에서 설득력을 얻기 어렵다. 그러니 비판에 대한 한계를 주장하기 전에 구체적인 맥락에서 이루어진 특정한 비판에 대해 검토해볼 필요가 있고, 그때 중요한 기준 중 하나는 그 비판의 유효성이다. 그렇다고 해서 유효성이 없다는 이유로 비판을 단죄한다는 말은 아니다. 비판은 가성비를 따지는 행위가 아니며, 그 실패는 비판자의 능력 부족에서 기인하기보다 더 이상 이해관계를 넘어서는 어떠한 가치도 담보되기 어려운 오늘날의 세계, 온갖 미디어에서 온갖 이야기들이 쏟아져 나오는 유례없이 과잉된 세계에서 연유하는 면이 크기 때문이다. 비판이 힘을 잃은 것은 원인이기보다 결과에 가깝다. 그런 이유로, 비판에 대한 한정된 정의에서 출발하여 그렇게 특정된 비판을 평가하고 그 비판이 수행된 맥락에 관해 고루 분석하는 시도가 아니라면, '비판에 대한 비판'은 다소 편의적이고 비겁하게 들린다는 사실을 부정할 수 없다.

  나는 대학원에서 부르디외의 책을 읽고 자유로움을 느꼈다. '선언문의 시대'를 살아본 적이 없어서 내가 어떤 사람인지 설명하기 위해 내놓을 것이라곤 취향밖에 없었다. 어떤 스타일의 옷을 입고 어떤 유머를 구사하고 어떤 작가를 좋아하고 심지어 어떤 정치적 입장을 갖는지조차 모조리 애호의 수준에 불과했지만, 더없이 소중한 것들이었다.『구별짓기』를 읽으면서 나는 내가 가진 것이 아무것도 아니라는 점, 나다운 것들을 보며 느꼈던 자부와 나답지 않은 것들을 보며 느꼈던 혐오가 실은 대수롭지 않다는 점을 알았다. 나를 설명해온 항목들이 그리 대단치 않을 수도 있음을 알게 된 경험은 나 자신을 "한편으로는 원한의 주체로, 한편으로는 죄책감의 주체로 분열"시키거나 "**위아래**라는 틀에 사로잡히게"[18] 만들지 않았다. 나를 감싸고 있는 좌표들을 대단하게 모시지 않아도 된다는 것, 타인들이 지닌 낯섦을 격하하거나 동경하지 않아도 된다는 것은 지금까지도 나를 지탱하는 힘이 되었다. 그때의 내게 '그 비판'은 정확히 필요한 것이었다. 누군가에게는 돌봄이 아닌 파괴가 해방일 수도 있다. 그럼에도 여전한 나의 애착과 선호를 얼마만큼의 거리에서 바라보고 긍정해야 하는지, 아무리 노력해도 도무지 호감을 느낄 수 없는 것들에 대해 얼마만큼의 거리를 조정하고 숙고해야 하는지, 그 폭과 깊이를 고민하는 작업은 당연히 남는다. 이론은 역사적 지평에서 그러하듯 이론을 받아들이는 한 사람의 삶에서도 한계가 분명하다. 이론은 좁고 뚜렷한 파장의 빛으

---

18 이희우,「비판이 오래 가르쳤지만 배울 수 없었던 것들」,『쐒』 2023 하권, p. 95, 강조는 원문.

로 넓은 어둠 속에 등대처럼 서 있지만, 그 빛으로 어둠을 해소할 수 없을뿐더러 바로 그 어둠에 의해 가시화되고 가치를 부여받는다. 어둠 때문에 빛을 폐기할 필요도, 빛 때문에 어둠을 숨길 필요도 없다.

비판이론의 세례 속에서 자라 '의심의 해석학'을 구사하는 데 능란한 비평가들에게 죄의식을 불러일으키는 비판만 존재한다고 생각지 않는다. 애초부터 예술의 분야에서 이루어지는 비판은 관심과 애정으로부터 자유로울 수 없다. 애정에도 불구하고 솟구치는 비판이, 비판에도 불구하고 어찌할 수 없는 애정이 존재한다. 문학이 물신이라고 지적하기 위해 글을 쓰는 비평가를 상상하긴 어렵다. 누군가 문학의 이데올로기성을 말하면 나는 그렇지 않음을 이야기할 것이고, 누군가 문학의 위대함과 무구함에 대해 말하면 그때도 나는 그렇지 않음을 이야기할 것이다. 비평가란 대체로 그런 존재다. 그러니 사물이라는 말은 상품이라는 말과 동시에 등장해야 한다. 그렇지 않으면 그것이 페티시즘으로 전락할 수 있음을 기억해야 한다. 비인간 행위자라는 말은 구조의 공고함과 동시에 말해져야 한다. 그렇지 않으면 그것은 인간이 책임져야 하는 영역까지 인간과 별개인 것처럼 '대우'하는 우아한 면피로 귀결될 수 있다. 중요한 건 언제나 우월성이 아니라 복잡성이고, 모든 이론은 배율이 정해져 있다. 원자와 세포 단위의 생기를 포착하는 이론이 우주의 진공을 감당할 순 없는 것처럼, 우주의 막대함에 대해 사변하는 이론이라 해도 비루하고 모순적인 현실을 해명해줄 순 없다. 비판은 지금 여기에서 모순을 포함하여 한정적으로 구성되고, 그런 의미에서 임상과 유사하다. 푸코의 말처럼, 비판은 특정한 이념이나 진리를 일컫는 것이 아니라 "이런 식으로, 또 이런 대가를 치르면서 통치받지 않으려는 기술"[19]이고, 그 기술은 당연하게도 현재 상황에 맞는 유연

19　미셸 푸코,「비판이란 무엇인가?」,『비판이란 무엇인가?/자기수양』, 오르트망 심세광·전혜리 옮김, 동녘, 2016, p. 45.

함을 반드시 포함한다. 그렇다면 어디에 '포스트'를 붙여야 하는가. 포스트의 명명은 언제나 포스트의 자리를 차지하는 것에 대한 욕망과 결부되어 있고, 내게 의미 있게 읽히는 포스트는 '포스트-자본주의'이지 '포스트-비판'은 아니다. 자본주의 이후를 상상하고 기획하고 실천하기 위해 우리에게 필요한 것들은 여전히 충분치 않아 보이고, 그러므로 사유를 멈추지 않는 한 '비판 이후'는 없다.

나의 아름다운 사물들
― 신유물론과 비평에 관하여

1

　학생들과 한국문학에 관한 토론을 하면 언제나 등단 제도에 대한 비판과 계간지보다 더 열린 매체를 지향해야 한다는 주장을 듣게 된다. 그리고 이렇게 제도 전체를 비판하는 이야기가 나오면 마치 최종 정답이 등장한 듯 아무도 반대 의견을 내지 않는다. 대개 학생들은 등단자 중 문예창작학과나 국문학과 출신의 비율이 높다거나 출판 시장이 순문학 중심으로 돌아간다는 등의 예시를 들며 한국문학의 폐쇄성을 이야기한다. 그럴 때 나는 정말 궁금해진다. 특정한 분야가 과연 폐쇄성을 띠지 않고도 지속성과 안정성을 지닐 수 있는가. 다른 분야와 비교하여 문학의 폐쇄성이 유의미하게 높은가. 나 역시 지금의 분과 학문 제도에 많은 문제와 한계가 있다고 생각하지만, 이제 막 문학 제도에 진입한 이들조차 제도의 존재 자체에 대해 비판하지 않으면 윤리적이지 않다고 느끼는 점은 조금 신기하다. 우리나라의 대학 진학률을 보면 이제 대학 교육은 의무교육에 가까운 수준에 육박했고, 문예창작학과나 국문학과가 작가 면허를 부여해주는 배타적 권리를 지닌 학과도 아니며, 크지 않은 출판 시장에서 더더구나 문학 독자는 소수에 지나지 않아 누구나 선망하는 분야라고 보기도 어렵다. 그런데도 문학에는 열어두어야 할 장벽과 내려놓아야 할 특권이 그렇게도 많은 걸까. 혹시 별다른 권력이 없기에 내려놓아야 한다고 말하는 방식으로 내려놓을 권력을 소유하는 건 아닐까. 내 경험상 대체로 권력이 있는 자들의 반성은 권력의 유무보다 그 힘을 어디서 어떻게 사용할지에 집중된 경우가 많았다.

나는 등단을 해서 좋았다. 조회 수나 '좋아요'에 기댈 수 없는 길고 지루한 글로 등단했고, 아마 그런 글을 읽어줄 사람은 평론가나 예비 평론가(조금 더 넓혀봤자 소수의 작가, 편집자) 정도일 것이다. 학생들 말대로 등단 제도가 없고 웹상의 열린 공간에 글을 써야 했다면, 나는 좀더 짧고 재기발랄하게, 그러니까 시사적인 관심이 집중된 주제를 선점하여 그에 대한 직관을 빠른 속도로 제시하거나, 유머러스하든 아름답고 유려하든 잘 읽히는 문장을 구사해야 했을 것이다. 그렇게 글을 쓸 수 있는 사람이 없다는 건 아니지만, 안정된 매체를 확보하거나 이름을 얻기 전까지 유동적인 독자의 눈을 한눈에 사로잡을 글을 쓴다는 건 좋은 글 이상의 행운이 필요하다. 창작자 역시 마찬가지라서, 등단 제도가 없다면 일단 출간할 수 있을 정도의 상당한 원고를 써서 여러 출판사의 문을 두드리거나 아니면 모두 웹소설을 써야 할 것이다. 어떤 경제적 지원이나 비평적 관심도 받지 못한 채 오랫동안 홀로 글을 쓰는 일은 누구에게나 쉬운 일이 아니다.

우리나라의 건강보험은 미국식을 선호하는 사람들과 유럽식을 선호하는 사람들 모두를 만족시키기 어렵지만, 미국처럼 돈으로 장벽을 만드는 방식과 유럽처럼 시간으로 장벽을 만드는 방식 사이에서 나름의 절충안을 만들어내는 데 성공했다고 생각한다. 이해 당사자 간의 불만이 없을 리 없지만, 그럼에도 건강보험은 우리나라에서 가장 중요한 복지 제도 중 하나라고 할 만하다. 그리고 내 눈에는 등단 제도와 문예지 시스템 역시 마찬가지로 보인다. 문학인들, 등단 제도, 문학교육 학제, 문학상, 문예지, 출판 산업, 문예 관련 정책 등으로 구성된 문학장은 금융자본주의의 첨병도, 고색창연한 전통과 권위만 고수하는 문단 권력도 아니다. 건강보험이 노년층의 증가와 청장년층의 감소라는 인구 변화에 대응하기 위해 개선하고 대비해야 할 장기 과제를 지닌 것처럼, 문학 역시 종이책 독자가 줄어들고 출판 시장이 위축되는 이 상황에 대한 장기적인 안목과 방안이 필요할 따름이다. 나는 제도 안에서 열심히 읽고 쓰는 이들이 결코 안이해 보이지 않는다. 제도는 얼마만큼 닫혀 있기 마련이지만 바로 그런 이유로 보호의 기능을 갖는다. 제도가 늘 억압적이고 거기에서 벗어나는 것이 해방이라고 전제하는 것은 자본의 힘이 지금처럼 막강하지 않았던 시절로부터 구전된 오래된 믿음 같은 건 아닐까. 제도는 유·무형의 것들이 연결되어 구성된 복잡하고 거대한 네트워크기에, 비록 모두 같은 마음은 아닐지라도 내가 만난 많은 문학인과 그들이 꾸린 조직은 선의와 책임감과 전문성을 갖추고 있었다.

한스 하케의 작업처럼 미술 제도를 비판하는 실천이 미술계에도 하나의 장르처럼 존재한다. 하지만 토마스 히르슈호른처럼 자신이 가진 베이스캠프인 미술 제도를 활용하여 다른 사안에 화력을 집중하는 작업도 얼마든지 존재한다. 나는 후자의 경우에 더 유용하고 급진적인 사회적 실천으로서의 예술이 가능하다고 생각한다. 내가 문학 공부를 시작할 무렵, 내 눈에 비친 '문학하는 사람들'은 유난히 에코백을 좋아하고 무채색을 좋아하는 것만큼이나 자주 강도 높게 반성한다는 공통점이 있었다. 모두가 착할 리는 없을 테니, 그저 가진 것을 활용하는 것보다 가진 것을 반성하는 게 더 익숙하고 쉬워서 그런지도 모르겠다. 그러나 어떤 이유든 간에 문학적 감수성을 지닌 사람 중 지금의 세계가 이대로 유지되어야 마땅하다고 믿는 사람은 아무도 없을 것이다. 내가 서 있는 위치, 문학이라는 제도, 사회와 국가와 자본주의, 이 모든 것이 자명하거나 필연적이라고 생각하는 사람이라면 애당초 비평을 할 생각도 없을 것이다. 그렇다면 지금 비평에서 필요한 것은, 내가 서 있을 곳부터 쳐내는 엄정한 윤리보다 문학까지 삼켜버릴 만큼 강력하고 광범위해서 어떠한 예외도 허용하지 않는 지금의 자본주의를 향해 응전하는 논리를 갖추는 쪽이라고 생각한다. 때때로 내게 한국문학 전체를 향한 묵시록적 질문을 던지는 사람들에게 되묻고 싶어지는 순간이 있다. 저, 시작한 지 얼마 안 됐으니 반성은 좀 나중에 하면 안 될까요.

2

문학의 반성적인 속성 때문인지, 역사적 안목으로 유동하는 동시대 문학과 이론을 접합해야 하는 비평의 특성 때문인지, 문학비평은 내가 아는 한 새로운 이론에 매혹을 가장 잘 느끼는 분야다. 그리고 오늘날은 1960년대 이후 다시 돌아온 이론의 시기, 이론이라는 꽃들을 무성하게 피워내는 불안정한 시대처럼 보인다. 그래서인지 최근의 비평이 페미니즘, 장애, 퀴어 등 비교적 명료한 입장을 세울 수 있는 주제가 아닌, 비평의 전망이나 위치를 메타적으로 살필 때 비평적 단호함은 사라지고 그 자리에 윤리적 망설임과 이론적 모색이 채워진다. 대체로 많은 비평가가 문학 제도, 출판 시장, 독자와의 소통, 미디어 생태계 등 완전히 달라져버린 현재의 맥락에 비평이 어떻게 밀착할 수 있을지 고민하는 동시에 그럼에도 포기할 수 없는 역사적 조망과 비판적 거리를 비평이 어떻게 확보할 수 있을지 고민한다. 비판의 영향력이 붕괴할수록 더욱더 비판이 필요하다고 믿는 감각과 비판자이기에 앞서 새로이 범람하는 세계를 향해 기꺼이 연결되고자 하는 감각. 아마도 이 간극과 균열 앞에서 미학적이고도 수행적인 신유물론의 등장을 바라보는 비평가들의 의심과 기대가 연유할 것이다.

그런 이유로 이 글은 신유물론을 둘러싸고 교차하는 비평의 시선을 톺아보고 싶었다. 그런데 안타깝게도 소설의 경우 신유물론에 기댄 본격적인 비평을 찾아보긴 어려웠다. 인류세에 지녀야 할 새로운 윤리를 언급하거나, 이론적인 탐구 차원에서 신유물론의 입장을 분석하거나, 신유물론의 다양한 이론적 지형을 소개하는 글 등은 보이지만, 실제 소설을 비평하는 경우에는 소설에 등장하는 인간과 비인간의 연결을 소재 차원에서 언급하며 신유물론을 인용하는 정도 외에는 보이지 않았다. 물론 최근 소설에 비인간이 유난히 많이 등장하는 점이나 비인간을 재현하는 방식에 깊은 윤리적 고민이 담겨 있다는 점을 지적하는 분석이 의미가 없는 건 아니지만, 엄밀히 말해 그것은 신유물론을 경유하지 않아도, 심지어 일정한 수준을 갖춘 휴머니즘의 시선으로도 충분히 가능한 비평이다. 신유물론에 기댄 비평이라면 단지 소설에 '신유물론적인' 내용이 등장했음을 짚어주는 차원에서 벗어나 소설의 형식에 어떠한 변화가 존재하는지, 더 나아가 지금의 사회와 역사를 향한 보다 넓고 체계적인 시선이 신유물론으로 어떻게 확보되는지에 관한 분명한 분석과 평가가 이루어져야 할 것이다.

물론 나 역시 지금 우리에게 가장 큰 문제는 자본주의-생태 위기라고 믿어 의심치 않고, 인류세라 부르든 자본세라 부르든 이 전대미문의 시대를 지탱할 윤리적 태도와 각성이 필요하다는 점에는 이견이 없다. 다만 내가 궁금한 것은 일반적인 윤리나 존재론을 초과하여 비평이 기댈 수 있는 이론으로 신유물론이 가능한지, 비평이라는 형식이 신유물론과 얼마만큼 어디까지 조응하는지, 만약 조응할 수 있다면 대신 비평은 무엇을 포기하고 무엇을 얻는지에 대한 것이다. 그런 이유에서 신유물론을 포함한 구체적인 비평과 논쟁이 한국문학에 아직 부족하다면, 나는 지역과 분야를 다소 조정해서라도 본격적인 논쟁의 지점을 확보하고 그 과정을 관찰하려 한다.

3

우리가 살펴볼 장면은 신유물론[1]의 중요한 이론 중 하나인 객체지향 존재론Object Oriented Ontology, OOO의 이론가 그레이엄 하먼과 후기구조주의 이론을 현란할 만큼 전방위적으로 구사하는 미술비평가 핼 포스터와 자타 공인 마르크스주의비평가 프레드릭 제임슨이 벌이는 논쟁이다. 물론 이 논쟁이 실제로 있었던 일은 아니다. 세 명의 비평가가 한 명의 작가를 전혀 다른 시선으로 분석하고 평가하는 부분을 추려 내가 재구성한 논쟁이다. 그렇다고 서로에게 완전히 무관심한 상태로 발표한 글을 그저 편의적으로 모아둔 것은 아니다. 실제로 그레이엄 하먼은 자신의 예술론에서 명백히 핼 포스터를 조준하고 그를 논파의 대상으로 삼는다. 그는 "핼 포스터보다 OOO와 더 다른 누군가를 생각하기는 어렵"다고 밝히며 그만큼 포스터가 자신의 "성찰을 결론짓는 데 완벽하게 돋보이는 사람"이라고 평한다. 하먼은 포스터 역시 "베넷과 라투르 같은, 내가 동지로 여기는 사상가들을 의심"[2]하는 것으로 미루어볼 때 마찬가지의 상황일 거라고 짐작하는데, 그 부분은 내 생각과도 다르지 않다. 한편 제임슨의 경우 나머지 두 사람

---

1 오늘날 신유물론으로 묶이는 다양한 이론들은 각기 다른 입장을 제출하며 때때로 대립각을 세우기도 하지만, 그럼에도 '존재론적 전환' '사물로의 전환'이라는 하나의 흐름으로 묶인 지류들로 파악할 수 있기에 나는 이 흐름을 신유물론으로 총칭할 수 있다고 본다.

2 그레이엄 하먼, 『예술과 객체』, 김효진 옮김, 갈무리, 2022, p. 381.

의 글이 발표된 시기와 상당한 시간차³가 있지만, 그 역시 동일한 작가를 상세히 다룬다는 점, 브뤼노 라투르에 대해 과학적 사실을 손쉽게 '약호 전환'한다고 강도 높게 비판한다는 점⁴에서 이 논쟁에 등장해도 큰 무리가 없을 것이다.

세 사람이 모여든 지점은 미국의 조각가이자 설치 미술가인 로버트 고버, 그는 다양한 사물들을 이질적인 방식으로 조합하여 독특한 분위기와 새로운 공간성을 창출하는 데 탁월하다. 이에 대한 제임슨의 입장부터 살펴보자. 제임슨은 특유의 변증법적 갈지자를 그리는 길고 긴 분석 끝에 고버의 작품이 전형적인 포스트모더니즘 작품과 달리 "해체주의적 작업에 대항하여 새로운 종류의 정신적 실체의 생산을" 하고 있으며 작품이 환기하는 다층적인 의미를 통해 "알레고리 자체의 복원과 재생의 문제"를 활성화한다고 평한다. 낯선 사물들의 조합으로 이루어진 그의 작품은 자연스럽게 감상자에게 "미학적 총체를 창안하라는 명령을 내"⁵린다는 점에서 포스트모더니즘의 해체와 구별되지만 결국 특정한 의미에 고정될 수 없도록 배치되었다는 점에서 비정치적이고 포스트모던한 유토피아 공간을 만든다는 것이다. 그에 반해 포스터는 고버에게 '네오-아방가르드'의 자리를 부여한다.⁶ 포스터는 고버의 작품이 다다와 초현실주의를 '모방'하지만 과잉되고 악화된 방식의 모방을 보여줌으로써 현재의 질서를 폭로한다고

---

3 프레드릭 제임슨의 『포스트모더니즘, 혹은 후기자본주의 문화논리』는 1991년에 출간되었으나, 한국에서는 비교적 최근인 2022년에 완역되었다.

4 프레드릭 제임슨, 『포스트모더니즘, 혹은 후기자본주의 문화논리』, 임경규 옮김, 문학과지성사, 2022, pp. 684~87, 713.

5 같은 책, pp. 320~23.

6 핼 포스터, 『실재의 귀환』, 최연희·이영욱·조주연 옮김, 2010, 경성대학교출판부, p. 68.

평가한다.⁷ 포스터에 따르면, 동시대 미술은 폭력의 잔재나 외상의 흔적을 재현하기 위해 훼손된 신체나 그것을 연상시키는 잔여물을 동원하여 혐오 미술abject art과 언캐니한 설치 작업 등을 발전시켰는데, 고버 역시 '실재의 귀환'이라 부를 수 있는 이 흐름에 속하면서도 소재와 주제 면에서 상당히 광범위하다는 것이다.⁸ 하먼은 고버에 대한 포스터의 비평을 세세히 인용하며 정면으로 반박한다. 하먼은 자신도 "타락한 상징적 질서의 실패를 폭로하는 것에 이의가 없"다고 전제하면서도 그 모든 행위는 "미학적으로 변용되는 경우"에만 합당할 따름이고 "무언가를 풍자적으로 모방하는" 방식으로는 "직서주의literalism를 낳을 따름"이라고 비판한다.⁹ 하먼에 따르면, 고버의 작품은 객체의 독자적이고 독립된 성질을 비유적으로 암시하지 않고 직접 서술해버리기에literal '아름답지' 않은 것이다. 그런 작품으로는 "감상자에게 개별적 책임감이나 죄책감을 생겨나게 하는 데 유용할 것이지만 평범한 도덕적 감각을 넘어서는 자극"을 줄 수는 없다.¹⁰

그러니까 고버는, 마르크스주의자에게는 후기 자본주의의 문화 논리인 포스트모더니즘의 흐름에 속하지만 그나마 의미라는 걸 생산해보려고 애쓰는 예술가이고, 후기구조주의자에게는 아방가르드를 계승한 급진적이고 실천적인 예술가이며, 객체지향 존재론자에게는 예술의 본령인 아름다움을 만들어내지 못한 채 "이미 예측할 수 있는 구호들에 기반을 둔 사회적 영웅주의의 가식"¹¹을 떠는 자다. 여기서

---

7   핼 포스터, 『소극 다음은 무엇?─결괴의 시대, 미술과 비평』, 조주연 옮김, 워크룸프레스, 2022, p. 32.

8   핼 포스터, 『실재의 귀환』, 최연희·이영욱·조주연 옮김, 경성대학교출판부, 2010, pp. 242~43.

9   그레이엄 하먼, 같은 책, pp. 387~90.

10   같은 책, p. 394.

11   같은 책, p. 394.

첫번째와 두번째의 경우에는 비평적 판단에 차이가 있음에도 역사적 관점과 미학적 방법론의 차잇값을 다소 보정하면 어느 정도 통하는 바가 있지만, 세번째의 경우 놀라울 정도로 완벽하게 화해할 수 없는 간극을 보인다. 제임슨이 글을 쓴 시기를 고려하면 당연한 일이겠지만, 하먼이 자신의 진짜 적수로 삼는 것은 포스터다. 그는 명시적으로 선언한다. "포스터에 의해 발탁된 동시대 미술의 주요 경향은 사회정치적 관심사 혹은 혐오스러운 무정형성이 예술 작품의 벽을 뚫고 번질 수 있게 함으로써 예술 작품의 폐쇄성에 저항"하라는 것이지만, 이 같은 "반형식주의 예술은" 우리가 "나아갈 길이 아니"고 같은 의미에서 "비판 이론" 역시 "나아갈 길이 아니"라고. 그는 분명한 어조로 비판의 무용함에 관해 이야기한다. "더 넓은 사회정치적 맥락, 전기적 맥락, 언어학적 맥락 혹은 심리학적 맥락과 단절될 수 없다고 말"하는 "반자율적 태도가" 바로 비판이론이라고.[12]

4

어떤 의미에서 하먼의 선언은 놀라울 만큼 용기 있는 행동으로 보인다. 고버의 작품 앞에서 '비유적인 것'과 '미적인 것'을 느끼는 감상자가 단 한 명도 없으리라고 확신하는 점이나, "추호도 망설이지 않고 아름다움이 예술의 본령이라고 역설"[13]할 만큼 '아름다움'이 보편적일 수 있다고 믿는 점이 특히 그렇다. 그도 그럴 것이 하먼에게 '실재'는 포스터가 라캉의 이론에 기대어 '실재의 귀환'이라 이름 붙인 '외상

12   같은 책, pp. 401~403.
13   같은 책, p. 76.

적 순간'과는 질적으로 전혀 다른 것이다. 객체지향 존재론은 "자율적인 물자체를 명시적으로 수용하지 않으면 철학 혹은 예술에서 후속적인 진전이 더는 없으리라"[14]는 각오에서 출발한다. 이 존재론은 관념, 사물, 인간, 비인간 등 지식으로 환원할 수 없는 모든 것을 객체object로 정의하고, 모든 객체는 기본적인 지식의 형식인 '그것은 무엇으로 구성되었는가'와 '그것은 어떤 행위를 하는가'에 포섭되지 않는 물자체를 지닌다고 보는데, 바로 그것이 객체의 실재라고 주장한다.[15] 그러니 객체에 관한 저 명료한 정의를 미학으로 옮겨 오면, 객체인 감상자가 객체인 예술 작품을 감상하는 순간 발생하는 조합은 그저 감상자와 작품이라는 구성 성분으로 환원되지 않는 "새롭게 조합된 혼성체"가 되고, 예술이란 감상자와 작품을 포함한 '혼성 객체'를 형성하는 일을 일컫는 것이 된다.[16]

하먼의 말대로 모든 것이 객체이고 객체는 물자체를 지니며 그것이 바로 실재라면, 실재가 아름답지 않을 이유가 어디 있겠는가. 그리고 실재의 아름다움이 존재한다면 아름답지 않고 역겨운 예술을 할 필요가 어디 있겠는가. 이와 같은 관점에서 보면, 언제나 망각해선 안 될 물자체이자 실재가 고작 외상의 형태로 등장하는 것은 "빈약한 사람의 실재론에 불과"하다. 하먼에 의하면, "외상은 국소적 효과로서의 용도가" 있겠지만 실재는 "인간에게 정신적 외상을 입히는 것 외에 다른 할 일이 많이 있"[17]으며 "실재적인 것은 외설적이라고 주장"하는

---

14 같은 책, p. 34.
15 그레이엄 하먼, 『비유물론』, 김효진 옮김, 갈무리, 2020, p.79.
16 그레이엄 하먼, 『예술과 객체』, p. 176.
17 같은 책, p. 382.

것은 "라캉과 그 추종자들의 독단"[18]에 불과하다. 이 정도면 하먼이 라캉과 후기구조주의자들에게 상당한 원한을 품은 것 같다고 말해도 크게 틀리지 않을 것이다.

5

 그러나 객체가 선언한다고 규정될 수 있는 건 아닐 것이다. 아무리 하먼이 객체에게는 맥락으로부터 자율적인 실재가 있다고 주장할지라도, "우리가 사는 소비주의 시대의 특징은 세계의 이미지화"이기에 "바위처럼 단순한 요소도 〔……〕 그것이 발견된 것인지 아니면 제작된 것인지 우리는 모를 수도 있"다. 포스터에 의하면, 원본과 사본의 대립을 해체하며 유희를 즐기던 전통적인 포스트모더니즘의 주제는 지금 와서 보니 비교적 간단한 문제였다. 이제 진짜 문제는 "사물과 모형의 구분이 붕괴되었다는 것", 다시 말해 우리에게는 사물과 상품을 구별할 방법도 없을뿐더러 사물과 사물의 사본을 변별할 수도 없고 그 변환 관계나 혼성 관계를 사유할 능력도 부재하다는 말이다. 그러니 사물object은 단순하고 엄연할 수 없다. 사물은 "특수한 동시에 일반적이고, 단일한 동시에 연속적이고, 실제적인 동시에 은유적이라는 점에서 이중적"[19]이다.
 아마도 포스터가 가진 고민이 내가 하먼에게 묻고 싶은 질문과 유사할 것이다. 구성과 행위로 환원되지 않는 것이 객체라면, 그래서 물이나 고양이나 사랑이나 관념이나 모두 객체라면, 자본과 자본주의도

18　같은 책, p. 385.
19　핼 포스터, 『소극 다음은 무엇?—결괴의 시대, 미술과 비평』, pp. 206~207.

객체라고 할 수 있지 않은가. 하먼의 말대로 때로는 행위를 하고 때로는 물러나 있는 자율성을 지닌 것이 객체라면, 행위하지 않을 때도 엄존하고 다른 객체와 새로운 혼성 객체를 형성할 수 있는 것이 객체라면, 분명히 자본은 객체라고 할 수 있을 것이다. 그렇다면 그런 자본과 결합하여 혼성체를 이루지 않은 객체가 존재할 수 있는가. 내 신체를 포함하여 내 눈앞에 보이는 사물과 내가 거주하는 집과 내 다수의 관념이 자본주의와 결합된 혼성 객체일 텐데, 나는 자본과 결합한 혼성체로서의 물자체를 지니는가. 나의 실재는 상품인가.

이런 질문이 하먼에게 '실재'보다 '맥락'을 중시하는 '반자율적 태도'로 보이리라는 것은 잘 알고 있다. 공교롭게도 하먼은 지식으로 환원되지 않는 모든 것을 객체로 규정하면서도 사회적·정치적 문제만큼은 '맥락'이라 말하며 선을 긋는다. 어쩌면 그가 "미학이 모든 철학의 근거"[20]라고 선언하는 것은 이와 같은 탈맥락화의 '맥락'에서 연유할 것이다. 그리고 내 눈에 그 미학은 "객체라는 통화로 거래하고, 그리하여 〔……〕 인간의 상이한 경력들을 어떤 근본적인 객체에 대한 다양한 반응으로 여길 수 있게"[21] 하는 다소 섬찟한 철학이다. 물론 하먼이 이 말을 한 '맥락'은 객체지향 존재론이 인간중심주의에서 벗어나 객체를 기준으로 삼는 이론임을 설명하기 위함이었다. 그러나 하먼의 말대로 맥락에서 독립하여 '객체'로서 이 문장들을 보면, '객체-통화'가 보존되고 유통되고 수거되는 모습이야말로 오늘날의 세계와 썩 잘 어울리는 일원론적 회로도처럼 보인다. 혹은 제임슨과 포스터 식으로 '맥락'까지 고려하여 말해볼 수도 있을 것이다. '객체-통화'를 기준 단위로 삼아 새로운 존재론을 만드는 것은 한편으로는 글로벌

20   그레이엄 하먼, 『예술과 객체』, p. 25.
21   그레이엄 하먼, 『비유물론』, p. 109.

금융자본주의 체제에서 벌어지는 복잡다단한 현상과 구조를 분할하고 식별하기 위한 일종의 편의적 수단인 동시에 다른 한편으로는 이토록 고도로 추상화된 세계에서도 그와 같은 독립과 자율이 가능하다고 믿고 싶은 소원 성취에 해당한다고.

6

비록 접근할 방법이 요원하고 접근하려는 집요함도 갖추지 못했지만, 나 역시 물자체가 있다고 믿는다. 인식론적 차원에서 요청되는 물자체가 아닌, 그와 다른 차원에서 이루어지는 물자체에 대한 탐구가 언제나 필요하다고 생각한다. 그러나 존재론의 차원에서 그토록 매력적인 사변이 실제 비평의 차원에서 보여주는 경악스러울 정도의 보수성은 다시 나를 그 대척점에 서 있는 비평가들의 시선으로 돌아가게 만든다. 분명히 선의에서 시작했을, 냉소주의자나 허무주의자가 되지 않기 위해 이 세계의 실재를 긍정하는 길을 선택한, 윤리적이고 반성적인 태도가 어쩌면 비판이 무화된 시대에 무사히 안착하려는 소망의 작동일지도 모른다는 의심을 하게 만든다.

내게 물자체는 칸트적인 블랙홀로 느껴지기도 하고 라캉적인 실재의 얼룩이나 구멍으로 떠오르기도 하지만 무엇보다 미래로 등장한다. 나에게 미래는 결코 알 수 없는 것, 실재가 재현 불가능한 것처럼 미래 역시 재현 불가능한 것이다. 예측이나 기대와는 전혀 다른 진짜 미래의 얼굴은 누구도 그릴 수 없다. 그러니 다시 말하지만, 나 역시 상품이 아닌 사물이 존재하길, 나와 작품이 만나 혼성 객체를 형성하는 것이 예술의 의미이길 바라지 않는 것은 아니다. 사물이 자본에서 해방되길, 외상이 아닌 방식으로 실재와 조우할 수 있길, 실재가 미래가 될 수 있길 소망한다. 다행히 역사에는 그와 같은 전사가 있었다. 자본주의에서 사적 소유물일 수밖에 없던 상품이 사회주의의 해방된 사물로 탈바꿈되길 꿈꾸었던 저 소비에트 아방가르드 예술가들의 놀라운 실험이 분명히 존재했다.

그러나 그것은 어디까지나 혁명의 일이기도 했다. 자본주의와 휴머니즘에서 벗어나 완전히 다른 차원의 사물을 상상하고 실천했던 미증유의 사태는 단지 예술 사조의 하나로 유행하거나 사변적 이론으로 모색된 것이 아니라 창안과 기획과 구축의 과정으로 등장했다. 그리고 지금, 두번째로 찾아온 '사물로의 전회'는 세계와 사물을 들어 올리려는 것이 아니라 우리의 몸을 숙이려는 것처럼 느껴진다. 사물을 들어 올리는 것과 나의 몸을 숙이는 것은 같은 윤리를 지닐지언정 같은 힘을 지니진 않을 것이다. 사방에 물이 차오르고 불길이 타올라도 여전히 촘촘하고 매끄러운 그물망을 거두지 않는 오늘날의 자본주의 앞에서, 비판 대신 '비판 이후'를 준비하고 사물을 건져 올리는 대신 나를 웅크리는 것은 한편으로 시의적절해 보이고 다른 한편으로 우아하고 멜랑콜리한 투항처럼 보인다. 아무리 생각해도, 내게는 혁명 없이 사물만 돌아올 수 있다는 믿음이 없다.

버티고 움직이고 미끄러지면서
— 최근 한국소설이 그리는 '집'의 좌표평면[1]

1

영화 「노매드랜드Nomadland」(2020)의 주인공 '펀'은 홈리스냐고 묻는 물음에 단 한순간도 망설이지 않고 대답한다. 나는 홈리스*homeless*가 아니라 단지 하우스리스*houseless*야. 실제로 그녀의 여정을 따라가다 보면, 어떤 믿음 하나를 얻을 수 있다. 만약 어느 날 갑자기 타의로 집을 잃을지라도 최소한 노마드가 될지 노숙인이 될지 선택의 기회가 남아 있으리라는 믿음.

그런데 정말, 그런 것이 가능할까. 하우스는 없지만 홈은 있는 상태, 둘이 분리되어도 홈은 훼손되지 않는 상태, 그런 상태가 정말 가능할까.

---

[1] 이 글에서 다루는 작품은 다음과 같다. 이서수의 『헬프 미 시스터』(은행나무, 2022), 이서수의 『젊은 근희의 행진』(은행나무, 2023), 김멜라의 『제 꿈 꾸세요』(문학동네, 2022), 임솔아의 『아무것도 아니라고 잘라 말하기』(문학과지성사, 2021), 위수정의 『우리에게 없는 밤』(문학과지성사, 2024). 인용할 경우 본문에 제목과 쪽수만 표기한다.

2

한국어에서 가정을 의미하는 홈과 실제 주거지나 주거 형태를 의미하는 하우스를 통칭하여 '집'이라 말하는 것과 달리 영어에서는 그 둘을 분리하여 사용하고, 홈에 훨씬 복합적이고 풍부한 의미들을 부여한다. 가정과 아파트를 '집'이라는 말로 동시에 부르는 우리나라와 다르게, 영어권에서는 가정과 국가를 동시에 홈이라고 가리킨다. 이렇게 한 단어가 두 가지 울타리를 모두 의미하기 때문에, 홈은 "항상 그리고 필연적으로 두 가지 형식—가정의 봉쇄적 형태와 국가의 봉쇄적 형태—을 취"[2]하게 된다.

어쩌면 유일한 가족이었던 남편과 안정적인 일자리와 보금자리를 모두 잃고 떠도는 삶을 살기 시작한 편이 여전히 홈이 있다고 믿을 수 있었던 까닭은 여기 있을 것이다. 그녀에게는 적절한 상황에서 셰익스피어의 '소네트'를 읊을 줄 아는 교양이 있고, 전통적인 백인 중산층으로 살면서 구성된 안정적인 정체성이 있고, 다른 사람들과 함께 이야기를 나누고 공감할 수 있는 공동체 의식과 섬세한 감수성이 있다. 영화는 광활한 풍광을 배경으로 그녀의 여정을 따라가며 아름다운 '미국의 자연'이 곧 그녀의 '고향'임을 보여준다. 영화에서 편의 언니가 편을 두둔하며 했던 말, 편이 서부 개척 시대의 '미국적 전통'을 잇고 있다는 말은 얼마든지 더 거슬러 올라갈 수 있다. "우리는 오래고 오랜 전통을 지니고 있답니다. 우리는 칼을 갈고 갑옷을 수리하며 로마 군대를 따라다녔습니다. 〔……〕 우리의 조상은 만물 수선공들입니다. 〔……〕 우리는 과학기술 시대의 만물 수선공들입니다."[3] 이제

---

2   캐롤라인 레빈, 『형식들』, 백준걸·황수경 옮김, 앨피, 2021, p. 118.

3   제시카 브루더, 『노마드랜드』, 서제인 옮김, 엘리, 2021, pp. 85~86.

금융위기 이후 늘어난 노마드들의 존재는 특정한 사회적 현상이 아닌, 유구하고 보편적인 인류의 전통이다. 홈은 하우스로부터 완전히 벗어나, 그것이 문화든 공동체든 자연이든 존재가 거주하는 근원적인 장소가 된다.

그러니 당연하게도 편처럼 '자연스러운' 안정감을 얻지 못하는 사람도 존재한다. 예컨대 『척하는 삶』의 '하타'가 그러할 것이다. 한국계 일본인인 그는 미국에서 이민자로서 마땅히 지녀야 할 매끈한 제스처들을 부단히 습득하여 크게 성공했지만, 안정적인 가정을 꾸리는 일에는 끝내 실패하고 만다. 소설은 칠십 대가 된 그가 번듯한 집과 재산을 처분하고 정처 없이 떠나는 장면으로 마무리되는데, 흥미로운 점은 그가 오랫동안 살았던 집과 마을을 떠나 유랑의 삶을 선택하면서 "마치 귀향을 하듯"[4]이라고 말한다는 것이다. 소설의 마지막 문장이기도 한 이 말의 양가적인 뉘앙스가 번역으로 지워져버렸다고 생각하여 원문을 옮겨보자면, "Come almost home(거의 집에 왔다)". 그러니 아무래도 그를 편과 같은 노마드라 보기는 어려울 것이다. 그는 확고한 홈을 품은 채 낯선 세계를 향해 길을 나선 노마드가 아니라, 평생 홈을 갖지 못했고 지금도 여전히 홈이 아닌 곳에 서 있는 사람이며, 그가 말하는 홈의 의미도 모호하고 역설적이다.

이렇듯 누군가는 생활의 터전을 잃고도 '집'을 잃은 게 아니라고 믿을 수도 있고, 누군가는 안정된 지위와 재산을 갖고도 평생 '집'을 찾아 헤맬 수도 있다. 하지만 홈을 둘러싼 편과 하타의 위치와 태도가 정반대임에도 불구하고 둘이 공유하는 무의식적 믿음이 없는 것은 아니다. 그것은 하우스와 무관한 홈이 있다는 믿음, 심지어 하우스가 없어야 진짜 홈에 가까워지는 것으로 보일 만큼 홈에 절대적인 가치를

---

4   이창래, 『척하는 삶』, 정영목 옮김, 알에이치코리아, 2014, p. 489.

부여하는 믿음이다. 그렇다면 '집'이라는 말에 그 모든 의미를 동시에 품고 있는 우리도 홈과 하우스를 구별해낼 수 있을까. 그리하여 우리 역시 '집' 없이도 '집'이 있을 수 있을까. 몇 가지 경우를 상상해보면 쉬운 일은 아닌 듯하다. 대체로 우리는 어린 시절 가족과 함께 사는 곳을 '집'이라 부르는 데 망설임이 없지만, 결혼하여 새로운 가정을 꾸리게 되면 아무리 유년시절을 보내고 여전히 부모님이 살고 계신 곳이라 해도 더 이상 그곳을 '집'이라 부르진 않는다. 그렇다면 '가족'이 '집'의 기준이냐고 물을 수 있겠지만 꼭 그렇지만도 않다. 만약 당신이 경제적·정서적으로 독립하여 비혼으로 혼자 산다면, 자기 소유의 아파트를 두고 '집'이라 부르기는 쉽겠지만 고시원이나 기숙사를 '집'이라 부르기엔 망설여질 것이다. 우리는 직관적으로 '집'에 담긴 복합적인 의미들을 인지하고 식별해내지만, 그렇다고 하우스와 홈의 층위를 완전히 분리하진 않는다. 대신 그 이질적인 층위들을 미세하게 의식하여 그때그때 가장 정확한 의미를 담기 위해 조율한다.

3

솔직히 말해서, 나는 미국에서도 정말 홈과 하우스가 분리될 수 있는지 잘 모르겠다. 자신을 홈리스가 아니라 하우스리스로, '패배한 노숙인'이 아니라 '탐험가인 노마드'로 소개하는 말은 멋지고 당당하지만, 이와 같은 노마드들의 화법에 대해 영화의 원작인 논픽션 『노마드랜드』의 저자 제시카 브루더는 이렇게 평한다. "초현실적이었지만, 그렇게 놀랍지는 않았다. 결국, 긍정적인 사고방식이란 전형적으로 미국적인 대응 기제이며, 사실상 하나의 국가적인 오락이다."(『노마드랜드』, p. 271) 분명 "여섯 가구에 한 가구꼴로 수입의 반 이상을 주거에 써"(『노마드랜드』, p. 25)야 하는 미국의 구조적인 문제를 모르는 이는 없을 것이다. 금융위기 이후 집을 포기하고 밴을 타고 다니며 단기 노동에 종사하는 새로운 '프레카리아트precariat' 집단이 출현했고, 기민한 아마존은 복지를 제공할 필요도, 고용 안정성을 고려할 필요도 없는 숙달된 노동자들을 성수기에 임시로 고용하는 시스템을 재빨리 구축한다. 한편으로 정부는 노마드들에 대한 감시를 강화하고 실제 거주지를 요구하는 등 통제를 늘려가지만(『노마드랜드』, p. 344), 다른 한편으로는 대부분의 국가가 그렇듯이 불법·편법적인 주거 형태를 일소하려는 강력한 대책을 시행하지 않는다. 이들의 저렴한 노동력이 경제에 기여하는 바가 없지 않기 때문이다.[5] 그러니 언제나 '선택'의 범위는 예상보다 좁고 '자유'의 모습은 생각보다 질서정연하다.

이렇게 구조적인 모순을 길고 상세하게 서술하는 논픽션 『노마드랜드』와 아름답고 광활한 풍경들을 오래도록 비추는 영화 「노매드랜드」의 차이는 무엇보다 영화와 글이라는 형식의 차이에서 기인할 것이다. 나는 책은 한 번 읽고 말았지만, 영화는 몇 번이고 돌려보았다. 아마도 나는 이 영화에서 어떤 위로를 받았던 것 같다. 물론 이 '위로'라는 말이 문학장에서 쓰이는 맥락은 실제 생활에서의 맥락과 매우 다르다는 걸 잘 알고 있다. 현실에서 다른 이에게 위로를 건네는 일은 분명 권할 만한 일이지만, 어떤 소설이 구조적인 모순 속에서 불안해하는 독자에게 위안을 주었다고 말한다면, 그것은 작품의 정직함과 치열함에 대해 부정적인 평가를 내리는 것처럼 받아들여지기 쉬울 것이다. 그러나 실은, 점점 더 모르겠다. 문학에서 위로를 원하는 사람들의 마음이 그렇게 안이하기만 한 것인지. 불안을 더 파헤치지 않고 위로를 선사하는 것이 반드시 치열함을 포기하는 것인지. 어쩌면 누가

---

5 김수현, 『가난이 사는 집』, 오월의봄, 2022, p. 287.

누구에게, 어떤 방식으로 무슨 위로를 건네는 것인지 조금 더 자세히 들여다볼 필요가 있다고도 생각한다. 그러나 여기서 이런 이야기를 하진 않을 것이다. 다만 나는, 영화를 좋아하지도 않는 내가 왜 이 영화를 몇 번이고 반복해서 보았는지, 왜 노마드의 삶에 매혹되면서도 그 매혹을 향해 자꾸 경계심을 품곤 했는지 그 마음의 그물을 최대한 더듬어보고 싶었다는 말을 하는 것이다. 당연하게도 우리에게 해방과 탈출의 욕망과 안정과 귀속의 욕망은 동시에 존재하고, 우리가 사는 이곳은 각자도생해야 하는 비정한 세계면서도 촘촘한 통치가 이루어지는 고도로 체계화된 세계다. 그러니 그 그물의 끝에 엉켜 있는 매듭을 뒤집어보았을 때, 그것이 노마드에 관한 것이 아니라 우리의 '집'에 관한 것이었다는 사실이 그렇게 이상한 일만은 아닐 것이다.

4

어쩌면 그 매듭에 관해 누구보다 잘 알기에, 노마드들은 자신이 노숙인이 아님을 필사적으로 증명하려 했을지도 모른다. 경계에 걸친 상태로 존재한다는 것은 매혹적이고도 두려운 일이니까. 아무래도 홈에 단단히 결속되어 있던 서구적이고 근대적인 주체는 시효를 다한 것 같다. 보편적인 인간으로 상정된 '그'가 '집'으로 대표되는 정서적이고 문화적이고 지리적인 터전을 매개로 '세계'와 자연스럽게 맺어왔던, 상상적이며 상징적이고도 조화로운 관계는 이제 붕괴된 것처럼 보인다. 그러나 모든 것이 완전히 한순간에 사라지는 일은 일어나기 어렵다. 한 번도 겪어보지 못한 세상에서 여전히 품위를 지키며 자신을 보호할 수 있는 이유는, 아이러니하게도 더 보편적이고 더 본질적이고 더 전통적이라고 믿는 홈 덕분이다.

이렇게 하우스와 구별되는 홈에 각별한 의미를 부여해온, 그리고 여전히 그것을 붙잡고 있는 서구의 '보편' 서사와 달리, 우리의 '집'에서 하우스가 차지하는 지분은 결코 작다고 말할 수 없다. 우리 사회에서 '집'은 추상적인 이념이면서 거주와 거래가 동시에 가능한 사물이다. 우리의 규범적인 '집'을 거칠게 말해보면, 그것은 아마도 이성애적·가부장적 질서에 기반한 중산층 가족을 표상하는 동시에 실제 안락하게 거주할 수 있는 질 좋은 주택이자 거래를 통해 차익을 얻을 수 있는 재테크의 수단을 의미할 것이다. 이렇게 이질적인 층위들이 뒤섞이며 머릿속에 쉽게 떠오르는 전형적인 '집'의 이미지는 부부와 자녀로 이루어진 화목한 가족이 편안하게 살 만한 수준의 브랜드 아파트일지도 모른다. 다시 말해, 우리 사회가 이상적으로 여기는 '집'은 가장 비물질적이라고 주장해온 가치들이 가장 속된 논리들과 분리 불가능하게 섞여 있는 상태, 어느 한 축이 무너지면 나머지 한 축도 보장할 수 없는 절묘한 공생 관계이다. 그런 이유로 지금 대한민국에서, '집'이 없는 것은 그냥 '집'이 없는 것이라고 봐야 한다.

그렇다면 지금의 소설들이 '집'을 다루며 어떤 축을 건드리는지, 그 축을 얼마만큼 축소하거나 확대하고 혹은 아예 삭제해버리는지, 그 변화로 인해 어떤 결과가 발생하는지를 살펴보면, 우리 사회의 규범과 모순을 가시화하는 동시에 거기에 순응하거나 협상하거나 저항하는 다양한 실천의 형태들을 식별해낼 수 있을 것이다. 그런 이유로 나는, 실제 주거 수준이나 주거 형태를 의미하는 하우스와 눈에 보이지 않는 유대나 정서를 의미하는 홈을 양 축으로 삼아 좌표계 하나를 만들어보려고 한다. 다소 도식적이지만, 두 축이 교차하는 평면에 소설들의 좌표점을 찍다 보면, '집'을 중심으로 한 어떤 역장이 그려질 것이다. 우선, 주거 수준에 따라 x축을 배치해본다. 고시원, 옥탑방, 쪽방처럼 법적으로 주택이라 할 수 없는 '비주택 주거'가 가장 왼쪽에 있고, 그보다 조금 오른쪽에 주택이긴 하지만 정부가 정한 '최저 주거 기준'에 미치지 못하는 반지하, 비좁은 원룸, 오래된 다세대 빌라 등이 이어질 것이며, 저 오른쪽 끝에는 고급 주상복합 아파트나 단독주택이 놓일 것이다. y축에는 가족이나 연인이나 이웃처럼 '집'을 중심으로 형성되는 비물질적인 유대와 그로 인한 정서적 안정 등을 표시하기로 하자. 그리고 당연히 이 좌표계의 영점은 노숙인이나 일정한 주거지 없이 혼자 생활하는 '집'이 없는 상태를 의미한다.

5

예상했지만, x축의 좌푯값이 큰 소설, 그러니까 넓고 쾌적한 주택에서 '집'에 관해 이야기하는 소설은 극히 드물었고, 그래서 좌표평면의 오른쪽은 아래위 모두 매우 한산하다. 대신 이 좌표계에서 가장 긍정적인 상태로 보이는 소설들은 좌표평면의 왼쪽 상단에 존재한다. 바로 이서수와 김멜라의 소설들이 그렇다.

물론 이 소설들에서도 x축의 좌푯값은 매우 작다. 대체로 '최저 주거 기준'에 미치지 못하는 노후된 다세대 주택, 반지하 셋방, 옥탑방 등이 등장하고, 이에 관한 서술은 가차 없이 현실적이다. "30년 된 15평짜리 낡은 빌라"(『헬프 미 시스터』, p. 17)에 살며 플랫폼 노동에 종사하는 여섯 명의 가족이 "저렴한 방 세 개짜리 집"(『헬프 미 시스터』, p. 335)을 구하려면 조만간 재건축 예정인 반지하 전세를 찾아갈 수밖에 없고, 재건축이 시작되어 급하게 5천만 원짜리 전셋집을 구해야 하는 미조에게 중개업자가 보여주는 집이라곤 "문 열고 엎어지면 벽인"(「미조의 시대」, p. 46) 반지하 원룸밖에 없다. 배달업을 겸하는 프리랜서 작가 가진에게 군산에 있는 3천만 원짜리 아파트는 "최후의 보루 같은 것이어서 절대로 실망하"(「발 없는 새 떨어뜨리기」, p. 114)지 않기 위해 차마 보러 가지도 못하는 꿈 같은 것이고, 비정규직 노동자인 레즈비언 커플 눈점과 먹점은 "여름이면 한낮의 열기가 식지 않아 밤이 되어도 방 안이 푹푹" 찌고 "한겨울이 되면 바깥에 있는 보일러의 파이프가 얼어 온수가 나오지 않"(「저녁놀」, p. 131)는 좁은 옥탑방에 살며 '미니멀 라이프'를 실천 중이다.

그러나 이 소설들의 y축 좌푯값은 비교적 크다. 여기 등장하는 인물들은 자신의 처지를 객관적으로 인식하면서도 주변 사람들과의 애정과 연대를 포기하지 않고, 그들이 서로를 다독이는 모습은 시종일관 유머러스한 문체로 서술된다. 여섯 명의 가족은 "그들에게 딱 맞는 이런 집이 나온"(『헬프 미 시스터』, p. 336) 것도, "그들 모두 포기하지 않고 다시 해보기로 결심"(『헬프 미 시스터』, p. 338)한 것도 전부 '기적'이라고 여기며 서로의 마음을 헤아려주고, '집 같지도 않은 집들'을 보러 다니느라 몸과 마음이 지칠 대로 지친 미조는 그래도 아버지가 평생 모아 물려주신 5천만 원이라는 돈이 적다는 생각을 하지 않도록 "절대로 기죽지 않겠다고 다짐"(「미조의 시대」, p. 31)한다. 가진은 "사람은 자주 만나서 서로를 잘 살펴봐야"(「발 없는 새 떨어뜨리기」, p. 120) 한다는 사영의 말에 함께 군산 아파트를 보러 갈 용기를 내고, 눈점과 먹점은 함께한 시간과 흔적을 소중히 돌보며 언젠가 "배수가 잘되는 세면대가 있고 지붕에 떨어지는 빗소리가 무섭지 않은" 전셋집이 "기적처럼 값싸게 나와"(「저녁놀」, p. 136)주길 희망한다. 그러니까 이들의 좌표계는 비록 넉넉하거나 윤택하진 않아도 아무도 서로를 포기하거나 '손절'하지 않는 낙관적인 세계라고 할 수 있다.

이렇게 이서수와 김멜라의 소설이 낙관적인 면모를 유지할 수 있는 가장 큰 이유는, x축에서든 y축에서든 자신의 좌푯값을 큰 변화 없이 지키고 있기 때문이다. 소설들에 등장하는 '집'은 비록 객관적인 주거 환경은 열악하지만 큰 폭으로 악화되지 않고, '집'을 함께 구성하는 가족이나 연인과의 친밀성이 그대로 유지되거나 좀더 심화되는 모습을 보인다. 애초 이 소설들은 친밀한 사이의 관계를 섬세하게 그려내는 데 가장 큰 공을 들이고 있기에, 비교적 안정적인 유대를 유지하면서 그 사이를 오가는 미묘하고 섬세한 감정들을 포착한다. 그것은 나름의 성숙과 확장을 보여주지만 그렇다고 좌표상의 급격한 변화를 가져오진 않는다. 그렇다면 이 말은 반대로, 어느 한 축의 움직임이 급격하거나 큰 폭으로 이루어질 때, 그것이 전반적인 상승과 개선의 정비례 그래프가 아니라면 비관적이거나 불안정한 상태를 의미할 수도 있다는 말이 된다. 여기 임솔아와 김혜진의 소설처럼.

「내가 아는 가장 밝은 세계」에서 '나'는 지은 지 20년이 넘은 1.5룸 반전세에서 신축 투룸 빌라로, 다시 거기서 피트니스 센터와 실내 수영장을 갖춘 신축 대단지 아파트 22층으로 이동한다. 이동 경로만 보면 '나'는 정확히 x축의 왼쪽에서 오른쪽으로 이동한 것처럼 보인다. 하지만 그리 간단한 문제는 아니다. 알다시피 가족의 도움을 받지 않고 혼자 사는 프리랜서 작가가 몇 년 만에 1.5룸 반전세 세입자에서 22층 신축 아파트의 소유자로 변하는 일은 불가능에 가깝고, 이렇게 점점 더 쾌적한 주택을 얻기 위해서는 서울에서 천안으로, 천안에서 서산으로, 점점 더 남쪽으로 주거지역을 변경해야 한다. 여기서 좌표계를 구성하는 데 곤란한 상황이 발생한다. '나'가 보여준 이중의 이동은 주거 시설과 형태의 개선 정도에 따라 x축의 왼쪽에서 오른쪽으로 갔다고 표시해야 하는 걸까, 아니면 지나칠 만큼 압도적인 인프라를 독차지하고 있는 서울에서 점점 작은 규모의 지방 도시로 이동했기에 x축의 오른쪽에서 왼쪽으로 갔다고 표시해야 하는 걸까. '서울공화국'인 대한민국에서 이런 결정에 모두 동의하진 않겠지만, 그래도 "서울에서 멀어질수록 주거 공간에 대한 희망"(「내가 아는 가장 밝은 세계」, p. 151)이 생기는 것은 분명하므로 x축의 좌푯값이 커졌다고 표시하자.

y축은 어떤가. 여태까지 무표정하게 살았는데 이제는 자꾸 웃음이 나오고, 자신이 아는 한 '가장 밝은 세계'가 문학이기에 글쓰기를 업으로 삼았는데 이제는 전망이 확 트인 "아주 밝은 집"(「내가 아는 가장 밝은 세계」, p. 152)에 살게 되었다. 그렇다면 y축의 좌푯값 역시 커졌다고 말해야 할까. 안타깝게도 이 역시 아이러니한 상황이다. '나'는 약자를 향한 '화살 같은 웃음'과 강자 앞에서의 억지웃음을 모두 거부하며 스스로 '무표정의 세계'를 선택한 사람이었고, 이런 '나'가 보기에 문학은 그런 표정 따위 관리할 필요 없는 '가장 밝은 세계'였다. 그런데 하자가 있는 빌라를 매입한 후 그것을 처분하고 아파트 청약을 시도하는 이런저런 과정에서 '나'는 원칙과 자부의 세계에서 벗어나 그토록 거부해온 '웃음의 세계'와 공모하고, 그렇게 공모 관계를 맺을 때마다 '나'의 의도와 상관없이 번번이 웃음이 새어 나온다. 그러니 웃지 않는 세계에서 웃는 세계로 이동한 것은 y축의 명백한 추락이고, 이렇게 x축이 증가하고 y축이 추락하는 그래프는 당연하게도 완전한 반비례 그래프다. '나'는 점점 넓고 높고 환한 집으로 이동하지만, 그에 반해 자기 자신과 맺어왔던 신뢰와 자부의 관계는 잃어간다. 이처럼 임솔아의 동력학은 지독하게 현실적이고 역동적이다. 그저 최선을 다해 '집'을 지키려 했을 뿐인데, 결과적으로 '나'는 자신의 고유한 세계로부터 급격하게 탈락해버린다.

반면, 김혜진의 소설은 끊임없이 움직이지만 정작 위치의 변화는 거의 없는, 흡사 일정한 진폭을 지닌 진동운동처럼 보인다.「목화맨션」에서 만옥과 순미는 재개발이 예정된 오래된 빌라의 임대인과 임차인으로 만나 8년 동안 가깝게 지낸다. 있는 돈 없는 돈 끌어모아 목화맨션을 매입하고 다른 빌라에 전세로 살고 있는 만옥이 기다리는 건 당연히 재개발 소식이다. 그리고 적지 않은 나이에 오래되고 좁은 목화맨션에 세 들어 살다 그곳에서 신혼살림까지 차리게 된 순미가 바라는 건 조금 더 넓고 좋은 집으로 이사하는 것이다. 서로가 잘되길 바라는 마음은 진심이건만, 매번 재개발 소식은 온 동네를 들썩이게 만들다 꺾이기 일쑤고, 만옥과 순미가 겪는 생활의 불운들은 미묘하게 시간차를 두고 엇갈리며 닥쳐온다. 이 기대와 실망의 진동운동은 꾸준히 반복되어, 어떨 때는 순미가 원해서, 어떨 때는 만옥이 원해서 둘은 재계약을 거듭하며 함께 8년을 보낸다.

그러니 이 소설의 x축은 목화맨션으로 고정되어 있다. 더는 이자를 감당할 수 없어 목화맨션을 팔게 된 만옥이나 목화맨션을 떠나 아마도 비슷한 다세대 빌라로 들어갔을 순미나 둘 중 누구도 x축에 큰 변동이 있다고는 볼 수 없다. 그리고 y축은 성사될 듯 부풀었다가 무산되어 쪼그라들고 마는 '형편'과 '사정'에 따라, 더 가까워졌다가 소원해지기도 하고 조금 야속했다가 결국 이해하기도 하면서, 끊임없이 오르락내리락하다 종내 제자리로 돌아온다. 이동 거리는 막대하나 변위는 거의 없는 운동, 일종의 왕복운동처럼 보이기도 하는 이런 운동이 김혜진의 소설에서 자주 발견된다. 노숙인의 사랑을 그린 데뷔작부터 『너라는 생활』(문학동네, 2020)에 실린 다수의 작품까지, 계급 문제에서 출발할 수밖에 없는 재개발과 주거 문제를 다루되 그 위에 젠더와 세대를 포함한 다양하고 섬세한 필터들을 겹겹이 끼워둔 김혜진의 소설들은 어느 한군데로 가볍게 튀어버리거나 영구적으로 고정되는 대신 복잡하고 육중한 운동을 끈질기게 반복한다. 부단히 움직이지만 '가성비'가 극히 낮은 상태, 쉽게 판단하거나 단언하지 않고 꾸준히 두 점 사이를 진동하는 상태, 이것이 김혜진 특유의 동력학이다.

7

이렇게 '집'을 다루는 소설들의 좌표평면을 살펴보면, '집'이라는 막강한 현실에서 하우스가 차지하는 영역은 홈보다 크면 컸지 결코 작지 않고, 우리 시대의 가장 긴급하고 명백한 문제는 하우스를 둘러싼 극심한 불평등의 문제로 보인다. 소설들은 실제 주거 문제를 둘러싼 구조적인 문제에 집중하면서도 홈의 의미를 새롭게 사유하거나 그것을 지켜내려는 고군분투의 현장을 그려낸다. 그리고 이런 점에서 하우스에 무심하고 홈에서 벗어나려는 위수정의 소설은 독특해 보인다. '집'의 두 축 중 어디에도 말뚝을 박고 버텨보려는 흔적이라곤 보이지 않는다.

「아무도」의 '나'는 이해심 많은 남편과 안락한 집을 가진 삼십 대 중산층 여성이다. '나'는 어린 시절부터 지금까지 특별한 경제적 고충을 겪지 않았고 지금도 안정된 직장을 다니고 있다. 그러니 '나'의 집은 이 글에서 유일하게 좌표평면의 오른쪽 상단에 놓인다. 하지만 '나'는 오른쪽 상단에서 왼쪽 하단으로, 그러니까 상승의 정비례 그래프를 거스르는 방향으로 신속히 내려간다. 돌연 남편에게 별거를 선언하고 혼자 원룸으로 이사한 '나'는 이렇게 말한다. "내가 점점 더 외롭고 고통스러워진다는 것을 이미 알고 있었다. [⋯⋯] 이러려고 집을 나온 거니까."(「아무도」, p. 14) 그러니 이 움직임은 의도적이고 자발적인 추락이다. '나'는 누구나 바라는 '집'에서 출발하여 누구나 '나쁜 방향'이라고 할 만한 쪽으로 급격하게 미끄러져 내려간다. 이 하강의 선이 가리키는 끝은 '집'이 없는 상태인 영점이어서, '나'는 때때로 "집이 없는 사람이 되어 아무거나 먹고 아무나와 자고 아무것도 소중한 것이 없는 상태"를 상상해보곤 한다. 물론 '나'는 자기 파괴적인 이 마음이 "중2병이라거나 배부른 허무주의자라는 비난을 받"(「아무도」, pp. 38~39)을 게 뻔하다는 사실을 잘 알기에 누구에게도 이 은밀한 욕망을 누설하지 않는다.

알다시피 우리의 욕망은 복잡하고 고도로 맥락화되어 있어서, 같은 계급과 직업을 가졌더라도 여성과 남성이 '집'을 향해 갖는 기대가 동일할 리 없고, 같은 여성이어도 기혼 여성과 비혼 여성의 욕망이, 중산층 정규직 여성과 불안한 경제적 상황의 비정규직 여성의 욕망이 일치하기는 어려울 것이다. 예컨대 1인 가족인 비혼 여성의 경우 안전한 주택을 구하는 일이 그리 쉽진 않겠지만, 일단 구하고 나면 그곳을 사적인 장소로 향유할 수 있을 것이다. 반면 오랫동안 페미니스트들이 지적한 것처럼, 가족과 함께 사는 여성의 경우 그 자신이 '집'의 역할을 담당하느라 '집'을 공적인 일터로 인식할 가능성이 크다. 여기까지는 이미 잘 알고 있는 이야기다. 그러나 위수정의 소설은 여기서 더 미끄러져 내려간다. 이 소설이 그리는 좌표의 가파른 움직임은, 그 어떤 불평등이나 부당함이 부과되지 않더라도 우리가 그저 누군가와 함께 사는 '집' 자체를 견딜 수 없게 될지도 모른다는 것을 보여준다. 그것은 새로운 사랑 때문일 수도, 권태 때문일 수도 있지만, 타인은 물론 자신조차 짐작할 수 없는 전혀 다른 무엇 때문일 수도 있다. 자신의 삶을 자연스럽게 받아들이지 못하고 내팽개치고 싶어지는 일은 얼마든지 발생할 수 있다. 불행히도 삶은 반드시 좋은 방향을 향해 움직이지 않고, 스스로 추락하는 사람을 목격하는 일은 결코 드물지 않다.

8

 계급을 이야기하면 젠더와 세대의 문제를 포획하려 드는 것 아니냐는 의심을 받고, 젠더와 세대를 이야기하면 자본주의에 대해 침묵하는 것 아니냐는 오해를 사는 것이, 단지 우리가 편협한 사람들이기 때문이라고 생각지 않는다. 우리는 지나치게 많은 모순이 복잡하게 중첩된 세계에 살고 있고, 그곳에서 다급함과 막막함을 느끼며 이런저런 노력을 기울이는 일은 품위를 지키기보다 강퍅해지기 쉽다. 나는 이 많은 모순 중 어느 것이 더 타당하고 시급한지 따져 묻기보다, 이것들이 나에게 어떤 방식으로 겹치고 연결되는지 살펴보고 싶었다. 그리고 가능하다면 그 안에서 공통의 매듭 같은 걸 발견하고 싶었다. 나의 신체와 거기 깃드는 감정 따위에서 출발하여, 내가 마주하고 관계를 맺어가는 타인들을 관통해서, 지금 이 시대의 제도와 체제까지 연결해볼 수 있는 매듭 같은 것을. 그것이 나에게는 '집'이었던 것 같다. 누구에게나 그렇겠지만, '집'은 내가 사회의 규범성을 습득하고 정체성을 형성할 수 있도록 많은 것을 일러주었고, 나는 그곳에 빼곡히 각인된 것들을 해독하며 내가 이 사회에서 얻어낼 수 있는 것의 범위와 얻지 못하는 것의 범위를 자연스럽게 알아갔다. 이것을 계급이나 정체성이라 말할 수도 있고, 동시에 그것들을 모두 초과하는 것이라고 말할 수도 있다. 언제나 '집'은 이상적인 '집'을 상상하고 구성하는 사유, '집'에서 머무르거나 들어가고 나가는 행위, '집'과 '집이 아닌 곳'이 맺는 관계까지 포함하여 만들어지는 것이니까.
 물론, 그럴듯한 것을 만들었다고 생각하진 않는다. 염두에 두었던 소설들 가운데 일부만을 다룰 수 있었고[6] 그나마도 깊이 다루지 못했

---

[6] 이 글이 그리는 좌표평면의 원점에는 당연히 '노숙'이 놓인다. 나는 가난한 대학생이 고시원, 체대 샤워실, 친구의 기숙사방, 24시 프랜차이즈 식당, 호프집 심야 알바 등으로 잠을 해결하는

다. 그래도 흰 종이에 데카르트좌표를 그리고 좌표점들을 찍으면서 조금 즐거웠던 것 같다. 놀랍게도 동시대 소설들은 주택정책 전문가가 만든 '가난한 집의 계통도'[7]를 현실적이고 정확한 버전으로 상술하고 있었고, 그러면서도 나름의 욕망과 전략들을 드러내며 서로를 보충하고 지지하고 경합하는 역동적인 궤적을 그리고 있었다. 당연하게도 "우리 모두가 같은 고민을 할 필요는 없다. 〔……〕 이런 일은 선례가 필요하다. 그것도 아주 많이"(『헬프 미 시스터』, p. 280). 그러니 어지럽게 놓인 선례들을 정리하고 배치하여 좌표계를 만들고, 그것들을 다시 연결하여 지도를 그려보는 일이 전혀 무의미하지는 않을 것이다. 나로서는 절대 알아채지 못할 무언가를 지나가던 누군가는 쉽게 발견할 수도 있을 테니까.

내용을 담고 있는 서이제의 단편 「(그) 곳에서」(『0%를 향하여』, 문학과지성사, 2021)와 영자신문을 가지고 다니며 밥 대신 커피를 마시는 노숙인으로 한동안 유명세를 탔던 '맥도날드 할머니'를 모델로 한 한은형의 장편 『레이디 맥도날드』(문학동네, 2022)를 영점에 두었다. 그리고 그 영점을 통해 노마드와 노숙인을 연결하며 글의 처음과 끝을 꿰매고 싶었다. 지면 관계상 글은 얼기설기 끝나고 말았고, 다음에 기회가 된다면 몇 편의 영화와 함께 이 주제를 다루고 싶다.

7   김수현, 같은 책, p. 187.

비인간을 사랑하기로 했습니다
— 최근 소설 속 비인간 존재들에 관하여

1

　비인간동물에 관한 글을 쓰려고 소설들을 뒤적이다 엉뚱한 상상에 빠졌다. 근래 발표된 소설에 등장하는 동물들을 모두 가상의 숲에 풀어주는 상상. 잘 살아남을 수 있을까. 먹이 활동도 짝짓기도 무사히 해낼 수 있을까. 도무지 그럴듯한 그림이 그려지지 않는다. 아무리 충분한 식생과 알맞은 기후를 제공해도 생태계가 제대로 성립되지 않을 것 같다는 예감. 생태계를 상상하기 위한 기본적인 조각들이 갖춰져 있지 않다는 확신. 아니, 애당초 내가 숲에 풀어둔 것들이 진짜 '동물'인지 아닌지조차 모르겠다는 의심.
　어쩌면 '동물을' 재현한 소설과 '동물로' 표현된 소설을 한데 뒤섞어버렸기 때문일까. 그 둘을 칼로 베어내듯 잘라낼 순 없겠지만 그래도 좀더 작품 의존적인 좌표 설정이 필요하지 않을까. 우선 분류 작업부터 시작해보자. 스펙트럼의 양 끝을 설정하기 위해 분명하고도 단순한 기준을 정해야 한다. 첫째, 비인간동물과 인간동물을 가로지르는 기준으로서 언어 사용 여부. 인간에게 인간의 말이 있는 것처럼 동물 역시 고유의 의사소통 방법이 있다고 믿어 의심치 않지만, 그것이 인간의 말과 같을 리는 없을 테니 언어 사용 여부는 비인간과 인간의 명백한 기준이 될 것이다. 둘째, '동물을' 재현한 것인지 '동물로' 표현한 것인지 식별할 수 있는 기준으로서 '서식지'의 형태. 사회와 분리된 인간을 온전한 인간으로 상상하기 어려운 것처럼, 동물 역시 태어나고 성장하며 살아가는 모든 일이 서식지에서 이루어진다. 인간이 사회라는 서식지를 포함하여 '인간'으로 구성되는 것처럼, 동물 역시 서식지를 체화하며 구성되므로 '동물'이란 서식지를 포함하는 개념이다.

 그렇다면 이제 스펙트럼을 펼친 후 기준에 따라 세 집단을 분류해본다. 물론 소수의 작품만 대상으로 삼은 데다, 연속된 스펙트럼의 중첩되는 부분을 편의상 분절하였으므로 앙상하고 불완전한 표가 완성될 것이다. 첫번째 그룹은 말을 하지 못하고 서식지를 갖는 비인간동물(『경청』의 고양이, 「아주 환한 날들」의 앵무새), 두번째 그룹은 말을 하지 못하고 서식지가 존재하되 독특하게 창안된 형태로 사는 비인간동물(『골목의 조』의 고양이, 『믿음의 개는 시간을 저버리지 않으며』(이하 『믿음의 개』)의 고양이와 개), 세번째 그룹은 말도 하고 서식지도 자유자재로 이동 가능한 비인간동물(『유령의 마음으로』, 『브로콜리 펀치』에 등장하는 다종다양한 동식물).[1] 여기서부터 다시 시작해보자.

---

1 이 글에서 다루는 작품들은 다음과 같다. 김혜진의 『경청』(민음사, 2022), 백수린의 「아주 환한 날들」(『봄밤의 모든 것』, 문학과지성사, 2025), 송섬의 『골목의 조』(사계절, 2022), 박솔뫼의 『믿음의 개는 시간을 저버리지 않으며』(스위밍꿀, 2022), 임선우의 『유령의 마음으로』(민음사, 2022), 이유리의 『브로콜리 펀치』(문학과지성사, 2021). 이하 본문에서 인용할 때는 제목과 쪽수만 표기한다.

2

> 여러분들은 왜 재료와 그것을 변형시키는 작업을 혼동하려고 하십니까? 〔……〕 꿈에서 유일하게 본질적인 것은 생각의 재료에 작용하고 있는 꿈-작업입니다.[2]

완성된 표에 프로이트의 레시피를 덧붙여둔다. 이 레시피에는 '꿈-작업'과 '꿈-형식'에 관심을 두지 않은 채 '현시적 꿈-내용'을 통해 '잠재적 꿈-사고'만 추출하려 할 때 꿈은 선무당의 해몽이나 분석가의 암시에 불과하다는 경고문이 씌어져 있다. 꿈이 만들어지는 과정에서 중요한 것은 꿈에 '무엇이' 등장했느냐가 아니라 '어떻게' 등장했느냐이고, 이때 가장 대표적인 '꿈-작업'은 압축, 시각화, 전위다. 소설을 꿈이나 증상처럼 일종의 타협 형성물로 읽고자 한다면, 다시 말해 꿈의 형성 과정에서 "필수 불가결하게 덧붙여지는 것이 바로 무의식적인 소원이며 그것을 충족시키기 위해서 꿈-내용이 변형"[3]된다는 사실을 잊지 않는다면, 소설에 등장하는 동물들은 동물이 아닌 것으로 보일 수도 있다. 무엇이 그려졌느냐보다 중요한 건 어떻게 그려졌느냐이고, 이때 이루어지는 번역과 변형의 과정이 '소설-작업'의 핵심이라면 세 그룹의 소설들은 어쩌면 서로 다른 소원을 빌고 있을지도 모르는 일이다.

---

2 지그문트 프로이트, 『정신분석 강의』, 임홍빈·홍혜경 옮김, 열린책들, 2004, p. 306.
3 같은 책, pp. 233~37.

3

첫번째 그룹: 말×, 서식지 ○

> 고양이들은 원래 여기서 살았어요. 여기서 태어났기 때문에 죽을 때까지 여기서 사는 거예요. 제가 불러 모은 게 아니라고요.
> (『경청』, p. 101)

여기 길고양이 한 마리가 있다. 이름은 순무. 밥과 간식을 챙겨주던 초등학생 세이가 붙여준 이름이다. 순무는 여기저기 심한 상처와 눈병과 구내염으로 점점 쇠약해지는 중이고, 우연히 순무와 세이를 알게 된 해수는 순무를 동물병원에 데려가기 위해 매일 공원을 서성인다. 유명한 심리상담사였던 해수는 방송에서 한 배우의 행실에 대해 비판적인 논평을 한 적이 있었는데, 그 후 얼마 지나지 않아 그 배우가 자살하는 바람에 자의 반 타의 반으로 상담사를 그만둔 상태다. 엎친 데 덮친 격으로 이혼까지 하고 혼자 살게 된 해수는 동네를 산책하다가 바쁘던 시절에는 보지 못했던 순무와 세이를 만나게 된다. 경계심 많은 길고양이와 어린아이를 상대하며 해수는 타자와 대화하는 법을 다시 배워간다.

새가 포식자와의 거리를 인지하고 비상하기 시작하는 거리를 비행개시 거리flight initiation distance, FID라고 한다. 이 '존재적 거리'는 종마다 상이한데, 같은 종이라도 상황과 환경에 따라 거리는 줄었다 늘었다 유동적이다. 고양이 역시 마찬가지라서, 순무가 해수에게 허락하는 접근 가능 거리는 좀처럼 줄어들지 않고, 겨우 줄었다가도 어느 날 깜짝 놀라는 일을 겪으면 금세 다시 늘어나버리곤 한다. 어디서 누굴 만나 무슨 이야기를 했는지 기억조차 하지 못할 만큼 바쁘게 말을 쏟아내며 살아왔던 해수는 느린 보폭과 낮은 목소리로 조금씩 순무의 신뢰를 쌓아가며 서서히 거리를 줄여간다. 그러나 알다시피 말할 수 없는 동물과 교감하는 시도는 끊임없이 자기를 투사하는 과정이기도 하다. 해수는 순무를 순무로 바라보기 위해 부단히 노력하지만, "단 한순간도 자신에게서 벗어난 적"이 없다는 한계를 실감하기도 하고, 순무에게 느끼는 감정이 "동정인지, 자신을 향한 끈질긴 연민인지, 인간으로서 갖는 얄팍한 우월감인지"(p. 158) 구분조차 하기 어렵다는 걸 깨닫기도 한다.

그럼에도 시간은 거짓말을 하지 않아서, 순무는 해수에게 "조심스럽고 확실한 유대감"을 "아주 간접적인 방식으로 보여"(p. 157)주기 시작하고, 해수는 순무의 신호를 조금씩 해독할 수 있게 된다. 흔히 인간만이 언어를 사용한다고 믿는 것과 달리 "모든 살아 있는 존재는 기호를 사용"하고 그렇기에 "우리 인간은 다수의 기호적 생명들에 친숙"[4]하다. 그러니 어느 날 해수가 "인간이 아닌 동물에게, 어떤 감정이라고 할 만한, 예감이라고 할 만한 것이 깃들어 있다고 생각하"게 되고 "이런 생각을 하는 스스로에게 놀"(p. 197)라움을 느낀다 할지라도 그건 지극히 자연스러운 일이다. 이러한 상호 신뢰의 과정은 세이와의 관계에서도 유사하게 이루어진다. 한동안 상담 일을 하지 못했던 해수가 오랫동안 따돌림에 시달린 세이의 상담을 시작하면서, 세이가 해수 앞에서 마음을 열고 자신의 이야기를 시작하면서, 소설은 끝을 맺는다.

손가락을 내밀면 앙증맞은 발로 검지와 중지 사이를 계단처럼 걷고, 소파에 앉아 연속극을 보고 있노라면 그녀의 옆에 오겠다며

---

4   에두아르도 콘, 『숲은 생각한다』, 차은정 옮김, 사월의책, 2018, p. 81.

오르지도 못하는 소파 위로 기어오르려고 안간힘을 쓰는 앵무새. 며칠 후, 그녀는 앵무새를 데리고 산책을 나왔다. (「아주 환한 날」, p. 27)

여기에는 앵무새 한 마리가 있다. 은퇴 후 혼자 사는 옥미에게 사위가 잠시만 맡아달라고 부탁한 앵무새. 누군가를 돌보는 일이 편치 않아 딸과의 사이도 서먹한 옥미는 그리 내키지 않지만 차마 사위의 부탁을 거절하지 못해 앵무새를 맡는다. 처음에는 어찌할 바 모른 채 허둥대다 앵무새를 병들게 하기도 했지만, 생수보다 수돗물이 좋다는 것, 외롭지 않도록 하루에 몇 번씩 놀아주어야 한다는 것, 거실 바닥을 걸어 다닐 수 있도록 한 시간마다 새장을 열어주어야 한다는 것 등을 배워가며 정성껏 앵무새를 돌본다. 그렇게 시간이 흘러 어느 날, 문득 옥미는 앵무새가 귀여워 보이기 시작하고, 앵무새의 요구 사항이나 몸짓의 의미 같은 것들을 알아차리는 자신을 발견한다. "작지만 분명한 놀라움이 그녀의 늙고 지친 몸 깊은 곳에서부터 서서히 번져 나갔다."(p. 36) 그러자 그녀는 무언가 쓰고 싶어졌고, "마음을 들여다보는 건 너무 무서운 일"(p. 35)임을 잘 알기에 쉽사리 엄두를 내지 못했던 글쓰기를 시도해보기로 한다.

사람들이 길과 건물 같은 인공물로 구성된 도시를 서식지로 삼는 것처럼, 길고양이나 반려동물의 서식지 역시 도시의 아파트 단지나 골목길 정도의 영역이다. 같은 이유로, 두 소설의 시선은 도보로 산책할 수 있는 동네의 범위를 벗어나지 않고, 동물들은 그 서식지 안에서 자기 방식의 기호를 구사하고 사람의 기호를 해독하며 살아간다. 분명히 이 첫번째 그룹의 소설들은 동물을 사려 깊은 시선으로 정확하게 바라보기 위해 노력한다. 다시 말해, '동물을' 재현했다고 할 수 있다. 그런데 동시에 고양이와 앵무새는 상처받은 어린아이인 세이나 충분한 사랑을 주지 못했던 딸의 은유처럼 보이기도 하고, 그 외에도 평소 주인공이 제대로 보살피지 못한 주변 사람들과 비슷해 보이기도 한다. '꿈의 해석'처럼 말하자면 '압축' 작업이 수행되었다고 할 수 있다. 소설은 지나치게 말이 많았거나 혹은 부족했던 해수와 옥미가 동물과의 교감을 통해 '충분히 귀 기울이지 못한 사람들의 계열체'에 속한 주변 사람들과의 관계를 돌아볼 수 있게 하고, 이 반성의 과정을 통해 두 사람이 말과 글의 힘을 회복하여 정확하고 사려 깊은 언어를 구사할 수 있도록 돕는다. 그러니까 이 소설들이 다루는 근본적인 질문은 동물에 대한 것이라기보다 성찰적 인간이 타자와 마주할 때 수행해야 하는 '마음 독해' 과정에 대한 것이라고 할 수 있다. 물론 그렇다고 해서 이 소설들이 동물을 도구적으로 사용하고 있다는 말은 아니다. 그보다 애초 동물을 재현하는 일은 인간이 자신을 성찰하고 반성하는 일과 필연적으로 분리될 수 없고, 이때 동물은 인간과의 공통점과 차이점을 드러내는 참고 문헌 역할을 맡을 수밖에 없다는 의미에 가깝다. 소설은 인간의 언어로 이루어진 것이고, 소설에서 비인간동물과 소통하며 수행되는 마음의 독해는 인간동물에게 일종의 예시를 제공한다.

4

두번째 그룹: 말×, 서식지△

이 그룹의 동물들은 현실의 동물과 같은 규칙을 따르고 인간의 말도 하지 못하지만, 독특한 서식지에 유령과 함께 거주한다. 만약 유령에게도 서식지가 있다면 그 역시 높은 확률로 도시의 어느 한 구역일 테니, 모름지기 현대의 평범한 도시 유령이라면 자기 동네를 벗어나지 않은 채 이웃 동물 친구들과 사이좋게 어울려 살고 있을 것이다. 『골목의 조』와 『믿음의 개』는 이러한 혼종적이고 다층적인 세계, 인간과는 다른 리듬으로 호흡하는 비인간 존재들이 함께 모여 사는 이질적인 장소를 만들어낸다는 점에서 공통점을 갖는다. 그러나 두 소설은 장소를 '시각화'하는 방식에서 뚜렷한 차이점을 보인다.

> 오직 고양이 두 마리와 여자와 남자만을 위해 존재하는, 처음이자 마지막 장소. (『골목의 조』, p. 114)

> 조, 골목에 있고 싶다면 얼마든지 있어도 돼. 그곳은 그러라고 있는 장소니까. (『골목의 조』, p. 214)

『골목의 조』의 반지하 집은 애매한 깊이로 옴폭 파여 고양이들이 안전하게 웅크리고 햇볕을 쬘 수 있는 계단이 몇 개 있고, 사방이 건물들로 막혀 어디로도 통할 데 없는 막다른 골목 하나를 품고 있다. '나'와 조는 빽빽한 건물들을 짓느라 버려진 쪼가리 같은 골목을 '남겨진 골목'이라 부르며 비밀스러운 베란다로 사용한다. 이렇게 이 반지하 집에 머물렀거나 머무는 모든 것은 넘치지도 부족하지도 않게 정확히 '나'의 마음을 이룬다. 이곳은 고양이 두 마리와 '나'와 조가 살던 곳이고, 고양이 한 마리와 조가 죽어 떠난 곳이며, 어느 날 갑자기 아저씨 모습을 한 유령이 찾아와 벽에 조용히 머물다 사라진 곳이다. 이곳에서도 시간은 어김없이 흐르고 무언가 흘러들어왔다 빠져나가기를 반복하지만, 유령이 붙어 있던 벽과 조가 좋아했던 골목은 여전히 남아 있다. 에드거 앨런 포의 심연 같은 지하실에 고양이가 생매장되어 있었던 것과 달리, 이 반지하 집에는 고양이와 사람과 유령이 동등한 밀도와 위상을 지닌 채 함께 머무른다. 아마도 '나'의 미지근한 마음을 장소로 시각화한다면 정확히 이런 모습을 하고 있을 것이다. '나'가 들이고 가꾸고 잃고 보내고 또 새로 들이는, 그 모든 것이 이곳에 담겨 있다.

> 그림자 개는 시간과 마음의 연결이 약해진 사람들에게 나타나 산책을 요구한다. (『믿음의 개』, p. 131)

『골목의 조』의 반지하 집이 한 사람의 마음을 미니어처나 직소 퍼즐처럼 시각화하고 장소화한다면, 『믿음의 개』는 동면이라는 사건을 중심에 둔 몇 편의 연작소설을 통해 시간성 자체를 복수화하고 다수의 시공이 응결되는 지점을 시뮬레이션처럼 기록한다. 전자의 장소에는 유령과 동물과 사람이 수평 방향으로 평화롭게 공존하지만, 후자의 장소에는 다층적인 시공이 누적되어 때로는 '그림자 개'처럼 유령과 동물이 중첩되기도 하고 때로는 '동면하는 사람'처럼 동물과 사람이 뒤섞이기도 한다. 그러니까 『골목의 조』가 동물과 사람과 유령이 함께 모여 상호작용을 주고받는 모습을 응시한다면, 『믿음의 개』는 이질적인 시간들을 중첩시켜 '동면하는 사람'이나 '그림자 개'처럼 유령적인 것과 동물적인 것이 한데 뒤섞인 혼성적 존재를 합성한다.

그러다 보니 『믿음의 개』의 인물들은 고민도 많고 의문도 많다. 동면하며 꾼 꿈으로 '만들어진 기억'을 지니게 된 인간은 동면하지 않은 '구형 인간'과 달리 "여자의 신체를 통하지 않은 임신 출산"(p. 14)쯤은 자연스럽게 받아들일 것 같다가도, 그래봤자 인간은 "동면보다 더 놀라운 것에 적응해도 아이는 계속 여자의 신체를 통해 태어나는 것"(p. 15)을 당연시할 것 같기도 하다. 동면하는 동안 '만들어진 기억' 역시 인간의 기억이 얼마나 허약한지 깨닫게 하는 심각한 부작용 같다가도, "동면을 하지 않아도 그런 순간들은 우리에게 존재했다"(p. 21)는 점에서 대수롭지 않은 부산물 같기도 하다. 그렇게 소설은 각각의 존재가 다층적으로 실현하는 복수의 세계가 우발적으로 겹쳐지는 순간을 실감하려 한다. 겹겹의 시간이 일시적이나마 한 장소에 모이는 순간을 고작 '사람들끼리 마음이 통했다'는 식의 심리적 일체감으로 환원하지 않으려면 인간동물이 아닌 비인간동물의 낯선 시간성이 반드시 요구된다. 이 경우 동물은 한 세계의 구성원으로서 당당한 지분을 차지하지만, 첫 번째 그룹의 고양이나 앵무새와 달리 현실적 차원의 고충과 섭생을 지닌 개체일 필요는 없다. 다시 말해, 디테일할 이유가 없는 것이다.

이렇게 세부 없이 존재하는 동물과 유령은 『골목의 조』에서도 마찬가지라서, 두 소설이 만들어낸 이 중간계 같은 장소에 거주하는 존재들은 다양하고 혼종적이지만 생존과 관련된 세목이 없고, 그래서 서로 완벽하게 무해하다. 알다시피 무해한 관계를 지키면서도 친밀성을 쌓을 수 있는 거의 유일한 일은 맛있는 음식을 함께 먹는 것 정도가 다라서, 두 소설의 인물들은 자주 먹고 마시고 산책한다. 그러니 이 장소들이 유지되기 위해서는 일종의 양가성이 충족되어야 한다. 『골목의 조』의 반지하 집은 유령과 동물에게도 열려 있을 만큼 포용적이고 따뜻하지만 그곳의 창문은 어느 곳에도 연결되지 않은 막힌 골목과 접해 있고, 『믿음의 개』의 장소화된 시간은 동물적인 것과 유령적인 것을 포함하는 원심적 시공이지만 이 복수의 시간성이 중첩되고 연결될 수 있는 것은 동면이라는 폐쇄적이고 몽환적인 현상을 통해서다.

5

세번째 그룹: 말 ○, 서식지 ✕

이 그룹의 동물들은 끊임없이 조잘대고 특정한 서식지와 생태 환경이 없어도 자유롭게 살아간다. 심지어 등장인물과 등장동물만 있는 게 아니라 등장나무, 등장채소, 등장광물, 등장외계생명체, 등장유령 등등 쉽게 분류할 수 없는 등장○○이 다수 등장한다. 아름다운 꽃을 피우고 탐스러운 열매를 맺지만 수다스럽게 큰소리로 요구 사항을 나불대는 생명체를 동물이든 식물이든 어느 한쪽으로 분류하기엔 쉽지 않다. 이쯤 되면 아무리 동물의 외향을 하고 있다고 해도, '동물'로 여기기보다 동물의 탈을 썼다고 보는 편이 적절하다. 이를테면 이런 식이다. '나'와 똑같이 생긴 데다 똑같이 느끼기까지 하는 유령, 다리가 나무가 되어 장판에 박힌 남자, 변종 해파리 독에 노출된 후 해파리로 변신하여 물속을 유영하는 사람들, 냉동창고에 갇힌 후 변온동물이 되어 동면하는 남자, 자신을 인간이 아닌 길고양이라 믿고 들개에게 복수하려는 여자, 비명횡사 후 백 시간 동안 이승에서의 유예 시간을 보내야 하는 영혼(이상 『유령의 마음으로』), 화분에 심었더니 나무가 되어 쑥쑥 자라는 아빠의 유골, 주먹이 브로콜리로 변해 향기로운 꽃을 피우는 복싱선수, 반투명한 젤리 덩어리 같은 유령이 되어 몸이 합쳐진 두 여자, 사람보다 똑똑해 보이는 말하는 이구아나와 말하는 돌 (이상 『브로콜리 펀치』) 등등. 그러니까 이 그룹의 소설들은 '동물을' 재현했다기보다 '동물로' 표현했다는 쪽이, 아니, 프로이트식으로 말하자면 무엇인가가 비인간 형상으로 '전위'되었다고 말하는 편이 옳아 보인다.

『유령의 마음으로』의 인물들은 모두 젊고 가난하고 외롭다. 밴드를 하다가 망했거나, 극단이 망해서 역할 대행 아르바이트를 하거나, 망해가는 독립영화관 매표소에서 하염없이 손님을 기다리거나, 작은 회사에서 경리로 일하다가 싹싹하지 못하다고 잘리거나 하는 식이다. 대체로 원룸에서 혼자 살지만, 헤어지기 직전의 연인과 아슬아슬한 상태로 동거하거나 헤어진 연인과 보증금을 정리하지 못해 같이 사는 경우도 있다. 나이는 젊지만 팍팍한 현실에 찌들어 조로한 듯 보이는 이들은 유령이나 동식물의 형상으로 출현한 새로운 만남 덕분에 억눌려온 자신의 감정과 마주하게 된다. "나보다 내 감정에 훨씬 더 충실하게 반응-"(p. 24)하는 도플갱어 유령, "여기서 나가지 말자, 그러느니 아주 뿌리를 내리자"(p. 78)라고 생각했더니 정말 뿌리가 바닥에 박혀버린 남자, "단 한 번만이라도 저렇게 환하고 아름답게 빛날 수만 있다면, 삶에 미련이 없을 것 같"(p. 59)아서 기꺼이 해파리로 변신하는 약을 먹은 여자 등은 마치 나의 마음 한 조각이 외화한 것 같은 존재들이다. 반쯤 자포자기 상태로 살아가던 인물들은 이렇게 마음의 거울 같은 존재들을 만나면서 타인에게 얻지 못한 위안과 용기를 얻는다.

『브로콜리 펀치』의 인물들도 마찬가지다. 『유령의 마음으로』보다 경제적인 형편은 낫지만, 하기 싫은 일을 해야 하거나 사랑하는 사람을 잃었거나 돌멩이 외에 친구가 없을 만큼 외로운 상황이다. 이들에게는 이 답답한 상황을 역전시켜줄 신비로운 존재가 필요하다. 복싱을 잘하기 위해 "주먹을 휘두르고 싶게 만드는 것들, 그 감정을 좀더 효율적으로 응축시켜 오른쪽 글러브 안에 모으"(p. 97)느라 자신을 학대하던 복싱선수는 주먹이 브로콜리가 되자 복싱을 관둘 결심을 하게 되고, 타인의 애정을 갈구하고 자신을 방임하던 무기력한 수영강사는 바다를 가로질러 멕시코에 가고야 말겠다는 의욕 충만한 이구아나를 가르치다가 "나는 어쩌고 싶은 걸까. 계속하고 싶은 걸까, 그만두고 싶은 걸까"(p. 270) 고민하며 성장해가고, 뚱뚱한 외모로 심한 따돌림을 당하던 소년은 말하는 돌들을 만나면서 그렇게 "친구들이 생기고 나서야 나는 내가 무진장 외로웠었다는 사실을 깨닫게 되"(p. 191)었다고 고백한다.

'정신분석학적 애니미즘'이라 불러야 할까. 분열된 심리의 외화는 가혹한 현실에 마법의 가루를 뿌려 현실의 무게를 덜어내고 비참한 상황을 그나마 견딜 만한 풍경으로 전환한다. 슬프다고 말하지 않고 "침대 위에 슬픔이 누워 있어 그 곁에 나도 자리를 펴네"[5]라고 슬픔을 의인화하여 노래하는 것은, 언제든 내가 원하면 그 침대에서 일어날 수 있다는 믿음을 섞어 현실을 해석하고 싶기 때문이다. 그러니 이 그룹의 소설들이 아무리 운동성과 가소성이 높은 비인간 형상을 다채롭게 보여준다 할지라도, 정확히 바로 그런 점에서 가장 인간적인 면모를 드러낸다고 할 수 있다. 인간만이 끊임없이 변신을 상상하고 환유를 시도하기 때문이다.

6

이쯤에서 다시 표를 정리해본다. 첫번째 그룹이 전통적으로 소설이 지녀왔고 앞으로도 잃어선 안 될 '탐구와 훈련'의 미덕을 지니고, 두번째 그룹이 작가의 독특한 세계관에 공명하는 장소성의 '실감과 보존'을 보여준다면, 세번째 그룹은 현실을 향한 부정과 유토피아적 상상력을 버무려 '변신과 초월'을 감행한다. 그러나 다시 말하지만, 이토록 깔끔하게 잘리는 절단면 따위는 없다. 이러한 분류법은 연속된 스펙트럼을 억지로 잘라 분리한 것에 지나지 않으므로 전혀 다른 방식의 분할도 가능하다.

예를 들어, 『유령의 마음으로』와 『브로콜리 펀치』는 같은 세번째 그룹이어도 변신의 색채가 사뭇 다르다. 『유령의 마음으로』에서는 유령이나 나무-남자나 해파리-여자가 나타나 온기를 나누더라도 '나'

---

5 9와 숫자들, 「평정심」, 2016.

의 현실 조건은 크게 달라지지 않지만, 『브로콜리 펀치』에서는 그 만남을 통해 억압된 감정과 묵혀둔 슬픔을 해소하고 건강을 회복하는 결말로 이어지는 경우가 많다. 브로콜리로 변한 주먹은 복싱을 그만두고 싶다고 고백하자 탐스러운 꽃송이가 되어 청량한 향기를 뿜은 후 돌아오고(혹은 신체화된 히스테리 증상이 사라지고), 오랫동안 유일한 친구였던 돌은 '나'가 인간 친구를 사귀자 아무 소리도 내지 않는 평범한 돌로 돌아가며(혹은 '나'의 망상이 사라지며), '나'가 품고 있던 '검은 그림자'는 죽은 연인의 영혼이 깃든 손톱을 떠나보내자 "마침내 톡 하고 끊어"(p. 145)진다(혹은 우울에서 벗어나 애도를 완료한다).

반면, 『골목의 조』와 『유령의 마음으로』는 서로 다른 그룹으로 나뉘긴 했지만 상당한 유사성을 지닌다. 두 소설 모두 빈곤한 청년세대인 주인공이 팍팍한 현실에 시달리면서도 불만을 삼키며 살아가는 모습을 그린다는 점에서도 그렇지만, 사물은 사람처럼 사람은 사물처럼 묘사하여 독특한 장소성을 만들어낸다는 점에서 더욱 그러하다. 사람들은 막연히 가난한 이들은 고립되어 살고 풍족한 이들은 이웃과 교류하며 지내리라 상상하지만, 사실 풍족한 이들은 완벽히 고립을 택해도 삶의 질이 떨어지지 않는 데 반해 가난한 이들은 다양한 공적·사적 인프라에 접근하기 위해서라도 이웃과 삶의 터전을 공유해야 한다. 쪽방촌 주민들이 열악한 주거 환경과 재개발의 압력을 받으면서도 도심을 떠나지 못하는 이유가 여기에 있다. 그런데 청년세대의 가난은 이와 같은 오래된 가난과 또 달라서, 공동체를 구성하는 것에도, 지자체의 정책적 접근에도 훨씬 더 단절을 선택하는 경향을 보인다. 두 소설이 그려내는 장소가 사물과 동물과 유령에게까지 무한히 열린 듯 보이면서도 반투명한 막으로 닫힌 듯 느껴지는 이유가 이 '새로운 가난'의 양상과 무관하지 않을 것이다.

더구나 사람들이 사물과 맺는 관계는 가난할수록 그 세계에 한정되는 독특한 문법을 갖는다. 아파트를 기준으로 만들어진 냉장고는 원룸에 세워두면 지나치게 거대하고 육중하고, 단단한 콘크리트 지반을 전제하고 만들어진 세탁기는 옥탑방의 얇은 합판 벽을 흔들어대며 요란하고 시끄럽게 군다. 좁은 집에서 책상이자 화장대이자 식탁으로 사용하는 큰 테이블의 지분이 책상과 화장대와 식탁 각각의 지분을 합친 것보다 더 큰 것처럼, 공간이 좁을수록 사물은 부담스러울 만큼 존재감을 드러내고 사람은 작은 상자에 적재된 사물처럼 들어앉는다. 그래서 두 소설이 보여주는 몹시도 아름다운 장소들은 사물까지 애틋하게 보살피는 온기를 지니면서도 까닭 모를 불안과 우울을 포함한다.

그러나 결핍이 운명이 아니라 결핍되었다고 믿는 것이 운명이라면, 사물을 소유물이나 상품이 아닌 다른 무언가로 대하고 다른 방식의 연결을 시도하는 일은 새로운 운명을 만드는 일이 될지도 모른다. 비밀스러운 지하와 견고한 벽의 축조가 근대 이후 인간이 자신의 집을 상상하는 방식이었다면, 다양한 존재들이 흘러들어오는 옴폭한 장소를 돌보고 가꾸는 것은 집을 상상하는 새로운 방식이 될 수 있다. 그러니 이 글이 비인간동물의 재현에 관한 글이 아니었다면 나는 '말과 서식지'를 기준으로 삼지 않았을 것이고, 그렇다면 지금과는 다른 표를 작성했을 것임을 부연해둔다.

7

존재 변화를 꿈꾸는 것이 인간을 벗어날 수 없다는 증거라는 것

을 운은 알고 있다. 인간만이 다른 종의 흉내를 낸다. 인간만이.[6]

> 운은 그날 집으로 돌아와서 거북이가 되었다.
> 절대로 거북이가 될 수 없다는 걸 알았다.
> 절대로 다른 생명처럼 생각할 수 없다는 걸 알았다.
> 인간답게.
> 인간에서 한 발도 벗어나지 못한다.
> 〔……〕
> 죽을 때까지 같이 산다. (『움푹한』, p. 81)

결국 첫번째 그룹을 제외하고 나머지 그룹의 소설들은 모두 '동물을' 재현한 것이 아니라 '동물로' 표현한 쪽에 가깝다. 또한, 첫번째 그룹 역시 동물을 통해 자신을 성찰한다는 점에서 동물로 표현된 부분이 없다고는 할 수 없다. 세번째 그룹 쪽으로 갈수록 동물과 유령의 위상은 식별되지 않을 만큼 겹쳐지고, 세 그룹 모두 압축과 시각화와 전위를 통해 '외현적 꿈-내용'만으로는 설명할 수 없는 무의식을 암시한다. 망망대해 위 조각배에서 소년과 함께 표류했던 호랑이 리처드 파커[7]를 정말 식육목 고양잇과 호랑이라고 생각하는 사람은 없는 것처럼, 소설이란 철저히 인간의 형식이다. 인간적인, 너무나 인간적인 프로이트의 레시피는 여전히 유효하고, 바로 이 점이 내게 인간과 비인간에 관해 이토록 길고 지루한 글을 쓰게 만든다. 그러나 인간이 인간일 수 있는 유일한 이유가 비인간의 존재라는 사실을 의심하진 않는다. 인간은 인간을 구획하는 무수한 비인간 존재의 거미줄을 인

---

6   윤해서, 『움푹한』, 시간의흐름, 2022, p. 19.
7   얀 마텔, 『파이 이야기』, 공경희 옮김, 작가정신, 2004.

정해야만 가까스로 자신에 관해 설명할 수 있고, 나는 죽었다 깨도 네가 되진 못하지만 너를 부르는 순간에만 내가 될 수 있다. 그러니 비인간을 향한 탐구와 실감과 변신의 충동은 가장 인간적인 동시에 가장 비인간적인 것이다.

그럼에도 이 글에서는 포스트휴먼적 상상력이나 비인간동물을 향한 감수성에 대해 말하지 않을 것이다. 꿈의 해석을 위해 '현시적 꿈-내용'보다 '꿈-작업'의 동력인 무의식적 소원 성취, 그러니까 텍스트의 무의식에 집중해야 한다면, 이 꿈은 비인간을 가리키고 있다기보다 인간이 다른 인간보다 고양이나 유령에 자신을 동일시하기 쉬운 지금의 현실을 향하고 있다고 말하고자 한다. 그 현실과 꿈 사이의 역학에 집중해야만, 길고양이에게서 자기의 모습을 발견하고 인간과 유령의 경계를 의문시하는 청년세대의 불안과 단절과 윤리와 연대를 이해할 수 있다고 믿기 때문이다.

8

쌍용자동차 구조 조정 사태 이후 집회의 고정 멘트가 된 '해고는 살인이다'라는 구호를 듣고 비정규직 분과의 청년들이 냉소와 웃음을 섞어 반문한다. "해고가 살인이면 우리는 부활하는 예수냐?"[8] 지금 청년세대에 해당하는 노동자들은 불안정한 노동환경을 상시적 조건으로 여기며 성장했고, '해고가 살인'인 안정된 직장을 평생 얻지 못할 거라고 확신한다. 불안한 노동조건과 주거 환경은 미래를 낙관적으로

---

8 청년유니온을 만드는 과정에서 전략기획단장으로 참여했던 조성주는 세대별 노동조합인 청년노조가 필요하다는 생각을 하게 만들었던 계기로 이 에피소드를 소개한다. 〈이. 생. 망—이십대 생존 비망록〉, 시사기획 창, KBS 1TV, 2021년 7월 18일.

계획하거나 전망할 수 없게 만들었고, 1인 가구 수는 어느새 전체 가구의 41퍼센트에 이르렀다.[9] 해마다 청년 자살률과 고독사는 숨가쁘게 증가한다. 그러니 이들의 말과 달리 이들은 부활하는 예수보다 삶과 죽음 사이에 끼인 유령에 가까울 것이다. 부활한 예수의 곁에는 사도들이 모여들 테지만 유령의 곁에는 아무도 없다. 이 같은 상황이 우리나라만의 사정은 아니어서 2018년에는 영국이, 2021년에는 일본이 외로움부Ministry of Loneliness 장관을 임명했다. 글로벌 자본주의 체제는 고립과 불안의 정상화 단계에 진입한 지 오래됐다.

대기화학자 파울 크뤼천이 처음으로 제안했던 '인류세'를 사회학자 제이슨 무어는 '자본세'라 불러야 한다고 지적했고, 생물학자 에드워드 윌슨은 '고독세'라 불러야 한다고 주장했다. 모두 맞는 말이라 이 중 꼭 어떤 이름이어야 한다고 생각하진 않지만, 윌슨의 명명이 연상시키는 디스토피아의 풍경이 가장 문학적이라는 생각은 든다. 물론 윌슨이 말하는 '고독함의 시대'는 "인간의 생태 파괴적 사유와 행동이 계속된다면, 결국 이 지구상에는 인간만이 홀로 생존하게 될 것"이라는 생태주의적 비판을 담은 것이다.[10] 그러나 지금의 자본주의가 "자신이 의존하는 바로 그 기둥들을 쉴 새 없이 먹어 치"우며 "제 살 깎아 먹는 짓을 벌"이느라 생태적 위기뿐 아니라 노동과 분배의 위기, 돌봄과 재생산의 위기, 민주주의와 정치의 위기 등 총체적 파국을 초래하는 체계라면,[11] 이 정신없는 '식인 자본주의'의 황폐한 풍경에 '고독세'라는 이름을 붙여주는 일은 지극히 타당한 일일 것이다.

고독과 청년이라는 말이 나란히 붙어 있을 때 발휘되던 실존적이

---

9 2022년 행정안전통계연보(2021년 12월 31일 자).
10 손희정 외, 「다시 에코페미니즘―'생태계의 천사'를 넘어 지구공동체로의 여정」, 『도래할 유토피아들』, 알렙, 2021, pp. 106~107.
11 낸시 프레이저, 『좌파의 길―식인 자본주의에 반대한다』, 장석준 옮김, 서해문집, 2023, p. 66.

고 낭만적인 색채는 희미해진 지 오래되었다. 격변하는 사회에서 고독한 청년이 자신의 영역을 확보하고자 고군분투하는 것이 근대소설의 서사이자 근대적 개인의 서사였다면, 이제 고독은 그 위용과 후광을 잃고 길고양이나 유기견처럼 초라한 것이 되어버렸다. 외롭지만 자유로운 고아가 근대인의 상징이었다면, 오늘날을 살아가는 사람들의 상징은 무엇일까. 고개를 들어 주변을 둘러본다. 마법 가루를 뿌리지 않았다면 사람을 갈아넣은 것이 분명한 총알배송·로켓배송·새벽배송에 종사하는 물류노동자들, 그림자처럼 어둑하여 쉽게 눈에 띄지 않는 플랫폼노동자, 청소노동자, 콜센터노동자, 돌봄노동자, 반대로 지나치게 눈에 띄어서 그들도 노동자라는 사실을 잊게 만드는 배달노동자, 하루 평균 11시간 20분씩 13킬로미터를 걸어 시급 948원을 버는 폐지 줍는 노인들……[12] 반투명한 모습으로 현실의 맨바닥에 찰싹 붙어 있는 사람들은 고아가 아닌 길고양이나 유령의 모습과 더 닮아 있다. 춥고 위험한 거리에서 몇 년이나 더 버틸 수 있을지 알 수 없는 저 길고양이의 삶이 도무지 남의 일처럼 낯설게 보이지 않는다.

　노동시간뿐 아니라 여가 시간에도 우리는 유령처럼 부유한다. 우리 주변의 모든 것에 끈질기게 유령이 들러붙는다. 스마트폰 화면을 몇 번 터치하면 다음 날 집 앞에 상품이 놓여 있고, 사진과 음악을 포함한 모든 추억이 데이터의 형태로 클라우드에 저장된다. 노트북과 태블릿과 스마트폰이 아무런 문턱 없이 실시간으로 연동되고, 가상의 세계와 현실의 세계는 완벽하게 조응한다. 이제 두 세계의 경계마저 희미해져 허구와 사실을 구별할 수도 구별할 필요도 없는 우리의 세계가 완성되었다. 웹소설처럼 타임 슬립하여 과거로 회귀하거나 금수

12　〈GPS와 리어카―폐지수집노동 실태보고서〉, KBS대구방송총국, KBS 1TV, 2022년 3월 21일.

저에 빙의할 수 없다면 이 세계를 탈출할 수 있는 유일한 희망은 주식과 코인의 그래프에만 존재하고, 나의 취향은 그 그래프와 무관하지 않은 알고리즘에 의해 제공되어 '좋아요'를 먹고 무럭무럭 자라난다. 그렇게 멍하게 쇼츠 영상을 보고 SNS로 필터링된 세계를 염탐하다 문득 외로움에 빠질 때, 누군가와 연결되고 싶지만 그렇다고 사람들과 직접 몸이 닿고 냄새가 섞이는 건 점점 견디기 힘들어질 때, 그럴 때 사람들은 유령으로 존재하는 동시에 유령을 꿈꾸게 된다. 무해하고도 육화된 유령이 나타나 내 곁에 잠시만 머물러준다면, 나의 불안과 고독을 잠재워줄 정도만 깔끔하게 머물러준다면.

9

오래전 죽은 아버지를 연상시키는 얌전하고 조용한 '아저씨 유령'(『골목의 조』), 나의 감정을 똑같이 느끼고 나에게 "한 치의 오차도 없는 완전한 이해"를 줄 수 있는 '나의 유령'(『유령의 마음으로』, p. 28), "시간과 마음의 연결이 느슨하고 희미해"져 슬픔에 빠지기 직전이면 나타나 산책을 해주는 '그림자 개'(『믿음의 개』), 혼자가 된 나에게 "우울하고 불안한 심정을 잊을 수 있는 유일한 순간"을 선물해주는 '말하는 이구아나'(『브로콜리 펀치』, p. 268).

이런 존재들이 나타난다면 누구도 이 유령적이고 동물적인 것을 사랑하지 않을 수 없을 것이다. 어쩌면 이 글에서 다룬 소설들은 자신을 인간이 아닌 '인간종'으로 인식하는, 인류세와 고독세 시대에 완전히 속하는, 외로울 때 연인과 가족보다 개와 고양이를 찾는 첫번째 세대의 소설일지도 모른다. 이제 우리의 고독은 한 사람의 고독을 훌쩍 초과하는 인류 전체의 고독이고, 이제 우리의 고립은 늘 접속되어 있기에 역설적으로 손 내밀 곳을 피해 도망치는 매끈한 고립이라서, 우리는 우리의 고독과 고립을 견디기 위해 인간이 아닌 존재를 인간보다 더욱 사랑하기로 결심했다.

세대와 시대
— 최근 소설의 세대 재현에 관하여

1

　1980년부터 2010년까지 출생한 사람을 일컫는 'MZ세대'라는 이름은 앞 세대가 무성의할 정도로 과감하게 다음 세대를 한 포대에 몽땅 쏟아부은 것처럼 들린다. 이 명명이 우리에게 알려주는 것은 그 이름으로 불리는 이들에 관한 것이라기보다 그 이름을 부르는 자들에 대한 것이지만, 비난과 호기심을 절반씩 섞어 만든 듯한 MZ세대 서사는 놀라우리만큼 흥행에 성공했다. '역사세대'라 할 수 있을 386세대나 '역사종언세대'라 할 수 있을 X세대까지, 세대 명명은 시대와 연동하는 정치적 정체성이 존재하거나 존재한다는 믿음에 근거했다. 그러나 역사와 세대가 X라는 도발적인 이름으로 묶여 사라지고 난 뒤, 역사와 세대의 재연결은 시대착오적인 것처럼 여겨졌고 그 후 포괄적인 세대 명칭은 그다지 인기를 얻지 못했다. 물론 이후에도 유행처럼 명멸을 반복한 작은 세대론들이 없었던 건 아니다. 더 이상 시대를 진단할 수 없는 시대, '동시대'라는 내용 없는 이름이 우리 시대의 명칭이 되자 세대에 관한 스케치가 유사 시대론의 역할을 맡아왔고, 급기야 역시나 내용 없는 이름인 '밀레니얼세대(Y세대)'와 'Z세대'가 MZ세대로 묶여 유사 시대론의 역할도 하지 못하는 고무줄 같은 세대론이 만들어졌다.

　세대론의 가장 큰 효용성은 신규 소비자를 정의하고 분류하는 마케팅 차원에 있으니, MZ세대라는 용어에 대한 불만은 계속 늘어날 것이다. 앞으로도 시장은 등장하는 세대마다 이름을 붙일 것이고, 이미 2010년 이후 출생한 '알파세대'가 소비의 한 축으로 등장하면서 Z세대를 알파세대와 묶은 '잘파세대'가 중요하다는 말 따위가 돌고 있다. 물론, 마케팅의 영역에서 세대라는 개념은 중요할 수밖에 없다. 가족을 비롯한 친밀성의 영역과 비경제적 영역이 빠르게 붕괴하고 스마트폰으로 대표되는 전방위적 미디어 환경이 수립된 글로벌 자본주의에서 마케팅 용어가 사회적 의미마저 획득하는 일은 그다지 부자연스럽지 않다. 오늘날 가장 지배적인 정체성은 소비자 정체성이 되었고, 사람들이 흔히 세대 차이라고 느끼는 것 중 상당수가 세대에서 기인하기보다 소비의 효과로 발생하기도 한다. 더는 '자본가와 노동자'나 '부자와 빈자' 같은 양극 사이를 '중산층'이라 뭉뚱그려 부를 수 없을 만큼 중간 계층의 미시적 분화가 진행되었고 그 차이는 세대 차이로 감각되기 쉬워졌다. 예를 들어, 첨단의 소비재를 소유하거나 높은 수준의 교육을 받고 글로벌 문화를 향유하는 '부유 중산층'이 등장하자,[1] 한편으로는 객관적 지표와 별개로 스스로 가난하다고 여기는 사람들이 늘어가고, 다른 한편으로는 SNS를 통한 구별 짓기와 따라잡기의 고리가 빠른 속도로 작동하면서 이 같은 낙차와 격차를 젊은 세대의 특징이라고 인식하게 만든다. 과거에는 비교적 유사한 소비 형태를 보이던 중간 계층의 소비가 세분화되자, 그것이 같은 계층 내부에서는 소비의 다양성 정도로 인식될지라도 다른 계층에서는 상대적 박탈감을 강화하거나 미디어의 주 사용자인 MZ세대를 향한 인상비평

1　구해근, 『특권 중산층—한국 중간계층의 분열과 불안』, 창비, 2022, pp. 110~11.

의 근거가 된다. 다시 말해, 지금처럼 미디어 생태계와 시장이 강고하게 결합한 상황에서는 '다르다는 감각'과 '가난하다는 감각'과 '뒤처졌다는 감각'을 구별하기 어렵다는 말이다.

시장의 용어를 마치 분석적 개념처럼 정치나 사회의 영역에도 가져다 쓰면 혼란은 앞으로도 끊이지 않을 것이다. 세대는 소비 영역에 한정하여 분석적 개념으로 쓰일 수 있지만, 시장을 벗어난 영역에서는 기술적 개념일 뿐이다. 그러므로 세대에 대해 단독으로 말하는 것은 언제나 인상비평일뿐이고, 젠더-세대, 지역-세대, 계급-세대처럼 다른 분석적 개념과 연결된 상태에서 어떻게 작동하고 표현되는지 다뤄져야 한다. 예컨대, '자신에게 돈을 아끼지 않는다'라는 MZ세대 프레임과 대조적이면서도 기묘하게 공존하는, '부자 기성세대'와 '빈자 청년세대' 간 '세대 전쟁' 프레임은 세대가 가족으로 연결되어 있다는 사실을 삭제함으로써 계급에 관한 논의를 효과적으로 피해간다. 세대에 연결된 다양한 끈을 무시하고 세대 갈등을 다루는 이 같은 재현은 투쟁의 동학에서 묵시록적 정동으로 쉽게 우회한다. '불평등의 심화'는 자본주의의 문제이자 사회적 모순이지만 '가난한 청년세대'는 심원한 몰락의 징조가 되어버리고, 이처럼 구조적 모순을 묵시록으로 바꾸는 일은 언제나 더 미학적이지만 어떠한 유의미함도 생산하지 못한다. 덜 극적인 경우에도 마찬가지다. 시대 대신 세대를 근거 삼아 사회를 논평할 때 우리가 취할 수 있는 가장 신중한 태도는 고작 '다름'을 수용하는 윤리적 태도에 머무르기 쉽다. 세대를 독립변수 삼아 구성되는 설명 체계는 일종의 표현형에 대한 '묘사'이기에 누구에게나 직관적으로 와닿을 수밖에 없고 바로 그 점이 세대 개념의 매력이지만, 정확히 같은 이유로 지나치게 높은 가소성과 자의성을 지닌다. 세대는 연결될 수 없는 것을 연결하려 할 때도, 연결될 수밖에 없는 것을 연결하지 않으려 할 때도 언제든 사용할 수 있다.

2

프레드릭 제임슨은 '시대구분'이 상호 관계를 확증할 수 없는 수많은 현실을 결합하는 헛된 시도임을 인정하면서도, 그저 사실들의 끝없는 연속으로 역사를 기술하지 않기 위해서라도 "시대구분을 하지 않을 수는 없다"[2]고 말한다. 그러니 역사를 몽땅 내다 버릴 수 없다는 것을 인정하는 사람이라면 차라리 시대구분을 통해 역사라는 서사의 구축 원리를 제대로 파악하는 편이 낫다. 이때 제임슨이 주목하는 것은 모든 역사적 서술에서 작동하는 "단절break과 시대period의 변증법", 범위를 넓혀 말하자면 "연속성과 파열"[3]의 변증법이다. 연속성에서 시작할지 단절에서 시작할지, 역사를 서술하려는 자는 어쩔 수 없이 '절대적 시작점'을 선택해야 하고 그 선택 이후에야 역사적 자료가 조직되고 구성된다. 물론 어느 쪽을 시작점으로 삼든 '이중적인 움직임'은 여전히 작동한다.

> 여기서 핵심은 이중적인 움직임이다. 한편에서는 연속성의 중시, 곧 과거에서 현재로의 이음새 없는 이행에 대한 고집스럽고 확고한 강조가 서서히 근본적 단절에 대한 의식으로 바뀌고, 동시에 다른 한편에서는 단절에 집중된 관심이 점차 그 단절을 하나의 자체적인 시대로 바꾼다.[4]

그렇다면 저 변증법을 세대에도 적용해볼 수 있지 않을까. 우리가

---

2 프레드릭 제임슨, 『단일한 근대성―현재의 존재론에 관한 에서이』, 황정아 옮김, 창비, 2020, p. 39.
3 같은 책, p. 32.
4 같은 책, p. 33.

시대를 진단하기에 무능하여 시대 대신 세대를 서술하길 선호한다면, 그 세대의 재현에 어떤 "이중적인 움직임"이 작동하는지 파악하는 것은 간접적이나마 세대–시대–역사의 입체적인 지도를 그려내는 시도가 될지도 모른다. 역사의 '진짜' 서사를 찾는 시도가 더 이상 불가능하다면, 세대를 둘러싼 이야기들을 향해서도 세대 개념의 허구성을 지적하고 '진짜' 원인을 찾아내려는 시도보다 그 이야기들에 담긴 세대라는 표현을 포함한 조금 더 복잡한 지도를 그리는 편이 낫다. 그러니 이 글은 세대에 관한 특징을 나열하기보다 세대 간의 동학을 다룬 소설들에 기대어, 젠더·계급·지역 등이 그려내는 지형과 세대가 어떤 방식으로 연속되거나 단절되는지 살피는 쪽을 택하고자 한다. 그리고 당연하게도 이 지도 제작의 궁극적 목표는 다양한 세대 서사의 공통점과 차이점을 통해 지금의 시대에 대해 말하고자 하는 것이다.

3

세례를 받지 못한 사람은 영성체를 받을 수 없어. 나는 순정의 단호한 목소리에 입도 뻥긋하지 못했다. 순정은 그런 구석이 있었다. 어린이를 꼼짝 못 하게 할 수 있는 절제된 위압감. 하지만 다음 미사 때부터 순정은 눈치를 좀 보다가 자기 입에 넣었던 영성체를 재빨리 꺼내 내 입에 넣어주었다. 눅눅해진 영성체는 한순간에 혀에 녹아들었다. 그렇게 순정은 미사 때마다 영성체를 자기 입에서 내 입으로 옮겨주었고 나는 잘도 받아먹었다. 나중에 천주교 신자인 친구에게 이야기를 들려주었을 때, 그제야 그 행위가 몹시 불경했다는 것을 알 수 있었다.[5]

오래전 어느 날, 모래 고모와 목경과 무경은 목욕탕에 갔다. 세 사람이 들어간 탕은 수온이 적당해 사람이 많았다. 어떤 엄마와 아이가 탕에 들어왔다. 처음에 목경은 아이가 버르장머리 없이 자란 아이인 줄 알았다. 아이는 손으로 코를 풀어 탕 속에 비볐다. 그 짓을 계속했다. 아이의 콧물로 물이 더러워졌다. 아이 엄마는 고개를 외로 꼬고 못 본 체했다. 장애가 있는 아이였다.

사람들이 다른 탕으로 가기 시작했다. 거리낌 없이 일어나 엉덩이 주변으로 물을 튀기며 하나둘 열탕으로 옮겨갔다. 목경도 사람들을 따라 일어섰다. 〔……〕 목경이 팔로 거울을 문질렀다. 짧은 순간, 뒤가 비쳤다. 고모와 언니가 보였다. 아이와 아이 엄마도. 그들은 그대로 탕 안에 있었다.[6]

고모가 죽은 후 고모와의 추억을 회상하는 조카의 기억으로 이루어진 두 편의 소설에서 역사 서사의 구축 원리인 '단절'과 '연속'을 파악해본다면, 세대는 분명히 연속의 움직임에 속한다. '소박맞은 여자'인 고모와 조카는 몹시 불경한 일임에도 입에서 입으로 눅눅한 성체를 공유하고(「사랑과 결함」), '결혼 안 한 고모'와 조카는 콧물로 더러워져 모두 떠나버린 탕에 끝내 함께 남아 있다(「모래 고모」). 그러면 단절은 어디에 존재하나. 고모처럼 항우울제를 먹는 딸에게 "정신병도 유전이야"라는 말을 내뱉으며 선을 그을 수 있는 아버지나(「사랑과 결함」), 고모가 총에 맞았다는 전화를 받고 앞으로 자신에게 병원비를 청구하는 일이 또 일어날지도 모른다는 사실에 불안해 견딜 수 없는 아빠, 그리고 미혼의 고모를 "집안의 사고뭉치"쯤으로 취급하는

---

5 예소연, 「사랑과 결함」, 『현대문학』 2022년 11월호, p. 81.

6 이미상, 「모래 고모와 목경과 무경의 모험」(이하, 「모래 고모」), 『이중 작가 초롱』, 문학동네, 2022, pp. 311~12.

나머지 가족들 앞에(「모래 고모」) 선이 그어진다.

  엄마와의 관계가 끈적이는 애증의 서사일 수밖에 없고, 이모와의 관계가 그보다 조금 더 거리를 유지할 수 있는 유사 모녀 서사이기 쉽다면, 고모와의 관계는 전형적인 가족의 친소 관계를 젠더의 축으로 돌려 비틀어보는 서사라 할 수 있다. 고모는 나의 엄마와 닮지 않아 이모처럼 익숙한 존재도 아니고, 아빠와는 성별이 달라 삼촌처럼 다정하거나 젊은 아빠 역할을 할 수도 없다. 더구나 가부장제에 편입되길 거절했거나 혹은 거부당한 고모를 바라보는 조카의 이야기는 가족의 유산을 그대로 승계하거나 혹은 완전히 거부하는 방식이 아닌, 가족이라는 이해 공동체를 초과하는 독특한 '동족'이 만들어지는 과정을 보여준다. 이들이 공유하는 것은 재산이 아닌 병이고, 이들이 함께 들어가는 곳은 오염된 웅덩이 같은 장소이며, 이 동일시에는 분명 젠더 정치학이 작동한다.

  이는 퀴어의 경우에도 마찬가지다. 김병운의 최근작들, 에이즈로 죽은 줄 알았던 삼촌을 다시 찾게 된 조카의 이야기(「세월은 우리에게 어울려」, 『자음과모음』 2022년 겨울호)나 퀴어로 추측되는 어린 조카를 보며 삼촌과 삼촌의 친구가 자신의 유년시절을 떠올리는 이야기(「크리스마스에 진심」, 웹진 〈비유〉 2022년 11월호)는 세대를 퀴어로서의 경험을 연결하는 연속의 축으로 삼고, 그 경험에 상흔을 새기는 이들 앞에 단절의 선을 긋는다. 여성과 퀴어를 비롯한 소수자가 현실을 비판적으로 바라보면서도 새로운 현실을 상상하고 자신을 긍정하기 위해 동일시의 대상을 선택하는 일은, 자연스럽게 '동족'을 구성하게 되고 그 계보의 수립 과정에서 단절과 연속을 경험하게 만든다. 이때 단절을 형성하는 것은 세대가 아닌 다수자와의 파열이고, 이 단절의 위치를 파악하면 전통적인 '진보의 서사'와 별개로 소수자의 정치가 필요한 현실을 잊지 않게끔 해준다.

4

진만과 정용은 면 소재지에 위치한 사립대학교 인문대를 졸업했다. "그냥 조용히 대학만 다녔을 뿐인데" 적지 않은 빚을 지게 된 두 사람은 "뜨거운 우정이 생겼거나, 함께 공동 창업 같은 것을 모색하기 위해서"[7]가 아니라 단지 월세 부담을 줄여보려는 마음으로 광역시 외곽의 원룸에 함께 살기로 했다.

> 진만과 정용이 입주해 있는 원룸 건물에는 외국인노동자도 살고 있고, 공무원시험 준비생도 거주하고 있고, 초등학생 남매를 둔 일가족도 주소지를 두고 있지만, 그래도 가장 많이 눈에 띄는 사람들은 환갑을 훌쩍 넘긴 독거노인들이었다. (p. 149)

세미와 지우는 단 한 번 마주쳤다. 세미는 언제 재개발될지 모르는 허름한 집에서 할아버지, 엄마, 언니와 함께 산다. 지우는 재개발을 노리고 '투자할 가치'가 있는 집을 보러 다니는 엄마를 따라 세미네 집에 찾아왔다. 지우의 엄마가 보일러는 얼고 수도는 터지고 옥상에는 비가 새는 세미네 집을 구석구석 살피는 동안, 지우는 동네 구경을 시켜주겠다는 세미를 따라 '은목다리'에 함께 다녀온다.

> 지난번에 지우 언니랑 저기까지 갔었거든요. 언니가 그때 뭐라고 했는지 아세요? 저 다리 건너면 21세기, 여긴 20세기라고 했어요.
> 그래? 지우가 그런 말을 했어? 무슨 말일까, 그게?

---

[7] 이기호, 『눈감지 마라』, 마음산책, 2022, p. 19.

이 동네가 엄청 구리다는 말이겠죠?[8]

　오늘날, '사회 계급의 투쟁 지도'를 '지리-사회적 장소의 투쟁 지도'로 바꿔 그려야 계급이 작동하는 실제 상황을 알 수 있다는 주장이 설득력을 얻을 만큼,[9] 계급은 철저히 지리적인 것이 되었다. 이제 도시 외부는 존재하지 않는다. 도시가 아닌 공간에 사람이 살지 않는다는 의미가 아니라 도시와는 다른 가치 체계가 작동하는 세계가 더 이상 존재하지 않는다는 말이다. 그렇게 도시 외의 지역이 사라지고, 서울 외의 도시가 사라지고, 강남 외의 서울이 사라졌다. 그러니 계급을 재현하기 위해 굳이 자본가와 노동자를 가를 필요가 없다. 계급은 이미 지리적 단절을 통해 명백히 구획되고, 그 '존재하되 존재하지 않는 장소'와 그곳에서 살아가는 사람들을 그려내면 현재의 계급 문법에 대해 말할 수 있다.

　학력자본, 문화자본, 경제자본에서 고루 멀어 보이는, 지방 사립대 출신의 진만과 정용에게 세대 갈등은 존재하지 않는다. 부모는 그들이 이해하지 못할 만큼 낡거나 이질적인 존재가 아니다. 마치 생태계에 서식지가 주어지는 것처럼, 그들은 부모와 비슷한 곳에서 비슷한 삶을 살아갈 것을 예감하고 수용한다. 재개발을 노리고 집을 보러 다니는 여자의 딸인 지우와 그 낡은 집에 세 들어 사는 세미 역시 마찬가지다. 두 사람은 '은목다리'로 상징되는 선명한 공간적 단절 앞에서 만나지만, 세대를 매개로 연대와 반목 따위는 느끼지 않는다. 불평등을 '지리-계급'에 따라 정교하게 그려낸 두 소설에서 세대는 단절의 의미 대신 계급적 단절로 이루어진 지형도를 따라 계급을 재생산하는

8　김혜진, 「20세기 아이」, 『축복을 비는 마음』, 문학과지성사, 2023, p. 73.
9　브뤼노 라투르, 『지구와 충돌하지 않고 착륙하는 방법—신기후체제의 정치』, 박범순 옮김, 이음, 2021, p. 93.

연속의 움직임으로 존재할 따름이다.

  아니, 더 나아가 애초에 세미와 지우가 같은 세대인지부터 따져볼 필요가 있다. 세대는 함께 산 시간에 의해 정의되는 개념이다. 나와 유사한 시간적 경험을 했다고 느껴지는 친근함, 함께 겪은 시간이 보존된 '시간의 장소'가 저 멀리 남아 있다고 믿는 연대감, 이런 이웃한 감정이 자연스럽게 생길 때 사람들은 자신의 동년배를 '우리'로 묶는다. 서로 다른 장소에 살았어도 "기억된 감정의 풍경"이 '시간 고향'으로 공유되면, 그 "시간 고향을 중심으로 만들어진 동년배 집단, 줄여서 시간의 향우회"는 '세대'가 되고, 그 '시간 고향'에 닻을 대고 '세대 정체성'이 형성된다.[10] 그렇다면 "다리 건너면 21세기, 여긴 20세기"일 만큼 단절된 시공에 놓인 세미와 지우를 같은 세대라고 말하기는 어려워 보인다. 서로를 '시간 고향'의 이웃으로 느끼려면 느슨하게나마 유사한 생활 방식과 전망을 공유하는 얼마간의 계층적 공통점이 필요하기 때문이다.

5

  태주네는 가정폭력 조사에 걸릴 일 없는 가정이었다. 부모님의 과잉보호 때문에 숨 막혀 했지만, 태주는 몰래 결제한 콘서트 티켓을 담이네로 보내거나 감시의 눈을 피해 록 페스티벌을 다녀오기도 했다. 그런 태주를 때때로 부러워했는데, 대학교를 졸업할 무렵이 되자 반대로 태주가 본가를 떠난 나를 부러워했다. 취업준비생이 된 자신이 어디에 속하는지, 어떻게 자립해야 할지 혼란스

---

10 전상진, 『세대 게임—'세대 프레임'을 넘어서』, 문학과지성사, 2018, pp. 179~81.

러워하며, 내 자취방에서 얼큰하게 취한 채 이런저런 속내를 털어놓았다. 태주의 고민을 하찮게 듣지 않았다. 비록 내게는 '독립'이 '도망'과 동의어였지만, 그런 사정은 내 것일 뿐이니까.[11]

20여 년간 기초생활수급자로 살아온 저자가 자신이 겪은 가난의 경험과 가정폭력을 철저히 '일인칭'으로 써 내려간 이 에세이에는 단 한 번도 세대 정체성이 드러나지 않는다. 어린 시절 내내 부모나 친척들에게 받은 고통이 적다고는 할 수 없지만, 이를 세대 차이로 설명하기는 어렵다. 이 책에서 유일하게 세대 갈등이 드러난다고 할 수 있는 부분은 친구인 태주가 '가정폭력' 대신 '과잉보호'를 하고 '취업 준비'를 지원해주는 자신의 부모에 대해 말하는 부분이다. 비교적 평범한 가정환경을 지닌 태주가 부모의 사랑과 지배 사이에서 갈등하는 모습은 세대 담론이 가장 활발한 계층이 중간 계층임을 암시한다. 부유층이나 저소득층에 세대 갈등이 없다는 건 아니지만, 그다지 큰 문제가 되는 것은 아니다. 원래 물려받을 것이 아주 많거나 아예 없으면 세대 정체성 따위는 중요하지 않다. 그들에게는 세대를 초과하여 유사한 삶의 조건이 생태계처럼 주어진다. 그러나 중간 계층은 상황이 다르다. 소위 '중산층'의 계급 재생산은 무엇을 어떻게 상속받을지 그 선택과 방법에 따라 많은 것이 달라지고, 주로 교육을 통한 상속 전략을 구사하는 계층적 특성상 재생산의 성공 여부는 점점 더 치열해지고 있다.

딸에게 손수 대한민국 현대사를 전수하여 언젠가 "부정당함으로써 아래 세대를 고양하는 발판"[12]이 되고자 했던 운동권 출신 아버지

---

11 안온, 『일인칭 가난—그러나 일인분은 아닌』, 마티, 2023, p. 90.

12 이미상, 「하긴」, 『이중 작가 초롱』, 문학동네, 2022, p. 21.

는 '진보적이고 똑똑한 딸'이 되지 못한 머리 나쁜 딸을 도저히 견디지 못하고, 자신이 구태의연한 동료 교사들과는 '다른 부류'라 믿고 있는 전교조 출신의 아버지는 대학원에 진학할 때만 해도 "미래가 그저 평범하고 순탄할 거라"[13] 믿었던 아들이 밥벌이도 못 하는 밴드를 하며 세월을 보내자 부글거리는 마음을 감출 수 없다. 무엇보다 교육의 가치를 높이 평가하고 입시를 통해 유·무형의 자산을 물려주는 중산층 부모, 특히 진보적인 세대 정체성을 갖고 대써 '표정 관리'를 해오던 부모가 그 상속이 제대로 이루어질 수 없음을 절감하면, 세대 간의 차이는 임계치에 도달하고 세대 갈등이 터져 나온다. 다시 말해, 여기서 비로소 세대 사이에 단절이 그어진다.

그러나 그것이 또 그리 대단한 불화는 아니어서, 교육을 통한 계급 재생산의 고리가 제대로 작동하면 세대 간에는 파열 대신 긴밀한 공조가 이루어진다. 이와 같은 세대 간 역할 분할과 협업은 교육 현장에서 가장 쉽게 목격된다. 고등학생이 마르크스를 읽는다고 걱정하며 학교에 연락한 은재의 아버지나 그 소식을 듣고 '사상의 자유' 따위를 떠올리며 불타는 '반항심'을 느끼는 교사 곽이 순진해 보일 만큼, 정작 은재는 입시 컨설턴트의 조언을 수행하며 아버지를 가볍게 설득해버린다. 은재가 서울대를 목표로 삼을 만큼 '자기 관리'에 능숙한 학생이기에, 은재의 아버지와 은재 사이의 사소한 의견 차이는 마치 없었던 것처럼 매끄럽게 입시에 통합되고 『자본론』은 '보편'과 '교양'의 자리에 입성한다.[14] 그렇다면 여기에서 다시, 단절은 공모하는 세대 간에 발생하지 않는다. 단절은 마르크스를 읽히는 위험한 교사가 되고자 했으나 졸지에 입시에 성공한 교사가 된 곽이 서 있는 자리에, 그러니

---

13   성해나, 「OK, Boomer」, 『빛을 걷으면 빛』, 문학동네, 2022, p. 104.
14   김기태, 「보편 교양」, 『창작과비평』 2023년 가을호.

까 곽을 사이에 두고 교육을 통한 계급 재생산에 성공한 안쪽의 이들과 그와 무관한 바깥쪽의 이들 사이에 그어지는 셈이다.

6

그렇다면 세대는 젠더나 계급과 달리 독립변수의 지위를 얻을 수도 없고, 극히 한정된 조건이 아니라면 단절로 존재할 수도 없는 걸까. 반드시 그렇지는 않다. 어쩌면 그렇지 않다는 게 우리 시대의 비극일 것이다. 전쟁과 재난, 오늘날의 생태 위기 같은 비상사태 앞에서 세대는 충분히 독립변수가 된다. 물론, 앞으로도 폭우가 내리면 반지하 주택부터 침수되고 가뭄이 들면 섬마을부터 수돗물이 끊길 것이다. 남반구의 국가들과 북반구의 국가들이 재난에 대처하는 사회적 역량에는 여전히 큰 격차가 존재한다. 그러나 이 불평등한 현실이 삭제될 수 없음에도 불구하고, 어떤 세대는 이와 같은 '지리-계급'을 모조리 초과하는 임계 지점에 이르게 될지도 모른다. 일찍이 조세희가 '난장이'의 가족들이 살던 '은강시'의 살인적인 환경오염을 상세히 그려냈음에도 다수의 평범한 독자가 이 책을 노동과 불평등의 문제를 다룬 소설로만 기억하는 것은, "공장 지대에 머물렀던 바람이 다시 주거지로 불지 않는 한 그들은 깊은 잠"을 잘 수 있었기 때문일 것이다. 오염 물질을 품은 바람은 언제나 공장 지대의 노동자들에게 머물렀기에 은강시 주민들은 운이 나쁜 며칠만 버티면 되었고, 실제 "은강을 움직이는 사람들은 서울에 있었다".[15] 그러나 그 바람이 전방위적이고 항구적인 폭풍이 되어 누구도 바람을 피할 수 없게 되면, 바로 그

---

15 조세희, 「기계 도시」, 『난장이가 쏘아올린 작은 공』, 이성과힘, 2000, p. 187.

때 세대는 계급을 초과하는 가장 중요한 변수가 된다. 이미 막이 오른 것으로 보이는 생태 위기 앞에서 세대는 갱신된 '생태-계급'으로 변모할 수 있고, 그러기 위해서는 다가올 세대 앞에 그어진 "단절을 하나의 자체적인 시대"(프레드릭 제임슨)로 만드는 새로운 '세대-역사의식'이 필요하다.

> 땅속에서 수십 점의 뼈가 발견되었다. 삼 분의 이가량 썩어버린 종이 상자와 어느 부분 하나도 썩지 않은 은색 알루미늄 포일과 까만 비닐봉지도 발견됐다. 상자 안에는 앙상하게 드러난 수십 점의 뼈가 가득했다. 닭 뼈였다. (……) 소이가 그토록 알고 싶어 했던 진실이었다.[16]

어느 날 갑자기 소이는 진의를 알 수 없는 희미한 기억을 떠올린다. 분명 누군가를 죽여 땅에 파묻은 것 같은데, 그게 가정폭력을 일삼았던 아버지인지 '죽이고 싶었던 또 다른 사람들'인지 도무지 알 수 없다. 망설임과 고민 끝에 땅을 파헤쳐 그녀가 발견한 것은 고작 아버지의 장례식날 몰래 먹고 감춰둔 양념치킨의 잔해. 소이는 "스릴러라고 생각했던 영화의 장르가 블랙코미디"였다고 생각하지만, 어쩌면 이건 더 참혹한 스릴러일지도 모른다. 닭 뼈가 인류세의 지표 화석이 되리라는 예언은 실현되었다. 우리가 다음 세대에 물려주는 것은 오이디푸스콤플렉스도, 인간 주체의 죄의식도 아닌 닭 뼈에 불과하다. 이 암울한 스릴러에서 벗어나는 방법은 아직 알 수 없다. 여하튼 출발은 그녀 앞의 닭 뼈, 이토록 잔인한 진실에서 시작할 수밖에 없다는 사실 외에는.

16 구소현, 「수수께끼를 푸는 방학」, 『숨』 2023년 상권, p. 208.

현재는 언제 '동시대'가 아닌 역사적 시대가 되는가. 단절을 통해 과거와 자신을 분리하고 모종의 새로움을 발견한다고 해서 현재가 역사적 의미를 획득하는 것은 아니다. "미래로부터의 응시가 없다면 현재는 스스로를 하나의 자체적인 역사적 시기로 느낄 수 없다." 다시 말해, 현재는 자신이 해야 할 임무를 스스로 정의하는 '책임'을 지닐 때만 자체적인 역사적 시대로 전환된다.[17] 이때 미래가 선형적인 진보 서사에서 말하던 유토피아적 목적지라는 보장은 어디에도 없다. 디스토피아에 가까운 '인류세' 혹은 '자본세'라는 위기의 이름 역시 '미래의 응시'를 통한 책임을 부여한다. 그렇게 세대를 둘러싼 묵시록 대신 시대를 정의하고 책임을 감당하며 지도를 그려나가는 일, 이토록 비극적이지만 명백히 의식적인 명명하에서만 현재는 책임을 부여받고 시대가 될 수 있다. 그제야 세대는 비로소 시대와 특권적으로 연결될 수 있을 것이다.

17 프레드릭 제임슨, 같은 책, pp. 34~36.

2부
적대와 품위
— 사건, 정치, 페미니즘

어른들의 벤다이어그램
─세월호 이후의 문학 1

1

 스무 살을 훌쩍 넘어 성인이 되어도 자신을 어른으로 여기지 못하는 사람들은 얼마든지 있다. 내가 그런 사람이었다. 뉴스를 보면 언제나 피해자의 억울함에 몰입하고, 어른의 범주에 나를 포함하지 않은 채 '어른들'에게 분노를 터트리는 사람.
 2014년 4월 16일, 이날 나는 처음으로 어른의 자리에서 사건을 경험했다. 아이의 자리가 아닌 해운 회사의 직원이나 공무원이나 인솔교사의 자리에 서 있었다. 항해사나 해경보다 교사인 나를 떠올리기가 더 쉬웠다. 누구나 교사라는 직업에 대해서는 동원할 수 있는 충분한 양의 기억이 있으니까. 나는 전문가를 깊이 신뢰하는 사람이었으므로, 내가 그 배에 탔다면 안내 방송을 충실히 따르며 어른들과 시스템을 믿으라고 아이들을 다독였으리라는 걸 알았다. 누가 보아도 나는 완벽히 어른이었다. 굳이 괴로웠다는 말을 덧붙일 필요도 없이 그 때는 모두가 괴로웠다. 공부를 해야겠다고 생각했고, 다음 해 문학을 전공하러 대학원에 들어갔다. 누군가 공부라는 게 어떻게 실천이 될 수 있느냐고 묻는다면 아무런 답변도 떠올릴 수 없다. 나부터 그런 희망 같은 건 없었다. 그저 전처럼 살 수 없을 뿐이었다. 나는 어른이었고, 내 눈앞에 펼쳐진 광경은 수습될 수 있는 사고가 아니라 소화할 수 없는 사건이었으며, 내게는 더 정확한 언어가 필요했다. 딱 거기까지 생각할 수 있었다.

2

지금도 교사인 나를 상상해본다. 항해사나 해경에 대해 잘 알지 못해서가 아니라, 교사라는 직업과 위치가 내게 어른이란 무엇인지 사고실험하게 만들기 때문이다. 다른 직업과 달리 미성년인 학생들을 상대하는 교사는 흔히 이중적인 이미지로 재현된다. 전교조와 교총을 교대로 인터뷰하는 기사의 관례처럼, 전통을 수호하는 보수적인 교사와 변화를 추동하는 진보적인 교사가 대립하는 양상으로 그려지는 건 흔한 일이다. 제도가 부여한 의무와 규범을 학생들에게 어디까지 얼마만큼 요구해야 하는지 고민하는 한 명의 교사를 그리는 경우도 드물지 않지만, 이 경우에도 그의 심리적 갈등은 그의 교육 방식에 딴지를 걸 더 완고한 교사들이 존재하기 때문이라는 점을 떠올려보면 전자와 크게 다르지 않다고 할 수 있다. 결코 전위적인 존재에 도달할 순 없지만, 마땅히 후위의 역할은 초과해야 하는 사람.

그러나 생각해보면 교사만 그럴 리는 없다. 모든 직업은 사회가 요구하는 허용 범위 안에서 가까스로 변주를 시도하고, 모든 부모는 자녀를 양육하며 유사한 딜레마에 빠진다. 교사는 자신의 의무를 익히 아는 어른의 상징이고, 불행인지 다행인지 나는 점점 학생보다 교사에게 더 쉽게 이입할 수 있게 되었다. 그러니 문제는 오래되고 흔한 재현 방식에 있는 것이 아니라, 그 재현이 더는 설득력을 갖지 못하는 데 있을 것이다. 어차피 시대가 변한 줄 모르는 늙은 교사들은 두려운 존재가 될 수 없다. 보수적인 교사와 진보적인 교사의 대립은 기성세대와 새로운 세대가 갈등을 통해 사회를 혁신하는 재생산 메커니즘의 갱신을 상징한다. 영화 「죽은 시인의 사회」(1990)처럼, 학교에서 쫓겨나는 키팅 선생을 향해 책상 위에 올라가 경례를 부치던 열렬한 학생들도 결국 대학과 사회로 진출하여 어른이 될 것이다. 재생산 회로는 결코 멈추는 법이 없고, 오히려 키팅 선생 같은 이들에 의해 다음 시대에 적합한 방식으로 조율되어 생산성을 유지한다. 그렇다면 더 이상 뜨거운 가슴을 지닌 진보적인 교사를 그려낼 수 없는 상황, 기성 제도와 대립하여 학생들의 환호와 지지를 얻는 반골 교사를 상상할 수 없는 상황, 기성세대와 구별되는 다음 세대를 키워낼 새로운 유형의 교사를 재현할 수 없는 상황은 어떤 상황인가. 당연하게도 오래되어 낡고 삐걱거리는 회로가 여전히 유효해서는 아닐 것이다. 그보다 그저 사회가 갱신되고 개혁되기를 기대하는 일이 훨씬 더 어려워졌기 때문이다.

3

「너머의 세계」[1]의 연수는 교사를 그만둔다. 학생과 학부모의 괴롭힘에 시달리고 동료 교사들의 무시와 냉소에 상처를 입은 채 연수는 "중앙 현관을 넘고 나면 이제 다시는, 어떤 문 안으로도 몸을 들이지 않을 작정"(p. 168)으로 학교를 떠난다. 젊은 교사인 연수는 자신만의 교육 방침을 고수하다 자포자기한 것도, 제도에 맞서 신념을 지키려다 탈주한 것도 아니다. 연수의 앞을 가로지른 선 안쪽에는 자신을 만

---

[1] 안보윤, 「너머의 세계」, 『현대문학』 2023년 5월호.

만하게 여기는 학생과 학부모와 동료 교사들이 서 있다. 모두가 연수를 한심하고 여기고, 연수는 눈앞의 선을 물끄러미 바라보며 선 바깥의 점으로 존재한다. 만약 소설이 학부모와 학생의 갈등을 재현한다면, 연수에게는 제자의 고통을 공감하며 그와 연대를 형성하는 선택지가 주어지거나 혹은 어머니와 연대를 형성하여 제자를 설득하는 선택지가 주어질 수 있다. 반대로 학생과 학부모가 돈독하더라도 그들을 바라보며 동료 교사들끼리 서로 이해하는 과정을 재현한다면, 연수가 난관을 극복하든 극복하지 못하든 교사로서 어떠한 행위를 하고 그로 인한 결과를 수용하는 과정을 밟아갈 수 있다. 그러나 선은 오직 연수 앞에만 그어진다. 그 단절선 앞에서 연수는 어떠한 교훈이나 경험도 얻지 못한 채 홀로 학교를 떠난다.

다시는 어떤 문으로도 들어가지 않기로 한 연수의 세계를 벤다이어그램으로 그려보면, 단 하나의 원소로 이루어진 작은 집합과 수많은 원소로 이루어진 커다란 집합이 아무런 교집합 없이 나란히 놓인 모양으로 그려질 것이다. 연수는 자신으로만 이루어진 집합 안으로 아무도 들이지 않는다. 학교를 그만둔 후 사람을 상대하고 싶지 않아 무인 가게 청소 일을 하던 연수는 행색이 초라한 어린아이가 자꾸 가게에 찾아와 비닐째 육포를 뜯어 먹는 기이한 광경을 목격하지만, 그 모습을 문밖에서 물끄러미 바라볼 뿐 안쪽으로 들어갈 엄두를 내지 못한다. 연수의 벤다이어그램에서는 누구도 연수보다 약자일 수 없다. 언제나 연수는 선 바깥에 홀로 서 있고, 선 안쪽에서 일어나는 일에 관여하지 않을 권리가 있다. "연수는 너머의 세계에 있기로 했다. 그것은 부끄러운 선택이 아니었다. 적어도 연수에게는 그랬다."(p. 168) 상처의 권리라고 해야 할까, 약자의 권리라고 해야 할까. 연수의 집합론에서 연수 한 명으로 이루어진 집합에는 어떠한 포함관계나 교집합도 고려되지 않는다.

고통의 재림을 상상하며 불안을 느끼는 것은 지극히 자연스러운 반응이다. 상처는 사람을 위축시키고, 자신의 상처에 깊이 함몰된 자가 그리는 그림은 '나'와 '내가 아닌 것들'의 대립으로 표현된다. 내 앞을 가로지르는 선, 그리고 선 너머의 전부. 그러나 소설이 등장인물을 변호하는 형식이 아니라 등장인물을 통해 질문을 제기하는 형식이라고 믿는다면, 연수가 그리는 단순한 벤다이어그램이 던지는 결코 단순하지 않은 질문을 곱씹어야 할 것이다. 과연 자연스럽다는 것은 자연스러움 이상의 가치를 담보할 수 있을까. 연수가 느끼는 불안과 공포가 자연스러운 반응이라고 해서 그것을 타당한 태도와 선택이라고 보증할 수 있을까. 어떠한 선도 넘지 않고 선 바깥의 점으로 남기로 한 연수의 선택은 이후 이어질 삶에서 언제까지 얼마만큼 알리바이로 인정될 수 있을까.

위험에 노출된 어린아이조차 선 안의 존재로 바라보는 시선, 내가 아닌 모든 것을 선 안쪽의 것으로 바라보는 공포심과 경계심 어린 시선은 아마도 어른의 시선이라 할 수 없을 것이다. 길을 잃고 배가 고파 무인 가게에 드나들던 어린아이의 눈에는 연수야말로 선 안쪽의 존재로 보였으리라는 점을 떠올려보면, 연수의 회피가 정말 "적어도 연수에게는" "부끄러운 선택이 아니"라고 단언할 수 있을지 다시 생각해봐야 한다. 언제 어디서나, 누구에게나, 어떤 상황에서나, 매번 같은 권리를 주장할 수 있는 사람은, 적어도 그런 어른은 없다. 점으로 남아 보호할 수 있는 '나', 선을 넘지 않음으로써 지켜야 할 '나'라는 존재는 없음을 받아들이는 것이 어른의 시작이니까. 어른은 많은 것을 지킬 수 있는 자가 아니라 다만 포기하는 법을 아는 자에 가깝다.

4

「어차피 세상은 멸망할 텐데」[2]의 희주 역시 교사를 그만둔다. 희주는 기후 위기로 꿀벌이 사라지고 해수면이 올라가는 뉴스와 다큐멘터리를 보며 정말 "화내야 하는 일과 화낼 필요가 없는 일을 정"해야 한다고 믿었고, '할 필요 없는 일'들에 골몰하는 학생들에게 서둘러 그 사실을 알려주고 싶었다.

> 어차피 인간은 죽는 건데. 다 같이. 희주는 괴롭힘을 당하는 아이들과 괴롭히는 아이들에게도 이 사실을 빨리 알려주고 싶었다. 어차피 우리는 모두 물에 잠길 거다. 잘하면 30년 뒤에. 다 같이 죽는 거지. 희주가 그 말을 한 건 아이들을 사랑하기 때문이었다. 하지만 희주가 근무하던 사립학교는 그렇게 생각하지 않았다. (p. 194)

학교를 그만둔 후, 희주는 환경 관련 기사를 스크랩하고 식물을 키우고 채식을 하고 수영장에 다닌다. 자기혐오와 자기 연민을 오가며 불안에 시달리는 연수에 비하면, 지구에 사는 온갖 생명체를 향한 연민으로 가득한 희주의 일과는 한가하고 평화로워 보인다. 연수가 생활을 위한 최소한의 일과만 유지하며 살아간다면, 희주는 온갖 취미반에 등록하여 이것저것 배우기를 멈추지 않고 하루 중 가장 많은 시간을 요리하는 일에 쏟아부으며 무해하고 정성스러운 삶을 살기 위해 노력한다.

그러나 흥미롭게도 희주의 세계를 벤다이어그램으로 그려보면, 언뜻 상반되어 보이는 연수와 희주의 세계가 사실은 상당히 유사한 모

---

[2] 공현진, 「어차피 세상은 멸망할 텐데」, 『악스트』 2023년 3/4월호.

습을 하고 있음을 알 수 있다. 세상의 멸망을 실감하는 희주 한 사람으로 이루어진 작은 집합과 멸망 앞에서도 아등바등 욕심을 부리는 나머지 사람들로 이루어진 커다란 집합이 나란히 놓여 있는 모양. 희주의 엄마를 비롯한 주변 사람들이 희주의 삶을 조금도 이해하지 못하기에, 두 집합 사이에 교집합은 존재하지 않는다. 물론 형태가 유사하다고 해서 희주와 연수의 벤다이어그램에 차이가 전무하다는 말은 아니다. 희주의 벤다이어그램에는 한 겹의 집합이 더 존재한다. 희주의 집합과 다른 사람들의 집합을 모두 포함하는 전체집합. 인류세 시대의 생명체를 원소로 삼는 거대한 집합이 이 모든 것을 감싸며 한 겹 더 크게 그려진다. 그러니까 희주의 집합은 주변 사람들의 집합과 교집합을 형성하진 않지만, 전체집합의 차원에서 보면 두 집합 모두 인류로서 생명체에 포함되는 부분집합이라는 공통점을 지닌다.

비록 관념적인 형태일지라도 희주가 푸릇푸릇한 것들에 대한 애착과 인류에 대한 연민을 지니는 것은 이 때문이다. 희주와 연수 두 사람은 자신을 이해하지 못하는 다른 사람들과 기꺼이 분리되길 선택했다는 점에서 공통점이 있지만, 학교를 그만둔 후 깨지기 쉬운 도자기처럼 고통의 역치가 급격히 낮아진 연수와 달리 자신을 포함한 모든 사람을 전체집합의 균질한 원소로 바라보는 희주는 오히려 무덤덤한 구석이 있다. 연수의 분리가 고립이라면 희주의 분리는 고독이다. 단 한 사람의 원소로 이루어진 집합을 구성한다는 점에서 연수와 희주의 집합은 형태상 유사하지만 그 구조를 따져보면 차이가 발견된다. 별것 아닌 것처럼 보이지만 결국 그 차이로 인해 희주는 연수보다 넓은 행동반경을 유지할 수 있고, 그러다 주호처럼 희주의 선을 넘어오는 이와 마주쳐 잠시나마 교집합을 형성할 수도 있다.

그러나 아이들에게 "어차피 우리는 모두 물에 잠길 거"라고 말하는 희주가 좋은 '인류'일지는 몰라도 좋은 교사라는 생각은 들지 않는다.

초등학생에게 먼저 가르쳐야 할 것은 멸종의 윤리가 아니라 생활의 도덕이고, '괴롭힘을 당하는 아이'와 '괴롭히는 아이'는 구별되어야 한다. 교사에게는 그들의 사정을 듣고 그들에게 각자 다른 말을 건네야 하는 역할이 있다. 몇 년 살아보지도 않은 아이들을 어차피 죽을 인간으로 바라보며 연민하는 희주의 시선에는 어딘가 무심하여 잔인한 신학자 같은 구석이 있다. 아마도 바로 그 점이 연수의 경우와 달리 희주에게 장막이나 보호구 역할을 해주었을 것이다. 그러나 동시에 바로 그 점이 아이들을 한 명의 사람이 아닌 멸종 직전의 인류로 뭉뚱그려 누군가의 마음에 깊은 상처를 남겼을지도 모르는 일이다.

5

「보편 교양」[3]의 곽은 학교를 그만두지 않는다. 딱히 그만둬야 할 이유가 없었다. "아쉬운 월급이었지만 임금노동자 평균 수입에 비하면 넉넉했"고 "자잘한 연수나 업무가 있긴 해도 방학은 방학이었다". 중요한 건 언제나 "균형감각"(p. 191)이었다. 한편으로는 자신이 입시를 통한 재생산 회로에 종사하고 있을지 모른다는 자의식을 잃지 않으면서도, 다른 한편으로는 학생들에게 배움의 기쁨을 알려주겠다는 희망 또한 버리지 않는 것. 그는 "공교육이란 중산층의 아비투스를 재생산하고 체제 유지에 기여하는, 필연적으로 보수적인 국가 장치"라고 곱씹었지만, 그럼에도 미래에 대해 "아무도 예단할 권리는 없"(p. 205)다는 것 또한 알고 있었다. 학생들의 과목 선택권을 보장하는 새 교육 정책이 그래 봤자 입시 제도에 불과하다고 우려하면서도, 내심 '고전

---

[3] 김기태, 「보편 교양」, 『창작과비평』 2023년 가을호.

읽기' 과목을 개설하여 학생들과 책을 읽을지 모른다는 기대를 품었다. 그러니까 곽은 장기적인 전략에 따라 효율적인 전술을 구사할 수 있는 사람이다. 정치적으로 편향된 내용을 가르친다고 민원을 넣은 은재 아버지에게 『자본론』이 '서울대 권장도서'가 될 만큼 얼마나 '안전'한지 설득하려다가 "자신이 맑스를 긍정하려는 것인지 부정하려는 것인지 혼란스럽기도"(p. 204) 할 정도로.

 그러니 곽은 누구와도 완벽히 불화할 수 없다. 곽은 모범생인 은재가 대견한 만큼 학교를 겉도는 다른 학생들도 이해할 수 있고, 마르크스를 위험한 사상가로 동경하면서도 은재의 아버지에게 그가 얼마나 안전한지 설명할 수 있으며, 비판과 사유가 체제를 향한 저항이라고 여기면서도 이제 체제가 비판적 사유 능력을 교양으로 요구하고 있음을 파악할 수 있다. 이런 곽의 세계를 벤다이어그램으로 그려보면 연수와 희주의 경우와는 전혀 다른 그림이 된다. 중간 크기의 집합들이 서로 복잡하게 교집합과 포함관계를 이루며 얽혀 있는 그림. 여기서 출발해도 저기로 도착하는 긴 사슬처럼 엮인 집합 다발이 보이기도 하고, 어제는 아무런 접점도 없었지만 오늘은 넓은 교집합을 공유할 수도 있고 내일은 꿀꺽 삼켜져 포함되어버릴 수도 있는 유동적인 집합들이 가득한, 그런 입체적이고 혼란스러운 그림.

 복잡한 교집합의 관계는 한눈에 파악되지 않는다. 『자본론』을 가르친 곽과 곽의 수업을 충실히 따라온 은재와 그것을 걱정하는 은재 아버지의 관계를 생각해보자. 곽은 은재와 자신 사이에 교집합이 존재한다고 믿지만, 마르크스에 한해서라면 실은 곽과 은재 아버지야말로 단단한 교집합을 이루고 있다. 마치 군사독재 시절 마르크스의 저작을 금서로 지정했던 국가기관과 어떻게든 그것을 읽으려고 위험을 감수했던 학생들 모두 책의 힘을 믿는다는 공통점을 지녔던 것처럼, 곽과 은재 아버지 역시 책을 읽으면 사람이 달라질 수 있다는 믿음, 책을 읽으면 선을 넘을 수 있다는 믿음을 공유하며 교집합을 형성한다. 은재가 『자본론』을 스펙 삼아 서울대에 합격한 후에도 그들의 교집합은 여전히 유지된다. 이제 두 사람은 마르크스가 '보편'과 '교양'의 세계에 입성했음을, 마르크스를 읽는다고 선을 넘는 시대는 오래전에 영영 끝나버렸음을 깨달은 동류가 된다.

곽의 벤다이어그램에서 통치의 경계선은 엄청난 탄력성을 지니고, 그 선 바깥으로 넘어가는 일은 도저히 불가능해 보인다. 불온서적이 있다면 그것을 읽고 선을 넘을 수 있지만, 모든 게 교양이 되어버리면 애초부터 넘어야 할 선 같은 건 존재하지 않는다. 그렇다고 선 너머가 보이지 않는 곽의 벤다이어그램을 비관하자는 말은 아니다. 무얼 해도 바깥으로 나가는 것이 불가능하다는 말은 통치의 경계선이 그만큼 자주 갱신된다는 의미이고, 통치의 경계선이 갱신 중이라는 말은 푸코의 주장처럼 언제나 통치와 저항이 동시에 구성된다는 의미일 수 있기 때문이다. 선 너머로 갈 수 없다는 말을 영원히 내부에 갇혀버렸다는 투항의 뜻으로 들을 수도 있지만, 반대로 통치에는 항상 예상치 못한 잉여와 빈틈이 존재하여 운신할 수 있는 내부의 공간이 완전히 사라지는 일은 없다는 뜻으로 들을 수도 있다. 물론 이 모든 일은 곽의 냉소가 곽의 희망을 완전히 덮어버리지 않았을 때만 가능하다. 냉소와 희망 사이의 승부가 쉽게 나지 않길 바라는 것, 그것이 곽의 벤다이어그램에서 기대할 수 있는 최대치의 목표로 보인다.

6

연수, 희주, 곽. 세 사람의 벤다이어그램은 평범한 어른이 자신보다 강고하고 막대한 사회를 표상하고 상대하는 세 가지 전형적인 형식을 보여준다. 물론 모두 맹점은 존재한다. 연수와 희주의 집합은 자기연민에 빠지거나 자기보존에 골몰하기 쉽고, 곽의 집합은 필연적으로 자기분열을 동반하기에 자칫 자기기만으로 이어지기 쉽다. 어쩌면 오늘날 교사로서, 어른으로서 산다는 것은 이 정도의 선택지 앞에 놓이는 건지도 모르겠다. 그러나 "있는 그대로의 인간 삶이 패배라는 사실은 너무나 명백하"고 "삶이라고 부르는 이 피할 수 없는 패배에 직면한 우리에게 남아 있는 유일한 것은 바로 그 패배를 이해하고자 애쓰는 것"[4]이라면, 삶의 맹점을 그리는 소설들이 제공하는 실존적 증거를 들여다보고 소설에 쓰이지 않은 것들을 상상하고 검토하는 일이 마냥 무의미하지만은 않다고 믿는다. 그러니 엉성하고 성긴 소묘지만 남겨두기로 한다.

#1. 연수처럼 첫번째 방식으로 세계를 보는 사람들은 큰 집합과 작은 집합의 대치에 압도되어 있다. 당연하게도 그 경계선에 대한 의식과 두려움이 크고, 자꾸 자신의 상처와 내면으로 파고들거나 사회로부터 억압당한다는 대타의식을 키울 수밖에 없다. 이들의 불안과 공포는 눈앞의 경계선이 상당 부분 상상적으로 구성되었음을 인정해야만 줄어든다. 전체집합이 어떻게 구성되고 배치되어 있는지에 관한 메타적 시선을 확보해야 겁에 질린 상태에서 벗어날 수 있다. 가장 선명해 보이는 두 집합 사이의 대립에 집중하기보다 더 큰 세계에서 자신이 어느 좌표에 위치하는지 파악할 것. 언제나 피해자인 사람도, 언제나 보호받아야 하는 사람도 없다는 사실을 기억해야 한다.

#2. 희주처럼 두번째 방식으로 세계를 보는 사람들은 전체집합에 대한 의식이 지나치게 강하여 삶이 보유한 속된 욕망에 적절한 지분

---

4   밀란 쿤데라, 『커튼』, 박성창 옮김, 민음사, 2012, p. 21.

을 할당해주지 않는다. 어린아이에게도 삶보다 죽음을 먼저 속삭이는 이 상냥한 허무주의자들에게 필요한 것은, 전체집합 안에 자신과 비슷한 사람들로 이루어진 중간 크기의 집합을 발견하고 가꾸는 일이다. 인류세 시대에 필요한 윤리는 관념적이고 추상적인 자기 보호와 구별하기 어렵다. 그러니 중간 규모의 집합에서, 생활의 차원에서, 그 윤리를 실험해봐야 한다. 다행히 소설에서는 선을 지킬 줄 모르는 주호의 동선이 희주가 그어둔 경계선을 가로질러 교집합을 만든다. 덕분에 희주는 무해함과 보존의 서사에서 참견과 발견의 서사로 이동할 수 있게 된다.

#3. 곽처럼 세번째 방식으로 세계를 보는 사람들은 다층적인 지도 위에 자신을 세워두고 상황에 맞춰 운용한다. 다양한 집합 사이를 이동하는 플레이어처럼, 이들은 교집합이 아예 없는 고립된 집합이나 하나의 원소만으로 이루어진 단일한 집합은 선호하지도 신뢰하지도 않는다. 집합과 집합 사이를 오가다 보니 낙차로 인해 자연스럽게 아이러니가 발생하는데, 이들은 그 낙차를 해소하기 위한 냉소와 유머의 기술을 연마해야만 한다. 교집합과 여집합 개념을 포함하여 집합론의 기초를 가르치기에 좋은 벤다이어그램을 가지고 있기에, 이들이 피해야 할 함정은 "계몽된 허위의식"을 지닌 똑똑한 "냉소주의자",[5] 그러니까 자신들이 무슨 짓을 하고 있는지 알면서도 계속 그렇게 하는 자가 되는 것이다. 이들은 비애감 가득한 말투로 기만을 합리화할 방법쯤은 얼마든지 알고 있다.

---

5   페터 슬로터다이크, 『냉소적 이성 비판 1』, 이진우·박진애 옮김, 에코리브르, 2005, p. 47.

7

 거칠고 도식적으로 분류해보았지만, 실은 사회생활을 하는 어른들은 대부분 저 세 가지 벤다이어그램을 동시에 그리며 살아간다. 나 역시 그렇다. 대상에 따라, 상황에 따라 내가 서 있는 그림이 달라진다. 그 점을 반성하려는 것은 아니다. 다만 그 대상과 상황이라는 것을 제대로 파악하고 행동해왔는지, 적어도 10년의 세월이 지났다면 검토해봐야 할 때가 되었다고 생각할 뿐이다. 명백히 잘못 판단하여 후회가 남는 일도, 여전히 잘 모르겠는 일도, 다시 고민해봐야겠다고 미뤄둔 일도 많다. 다음에 이어질 글은 여기에서 시작하려 한다.

영원히 숲에 머무를 수 없다면
── 세월호 이후의 문학 2

1

  10년 전, 한국문학은 세월호의 침몰을 '실재'이자 '사건'이자 '외상'으로 받아들였다. 잘 짜인 듯 보였던 상징질서가 찢기며 드러난 '실재'의 속살이자, 그 이전의 주체와 이후의 주체가 도저히 같을 수 없는 압도적인 '사건'이자, 차마 말로 표현할 수 없을 만큼 고통스럽기 짝이 없는 '외상'. 글을 쓰는 자라면 누구라도 사태의 '재현 불가능성'을 수용하지 않을 도리가 없었고, '세월호 이후의 문학'을 한다는 것은 애도의 윤리에 복종하는 동시에 끝내 '애도 불가능성'을 증언해야 하는 이중의 난제가 되었다. 앞서 말한 적 있지만, "나는 이 무렵의 문학비평이 출구 없는 폐허 위에 무릎을 꿇고 써 내려간 '실재의 윤리'에 대해 어떠한 불만도 품은 바가 없다".[1] 다만, 실재를 향하라는 부정성의 요구가 언제까지나 생생할 순 없고 또 그래서도 안 된다고 믿기에, 이제 그간 암묵적으로 금기시되다시피 했던 작업들을 시도해볼 필요가 있다고 생각할 따름이다.
  그러나 아마도 같은 이유에서 출발했을, 얼마만큼의 반성과 얼마만

---

1 이소, 「종언 앞에서 부활하기, 멸종 앞에서 사물 되기─21세기 문학비평의 지형도」, 『부재하거나 사라졌거나 영원한』, 문학과지성사, 2025, p. 55.

큼의 결심을 담아 정성스럽게 쓰였을, 10년 만에 도착한 한 평론가의 글에는 동의할 수가 없다. 누구보다 치열하게 '실재의 윤리'를 이야기하던 평론가였기에, 그간의 입장과 대조적인 글 앞에서 당혹스러움을 느꼈다. 하지만 그의 결론이 어떤 필연적인 경로 끝에 형성된 것이라면 이에 관해 이야기해볼 필요가 있다는 생각이 든다. 오독을 막기 위해 그 글의 마지막 단락을 중략 없이 길게 인용한다.

> 십 년 전의 나는 몰랐던 것 하나를 이제는 알고 있다. 세상엔 쓰일 수 없는 문장이 있다는 것. '아이가 죽었다'라는 문장은 불가능하다. 한번 태어난 아이들은 계속 산다. 계속 살아간다는 것은 어딘가에서 산다는 것이다. 아이들이 살아갈 장소가 필요하고 우리는 그곳을 마련한다. 아이들을 우리의 기억 속에 살게 하자는 말은 뻔한 말이다. 그런 말이 아니다. 기억을 창조해야 한다는 말이고, 그 일을 멈추지 말아야 한다는 말이다. '공식 기억official memory'과는 다른 '대항-기억counter-memory'이라는 게 있다는 걸 알지만, 이제 나는 '인공 기억artificial-memory'의 불가피함에 대해서도 생각하고, 예술로 생성되는 인공 기억을 'art-ificial memory'라고 부르면 되겠다고도 생각한다. 그리고 인간의 기억은 매우 허술해서 우리의 뇌 속엔 "기억의 진실성을 확인하는 메커니즘"이 없다는 말, "생생한 감각적 심상과 강력한 감정이 동반되면 〔……〕 진실과 거짓을 구별할 수 없다"라는 말에 깊이 안도한다. 그러니까 앞으로 마지막 한 줄은 쓰지 않는다. 그리고 아이들은 계속 사는 것이다.[2]

---

2 신형철, 「그리고 마지막 한 줄은 쓰지 않기—4·16을 위한 프리즘-프레임」, 『문학동네』 2024년 봄호, pp. 101~102.

그의 말과 달리, 나는 "기억의 진실성을 확인하는 메커니즘이 없다"는 사실이나 생생함과 강력함이 동반되면 "진실과 거짓을 구별할 수 없다"는 사실에 "깊이 안도"할 수 없다. 그러나 그 이야기를 여기서 하진 않을 것이다. 저 글에 대한 가장 정확한 반박은 10년도 훨씬 전에 그가 이미 써두었으므로.

> '억압된 총체성'이라 해도 좋다. 문학은 구축하는 초자아의 총체성이 아니라 배제되는 무의식의 총체성이기 때문이다. 그곳에 치명적인 진실이 있으니, 이 기형을 대면하고 돌파하는 일은 윤리적이다. 정신분석이 우리에게 가르쳐주는 것이 있다면 그것은 윤리가 문제되는 자리는 '선(善)'이 아니라 '진실'이라는 것이다. 선의 윤리학과 진실의 윤리학이 있다. 선의 윤리는 시스템을 유지하기 위해 필요한 방호벽이다. 그것은 치명적인 진실의 바이러스를 선의 이름으로 퇴치한다. 반면 진실의 윤리는 시스템을 다시 부팅하는 리셋 버튼이다. 그것은 때로 선이라는 이름의 하드디스크가 말소될 것을 각오한 채 감행되는 벼랑 끝에서의 한 걸음이다.[3]

'선의 윤리'와 '진실의 윤리' 중 단호하게 '진실'의 편을 선택했던 이가 '인공 기억'의 존재에 안도하는 '선'의 편으로 돌아서기까지, 필요한 건 단지 세월만이 아니었을 것이다. 생각이 달라지는 것에는 상상할 수 없을 만큼 많은 이유가 알 수 없는 비율로 섞여 들어간다. 그러나 어떤 경우든 우리는 주어진 선택지 가운데 하나를 선택할 수밖에 없고, 그 선택지가 만들어지는 과정은 결코 한 평론가의 개인적 결단에 좌우되지 않는다. 그러니 조금 멀리 돌아갈 필요가 있다. 나 역시 영원

---

3 신형철, 「21세기 문학 사용법」, 『몰락의 에티카』, 문학동네, 2008, pp. 18~19.

히 '실재의 윤리'에 고착될 순 없다고 생각하고, 그런 생각을 나만 할 리도 없다는 걸 잘 알기에, 지금 우리의 손에 쥐어진 선택지들 그러나 어쩌면 오래전부터 존재했을 그 선택지들에 관해 이야기해보려 한다.

2

본래 트라우마는 외력에 의한 신체적 손상을 의미하는 말이었다. 그러다 언제부턴가 의미가 확장되어 육체적 외상뿐 아니라 심리적 타격이나 정신적 상해와 같은 비육체적 외상까지 아우르는 말이 되었고, 도리어 이제는 후자의 의미로 사용되는 경우가 더 빈번해졌다. 검색창에 '트라우마'를 입력하면 심리학이나 정신의학에 관련된 자료들이 나오지만 'trauma'를 입력하면 '중증외상센터' 같은 외과적 영역의 자료들이 나오는 것처럼, 한국 사회에서 트라우마라는 개념이 번역되고 상용되는 과정에는 그 의미가 변화해온 흔적이 남아 있다.

이언 해킹은 이처럼 트라우마가 심리화되는 과정을 추적하기 위해 19세기로 거슬러 올라간다. 흔히 트라우마 연구가 시작되는 기점을 제1차 세계대전의 셸쇼크나 프로이트의 등장으로 기억하는 경우가 많지만, 프로이트가 샤르코의 문하생이 되기 위해 파리에 도착한 1885년에 이미 심리화된 트라우마 개념이 널리 퍼져 있었다. 해킹이 트라우마 개념의 심리화 과정에서 중요한 분기점으로 꼽는 것은 철도 사고다. 철도 사고는 최초의 '현대적 사고'라 부를 만큼, 산업화 이전에는 찾아볼 수 없던 새로운 형태의 재난이었다. 국가와 산업이 뒤얽힌 대형 사고는 불법과 합법의 범위, 법적 책임, 보상 규약 등 '현대적 사고'에서 비롯되는 다양한 문제를 등장시켰고, 신체적 부상 외에도 지속적인 심리적 고통과 불안을 호소하는 피해자 대중을 가시화했다. 의학자들은 이들을 지원하기 위한 사회적·의학적 제도에서 활발히 활동했고, 그중 트라우마 치료와 관련하여 가장 중요한 성과를 보여준 두 사람이 지그문트 프로이트와 피에르 자네였다.

흥미롭게도 두 사람은 정반대의 방향에서 트라우마를 해석하고 치료했다. 프로이트에게 트라우마는 개인의 내밀한 행위와 연결되어 있었고, 그러므로 그가 할 일은 환자가 자신의 기억을 재구성하도록 돕는 일이었다. 치료의 목표는 환자의 고통을 줄여주는 것이 아니라 환자가 진실을 수용하도록 하는 것이었고, 때때로 그 일은 환자를 더 괴롭게 만들었다. 그 역시 이론의 형태를 한 단 하나의 진실을 찾길 원했고, 다양한 사례를 통해 거대한 이론을 구축하는 일을 포기하지 않았다. 반면 자네에게 트라우마는 비개인적인 것, 단지 외부적 요인으로 빚어진 상태나 상황에 불과했기 때문에, 프로이트와 달리 성공 여부도 불확실한 데다 긴 시간을 할애해야 하는 자유연상법은 선호하지 않았다. 그 대신 당장의 통증을 줄여주는 데 효과적인 암시와 최면요법을 즐겨 사용했고, 환자가 더 이상 고통스러워하지 않을 수만 있다면 환자가 원하는 거짓 기억을 말해주는 것쯤은 얼마든지 가능한 일이었다. "그에게 진리는 절대적 가치가 아니었다. 프로이트에게는 진리가 절대적이었다."

어쩌면 완고한 프로이트보다 실용적인 자네 쪽이 그 시대 많은 이들의 평판대로 '존경받을 만한 치유자'였을지도 모른다. 그러나 그의 선량함이 철저히 "빅토리아시대의 미덕을 준수하는 사람"이 지닌 측은지심이었다는 점을 떠올려보면, 언제나 '존경'에는 역설적인 면이 있다는 생각이 든다. 그는 고통받는 환자들을 안타깝게 여기고 충실히 보살폈지만, 환자들이 자신과 마찬가지로 진실을 대면할 수 있는 존재라고는 믿지 않았다. 그의 눈에 고통을 호소하는 환자들은 진리가 아닌 치유를 원하는 가엾은 자들이었고, 그들에게 암시와 최면을 거는 일은 의심할 바 없이 자비로운 일이었다. 자네는 자신의 행위가 기만이나 거짓은 아닌지 의문을 품을 필요가 없었다. 그에게는 "자기가 속한 전문직 사회의 명예로운 동료들에게 거짓말을 했다고 생각할 하등의 이유가 없"었고, "흔히 여자이고 가난한 자신의 환자들에게 거짓을 믿게 함으로써 도움을 주는 것이 세상에서 가장 자연스러운 일이라고 생각했을 것이다. 추상적 진리는 자네에게 중요하지 않았고, 환자가 진실을 아는 것도 중요하지 않았다".

해킹의 말처럼, 기억과 진실을 둘러싼 논쟁에서 우리는 높은 확률로 "프로이트와 자네의 후계자들"일 것이다. 물론 프로이트의 계보가 부단히 가지를 뻗어가는 과정에서, 정신의학과 생물학이 상상을 초월할 만큼 발전을 거듭하는 상황에서, 문제는 고도로 세분화되고 복잡하게 변주되었다. 그러나 "프로이트의 고뇌와 자네의 위로" 중 무엇을 택해야 하는지는 여전히 중요한 윤리적 결단으로 남아 있다.[4] 어쩌면 한 명의 평론가에게 '선의 윤리'와 '진실의 윤리'가 논리적으로 대립하는 동시에 현실적으로는 교차하여 등장한 것은, 그가 프로이트의 후계자이자 자네의 후계자이기 때문일지도 모른다. 물론 과거의 그는 프로이트의 후계자에 가까웠고, 지금의 그는 자네의 후계자에 가까워 보인다. 그러나 이 대립이 '진짜' 문제인지에 관해서는 조금 더 따져볼 필요가 있다.

3

신형철 평론가가 말한 '인공 기억'이 자네의 최면이나 암시처럼 사

---

[4] 이언 해킹, 『영혼 다시 쓰기─다중인격과 기억의 과학들』, 최보문 옮김, 바다출판사, 2024, pp. 318~19.

실과 다른 기억을 주입하자는 의미가 아니라는 것쯤은 알고 있다. 그러나 그의 말대로 인간에게 기억의 진실성을 보증하는 능력 따위는 없으므로, "진실과 거짓을 구별"하기보다 "생생한 감각적 심상과 강력한 감정"을 얻길 원하는 사람들은 점점 늘어날 것이다. 기억을 매만지는 기술은 지금으로선 상상도 할 수 없는 수준으로 발전할 것이고, 심리적 고통을 겪는 당사자가 자신의 기억을 바꾸길 요구하는 것이 무슨 문제냐는 주장도 등장할 것이다. 이럴 때, 자신의 기억은 '자신이 소유한 기억'을 의미하므로 소유물의 유지와 폐기에 관한 권리가 소유자에게 있다고 믿는다면 그는 자유주의자일 것이고, 행위의 정당성은 다른 사람에게 미치는 영향에 달려 있으므로 타인에게 '무해함'을 증명하면 자신의 기억을 수정해도 무방하다고 믿는 사람은 공리주의자일 것이다. 오늘날 한국 사회의 정책과 제도는 대충 둘 사이 어디쯤에서 합의를 이룬다. 그러니 다수의 사람이 '성형 기억'을 주문하고 생산하고 소비하길 원할 때, 그것의 '무해함'과 '소유'의 증명서를 확인하고도 이에 반대한다고 말하기 위해서는 오늘날의 시대정신을 훌쩍 초과할 용기가 필요하다.

 '성형 기억'이 SF 같은 이야기라고 생각한다면, 좀더 현실적으로 '서사의 권리'와 연결해볼 수도 있다. 한 사람이 아닌 한 집단이 공동으로 '성형 기억'을 가지면, 우리는 그것을 역사가 아닌 서사라고 부른다. 정치적으로 올바른 소수자 서사나 당사자 서사든, 20세기 학살의 역사를 부정하는 역사 수정주의자의 서사든 모두 서사라는 이름을 붙이고 유통된다. 우파 정치인들, 아니 이제는 좌파 정치인들까지 가세하여 주장하는 '대안적 사실'은 전통적인 이념의 좌표계로는 파악할 수 없을 만큼 편집증적이고 음모론적인 서사를 구성한다. 탈진실 시대에는 진실이 가졌던 권리가 서사에게 주어진다. 국가든 민족이든 이념이든 더는 어떠한 주인기표도 군림하지 않는 포스트모던한 세계에서

'서사의 권리'를 인정하지 않을 도리는 없어 보인다. 타인의 취향을 향해 그러하듯, 다른 이의 '세계관'에 대해서도 존중하거나 무시하는 것 외에 딱히 대응할 방법이 떠오르지 않는다.

슬라보예 지젝에 따르면, 이와 같은 '서사의 권리'는 얼핏 상반되어 보이는 '실재에의 고착'과 함께 '홀로코스트 산업'을 지탱한다. '서사의 권리'를 지향하는 포스트모던적 담론이 홀로코스트에 한해서는 그것을 차마 서사화할 수 없는 "지고한 형이상학적 '악'"이자 "신성한 '실재'"로 격상시키면, 홀로코스트를 부정하는 수정주의자들은 이 틈을 타고 온갖 자료를 재조합하며 창의적인 서사화 능력을 과시한다. 홀로코스트를 여타의 사건과 동일한 테이블 위에 올려놓길 거부하는 윤리적인 사람들과 자료를 놓고 숫자를 따져보면 얼마든지 홀로코스트가 부풀려진 해프닝에 불과함을 증명할 수 있다고 주장하는 사람들의 대립 방식은 우리나라에서도 그리 보기 드물지 않다. 다양한 소수자의 서사를 존중하는 이들이 일본군 '위안부' 문제나 5·18, 세월호와 같은 사건에 한해서는 그것을 유일무이한 '실재'로 남겨두려 하고, 이렇게 만들어진 실재의 구멍을 따라 온갖 외설적인 서사가 과잉 생성된다.

지젝은 처음부터 "'서사의 권리'를 지향하는 문화적 상대주의 속에 그 자체의 대립물로 보이는 것이 포함되어 있"고 그 "대립물이란 서사화에 저항하는 어떤 외상이라는 '실재'에의 고착"[5]이라고 주장한다. 그의 말이 옳다면, '실재에의 고착'에서 벗어나기 위해 '서사의 권리'를 선택하는 것은 '진짜' 선택이라 할 수 없다. 마치 서로 다른 선택지처럼 보이지만 처음부터 한 선택지의 앞·뒷면인 것처럼, '서사의 권리'를 주장하는 것은 '실재에의 고착'을 전제로 한 가짜 선택지일 가능성

---

5 슬라보예 지젝, 『레닌의 유산―진리로 나아갈 권리』, 정영목 옮김, 생각의힘, 2017, p. 40.

이 크다. 다시 말해, 프로이트(라기보다 그의 후계자인 라캉에 더 가깝지만)의 고뇌와 자네의 위로는 그리 멀리 떨어져 있지 않다. 트라우마를 우리 삶의 실재이자 사건이자 핵심으로 신성시하는 뒷면에는, 그러니 그건 그대로 남겨두고 각자에게 위안이 되는 서사를 발굴하여 모두 승인하자는 무력하고 선량한 실천이 존재한다. 그렇다면 '진짜' 선택이란 무엇인가. 주어진 가짜 선택지 중 하나를 고르는 것이 아니라, 그 선택지 사이를 돌파하는 진짜 선택이란.

4

고작 '서사의 권리'에 머무르는 대신 **"진리로 나아갈 권리를 주장"**[6] 하라는 지젝의 말에서 그 사이의 길을 가늠해볼 수도 있다. 지젝은 홀로코스트의 유일무이함을 증명하기 위해서라도 그것을 다른 유사한 사건들과 비교하고, 그 비교 끝에 도달한 '비교의 한계'를 보여주어야 한다고 주장한다. 왜 재현할 수 없을 만큼 고통스럽고 설명할 수 없을 만큼 이해 불가능한 사건에 대해 비교와 입증의 작업을 수행해야만 하는가. 그것은 우리가 계속 "비교 금지를 고수한다면 끈질기게 의심이 우리 뒤통수를 잡아당길"지도 모르기 때문이다. "만일 홀로코스트를 다른 비슷한 범죄들과 비교하는 것이 허용된다면, 그 유일무이한 면이 사라질지도 몰라……"[7] 하나의 사건이 한쪽에서는 재현 불가능한 실재로 격상되고 다른 한쪽에서는 부정되거나 혐오의 대상이 되는 극단적인 대치 상황에서, '실재에의 고착'과 '서사의 권리'는 어디로

---

6 같은 책, p. 39.

7 같은 책, p. 42.

도 나아가지 않은 채 각자의 자리에서 나름의 '효능감'을 얻으며 고여 있다. 진리와의 관계를 포기하지 않는 정치의 길은 이 교착상태를 돌파하는 것에서 출발한다.

어쩌면 지젝의 과격한 말에 선뜻 동의할 수 없는 온건한 사람일지라도, "이해하려면 비교해야 한다"[8]는 말 정도는 쉽게 납득할 수 있을 것이다. 적어도 나는 비교 없이는 이해도 없다, 정도의 이해력을 지닌 사람이다. 부디 애도가 가능하길, 재현이 가능하길, 이해가 가능하길 바라 마지않지만, 그러기 위해서라도 비교의 과정을 생략할 수 없다고 믿고 있다. 애도와 재현과 이해의 범위 역시 다양한 요인으로 달라질 수밖에 없음을 부정하지 않지만, 그 차이를 향해 각자의 서사라는 이름을 붙이고 아무것도 묻지 않을 알리바이를 얻는 대신 차이를 생성하는 다양한 요인을 분류하고 비교하는 방법론을 마련할 필요가 있다고 생각한다. 고정된 하나의 진리는 존재하지 않지만 '진리로 나아갈 권리'는 존재한다. 여기서 진리만큼 중요한 것은 '나아감'이고, 진짜 선택이란 정지된 고착이나 평행의 승인 같은 스칼라가 아닌, 방향을 설정하고 방법을 모색하며 타인을 설득하는 벡터의 모습을 하고 있다.

5

브뤼노 라투르는 숲과 토양을 조사하는 과학자들을 따라 아마존 밀림에 들어가 그들의 연구 과정을 면밀히 관찰한다. 그가 보기에 과학자들이 복잡다단한 숲을 한 편의 논문으로 변환하는 과정에는 놀라운

---

8   밀란 쿤데라, 『커튼』, 박성창 옮김, 민음사, 2012, p. 121.

구석이 있었다. 그들은 '일치'를 추구하는 철학적 방법론과는 전혀 다른 방식으로, 그러나 반대의 방식이 아닌 비켜가는 방식으로 이 모든 과정을 수행했다. 특히 토양학자 르네가 숲에서 흙을 추출하여 실험실 테이블로 옮기고 다시 그 테이블에서 이루어진 관찰을 과학의 언어로 번역하는 과정은 진리에 대한 새로운 사유를 요구하는 것이었다.

> 30년 동안 그는 딱딱한 페이지로 이루어진 작은 공책, 즉 먼셀 코드Munsell code를 들고 다니며 세계의 열대 토양들에 관해 작업해왔다. 이 작은 책자의 각 페이지에는 매우 비슷한 색조의 색상이 함께 모여 있다. 〔……〕 표준화된 색상과 토양 표본 사이의 유사성이 성립될 수 있는 유일한 방법은, 페이지에 구멍을 뚫음으로써 우리가 선명하고 균일한 표준의 표면과 토양 덩어리의 거친 표면을 함께 정렬할 수 있게 하는 것이다. 〔……〕 르네는 너무 풍부하거나 너무 복잡한 토양을 포기하면서 그의 흙덩어리를 추출해왔다. 그 구멍은, 결국 흙덩어리의 부피와 질감을 무시함으로써 흙덩어리를 추출하고 색상을 선택하는 것을 허용한다. 그러고 나서 작고 납작한 직사각형의 색상은 색상으로서 요약된 흙과 대응하는 색조 아래에 기록된 번호 사이의 중개물로 사용된다. 우리가 직사각형의 색상에 집중하기 위해 표본의 부피를 무시할 수 있는 것처럼, 곧 우리는 참조 번호만을 보존하기 위해서 색상을 무시할 수 있게 될 것이다.[9]

거칠게 말해, 철학은 주체가 사물에 직접 가닿을 수 있는지 그 가부를 둘러싸고 두 갈래로 나뉜다. 가닿을 수 있다고 믿는 실재론자라

---

9 브뤼노 라투르, 「순환하는 지시체」, 『판도라의 희망—과학기술학의 참모습에 관한 에세이』, 장하원·홍성욱 옮김, 휴머니스트, 2018, pp. 109~11.

면 현상을 통해 실재에 접할 수 있도록 날카롭게 감각을 벼리는 가운데 그 경험을 서술하기 위한 언어를 유려하게 구사할 것이고, 가닿을 수 없다고 믿는 유명론자라면 현상의 너머를 포기한 채 언어로 현실을 창조하며 사물과 언어의 간극에 대해 고민할 것이다. 결국, 두 입장 모두 언어와 세계를 연결하기 위한 부단한 시도로 수렴될 것이고, 이 과정에서 사물과 현상, 현상과 주체 사이의 '일치'를 암시하는 '유사성'은 쉽게 포기할 수 없는 속성이자 방법이자 가치가 될 것이다.

그러나 토양학자 르네가 숲에서 추출한 흙 표본을 색상표에 따라 비교 정렬하여 실험실 테이블로 옮기는 과정에서, 다시 테이블에 놓인 정렬된 흙 표본을 2차원 다이어그램으로 정리하고 변환하는 과정에서, 그 다이어그램들을 대조하고 중첩하여 학문장에서 인용과 소통이 가능한 논문으로 결합하는 과정에서, 유사성은 결코 특권적인 속성으로 작동하지 않는다. 앞의 인용문처럼, 유사성에 의존하는 일은 초기 단계에서 단 한 번 이루어진다. 이후 이어지는 수많은 단계에서 유사성은 오히려 희생되거나 다른 속성으로 전환된다. 르네의 연구는 단계마다 '환원'과 '증폭'이 교차되는 대각선을 그린다. "국소성, 특수성, 물질성, 다의성, 연속성을 잃고" 대신 그만큼의 "양립 가능성, 표준성, 텍스트, 계산, 순환, 그리고 상대적 보편성을 얻"[10]는다. 아마존의 숲이 확장되고 있는지 축소되고 있는지 살펴보는 이 프로젝트는 단기간에 완료될 수 없다. 어쩔 수 없이, 그러나 지극히 당연하게도 생생한 "숲을 잃으면서 우리는 그에 대한 지식을 획득한다".[11]

문학을 하는 사람의 입장에서, '재현의 한계'를 복수의 변환으로 우회하는 르네의 작업은 흥미로운 면이 있다. 추출하고 비교하고 치환

---

10 같은 책, p. 125.
11 같은 책, p. 82.

하는 단계마다 간극이 발생하지만, 그 간극에서 다시 다음 단계가 이어진다. 토양학자에게 '안다는 것'은 "당신이 막 표시해온 통로를 따르면서, 당신 자신의 발걸음 위로 당신이 되돌아가는 길을 만들 수 있는 것"[12]을 의미한다. 다시 말해, 되돌아가는 길을 잃는다면, 한때 찰나의 도약을 했지만 가역적으로 되풀이할 수 없다면, 그저 앎에 실패했음을 의미한다. 라투르가 토양학자의 곁에서 발견한 '진리로 나아가는 길'은 실체와 본질을 찾는 것도 아니고, 그렇다고 실재를 포기하거나 각자의 서사를 만드는 것도 아니다. 그것은 사물을 기호화하고, 다시 그 기호를 분류하고, 분류한 것을 비교하여 배치하는 방식으로 작동되는 회로와 같고, 진리는 "이 회로가 방해받지 않는 한 전선을 통하는 전류처럼 순환"[13]하는 것이다.

6

라투르의 평평한flat 진리와 지젝의 당파적 진리가 같은 것을 지시한다고 생각하진 않는다. 그럼에도 두 사람이 주장하는 탈신성화된 진리에 공통점이 있다면 그것은 방향을 명시하고 비교를 거부하지 않는다는 점이다. 우리가 영원히 숲에 머무를 수 없다면, 그렇다고 자기의 숲을 상상하는 것만으로는 도저히 안도할 수 없다면, 우리는 어쩔 수 없이 우리의 보잘것없는 손으로 숲을 들어 테이블 위에 올려 두어야 한다.

이 테이블에서 일어나는 일에 관해서는 다음 글에서 이어가려 한다.

---

12 같은 책, p. 131.
13 같은 책, p. 123.

테이블 위에서
─세월호 이후의 문학 3

1

그날 내가 이태원에 갔었으면 어떤 일을 겪었을까. 나는 신촌에 있었어. 이태원이 아니라. 그건 정말이지, 놀랍도록 가혹한 일이야. 〔……〕 기억나? 프놈펜 숙소에서 비가 침몰하는 광경을 생중계로 봐야 했던 그날. 나 자꾸 그날이 생각나. 이런 일들이 되풀이되는 건 정말이지, 말이 안 되잖아.[1]

참사는 세계 곳곳에서 끊임없이 반복될 거야. 이렇게 잊히기만 한다면 말이야. 석이가 단호한 얼굴로 말했다. 많이 변했다는 얘기를 듣긴 했지만, 이 정도일 줄은 몰랐다. (p. 216)

세월호가 침몰할 때, 석이와 동이와 혜란은 대학교 해외 봉사 프로그램을 위해 떠난 프놈펜의 한 학교에 있었다. 세 사람은 무언가 돌이킬 수 없는 일이 발생했음을 직감했지만 그게 무엇인지는 알 수 없었

1　예소연, 「영원에 빚을 져서」, 『현대문학』 2024년 4월호, pp. 217~18.

다. 그저 "내가 속했던 세계가 일어나서는 안 되는 사건으로 말미암아 통째로 부정당하는 기분이 들었"고, 그 "대상 없는 배신감과 이루 말할 수 없는 수치심"(p. 201)을 무어라 설명해야 할지 말을 고르기 어려웠다. 그때의 석이에게 세월호 사건을 "이런 일들"로 묶거나 "세계 곳곳"의 참사와 비교하는 일은 절대 불가능한 일이었다. 속수무책으로 뉴스와 인터뷰 영상을 찾아보는 것 외에 아무 일도 할 수 없던 그때, 석이는 모든 비교를 거부했다. 그들이 일하는 학교의 학생이 한국의 상황을 안타까워하며 2010년 꺼삑섬 축제에서 일어난 압사 사건에 관해 말하자, 석이는 "그거랑 이거는 다르지"라고 선을 그었고, 세 사람 모두 "우리조차 쉽사리 말할 수 없는 사건을 캄보디아 사람이" 뭘 안다고 "그런 죽음"(p. 215) 따위와 비교하는지 불쾌감을 숨기지 못했다. 그러나 이태원 참사 이후, 석이는 완전히 달라진다. 석이에게 세월호와 이태원과 꺼삑섬은 신속하게 연결된다. 그러니까 10년이 흐르는 사이, 세월호는 테이블 위로 올라온 것이다.

아무리 충실한 토양학자라 해도 영원히 숲에 머무를 순 없다. 토양학자는 숲의 흙 일부를 추출하고 분류하여 테이블 위에 올려 둔다. 사건 역시 마찬가지다. 차마 말할 수 없을 만큼 참혹했던 사건도 시간이 흐르면 얼마만큼의 변형과 생략을 감수하고서라도 유사도에 따라 다른 사건과 함께 배치되고 비교된다. 이 과정이 모두에게 일어난다고, 특히 모든 유가족에게 일어난다고 생각하진 않는다. 그러나 다수의 사람에게는, 적어도 어떤 유가족에게는 반드시 일어난다. 그렇게 사건은 다른 사건의 중요한 참고 문헌이 되어 주기도 한다. 2005년, 백 명이 넘는 승객들이 사망한 후쿠치야마선 탈선 사고로 아내와 여동생을 잃은 아사노 야사카즈가 '사고의 사회화'를 위한 "유가족의 사회적 책임"[2]을 주장하며 정부와 JR서일본을 상대로 10년간 투쟁한 기록에는 대구 지하철 참사, 세월호 참사, 이태원 참사 유가족들의 추천사가 붙어 있다. 의미를 부여하는 과정이 반드시 극복을 위한 왜곡이거나 회복을 위한 망각은 아니다. 하나의 사건을 이해하기 위해 그 사건을 다른 사건과 함께 의미화의 회로에 삽입하는 일이 그 일의 사건성을 지우거나 그 일이 더 이상 트라우마적이지 않다고 선언하는 건 아니 라는 말이다. 오히려 트라우마의 정의를 바꿔 생각해볼 필요가 있다.

로런 벌랜트는 트라우마에 대한 기존 학설이 트라우마를 주체로 하여금 사건이 벌어진 과거에서 벗어날 수 없도록 기형적으로 끌어당기는 검은 구멍으로 설명하는 것에 반박하며, "트라우마적이라고 불리는 사건과 마주쳤을 때 그것은 [이 사건을 설명할] 장르가 [아직] 없다는 상황에 대한 설명을 제공하는 하나의 장르"라고 주장한다. 여전히 트라우마적 사건을 다루는 많은 문헌에서 트라우마가 "주체를 역사적 현재에서 분리시킨다는 점에 대한 합의가 지배적"이지만, 벌랜트가 보기에 트라우마는 오히려 주체를 과거에 고착시키는 대신 "역사적 현재의 경험을 가능하"도록 만들어준다.[3] 예컨대, 세월호 사건 이후 전혀 신을 믿을 것 같지 않던 석이가 열렬한 신앙을 갖게 된 것이나, 반대로 어릴 적부터 신도였던 혜란이 교회에 발길을 끊게 된 것, 동이가 "직접적으로 연루되어 있지 않은 일에는 쉽게 눈을 감아버리는 사람이"(p. 233) 된 것은 모두 트라우마적 경험의 결과다. 그리고 10년이 지난 지금, 석이가 집회에 참석하여 사회적 비판을 수행하고 주변 사람들에게 참여를 호소하는 것이나, 그러던 석이가 실종되자 나머지 두 사람이 바로 꺼뻑섬을 석이의 행선지로 떠올리고 찾아가는 것 역시 트라우마적 해석에 기반한다. 세 사람이 현재를 역사적

---

[2] 마쓰모토 하지무, 『궤도 이탈—후쿠치야마선 탈선 사고와 어느 유가족의 분투』, 김현욱 옮김, 글항아리, 2023, p. 76.

[3] 로런 벌랜트, 「직관주의자들—역사 그리고 정동적 사건」, 『잔인한 낙관』, 박미선·윤조원 옮김, 후마니타스, 2024, pp. 152~54.

맥락에 접속하는 방식은 트라우마를 매개 삼아 이루어진다. 트라우마는 주체에게 새로운 행로를 요청하고, 그것은 단발적인 균열이나 비가역적인 결여라고 볼 수 없는 지속적이고 구축적인 성격을 지닌다.

그러니 트라우마는 아무것도 설명할 수 없는 어두운 크레바스가 아니고, 트라우마적 주체는 크레바스에 빠져 꼼짝도 못 하는 무기력한 존재가 아니다. 벌랜트에 따르면, 트라우마는 오히려 허구적이고 자전적인 자기 서사에서 벗어나 지금 눈앞에 직면한 역사적 현재를 제대로 감각하고 설명하기 위해 고안된 특수하고 유효한 형식이다. 주체는 트라우마적 경험을 통해 역사를 해석할 새로운 경로를 찾고자 한다. 알다시피, 트라우마적 경험을 지닌 사람은 그렇지 않은 사람으로서는 상상도 할 수 없는 유사성을 발견한다. 세월호를 트라우마로 깊이 각인한 사람은 이태원 참사를 단순한 사고나 우연으로 볼 수 없고, 이들에게 이태원은 역사적 현재가 드러나는 사건적 장소로 인식된다. 그런 방식으로 주체는 끊임없이 역사를 재해석하고 세계를 재구성한다. 가야트리 스피박의 표현처럼 이들은 "그럴 수 없는 곳에서 증거를 발견"하고 만날 수 없을 만큼 "멀리 있는 타자에게 말을 건"넨다. 이 "원격 생성teleopoiesis"[4]의 과정은 다양한 사건 사이의 만남을 주선한다.

2

목화는 다시 그 세계로 소환되었다. 이번에는 교통사고였다. 수백 개 CCTV 영상이 사방에 펼쳐져 확대되었다가 작아졌다가 다

---

4   같은 책, pp. 164~65.

시 확대되는 것만 같았다. 각기 다른 시간과 장소였다. 〔……〕 꿈이 아니란 것을 알았고, 억지로 깨어날 수 없다는 것 또한 알았으므로 목화는 기다렸다. 기다리면서, 자기도 모르게, 금화를 찾았다. 거기 어딘가에 금화가 있을 것만 같았다. 금화를 찾아내서 금화를 구하고 싶었다. 교통사고는 흔했고 죽음은 무작위였다. 〔……〕 목화는 자기가 아직 살아 있음을 의심했다. 버스나 자동차나 자전거를 수천 번 탔을 것이다. 매일 길거리를 걸었다. 그런데 아직 한 번도 사고를 겪지 않았다고? 저렇게 많은 사람이 죽는데 어째서 나는 살아 있지? 수많은 죽음 앞에서는 살아 있음 자체가 비정상이었다.[5]

열여섯 살 어느 날부터, 할머니와 엄마의 대를 이어 목화에게는 기묘한 능력이 발현된다. 꿈속에서 무수한 죽음을 목격해야 했고 그중 단 한 사람을 구할 수 있었다. 죽음으로 가득한 세계를 견딜 수 없는 마음으로 지켜보고 있노라면, 어디선가 단 한 명을 지정해주는 목소리가 들려왔고, 그 목소리를 따르면 한 사람을 구할 수 있었다. 거대한 환난 속에 잔존하는 연약한 희망이라고 생각하기엔 상황이 지나치게 비극적이었다. 목화는 돕고 싶은 사람들을 돕지 못했고, 살리고 싶은 사람들을 살리지 못했다. 화재 현장에서는 구하고 싶었던 어린아이 대신 방화범을 구해야 했고, 폭력의 현장에서는 매 맞는 아내 대신 때리는 남편을 구해야 했다. 물론 기적이라고 여길 만한 다행스러운 순간들도 드물지 않았지만, 수많은 사람의 죽음을 지켜보고 단 한 사람을 구하는 일은 능력이라기보다 무능력에 가깝게 느껴졌다. 왜 나에게 이런 일이 생겼는지, 혹시 어릴 적 실종된 금화 언니를 만나기

---

[5] 최진영, 『단 한 사람』, 한겨레출판, 2023, pp. 64~65.

위한 운명인지, 이런저런 의문과 기대를 품어보지만 어떠한 응답도 돌아오지 않았다.

당연하게도, 무관한 사건들을 연결하고 멀리 있는 자에게 말을 거는 "원격 생성"은 과다할 수도 과대할 수도 있다. 최진영의 소설은 최대치로 확장된 테이블의 한 사례를 보여준다. 트라우마적 경험을 테이블에 올려 두고 그 위에서 벌어지는 중첩과 충돌을 살펴보는 일은 예소연의 소설처럼 사회적 차원에 한정되어 타당한 방식으로 진행되지만은 않는다. 끝까지 비교하고 최대한 연결하면, 모든 인간사와 세상사를 망라하는 보편적인 문제와 만나거나, 삶과 죽음과 운명의 관계를 묻는 추상적인 의문에 닿을 수밖에 없다. 세계의 비극은 끊임없이 변주되어 반복되고, 여기서 한 인간이 가질 수 있는 선택지는 그리 많지 않다. 목화의 엄마처럼 원망하고 증오하거나, 목화의 할머니처럼 기적을 믿고 섬기거나, 목화처럼 그 사이를 쉴 새 없이 오르내리거나. 무작위적인 비극 전체가 테이블 위에 올라오면, 삶과 죽음의 의미는 무엇인지, 한 사람을 구하라는 목소리가 신인지 악마인지, 불가항력의 운명 속에서 인간은 어떻게 살아야 하는지, 근본적이고 종교적인 질문을 향해 나아갈 수밖에 없다.

> 목화는 무력감에 빠졌다. 묻고 싶었다. 어째서 그 아이가 아닌지. 어째서 배가 침몰하던 그때 나를 부르지 않았는지. 나뿐 아니라 엄마도, 할머니도 부르지 않았는지. 당신의 기준은 대체 무엇인지. 물론 목화는 알고 있었다. 침몰하는 배에서 살아남은 사람도 많다는 사실을. 자신과 엄마와 할머니를 불렀다면 적어도 세 명은 더 구할 수 있었다는 사실 또한. (p. 140)

그러나 고백하자면, 나는 이 소설을 완벽하게 세월호에 대한 소설로 읽었다. 앞에서 말한 것처럼, 트라우마적 경험이란 주체에게 현재를 해석하는 새로운 행로를 부여하고 주체는 그 행로를 따라 세계를 재구성한다. 산재, 교통사고, 자살, 살해, 병사 등 온갖 죽음이 우글대는 이 소설을 나는 하필 세월호에 대한 소설로 번역하여 읽었고, 이것은 나의 트라우마에 기반한 독서일 것이다. 내게는 사라져버린 금화도, 금화의 죽음을 믿지 못하는 가족들도, 세계의 비극성을 조망하는 목화의 고통스러운 능력도, 아무리 발버둥질해도 한 사람의 힘이란 고작 전 세계 인구 가운데 한 명의 몫에 불과하다는 무력감도, 모두 세월호 이후의 고민이 끝 간 데 없이 이어진 결과처럼 읽혔다. 이 또한 나의 트라우마적 행로일 것이다. 감정은 단지 생물학적으로 환원될 수 없는, "인지적 믿음과 판단에 의존하는 가치 평가적 사유 형태"이고 그러므로 반드시 "사회적인 속성을 지닌다".[6] 트라우마적 경험은 나의 감정에 막대한 영향을 미치고, 나는 세계 전체를 다시 해석할 수밖에 없다. 물론 그 행로 위에서도 결단의 순간은 매번 다시 찾아온다. 같은 트라우마를 공유하고 있다고 해서 모두 같은 선택을 하거나 같은 삶을 사는 건 아니니까. 소설은 막대한 범위의 일반화로 인한 섣부른 봉합의 위험을 상쇄하기 위해, 같은 운명을 조우한 세 사람의 상이한 해석에 대해 함부로 판단하거나 평가하지 않는다.

> 임천자의 단 한 명은 기적.
> 장미수의 단 한 명은 겨우.
> 신목화의 단 한 명은, 단 한 사람. (p. 233)

---

[6] 김명희, 「재난의 감정정치와 추모의 사회학—감정의 의료화를 넘어 사회적 치유로」, 『감성연구』 19권, 전남대학교 호남학연구원, 2019, pp. 154, 157.

3

 사람들은 종종 석이처럼 각성하여 연대하고, 가끔 목화처럼 실존적인 고민에 휩싸인다. 그러나 그보다 훨씬 자주 잊고, 잊었다는 사실조차 잊는다. 누군가를 탓하는 이야기가 아니다. 사람들은 각자의 테이블을 가지고 있고, 그 테이블 위에 무엇이 어떻게 올라가는지는 제각기 다를 수밖에 없다. 다만, 텅 빈 테이블이나 모든 것이 반듯반듯 열을 맞춘 테이블을 가진 사람이 없을 뿐이다. 저마다 다른 방식으로 빼곡하게 헝클어진 테이블 위에서, 저마다 다른 선택을 하며 살아가는 것은 지극히 자연스러운 일이다. 오히려 가끔은, 많은 사람의 테이블 위에 세월호가 사라지지 않는다는 사실이 문득 신기하게 느껴질 때가 있다.

> 우현이 표지 일러스트를 맡은 책은 10년 전에 일어난 어떤 사건에 관한 내용으로, 르포부터 시나 소설까지 다양한 형식의 글을 다양한 관점에서 다양한 작가가 쓴 것이었다. 그 책에서 반복되는 이미지는 바다에 가까웠는데, 다 읽고 난 뒤 우현에게 떠오른 것은 한 영화관의 풍경이었다. 〔……〕
> 우현은 이 이미지가 어디서부터 비롯한 것인지 며칠째 생각 중이었다. 어째서 바다가 아니라 영화관인지.[7]

 우현은 책 표지 일러스트를 그리는 일을 한다. 어려운 일은 아니었다. 그저 책을 읽은 다음 떠오르는 이미지를 하나의 장면으로 옮기면 됐다. 우현에게는 너무나 자연스러운 일이었고, 그래서 그 일을 좋아

---

[7] 송지현, 「유령이라 말할 수 있는 유일한」, 『문학과사회』 2023년 겨울호, p. 102.

했다. 그런데 아마도 세월호 10주기에 맞춰 기획된 것으로 추정되는 책의 표지 작업을 하면서 우현은 작은 난관에 부딪힌다. 분명 책에서 반복되는 이미지는 바다였는데, 그의 머릿속에는 자꾸 바다가 아닌 영화관의 풍경이 떠오른다. 자그마한 나무를 사이에 두고 나란히 앉아 엔딩 크레딧을 바라보는 두 연인. 그 이미지가 어디에서 어떻게 유래했는지 며칠째 생각해봐도 도무지 떠오르지 않는다. 그러다 문득, 아무런 예고도 이유도 없이 기억은 솟아오른다. 1년 전 죽은 연인과 심야 영화를 보러 갔던 날. 극장에 들어가기 전 꽃집에서 율마를 보았지만 영화 보는 동안 둘 곳이 마땅치 않아 사지 않았던 기억. 어쩌면 영원히 잊힐 뻔한 순간이 돌연 기억으로 빚어지고, "우현은 이제 막 탄생한 기억에 사로잡혀 조금 울"(pp. 117~18) 수밖에 없었다.

  그러나 실은, 기억은 아무 예고도 없이 떠오르지만 아무 이유도 없이 떠오르진 않는다. 우현이 세월호를 추모하는 글을 읽으며 죽은 연인의 기억 한 조각을 건져 올릴 수 있었던 것은, 우현에게 세월호와 연인이 이미 어떤 식으로든 연결되어 있었기 때문이다. 슬픔은 다른 슬픔을, 상실은 다른 상실을, 추모는 다른 추모를. 우현의 테이블 위에는 연인의 죽음과 세월호의 침몰이 그리 가깝지는 않게, 그러나 아주 멀지도 않게 놓여 있었을 것이다. 망각의 힘은 중력처럼 기억을 가라앉히지만, 뜻하지 않게 찾아온 빛과 바람은 기억의 파편을 솟아오르게 만든다. 종종 햇볕에 부유하는 먼지처럼 기억은 무질서하게 떠오른다. 그러나 이때 상승하기 위해서는 먼저 연결되어 있어야만 한다. 그 연결은 며칠째 생각해도 도통 이유를 알 수 없을 만큼 그렇게 느슨할 수도 있다. 그럼에도 분명히 연결은 연결이다. 앞으로도 우현은 상실의 경험과 세월호를 묶어둘 것이다. 가끔은 세월호를 생각하면 다른 슬픔들이 희미하게 차오르는 것을 느끼기도 할 것이다. 그런 것도 충분히 트라우마라고 말할 수 있다.

4

당연히 훨씬 더 진한 농도로 단단하게 연결될 수도 있다.

> 고등학교 2학년 봄과 여름 사이, 그 무렵부터 그녀는 종종 등교하지 않았고 그런 날엔 학교 밖을 하염없이 걷곤 했다. 버스나 기차를 타고 먼 도시로 가지는 않았다. 〔……〕 그저 교복 차림 그대로—때로는 조끼에 단 이름표도 떼지 않은 채—오후 서너 시까지 익숙한 동네를 걷고 또 걷다가 아르바이트 장소로 이동하는 식이었다. 그때는 생각이 머릿속이 아니라 근육이라든지 뼈와 장기 사이에 덩어리로 존재하는 것 같았는데, 걸을수록 그 덩어리가 삭제되는 것 같은 기분이 그녀는 마음에 들었다. 생각의 삭제가 과제이면서 유일한 성취가 되던 시절이었다.[8]

그때 송이는 안산에서 고등학교를 다녔고, 어떤 비행도 저지를 생각은 없었지만 그렇다고 학교를 제대로 다닐 수도 없었다. 물론 세월호 때문만은 아니었다. 부모님은 가난하고 무기력했고, 선생님은 바쁘고 무성의했으며, 자신은 대학을 목표로 삼을 만큼 현실감각이 없지 않았다. 그 모든 것이 뒤섞여 부글거리던 시절이었고, 특히 그해의 봄은 가만히 앉아 있는 것조차 견딜 수 없을 만큼 끓어오르고 흘러넘치던 날들이었다. 십여 년 만에 만난 동창 장훈에게 아무 설명도 없이 "그런 때였잖아"라고 말해도, 장훈은 바로 알아듣는다. "하긴, 그런 때가 있었지."(p. 130)

그러니까 송이에게 세월호 사건의 여파는 우현의 경우보다 끈적하

---

[8] 조해진, 「내일의 송이에게」, 『문학과사회』 2024년 여름호, p. 111.

다. "학교와 행정구는 달라도 어떻게든 연결하면 결국 연결되는 이들이 차가워진 몸으로" 발견되었다는 소식이 전해졌고, 공부방에서 함께 지우개를 나눠 쓰고 서로의 파우치를 구경했던 아이가 돌아오지 않았다. "친구라 말하기 애매했지만, 그렇다고 그 소식을 접하기 이전으로 돌아갈 수는 없었다."(p. 127) 지금도 여전히 송이는 단원구와 연결된 터널을 그저 터널로 보지 못한다. 터널은 "한번 흡입되면 다시는 빠져나올 수 없는 그런 구멍"처럼 보였고, "저 너머에 안산의 또 다른 행정구가 있다는 것이, 그곳에서도 사람들이 살아가고 있"(p. 120)다는 것이 믿기지 않았다. 지금까지도 '그곳'은 송이에게 시간 외의 공간이다.

우현과 송이는 10년이 지났어도 세월호를 기억하는 사람들이다. 두 사람 모두 세월호에 대한 기억을 떠올릴 때 함께 딸려 오는 기억들이 적지 않을 것이다. 그러나 우현의 기억을 매개하는 끈이 식별하기 어려울 만큼 흐릿해진 것과 달리, 송이의 기억은 여전히 선명한 색과 모양을 지니고 있다. 우현의 기억은 이유 없이 도래하는 섬광처럼 보이지만, 송이의 기억은 터널이나 공부방이나 학교 같은 매듭을 거쳐 안산의 거리를 전류처럼 흐른다. 당연하게도, 트라우마처럼 다층적이고 비균질적인 현상을 단일한 정의로 설명할 수는 없다. 개인적 트라우마와 집단 트라우마를 나눠야 하는 것은 물론이거니와, 집단 트라우마 중에서도 전쟁 같은 '역사적 트라우마'나 세월호 같은 '문화적 트라우마'는 같은 방법으로 분석할 수 없다. 동일한 집단 트라우마를 갖는 경우에도 마찬가지다. 우현과 송이가 지닌 기억의 농도와 온도가 다른 것처럼, 직접적 피해자와의 관계, 접촉의 수준, 사건이 발생한 지역과의 거리, 개인적 성향과 지향 등에 따라 같은 트라우마도 전혀 다른 영향을 미칠 수 있다.

5

  5·18 집단 트라우마를 분석하며 김명희는, 보상을 위한 법적 기준이 아닌 공동체적 접근을 위한 새로운 범주화를 시도한다. 사회 구성원들이 "자신들의 미래를 변화시킬 충격적인 사건에 종속되어 있다고 느낄 때 발생"[9]하는 문화적 트라우마에서 가장 중요한 것은 사건을 의미화하는 과정이기 때문이다. 공적 담론에 큰 영향을 받을 수밖에 없는 집단 트라우마는 협소한 당사자주의를 넘어선 사회적 접근이 필요하고, 그렇기에 명백한 신체적·정신적 상해를 기준으로 한 '피해자 인증'에 머무르지 않는 광범위한 범주화가 요구된다. 김명희는 직접적 피해자와 유가족을 중심에 두고, 중심과의 영향 관계를 고려하여 순차적으로 동심원을 그려나간다. 동심원의 반지름이 커질수록 피해는 직접적이기보다 간접적이고, 사적이기보다 공적이다. 당시 주변에서 활동했던 의료인, 수습 위원, 기자 등의 '일선 대응인', 참여적 목격자와 우연적 목격자를 포함한 '목격자로서의 피해자', 광주·전남 지역에서 거주했거나 지역 정체성을 공유하는 '지역사회 일원' 등이 동심원의 여기저기에 배치되어 서로 영향을 주고받는다.

  가장 흥미로운 점은, 광주 지역과 무관하더라도, 심지어 그 당시 태어나지 않았더라도 "광주의 진실을 간접적으로 견문하거나 반복적으로 다루면서 고통을 겪는 사람"[10]이라면 누구나 '사후 노출자'로서 트라우마의 영향권에 포함된다는 사실이다. 세월호 사건에서도 충분히 목격한 것처럼, 언제 어디서나 감수성의 차이는 엄존한다. 동시대에 속한 이들이라고 해서 모두가 트라우마적 경험을 했다고 볼 수는 없

---

9 김명희, 「5·18 집단트라우마 연구방법론과 새로운 진단 기준」, 『경제와사회』 130호, 비판사회학회, 2021, p. 369.

10 같은 글, p. 374.

고, 그렇다고 '자기 일'이 아니면 트라우마가 생길 리 없다고 주장할 필요도 없다. 누군가의 트라우마적 경험을 외면하지 않으면서도 그 경험의 질적·양적 특징을 비교하고 분석하는 일을 포기하지 않기 위해서는, 사건을 둘러싼 다양한 감정과 경험을 폭넓게 인정하면서도 사건과 관련한 구체적 요인을 식별하는 재범주화가 필요하다.

나는 내 주변의 문학을 좋아하는 사람들이 타인의 감정과 경험을 부인하거나 폄훼할까 봐 걱정하지 않는다. 오히려 우리는 트라우마를 결코 상징화할 수 없는 실재의 구멍으로 신비화하는 일을 경계해야 할지도 모른다. 어떤 사람은 그 구멍이 절망스러울 만큼 어둡지만 바로 그와 같은 모습으로 진리를 암시한다고 믿을 것이고, 또 어떤 사람은 그 구멍의 결여를 메우는 것이 같은 인간이자 시민으로서의 윤리라고 주장할 것이다. 그럴 때 피해자는 신성시되거나 환자가 된다. 누군가는 피해자가 되길 열망하고, 누군가는 피해자가 되길 거부할 수밖에 없다. 그러나 결국 같은 이야기가 되고 말 것이다. 사건은 신성하게 격리되고 말 것이다. 우리가 영원히 사건 앞에 머무를 수 없다면, 불완전할지언정 사건을 테이블 위에 올려 두어야 한다. 끝까지 사건에 충실하기 위해서는, 분류도 비교도 분석도 필요하고, 판단도 실천도 책임도 불가피하다.

마녀들의 주방 혹은 실험실에서

1

그는 성인이었고 완성된 유럽인의 자존감을 갖고 있었으며, 정신적으로는 합리주의자에 지리적으로는 이탈리아인으로서 정착해서 안정된 삶을 살다가 왔다. 어린아이인 나는 달랐다.¹

아우슈비츠의 여성 생존자 루트 클뤼거는 엄격하게 정제된 언어로 '인간'에 대해 증언하던 프리모 레비와 달리 아우슈비츠에서의 경험에 젠더와 계급을 도입했다. 나는 그녀의 글을 읽고서야 레비를 '보편적 인간'의 자리에서 '20세기 중산층 유럽 남성'의 자리로 내려놓을 수 있었다. 유럽 사회에 동화되었던 많은 유대인 지식인들이 전쟁 이후 유대 정체성을 회복하길 원했던 것과 달리, 그녀는 유대인을 구성하는 종교적·민족적 전통의 부활을 둘러싼 모든 다양한 흐름에 분명한 선을 그었다. 그녀는 유대교에 대해 느꼈던 모종의 이물감이 이미 아우슈비츠 이전에 존재했음을 결코 망각하지 않았다. 가까스로 살아남았다고 해서 아우슈비츠 이전의 세계가 천국이 되는 것은 아니었다.

1 루트 클뤼거, 『삶은 계속된다―어느 유대인 소녀의 홀로코스트 기억』, 최성만 옮김, 문학동네, 2018, p. 142.

> 우리 유대인은 남자만 카디시, 즉 고민을 위한 기도를 올린다. 〔……〕 만약 내가 공식적으로 내 유령들을 애도할 수 있다면, 예를 들어 아버지의 카디시를 올릴 수 있다면, 이 종교와 가까워질 수도 있을 것이다. (p. 31)

수용소의 경험을 증언하면서도 그녀는 여성에 대해 말하길 멈추지 않는다. 예컨대 "나는 여자수용소가 남자수용소들에 비해 평균적으로 덜 잔인했다는 명제를 제시하고자 한다", "여자 친위대원들이 남자들보다 덜 잔인했다"(p. 185)라든지, 여성 수감자들은 "상상의 케이크를 구우며 버터와 계란과 설탕을 듬뿍 넣어 서로 경쟁하는 것을 즐겼다"(p. 189)라는 식으로. 그러나 이면의 풍경 역시 생략하지 않았다. 여성 감독관들이 잔인하지 않았던 이유는 그저 수감자들을 "쓸모 있는 동물들"(p. 187)처럼 대했기 때문이고, 여성 수감자들의 향수 어린 요리 이야기에는 어쩐지 '거북한 것'이 있었다. 그녀는 묻는다. "예전에 모든 게 그처럼 장밋빛이었다면 우리에게 어떻게 이런 일이 닥칠 수 있었단 말인가?"(p. 189) 윤색 없는 회고는 수용소에서 동고동락한 어머니를 향해서도 마찬가지다. 그녀는 어머니가 평생 피해망상 속에서 거짓과 위선으로 살아왔다고 경멸한다. 그러나 "강박신경증 환자들이 아우슈비츠에서 가장 먼저 적응"(p. 163)할 수 있었던 것처럼 어머니의 피해망상 덕분에 자신이 살아남을 수 있었다고 고백한다.

이 모든 호오와 애증을 포함하여, 그녀는 유대교 의식 대신 '마녀의 주방'과 '딸들의 요리법'을 희망한다. '요리법 교환하기'를 즐기던 여성 수용소의 풍경과 결코 무관해 보이지 않는, 오염되고 모순에 가득 차 있지만 그럼에도 끊임없이 보글보글 끓고 있던 그 상상의 솥단지를 문학의 이름으로 간절히 희망한다.

> 해묵은 뿌리를 갈려면 현재의 부엌 찬장에서 강판을 꺼내야 한다. 우리 딸들에게는 아버지들이 끓여놓은 수프에 조미료를 친 다음 저을 국자가 필요하다. 마법은 역동적인 사유다. 함께 사유하는 여성 독자들과 어쩌면 몇몇 남성 독자들도 함께 제대로 마법을 부린다면, 우리는 주문들을 요리법처럼 주고받을 수 있을 것이고, 역사와 옛이야기들의 전언을 서로 맛볼 수 있을 것이다. 우리는 우리의 작업실 부엌과 거실용 부엌이 허락하는 한 매번 느긋하게 새로 끓일 수 있을 것이다. (너무 편안한 작업이 될 것 같다고 걱정하진 말기를. 제대로 굴러가는 마녀의 주방에는 창문과 문과 부서지는 벽 틈으로 바람이 들어오니까.) 우리는 (현존하는) 맥락들을 찾아내고 (필요하다면) 만들어낼 것이다. (p. 101)

클뤼거의 아포리아는 '아버지의 언어'를 사용하여 아버지를 공격해야 하는 페미니스트들에게, 특히 페미니스트 문학인들에게 시사적이다. 후에 독문학자가 되는 클뤼거는 독일어와 독문학에 대한 "유보의 감정"을 표명하면서도 그것이 자신이 "물려받은 유일하고 실제적인 유산"(p. 253)임을 인정한다. "아버지들이 끓여놓은 수프", 즉 '아버지의 언어'는 다층적일 수밖에 없다. 그녀에게 독일어는 가부장적이고 남성적인 언어이자 나치 독일의 폭력적인 언어면서도, 고향 빈의 그리운 언어이자 수용소의 생활을 버티게 해준 아름다운 시문학의 언어였다. 그러니 그녀에게 문학은, 버릴 수 없는 '아버지의 수프'를 다시 새롭게 끓이기 위해 '딸들의 요리법'에 따라 조미료를 넣고 국자를 휘저어야 하는 역동적인 과정으로 존재한다. 이렇게 클뤼거의 경우처럼 극단적인 역설에 이르지 않더라도, 글을 쓰는 여성이라면 반드시 모국어를 향한 애정과 위화감에 동시에 직면한다. 여전히 문제는 이것이다. 이미 존재하는 맥락에 어떻게 새로 만들어낸 맥락을 뒤섞을 수 있을까. 무엇을 더하고 무엇을 덜어내야 하는가.

2

실은 내게 마녀의 주방이라는 신비로운 비유보다 더 친근한 것은 실험실의 비유다. 나는 학부 시절 '이과생'이었는데, 문과와 달리 이과 대학원에 진학한다는 것은 특정 실험실의 일원이 된다는 것을 의미했다. 분석학 실험실에 관심이 있던 나는 학부 마지막 학기 동안 소규모 분석실험을 수행한 후 졸업논문을 쓰기로 하고, 아침부터 저녁까지 울금이라는 식물에서 특정한 항암 물질을 추출하는 일을 했다. 내가 이 실험실 생활에서 당초 예상했던 '분석기에서 검출되는 스펙트럼의 아름다움' 같은 걸 느꼈더라면 무사히 대학원에 진학할 수 있었으련만, 당시 내가 얻은 통찰은 이미 확실히 존재하는 물질 하나를 추출하는 일도 이렇게나 까다롭다는 사실이었다. 고작 작은 식물 뿌리 조각에서 하나의 구조식으로 이루어진 물질을 추출하는 일이 6개월 넘게 걸리다니! 이토록 끝끝내 딸려오는 불순물들의 끈질김이라니!

그에 반해, 유기화학 실험을 선택한 친구는 끊임없이 합성 중이었는데, 6개월은 엄청난 양의 화합물들이 샘솟는 시간이었다. 그렇다고 합성이 용이하고 분석이 어렵다는 말을 하려는 것은 아니다. 친구가 만들어낸 대부분의 합성물은 원치 않은 것이거나, 혹은 그 후 이어진 검증에서 별다른 효능을 찾을 수 없는 물질이었다는 점에서, 친구와 나는 비슷한 좌절감을 맛보고 있었다. 실제로 분석과 합성은 둘 다 지난하다는 공통점을 제외하고도 매우 긴밀하게 얽혀 있다. 예컨대 고

추에서 캡사이신을 추출하는 과정이 분석이라면, 인위적으로 캡사이신을 합성하는 일은 분석 과정에서 알게 된 캡사이신의 구조식과 같은 정보에 기대지 않으면 불가능한 일이었고, 마찬가지로 캡사이신을 합성하는 과정에서 좀더 안정적이고 효과적인 물질로 개량하기 위해서는 그 안정성과 효과를 판정하는 분석학적 과정을 동반하지 않을 수 없었다. 다시 말해, 분석과 합성은 애당초 분리될 수 없는 과정이었고, 그래서 연구원들의 실험은 서로에게 영향을 미쳤으며, 결괏값은 신속히 공유됐다. 나는 종종 온갖 분석과 합성으로 뜨겁고도 고요했던 실험실의 풍경이 그리워지기도 하는데, 내가 클뤼거였다면 분명 마녀의 주방 대신 이런 실험실의 모습을 떠올렸을 것이다. (심지어 내가 다닌 학교도 여대였다.)

2020년 '지금 비평'에 대해 써달라는 청탁을 받았을 때, 내 머릿속에 가장 먼저 떠오른 것은 이 실험실의 풍경이었다. 박민정, 강화길, 김세희, 김혜진, 장류진, 최은영 등의 소설을 읽기 전까지, 내게 소설이란 내가 잘 모르는 낯선 세계(재현 불가능성의 영역까지 포함해서)를 알려주는 것에 가까웠다. 그러다 2010년대 중반 즈음, '내 이야기'가 소설에 등장하기 시작했을 때, 나는 이 소설들이 내가 경험하거나 목격한 삶에 대해 각종 분석과 합성을 시도하고 있음을 알아차렸다. 그것은 참 반갑고도 괴로운 일이었다.

어쩌면 어떤 발견의 시기, 어떤 특권을 지닌 시기, 어떤 연루의 시기가 있는 건 아닌지 생각해본다. 나에게 공범이 되길 요구하는 특정한 시기가 있는 건 아닌지. 그런 요구를 건네는 지금의 소설들 앞에서 나의 독법은 어때야 하는지 자문해본다. 정치인들의 조화 행렬에 맞서『김지은입니다』를 단번에 베스트셀러에 올려놓을 만큼 자신이 추구하는 가치의 글을 적극적으로 요구하고 지지하는 독자들 앞에서, "창문과 문과 부서지는 벽 틈으로" 쉴 새 없이 들어오는 바람 앞에서,

지금 내 앞에 펼쳐진 것이 부단히 분석하고 합성하고 토론하는 유동적인 실험실은 아닌지 상상해본다.

3

아마도 이곳에서 발생하는 무수한 분석과 합성의 결과물들은 대체로 서투르거나, 기존의 화합물들과 크게 다르지 않을 것이다. 그러나 때때로 또 다른 실험으로 이어질 만큼 새롭고 자극적이며 야심만만한 것들도 등장할 것이다. 이 실험실을 둘러싼 특정한 문제의식과 경향성은 분명히 존재한다. 그러나 섣불리 이름을 붙이기엔 망설여진다. 아마 그 이름은 이 실험실의 열기가 페미니즘을 언급하지 않고서는 표현될 수 없다는 사실에서, 실험실 내·외부의 반목과 갈등이 젠더의 정치학을 통과하지 않고서는 파악될 수 없다는 사실에서 짐작해볼 수 있을 것이다. 나는 '지금 비평'이 무엇인지는 모르지만, '나의 비평'이 이 실험실을 떠날 수 없다는 것은 직감한다. 내가 이 실험실에서 해야 하고, 또 할 수 있는 일이 이곳에서 일어나는 분석과 합성의 과정을 정직하게 기록하고 정확하게 지지하는 것과 비슷한 일이라고 짐작한다.

나는 '문학'이라는 무형의 장에 실험실이라는 고정된 정체성을 연상시키는 비유를 동원하는 일이 얼마나 위험한 일인지 알고 있다. 그럼에도 나는 실험실의 비유로 얻게 되는 오류보다 그 실험실에서 벗어나 있다고 자부하느라 얻는 오류가 더 크다고 믿는다. 문학장 안의 실험실이 물리적이거나 사회적인 경계선을 가지고 그정되어 있다고 생각지 않는다. 한 작가가 반드시 하나의 실험실에 속한다거나, 실험실의 구성원으로서 의무와 권리를 갖는다고도 생각지 않는다. 그럼에도 고요한 방에서 깨끗한 책상을 마련한 후 문학성이라는 분광기를 이

용해 작품을 해석해낼 수 있다는 것을 더 믿지 않는다. 나에게 분석과 합성이 이루어지는 실험실과 무관한 장소에서 비평을 한다는 것은, 마치 관측 장소가 변해도 관측 결과가 일정하길 바라는 고전물리학의 세계처럼 단조롭게 느껴질 뿐이다. 물론 비평가는 실험실에서도 그 경계를 어슬렁거리는 존재여야 할 것이다. 내부자이자 외부자로서, 끊임없이 거리를 조정하고 시점을 전환하는 공범이자 타자로서 존재해야 할 것이다. 그러나 문학이나 비평에 아무런 경계가 존재하지 않는다고 믿어버린다면, 모든 비평은 타당함을 얻는 동시에 우아하게 무의미해지고 말 것이다.

4

프랑코 모레티[2]는 페르낭 브로델의 '사건, 주기, 장기 지속'이라는 세 가지 시간의 틀을 문학사에 도입하면서, 대부분의 비평가는 "사건으로 한정된 영역과 개별적 사례"에 익숙하고, 대부분의 이론가는 그 대척점인 '장기 지속', 다시 말해 "거의 변하지 않는 구조의 매우 긴 시간에서 편안함을 느낀다"고 지적한다. 그런 까닭에 그 사이 영역인

---

[2] 프랑코 모레티, 『그래프, 지도, 나무』, 이재연 옮김, 문학동네, 2020. 모레티의 성폭력 문제에 대해 옮긴이의 말에 동의하며 인용한다. "모레티의 이러한 혐의 때문에 번역 출간의 필요성에 관해 긴 논의가 있었고, 결국 '그럼에도 불구하고' 출간이 결정되었으나 (……) 이 번역 및 출간이 모레티의 과실까지 옹호하거나 면죄부를 주기 위한 것이 아니라는 것이다. (……) 이 책을 출간하지 않으면 멀리서 읽기라는 이론의 큰 틀과 이를 둘러싼 다양한 학문적 토론은 파편적으로만 이해할 수 있을 것이고, 이 역시 바람직하지 않을 것으로 판단했다." 최근 이렇게 '그러므로' 혹은 '그럼에도 불구하고'로 시작하는 판단을 해야 하는 일이 빈번해졌다. 이렇게 짧은 순간 결정해야 하는 많은 질문들이 때론 복잡하고 때론 불편하지만, 이처럼 새롭게 요구되는 판단의 과정과 단계 들을 생략하지 않고 기록하고 사유해야 한다고 믿으며 모레티의 책을 인용한다.

'주기'에는 아무도 관심을 기울이지 않는다.[3] 그는 서간체소설, 역사소설, 고딕소설, 가정소설 등 150여 년간 영국에서 유행했던 소설 유형들을 분석한 그래프에서 특정한 유형이 대체로 25~30년 동안 지속되는 경향을 발견한다. 갈등 속에 변주가 발생하고 그 변주에 의한 진동이 반복되면서 어떤 '주기의 층위'를 만들어간다는 것이다. 흥미롭게도 어떤 유형은 그 지속 기간이 9~12년 정도로 짧기도 한데, 그는 그 이유를 '정치'에서 찾으면서 "선명한 이념적 선언들"의 형식의 경우 극적인 사건처럼 독자를 사로잡은 후 빠르게 사라지는 경향이 있다고 부연한다.[4]

그런데 이렇게 주기가 만들어지는 현상에 대해 어떤 결론을 내리기 전에 주의해야 할 점이 있다. 모레티는 반복되는 25~30년의 주기를 해석하기 위해 '세대'라는 개념을 동원하는 것이 가장 쉬운 방법임을 알지만, 자동적으로 발생하는 세대가 정치적 상황이나 계급, 젠더 등에 의해 구성된 '실제 세대'와 큰 간극이 있음을 유념해야 한다고 경고한다. 또 짧은 주기와 정치의 상관관계에 대해서도, 특정한 '계량적' 현상에 대해 '질적 설명'을 도입하는 것은 실은 "전혀 풀어낼 수 없는 문제를 발견했다"는 말과 같은 말임을 인정한다.[5]

그러나 나는 우리가 '계량적 대상에 대한 질적 설명의 비대칭성'을 잊지만 않는다면, 근대소설의 성립 과정을 포함한 영국문학장의 시계와 지금 우리 문학장의 시계가 다르다는 것을 염두에 두기만 한다면, 모레티의 논의는 충분히 유의미하다고 생각한다. 이 소설들의 그래프 앞에서, 누군가는 더 이상 읽히지 않는 1980년대 전투적인 소설이나

---

3   같은 책, p. 24.
4   같은 책, p. 33.
5   같은 책, pp. 32, 36.

1990년대 후일담소설을 떠올릴지도 모르고, 누군가는 지금의 페미니즘소설을 떠올릴지도 모르겠다. 나는 설사 어떤 형식이 '정치'에 의해 극적으로 피어올랐다 소수의 정전을 남기거나 남기지 못하고 사그라든다 해도, 그리고 그 형식이 내가 가장 사랑하는 형식이라 해도 서럽거나 염려치 않는다. 애초 내가 떠올리는 실험실이 시공과 무관하리라 생각하지 않고, 내가 사랑하는 소설이 '소설이 아닌 세계'보다 가치 있으리라 생각하지도 않기 때문이다.

아무리 세대라는 개념이 허구적 요소를 지녔다 해도, 그렇게 폭넓게 통용되는 개념 속에 어떠한 실재성도 없다고 믿기는 어렵다. 한 명의 작가가 활발히 활동하는 시간이 무한하지 않은 것처럼, 비평가 역시 그의 감각과 동시대 감각이 어긋나지 않는 시간은 극히 제한적이라고 생각한다. 소설들로 이루어진 사회가 있다면, 이 사회에서 내 이야기는 얼마 동안 시민권을 가질 수 있을까. 재현함으로써 실현시키는, 형태를 부여함으로써 실재성을 획득하는 '소설의 현상학적 능력'을 떠올려보면, 소설의 관심이 늘 새로운 세대의 정치학일 수밖에 없음은 자명하다. 오히려 허구적인 것은, 결코 맥락에서 벗어날 수 없는 내가 단지 비평을 쓴다는 이유로 무중력의 공중에 서 있다고 믿는 것. 그 초월성이야말로 문학이 빠지기 쉬운 나르시시즘적인 자기신앙인 건 아닌지 생각해볼 뿐이다.

5

그러니 이것은 슬픈 이야기가 아니다. 괜찮은 사회라면, 아마도 나는 얼마간의 시간이 흐른 뒤 정확히 나의 논리에 의해 비판받을 것이다. 그리고 나의 논리대로 비판받는다는 것은 다음 세대가 나의 유산을 거절하지 않고 상속했다는 것을 의미한다. 이 상속이라는 것이 내게는 중요하다. 지금의 소설들은 그런 것을 보여준다. 어쩌면 회계장부를 작성하는 것과 족보나 연대기를 쓰는 것은 비슷한 일일지도 모르겠다.

강화길, 장류진, 천희란 등이 그려내는 여성 인물들은 상속을 감당하고 지분을 계산하고 연루를 검토한다. 상속자들은 더 이상 아름답기만 할 수도 없고, 온화하고 비극적인 내면성만 가질 수도 없으며, 사태를 파악하고 자신의 위치를 결정하는 일에 신속하고 부지런해야 한다. 이들은 권력관계 속에서 '선택'이라는 말이 갖는 허구성과 무력함을 직시하지만 그럼에도 불구하고 선택 가능한 전략들을 모색한다. 박민정이나 한정현 등의 경우에는 보다 메타적인 작업을 선호한다. 마지막 고리까지 맞춰야 완성되는 정교한 사회학적 큐브를 조립하는 방식이나 연구서에 육박하는 맥락적 지식을 다층적으로 펼쳐내는 지적인 방식을 선보인다. 때론 김혜진처럼 리얼리즘적 시선을 심화하거나, 김세희나 최은영처럼 감정교육에 육박하는 섬세함으로 관계와 경험을 복기할 수도 있다. 작가마다 특기는 제각각이지만, 이들이 그려내는 여성 인물들은 공통적인 특징를 갖고 있다. '알고 있는 여자' 혹은 '알고자 하는 여자'. 그녀들은 자기기만이나 자기 정당화에 실패한, 그러나 손쉽게 눈물을 흘리며 '죄의식의 주체'로 자신을 정립하지 않는, 어떤 종류의 '자연스러움'을 끝끝내 거절하는 복잡하고 끈질긴 주체들이다.

페미니즘을 비롯한 많은 운동이 이중 전략을 추하는 것처럼, 지금의 소설들도 이중 전략을 사용한다. 한편으로는 마치 정체성 정치의 일환처럼 '현실 여성'이기에 겪는 부당함에 저항하기 위해 '여성'이라는 좌표의 풍경을 전경화하기도 하고, 다른 한편으로는 아직 존재하지 않는 새로운 젠더적 관계를 그려내는 방식으로 기존 좌표계 자체의 허구성을 드러내기도 한다. 때로는 그 사이 어디쯤에서 좌표계의 허구성을 지렛대 삼아 전략적인 위치 조정을 하고 세세한 명세표를 작성하기도 한다. 다시 말해, 지금의 소설들은 인식론으로서 젠더를 생략하지 않은 채 분석과 합성의 과정을 동시다발적으로 수행하고 있는 셈이다.

  물론, 작가마다 특징이 없는 것도 아니고 언제나 균형감이 유지되는 것도 아니다. 이미 존재하는 경계선을 추출하고 분석하는 과정에서 구태의연한 해설이 되어버릴 위험도 있고, 새로운 세계를 합성하는 과정에서 인위적인 유토피아를 선보일 위험도 있다. 그러므로 개별 작품에 대한 눈 밝은 비평의 영역은 사라지지 않는다. 그러나 이 소설들이 맥락적·정치적 지식과 연대하며 얻게 된 현상학적 능력, 그러니까 새로운 인식론을 통해 새로운 현실을 만들어내는 '재현을 통한 실재화' 능력을 괄호 쳐버린 채 개별 작품만을 '리뷰'하는 것은 불합리하고 불가능한 일이다. 명백히 지금의 소설들은 문학장의 규범성을 포함하여 정의와 진리에 대한 감각 자체를 재편하는 데 강력한 에너지를 쏟고 있다. 나 역시 기존의 정치학을 폐기하고 새로운 정치학을 수립하기 위한 이 실험을 지지한다. 그런 지지자의 마음을 담아 다시, 나의 비평은 어떠해야 하는가.

6

  '2020년 지금 비평이 무엇이어야 하는지'에 대한 글을 써달라는 요청은 거절해야 했을지도 모른다. 나는 '2020년 비평'은커녕, 비평이 도대체 무엇이고 어떤 역할을 해야 하는지에 대한 통찰은 물론이거니와, 2020년 이전의 문학장에서 어떤 비평적 논의들이 오갔는지에 관한 전사조차 면밀히 파악하지 못한다. 그럼에도 덜컥 청탁을 받아들인 것은, 애초에 비평을 시작한 지 얼마 되지 않은 나에게 대단한 식견과 안목이 있어 청탁이 온 것은 아니라는 합리적인 추론 때문이었고, 형식에 구애받지 않고 자유롭게 써도 된다는 제안에 조금 안도했기 때문이었다. (그러나 실은 안도하면 안 된다는 것도 알고 있다. 연극배우 특유의 발성이나 패션잡지에서만 소통되는 외국어 혼합체처럼, 분명 비평 문투라는 게 있다. 자유롭게 쓴 다른 비평가의 글을 보면 결코 내가 생각하는 자유와 다른 비평가들의 자유가 다르다는 것쯤은 금세 알게 된다.)

결국, 이 글은 내 무지를 고백하고 변명하는 글이 되어버렸다. 그러나 반드시 생각해봐야 할 문제에 대해 글을 쓸 기회를 얻게 된다는 것의 의미를 알기에 진심을 담아 썼다. 몇 해 전, 저명한 화가의 추상화 캠프에 열흘간 참여했다. 닷새 정도 신나게 색면 추상화를 만들었을까, 그 후 닷새 동안 나를 포함한 참여자들은 다른 사람들이 만든 색면 추상화를 자르고 찢고 이어 붙여 새로운 작품을 만드는 작업을 했다. 놀랍게도, 그때 나는 자유로웠다. 예상과 달리 처음부터 끝까지 혼자 하는 작업은 자유가 아니라 오히려 자기 자신에게 묶인 속박이었다. 나는 다른 이들의 작업을 해석하고 배치하며 재조합하는 과정에서 혼자이되 혼자가 아닌 것, 연대하되 공동체가 아닌 것, 개인도 아니고 집단도 아닌, 그 사이 어디쯤의 '중간계'와 같은 감각을 느꼈다. 내게 비평을 한다는 것은 그런 것일지도 모른다. 바로 지금 여기에서 나의 비평을 쓰면서 '함께 있음'에 참여하는 것, 조금 간지러운 말이지만 그렇게 온기가 있는 자유를 지키는 일일지도 모르겠다.

새롭지도 훌륭하지도 않게
─ 형식주의자의 페미니즘

1. 무엇이 '진짜 페미니즘적인 것'인가

 2021년 7월 20일 아마존 창업자인 제프 베이조스가 조종사 없이 고도 107킬로미터까지 우주여행을 다녀오는 데 성공했다. 고작 3분 남짓 우주의 가장자리를 찍고 돌아온 것이 무슨 우주여행이냐고 할 수도 있겠지만, 공인된 우주의 경계가 고도 100킬로미터라 하니 굳이 성공이라 말하지 못할 이유도 없다. 베이조스뿐 아니라 최근 세계 최고의 부자들이 앞다투어 우주에 눈독을 들이고 있는 상황에 대해 할 말은 많지만 과감히 생략하자. 그보다 베이조스의 우주여행 이야기로 이 글을 시작한 이유는 바로 이 사례가 '형식은 은폐하는 동시에 누설한다'는 진리를 똑똑히 보여주고 있기 때문이다. 만약 아직 베이조스의 로켓을 보지 못했다면, 일단 '뉴 셰퍼드 로켓'을 검색해보시라.
 그렇다. 당신이 지금 막 생각하고 있는 것처럼, 발사 당시 SNS에서도 이 로켓은 '페니스 로켓'이라 불렸다. 아무리 달리 보려 애써도 다르게 보이지 않는다. 우주선은 원래 유선형의 길쭉한 형태인 법이라고 생각하려 해도(여태 다른 우주선들은 그렇게 보이진 않았잖아!), 그냥 어쩌다 우연히 닮아버렸겠지 생각하려 해도(블루 오리진의 개발자들이 베이조스에게 컨펌을 받지 않았을 리가 없잖아!), 아무리

이리 보고 저리 봐도 이것은 지구 최고의 부자가 된 남자가 '처녀지'인 우주를 향해 쏘아 올리는 거대한 페니스처럼 보인다. 그리고 여기에 더해 고도의 계산 끝에 선택됐을 그의 '카우보이 모자', 기후 위기의 지구를 향해 엄청난 양의 탄소를 싸지르고 가면서도 '인류의 진보'를 운운하던 그의 미소, 비행 성공 후 감사의 인사랍시고 던진 '아마존에서 물건 사줘서 고마워. 너희가 낸 돈으로 내가 우주에 다녀왔어'와 같은 그의 말 등은, 그가 한 치의 의심도 없이 자신을 우주의 개척자나 인류의 대표자, 보편의 화신으로 확신하고 있음을 보여준다.

내게는 이 모든 것이 당시 세계 곳곳을 휩쓴 폭염과 폭우 뉴스와 겹쳐져 차마 비극적이라고도 희극적이라고도 할 수 없이 느껴졌는데, 한 가지 더 거슬렸던 것은 그 페니스 로켓에 1961년 우주비행사 시험에 합격했으나 여성이라는 이유로 우주에 가지 못했던 82세의 월리 펑크가 명예 승객으로 탑승했다는 소식이었다. 과거 미항공우주국NASA이 차별했던 여성을 이 우주 놀이에 초대한 것은 카우보이가 한 행동 중 가장 적절하고 사려 깊은 것으로 평가받았고, 국내 언론에서도 '60년 만에 이룬 꿈' 따위의 제목으로 소개되었다. 페미니스트를 자처하는 몇몇 이들도 자신의 SNS에 이 기사를 공유하며 '포기하지 않으면 꿈은 이루어진다'라는 식의 코멘트를 달았는데, 나는 그것을 본 순간 불현듯 두 권의 책 제목이 떠올랐다. 『도둑맞은 페미니즘』과 『페미니즘을 팝니다』. 그래, 페미니즘은 이렇게 동원된다.

진정한 카우보이는 정복한 땅에 더 이상 미련을 두지 않으니, 그는 슬럼화된 세계를 등지고 새로운 처녀지를 향해 나아간다. 그는 자본주의의 중첩된 모순에 손끝 하나 대지 않고도 '진보'라는 허명을 얻을 수 있는 쉬운 방법을 알고 있다. 국가가 방해한 꿈을 내가 이루게 해주겠노라. 그는 의기양양하게 그녀를 태워간다. 제국주의와 자본주의와 남성 중심주의는 사이가 나쁘지 않고, 때로 형식이란 놀랍도록 솔직하다. 로켓이 거대한 페니스 형태인 것은 어쩌면 당연해 보인다. 그러니 우리가 로켓의 모양보다 더 신기하게 봐야 할 것은, 이 우스꽝스러울 정도로 솔직한 페니스를 향해서도 정반대의 해석이 이루어진다는 사실이다. 정말이지 영웅과 악당을 선명하게 구별하기란 쉽지 않은 일임을 알지만, 그래도 평생 그의 우주선에 탑승할 가능성이 희박한 사람들이, 그러니까 그와 어떠한 이해관계도 없는 낙천적이고 선량한 사람들이 그의 꿈과 '우리'의 꿈이 같다고 믿으며 내지르는 환호성을 듣는 것은 상당히 괴로운 일이었다.

이처럼 같은 것을 보고도 정반대로 해석하는 일, 그래서 그 해석의 타당성을 놓고 대립이 발생하는 일은 페미니즘을 둘러싼 논쟁에서 아주 흔히 볼 수 있는 일이다. '무엇이 진짜 페미니즘적인 것인가'를 두고 이루어지던 논쟁이 '누가 진짜 페미니스트인지'를 따져 묻는 윤리적·당위적·정서적 영역으로 귀결되는 일도 많다. 그러나 지금의 현실 정치에서 '진보'를 자처하는 세력이 모두 진보적으로 행동하는 것은 아닌 것처럼, 페미니스트를 자임하는 이들이 페미니즘이라고 주장하는 것이 곧바로 페미니즘이 되는 것은 아닐 것이다. 나 역시 아무리 스스로 페미니스트임을 믿는다 할지라도 내가 판단하고 실천하는 모든 것이 '페미니즘적인 것'이 된다고는 믿지 않는다. 내게 페미니즘은 비평 그 자체와 크게 다른 말이 아니고, 비평이 그렇듯 페미니즘 역시 실체로서 고정된 것이 아니라 매 순간 무너뜨리고 쌓아 올려야 하는, 쉽게 말해 정신 똑바로 차리고 복잡한 현실을 인식해야 하는 일이니, 내가 기댈 수 있는 것은 여전히 형식이다. 마치 베이조스의 로켓처럼, 형식은 가장 공들여 빚어낸 닫힌 구조인 듯 보이지만 때론 놀랍도록 어이없게 벌어져 있다.

2. 무엇이 '훌륭한 형식'인가

　애써 씩씩하게 말했지만 실은 형식의 문제 또한 만만치 않다. 문학을 전공하러 대학원에 진학한 후 가장 이해하기 힘들었던 것은 '형식을 파악하라'는 말이었다. 석사 첫 학기에 프레드릭 제임슨의 『맑스주의와 형식』을 읽으면서(과거의 나에게 위로를 보낸다. 지금 보니 그 책은 절대로 당시의 내가 읽을 수 있는 책이 아니었다.) 도대체 그가 말하는 문학의 형식이 무엇인지 갈피를 잡기 어려웠다. 그런데 지금은 석사논문을 준비하는 후배에게 이렇게 조언하는 나를 발견한다. "그렇게 내용 층위에서만 보면 안 돼. 형식의 차원에서 접근해야지." 후배가 말간 얼굴로 묻는다. "선배, 그런데 형식이 뭐예요?" 아, 어쩌면 형식은 학위 과정을 다 마쳐야 귀납적으로 알게 되는 것 아닐까. 학부부터 국문학을 전공했고 훌륭한 리포트를 제출했으며 이제 석사 과정을 곧 마쳐가는 똑똑한(그리고 솔직한) 대학원생이 그럴진대, 과연 형식에 대한 논쟁이 비평가가 아닌 일반 독자들에게 받아들여지긴 하는 걸까. 혹은 비평가들끼리도 정말 같은 것을 두고 이야기하고 있는 것일까?
　그런데 무엇을 형식으로 보는지에 관한 문제는 문학보다 좀더 수월하게 형식을 식별할 수 있는 미술의 영역에서도 자주 발생한다. 얼마 전 학고재 갤러리에서 여성주의 미술의 대가 윤석남의 개인전을 봤다. 조선 시대 초상화와 민화의 기법을 응용하여 그린 여성 독립운동가들의 채색 초상화 전시였다. 전시장을 가득 채운 초상화들은 당시의 사진기록에 근거하여 그려졌기 때문에 대부분 증명사진처럼 정면을 향한 정적인 모습이었지만, 작가는 인물의 배경으로 당시의 활동 장소나 상징물 등을 배치하여 화면에 역동성과 서사성을 부여하고 있었다. 그 전시를 본 직후 우연히 어떤 미술비평가의 평을 듣게 되었는데, 그것은 그 작품들의 형식에 대한 엄청난 혹평이었다. 대체로 전시에 대한 찬사는 전시장에서나 보도 자료를 통해 쉽게 접할 수 있는 반면에 비평가가 자신의 이름을 걸고 작품을 비판하는 것을 들을 기회는 드물기 때문에 나는 그의 이야기를 집중해서 들었다. 그의 주장은 명료했다. 제대로 다듬어지지 않은 테크닉으로 단지 소재에 기대어 작업했다는 것. 다시 말해 형식적으로는 오래된 것을, 그나마도 능숙하게 사용하지 못했다는 것.

그의 말을 이해하기란 어렵지 않다. 몇십 년 동안 유화와 아크릴물감을 사용하던 서양화가의 뒤늦은 한국화 작업이 비평가의 눈에 그다지 탐탁지 않을 이유는 얼마든지 있다. 그리고 나는 붓질의 테크닉에 대해 아는 바가 없으므로 이를 논할 수 없다. 다만 내가 궁금한 것은 이런 것들이다. 기존의 초상화 전통에는 젠더가 존재하지 않았을 텐데, 거기에 젠더라는 요소가 기입되며 여성이 재현 주체이자 대상으로 등장하게 됐을 때 그것을 내용만 바뀌고 형식은 그대로라고 말할 수 있을까. 오히려 전통 초상화라는 형식에 젠더의 형식이 도입되었다고 말하는 편이 맞지 않을까. 내가 그 작품들로부터 발견한 형식은 단지 선을 그리고 채색을 하는 붓질뿐 아니라 독립운동/친일, 제국/식민지, 좌파/우파, 남/여, 전통/현대 등 다양한 이항 대립의 그물망이었고, 이것을 교란하고 싶은 작가의 의도는 명백해 보였다. 그렇다면 다양한 요소의 배치와 배열을 변경함으로써 다른 방식의 주체성을 만들어내는 시도야말로 형식의 변화라고 말할 수 있지 않을까.

나는 이것이 대단히 새롭다고 주장하는 것은 아니다. 오히려 새로움은 '훌륭한 형식'에 대한 기준이 될 수 없음을 지적하는 것이다. 아서 단토가 다소 경망스럽게 환호했던 것처럼 동시대 미술에서는 모든 것이 가능해졌고, 그것은 이제 르네상스풍의 환영주의 회화를 그려도, 혹은 아무것도 설치하지 않은 채 관객의 의아해하는 목소리가 바로 작품이라고 주장해도 동시대 미술은 성립한다는 의미다. 뒤샹 이후로 길가에 버려진 물건을 주워다 쓸 수 있고, 키치 이후로 모든 것을 클리셰처럼 활용할 수 있으니, 모더니즘 이후 '새로움'은 곧 '오래된 것'이 되어버렸다. 심지어 새로움을 거부하는 것조차 새로움을 위한 것으로 받아들여질 것이니, 전통 초상화 기법의 차용에 대해 '오래된 형식의 반복'이라고 평가절하하는 것은 크게 설득력을 얻지 못할 것이다.

물론 미술비평가의 한숨을 이해하지 못하는 바는 아니다. 나 역시 전통적인 한국화로 여성 독립운동가의 초상화를 그리는 것이 형식의 퇴보라고 말할 수 없는 것만큼이나 형식의 진보라고 말할 수 없다고 생각한다. 아마도 그는 '진보'를 앞세워 작품을 고평하는 목소리에 거부감을 느끼고 어깃장을 놓고 싶었던 모양이다. 그러나 앞서 언급한 대로, 중요한 것은 새로움이 더 이상 형식의 기준이 되지 않는다는 것이고, 그 말은 진보/퇴보 혹은 진보/보수라는 이항 대립으로도 형식을 설명할 수 없다는 것이다. 그보다 유심히 봐야 할 것은 그 형식을 사용한 맥락과 효과다. 기존에 여성을 그리던 방식에서 벗어나 전통 초상화의 권위를 여성 운동가에게 부여하는 것은 남성의 근엄한 얼굴로 이루어진 세계에 여성의 얼굴을 그려 넣어 전통의 계승과 전유의 문제를 건드리는 것이고, 그런 시도의 결과로 '형식의 역사'는 조금 더 두꺼워질 것이다. 그러나 동시에 잊지 말아야 할 것은, 여성이라는 항목에 살짝 괄호를 치고 보면 가장 전통적인 방식으로 독립운동가에게 권위와 정당성을 부여하는 것이 모종의 이데올로기적인 혐의가 없을 리는 없다는 점이다.

그러니 이제 형식에 대한 탈신비화된 논의가 필요하다. 그렇지 않으면 페미니즘이 종종 '페미니스트가 주장하는 것이 페미니즘'이라는 분리주의적 오류에 빠지는 것처럼, 형식에 대한 논의도 '잘 그렸으면/

잘 썼으면 좋은 형식'이라는 식의 평가와 '잘 그렸는지/잘 썼는지는 작품을 볼 줄 아는 사람이 평가할 수 있다'라는 식의 동어반복에서 벗어날 수 없게 된다. 형식과 페미니즘을 논증 가능한 영역으로 옮겨 오기 위해서는 형식에 관한 보다 구체적인 제시가 필요하고, 그 제시된 형식을 통해 어떤 텍스트든지 다룰 수 있어야 한다.

3. 세 개의 세계

그렇다면 무엇을 대상으로 문학의 형식에 관해 이야기해야 할까. 이 분석이 생산적인 논의의 토대를 마련하기 위해 '완성도'나 '새로움'과는 분리된 형식의 제시를 목표로 한다면, 일단 이미 작품성을 인정받고 비평적 작업이 많이 진행된 소설은 제외하는 편이 좋겠다. 또한, 소위 '형식적인 작품'으로 분류될 만한 소설도 그다지 좋은 선택은 아닐 것이다. 좀더 무작위적이고 따끈따끈한 텍스트들이 필요하다. 그럼 이렇게 해보는 게 어떨까. 이 글이 실릴 지면은 『문학동네』 2021년 가을호, 아무래도 『문학동네』 2021년 여름호를 봤던 독자가 읽을 가능성이 클 테니 여름호에 실린 소설들을 대상으로 삼아보는 것이다. 마침 작가의 성비도 적당하다. 중견 남성 작가 김훈, 젊은 여성 작가 박서련, 젊은 남성 작가이자 퀴어 작가인 박선우.

이제 이 소설들을 대상으로 내가 분석할 형식은 문학사적 장르 개념이나 정교한 서사학적 개념이 아닌, 푸코가 권력을 분석하며 사용한 배치, 배열, 조직, 연결의 원리와 유사하다. 푸코가 분석한, 사회에 질서를 부여하고 규범과 배제를 구획하는 미시권력의 효과를 일종의 '형식의 그물망'으로 생각한다면, 이 촘촘한 '푸코적 형식'으로 텍스트를 분석하는 것은 충분히 가능하다. 실제로 캐롤라인 레빈은 푸코의 권력 분석을 텍스트 분석에 적용하여 텍스트에 존재하는 형식적 패턴을 네 가지로 구별하는데, 그것은 다음과 같다. "가정집의 담장과 국경선과 같은 제한된 **전체**; 산업노동의 반복적 패턴과 시간이 흘러도 변함없는 제도 패턴과 같은 시간적 **리듬**; 젠더, 인종, 계급, 관료주의를 포함한 강력한 **계층질서**; 다국적 교역, 테러리즘, 운송처럼 사람과 사물을 연결하는 **네트워크**."[1] 원래 "서사는 충돌하는 형식들에 대한 경험을 가장 잘 포착하는 형식"[2]이고, 소설은 탄생 시점부터 서사를 통해 다양한 사회적 관계를 제한된 틀로 재현하는 데 탁월한 재능을 보여왔으므로, 레빈이 제시한 네 가지 형식을 중심으로 소설을 분석하는 것은 꽤 괜찮은 방법이다. 나는 지면 관계상 네 가지 중 정치적으로 가장 문제적인 첫번째와 세번째 형식을 중심으로 텍스트를 분석하되, 계층질서와 때론 일치하고 때론 충돌하는 이항 대립의 형식을 주의 깊게 살펴보려 한다.

*

김훈의 「대장 내시경 검사」에는 다양한 이항 대립과 시공의 경계가 존재한다. 젊음/늙음, 건강/병, 남성/여성, 미국/한국, 과거/현재 등등. 이런 대립쌍들을 조립해보면 가장 많은 가치를 지닌 인물은 '은희'다. 그녀는 가슴에 '별자리' 같은 주근깨가 흩어져 있던 아름다운 여성이었고 '나'의 첫사랑이었지만, 가난한 연인들의 이야기가 흔히 그렇듯 '나'와 미래를 약속하지 못하고 미국으로 떠났다. '나'의 기억에서 그녀는 여전히 젊음과 건강과 여성성을 모두 간직한 존재다. 그러나 몇십

---

[1] 캐롤라인 레빈, 『형식들』, 백준걸·황수경 옮김, 앨피, 2021, p. 69.
[2] 같은 책, p. 64.

년 만에 아들의 취업 알선을 부탁하는 그녀의 편지가 도착한 후, 그녀는 돌연 과거/현재, 미국/한국의 경계를 넘어와 세속의 사람이 되고, 거기다 그녀가 유방암 수술을 받아 '별자리'도 잃었다는 소식까지 전해지자 그녀에게 부과되었던 가치는 상당 부분 훼손된다. 언제나 김훈의 세계에서 젊음이 사라지면 여성성은 무너진다. 그렇다면 이 소설에서 가치가 부여된 쪽은 '젊음'인가 하면 또 그렇지 않다. 여성은 젊음과 결합해야 진정한 여성이지만, 젊음과 결합한 남성은 "세상 물정 모르는 부잣집 아들"(p. 294)인 은희의 아들 '찰리 장'처럼 무지한 존재에 불과하다. 이렇게 각각의 대립쌍들의 연결과 단절의 추이를 살펴보면, 결국 소설에서 가장 중요한 가치를 지닌 주체는 무지하지 않은 남성, 즉 나이가 지긋한 남성이 된다.

  물론 이 나이 든 남성의 지혜란 청춘의 육체를 내준 대신 얻은 냉소적 인식에 가깝지만, 그럼에도 생물학적 시간과 남녀의 대비가 교차할 때 메타적 위치에서 허무한 세계성을 인식하는 자는 더 이상 별자리에 닿을 수 없음을 알아버린 나이 든 남성이다. 그렇게 소설은 남성/여성, 늙음/젊음의 이항 대립을 계층질서로 서열화해버리고, 서열로 '정리'된 이 세계는 어두운 무의미와 필연의 세계로 사그라진다. 어쩌면 찰리 장은 '나'에게 경계 너머로부터 이상한 방식으로 발송된 은희의 신호였을지도 모르지만, '나'는 찰리 장의 얼굴에서 "아버지인 장 아무개를 닮은 모습"을 식별해내며 불편해했고 그의 어색한 "말은 받아들이기가 어려웠다"(p. 298). 이제 경계 너머의 빛은 모두 지워지고 '나'는 메마른 필연의 사막을 홀로 걸어간다. 성장은 노화이고 인식은 냉소이니, 이 세계에서 모든 사람은 생물학적이고 선형적인 시간을 따라 비슷한 방식으로 녹아버릴 것이다. 확고부동하고 유일한 유물론의 세계, 유방암과 대장 내시경의 세계에서 '나'는 "마취에서 깨어"나 도우미에게 정확한 금액을 지불하고 "혼자서 갈 수 있으니까, 이만 돌아가시오"라고 말한다. 이런 '나'의 세계는 비록 아무런 가치도 없이 무정하지만, 적어도 자신이 "해야 할 일"(p. 298)은 정확히 알고 있는 균질한 세계다.

박서련의 「그 소설」은 '낙태 수술을 한 여성'이 등장하는 소설을 쓴 후 여성 소설가가 겪게 되는 상황을 그린다. 신인 작가인 '나'는 낙태죄 헌법 불합치 결정이 나오자, 문창과 재학 시절 '낙태 소설'이나 쓰는 '뻔한 여자애' 취급받기 싫어 제출하지 못했던 소설을 '내 얘기'라는 제목으로 발표한다. 그 후 소설이 한 언론사에서 상을 받고 수상작품집이 나오면서 '나'는 한동안 "그게 정말 내 얘기인지 확인하고 싶어하는 사람들"(p. 310)로부터 연락을 받는다. 혹시 '자기 이야기' 아니냐고 묻는 동기 언니, 대뜸 '어떤 새끼가 그랬냐'고 묻는 엄마, 이거 '우리 이야기'냐고 질척대는 전 남자친구까지 사람들은 다양한 방식으로 '내 얘기'의 진짜 소유주를 묻는다.

누군가를 실제로 만나는 일 없이 통화나 온라인상의 소통만으로 이루어지는 이 소설은 소설이 창작되고 읽히는 과정을 통해 발화/침묵, 혼잣말/대화, '실제 저자'/'가상 저자'[3] 등의 대립을 구성한다. 소설이 여성 작가를 둘러싼 시선의 문제나 낙태 관련 이슈를 다루고 있기 때문에 젠더의 대립이 가장 먼저 눈에 띄지만, 이 소설 전체를 구획하는 가장 굵은 분할선은 혼자 있는 '나'와 '나'의 외부를 나누는 경계다. 그 너머에는 문창과 교수와 같은 기성세대, 출판사 편집부가 대변하

---

[3] 김태환은 '저자'를 현실에서 소설을 쓰는 '실제 저자'와 독자가 독서 과정을 통해 구성하는 '가상 저자'로 나눈다. 이때 가상 저자는 내포 저자처럼 작품마다 새롭게 독립적으로 창조되는 것이 아니라 독자가 독서 후 실제 저자와 등치하여 구성해낸 것이다. 가상 저자는 실제 저자에 관한 정보까지 고려하여 구성되고, 또 구성된 가상 저자가 다시 실제 저자에 대한 평가에 영향을 미치게 되므로 둘은 텍스트를 사이에 두고 밀접하게 연결되어 있다. 김태환, 『실제 저자와 가상 저자』, 문학실험실, 2020.

는 문학계의 논리, '나'의 사생활을 궁금해하는 지인들과 온라인의 불특정 다수 등 '나'가 대응해야 할 다양한 존재들이 있다. 그러나 이 경계는 김훈의 경우와 달리 견고하지 않다. 이 경계는 '나'가 저자이기 때문에 발생하고, 또 '나'가 허구의 형식을 다루는 소설가이기 때문에 모호해진다. 그리고 소설은 이 모호함을 이용하여 쉴 새 없이 경계를 변경한다. 실제의 이야기/허구의 소설, 내 이야기/내 이야기가 아닌 것이 중첩되는 양상에 따라 '내 얘기'는 자꾸 형질전환을 경험한다. 엄마와의 대화에서 그것은 '내 소설'이지만 '내 이야기'는 아니고, 전 남자친구와의 대화에서 그것은 '내 소설'이자 '내 이야기'지만 '우리의 이야기'는 아니며, 독자와의 대화에서 그것은 '내 소설'인 한에서 '내 이야기'지만 단지 '나만의 이야기'가 아니라 '우리의 이야기'가 되는 식이다.

글을 쓰는 사람이라면 누구나 익숙할, 실제 저자와 가상 저자 사이의 보장된 '거리'는 여성이 자신의 이야기를 쓸 공간을 확보해준다. 하지만 그 공간이 남성의 것에 비해 협소하기에 여성은 순식간에 "낙태충 살인자 년"(p. 314)으로 추락하기 쉽다. 그러니 '내 얘기'를 한다는 것은 불안하고 두려운 일이다. 그럼에도 말하고 싶고 또 말할 수 있다. 말했다가는 지겹다는 핀잔을 들을 것 같은 뻔한 이야기, 그러나 말하지 않으면 도둑맞을 것 같은 소중한 이야기. 그 이야기들을 써 내려갈 때, 쓰는 세계와 쓰인 세계 사이의 경계에는 쓰는 자가 각오해야 할 것들이 주렁주렁 매달린다. 글을 쓴다는 것은 그럼에도 그곳을 가로질러 가보는 것이고, 횡단 후에 경계는 어김없이 요동치고 시끄러워진다. 김훈의 세계가 해야 할 일을 정확히 계산할 수 있는 고체역학의 세계라면, 박서련의 세계는 유체역학의 세계처럼 흐르고 변경되고 속고 속인다. 그러니 소설의 결말처럼, '나'는 휴대전화의 뉴스 피드를 계속 끌어당길 수밖에 없다. 아직 "새로운 일은 전혀 일어나지 않았"(p. 315)고, 그만큼 이것은 불안한 세계지만 동시에 맞서는 세계다. 세계는 비록 내가 제어할 수 있는 범위를 훌쩍 넘어서지만 그렇다고 필연의 사막은 아니다. '나'의 외부와 '나'는 팽팽한 선을 유지하고 있다.

박선우의 「우리 시대의 사랑」에서도 '나'의 세계와 외부의 세계는 대립한다. '나'는 연애를 할 때면 늘 끝을 상상하며 혼자인 것에 익숙해지려 하는 사람, 게이 커뮤니티에서 활동하긴 하지만 완전히 오픈리 게이는 아닌 사람이다. 그런 '나'의 세계는 마음먹고 문을 닫으면 밀폐될 수 있는 작은 집처럼 보이기도 하는데, 실은 본래 문이란 벽보다 연약하기도 하거니와 아무리 '예방주사'를 맞아도 면역이 생기지 않는 속수무책의 연인을 만나게 되면 늘 열어둘 수밖에 없는 것이기도 하다. 그렇게 '나'의 경계는 변경되고 '나'의 집은 연인들의 집이 된다. 사랑하는 두 연인에게 이 세계는 김훈의 세계처럼 하나 남은 빛마저 사라진 삭막한 사막도 아니고, 박서련의 세계처럼 닥쳐오는 밀물을 향해 정면 대응 자세를 취하고 있는 전장도 아니다. 이 반고체 상태의 공간은 문을 닫자니 사랑하는 사람과 함께 누릴 수 있는 일이 너무 적은 세계, 그렇다고 열자니 사랑하는 사람을 고통스럽게 할 것만 같은 불안한 세계다. 그러니 이 소설을 구성하는 가장 즈된 패턴은 개방/폐쇄이고, 이 사이에서 연인들의 공간은 다소 임시적으로 보인다. 그리고 이 개폐의 감각은 마치 의복의 감각처럼 신체적일 수밖에 없다.

이곳은 박서련의 세계와 달리 주된 갈등이 친밀한 관계 내부에서 발생하기 때문에 숨기거나 변형해야 할 것들이 늘면 쉽게 불안정해진다. 둘밖에 모르는 이 사랑이 끝나면 나는 어떻게 될까, 나를 사랑하는 동시에 내 정체성을 혐오하는 어머니를 어떻게 대해야 할까, 네가 겪고 있는 고통을 내가 나누어 짊어지려면 무엇을 해야 할까. 이 좁은 세계에서 발생하는 불안은 어쩔 수 없이 자기 연민적인 데가 있고, 슬프지만 감미롭다. 그런데 이들이 새로운 경계로 진입하면, 그러니까 익숙한 도시를 떠나 타지를 방문하면 제어 가능한 듯 보이던 불안은 무차별적 불안으로 증폭된다. 피부에 맞닿아 있는 섬세한 개폐의 감각은 낯선 경계 안으로 들어서자 무력감으로 전환된다. 어쩌면 궂은 날씨에 관광을 온 손님들이 안타까웠을 뿐인지도 모를 택시기사의 혀 차는 소리에도 두 연인의 체감온도는 쉽게 떨어지고, 순전히 나쁜 우연일 뿐인 강풍과 폭우는 거대한 불행의 전조처럼 느껴진다.

그럼에도 소설은 '나'의 열정을 키우고 보호하려 한다. 필연의 사막이 존재한다는 것을 알지만 "삶을 제대로 된 방향으로 이끌었던 순간들은 언제나 이런 충동과 경이로 이루어져 있"(p. 328)다는 것도 알고 있다. 소설이 그다지 튼튼해 보이지 않는 경계를 꿋꿋이 지켜내는 이유는, 이 균형이 무너지면 그것이 '우리 시대'에 대한 더 신랄한 비판이 될 수는 있겠지만 '사랑'을 향한 숙고로 이어질 수는 없다는 걸 잘 알기 때문이다. 연인들이 원하는 것은 단지 "이대로 시간이 멈춰버렸으면 좋겠다"는 것과 "어려울 것 없잖아"(p. 334)라며 입을 맞추는 것. 그러나 시간은 결코 멈추지 않을 것이고 그 시간 속에서 둘을 둘러싼 경계를 지켜내는 일은 만만치 않을 것이다. 만약 퀴어가 직면한 실존적 불안이 '우리 시대'와 '사랑'처럼 이항 대립이 아닌 것들도 늘 불화하고 대립하는 상태로 존재하는 것이라면, 이 말이 참으로 속 편한 소리처럼 들리겠지만, 바로 그렇기에 지금 우리 시대의 순정한 사랑 이야기는 퀴어 서사로만 가능한 건 아닌지 생각해본다. 시대와 친화하는 사랑이란 어딘지 모르게 수상해 보이니까.

4. 형식들의 정치학

이상 세 편의 소설에서 우리가 살펴본 형식들은 모듈처럼 독립적으로 이동과 반복이 가능한 이항 대립이기도 했고, 동시에 그 대립들을 배치하고 배열하고 중첩하는 조직의 원리이기도 했으며, 그렇게 만들어낸 패턴과 경계에 또 다른 형식이 충돌하여 예상치 못한 결과를 빚어내는 역동성이기도 했다. 그리고 우리가 이 형식들을 통해 목격한 것은, 단순한 이항 대립이 계층질서로 정리되어 일원화되는 모습이기도 했고, 글쓰기를 수단으로 삼아 젠더를 비롯한 다양한 대립들을 교란하는 모습이기도 했으며, 퀴어가 직면한 신체적이고도 사회적인 불안을 어떻게든 감당해보려는 모습이기도 했다. 그런데 다시 이 소설들을 나란히 놓고 살펴보면, 경계를 구획하고 배치하는 '정치적 무의식'은 제각각이어도 서사를 구성하는 패턴에는 공통점이 있다. 소설마다 주체화의 양상은 상이하지만, 이항 대립의 형식들이 잘 배치된 세계에 어느 날 예상치 못한 대립이 중첩되고 이 중첩으로 인한 변화를 주체가 직면하는 서사라는 점은 크게 다르지 않은 것이다.

  나는 최근 한국문학의 주요 관심사 중 하나인 '여성 성장소설'도 이와 유사한 점이 있다고 생각한다. 여성 인물이 타자와 조우하거나 사건을 겪어가며 그 전과 다른 세계 인식에 도달하게 되는 서사는, 다양한 이항 대립을 설정하여 세계를 구축하고 서사의 진행 과정에서 대립들 사이의 관계 변화를 경험하게 한다. 이때 삶을 인식하는 유력한 형식으로 도처에 상시 존재하는 이항 대립은 당연히 소설의 주된 배치와 배열의 논리로 기능한다. 하지만 아무리 견고한 이항 대립도 마찬가지로 강력한 다른 이항 대립과 충돌하면 대부분 기존의 범주를 지켜내지 못하고 변형을 겪게 된다. 그 변형은 세 편의 소설처럼 충돌이나 대치일 수도 있고 포섭이나 상쇄일 수도 있다. 실제로 우리는 역사의 많은 순간에서 젠더와 계급과 인종이 교차하며 그 상세한 맥락에 따라 연대와 반목 사이에 무수한 경우의수를 빚어내는 것을 목격한 바 있다.

이와 같은 이항 대립에 대해 프레드릭 제임슨은 그것이 비록 "내용 없는 형식이지만 그럼에도 그것이 조직하는 다양한 유형의 내용에 궁극적으로 의미를 부여"[4]하는 강력한 형식이라고 설명한다. 그에 따르면, 신분제 사회와 종교 집단에서 귀/천이나 선/악과 같은 이항 대립이 역사적·사회적 모순들의 상상적 해결로서 오랫동안 기능해온 것처럼, 지금 우리 시대에도 이항 대립의 식별 체계는 구조적이고 객관적인 모순을 은폐하고 있다. 거칠게 요약하자면, 이항 대립을 정치화·역사화하면 모순이 되는 것이다. 이 말에 동의한다. 그러나 우리가 아무리 이항 대립의 형식에서 벗어나길 간절히 희망한다 할지라도 역사와 사회를 투시할 언어와 능력을 얻을 수 있을지는 의문이다. 또 설사 그런 능력을 얻는다 할지라도 그것이 해체의 능력이 아닌 재구성의 능력이 되기는 어려울 것이다. 그러므로 나는 심급의 모순을 파악하거나 해체하려는 노력보다 다양한 이항 대립의 형식들이 충돌하는 양상을 면밀하게 살피고 그 충돌의 결과로 유용한 재배치가 가능한지 타진해보는 일이 더 효과적이라고 생각한다. 다시 말해, 교차하는 이항 대립의 배열과 중첩을 이해하고 그것을 재배치하는 방법을 모색하는 것이 더 실천적인 전략일 수 있다는 말이다.

윤석남의 여성 초상화에 대한 반응이 그러했던 것처럼, 여성 성장소설은 누군가에게는 적시에 찾아온 진보적인 것이고 누군가에게는 더 이상 불가능한 형식으로 판명된 것의 반복, 즉 퇴행적인 것이다. 그러나 여태 살펴본 바와 같이 형식은 역사적인 동시에 탈역사적이고 구체적인 동시에 일반적이다. 형식에 내재된 기원이 이데올로기적이라 할지라도, 그 형식이 다른 형식들과 맺는 관계에서 텍스트의 의미망은 새롭게 구축된다. 그러니 근대소설과 함께 탄생한 성장소설의

---

4 프레드릭 제임슨, 『정치적 무의식』, 이경덕·서강목 옮김, 민음사, 2015, p. 144.

형식이 어딘가에서는 사라지고 어딘가에서는 부활하는 것은 조금도 이상한 일이 아니다. 한때 상승하던 시민계급이 주류가 되기 위해 만들어낸 보편화의 형식이 지금 다시 선택된 이유는 명확해 보인다. 지금 이 세계에 뚜렷하고도 집단적인 상승의 에너지가 존재한다면 그것은 젊은 여성들의 것이니, 그들이 시민성에 대해 의문을 제기하면서도 시민권을 요구하는 것은 당연한 일이다. 정치적 기회를 만드는 것은 기존의 모든 형식을 부정하거나 전복하는 것이 아니라 형식들 사이의 배치와 충돌을 파악하여 자신에게 가장 효과적인 전략을 찾아내는 것이다.

인간의 역사는 길고, 오래된 형식의 새로운 전유는 늘 발생한다. 여기서 '오래된' 형식을 보는 자는 새로운 전유에는 새로운 정치학이 존재함을 간과하게 되고, '새로운' 전유를 보는 자는 형식이라는 유산에는 오래된 이데올로기가 부착되어 있다는 것을, 그러므로 전유란 생각보다 급진적인 것이 아님을 잊게 된다. 그러나 양쪽 모두에 결함이 있을지라도 나는 후자를 지지할 수밖에 없다. 아니, 지지한다는 말이 품고 있는 선택의 뉘앙스도 지워야겠다. 내가 아는 한, 인간은 공적인 영역과 사적인 영역 모두에서 다양한 형식들을 통해 삶을 꾸려갈 수밖에 없고, "텍스트를 만들어내는 직공으로서의 작가는 무엇보다도 자기 작업의 재료를 스스로 만들지 못"[5]한다. 작가는 역사의 형식 속에서 살아가고 형식의 역사 속에서 작업한다. 다만 잊지 않아야 할 것은 "필연성과 불가피성을 혼동해서는 안 된다는 것",[6] 그러니 우리가 운신할 수 있는 영역은 필연적이지만 동시에 자유로운 영역이라는 것이다.

---

5 피에르 마슈레, 『문학생산의 이론을 위하여』, 윤진 옮김, 그린비, 2014, p. 69.

6 같은 책, p. 80.

흔히 말하는 오래된 것/새로운 것의 이항 대립에도 역사적 모순은 존재한다. 그러니 여성 성장소설을 비롯한 최근의 페미니즘소설이 새로운 형식인지 아닌지, 훌륭한 형식인지 아닌지에 대한 질문은 적절하지 않으며 내 관심사도 아니다. 나의 관심은 형식들이 교차하는 순간 발생하는 정치적 의미와 가능성에 있다. 물론 종종 무엇이 제일 중요한지, 무엇이 가장 근본적인지, 무엇이 더 우선인지 정해버리고 싶은 욕심이 들기도 한다. 그럴 때 떠올리는 것은 이런 말이다. "언제나 중요한 것은 상호연계성interconnection이지, 한 요인의 다른 요인에 대한 우월성primacy이 아닙니다. 우월성은 결코 아무런 의미도 가지지 않습니다."[7]

5. 형식주의자의 페미니즘

내 박사논문은 몇 편의 텍스트를 대상으로 젠더 형식을 다른 형식들 사이에, 젠더 정치학을 기존의 정치학 사이에 필터처럼 끼워 넣는 작업이었다. 젠더 형식은 우리 삶을 지배하는 주요한 형식이기도 하고 다른 형식들 사이에 쉴 새 없이 끼어드는 광범위한 형식이기도 하지만, 주의를 기울이지 않으면 계급이나 민족처럼 강력히 전경화된 형식들에 밀려 부차적인 취급을 받거나, 가족이나 이성애 서사처럼 유려한 흐름에 휩쓸려 자연화되기도 쉬운 형식이다. 나는 남성 성장소설을 읽으며 자랐고, 여성의 나체를 붓질과 색채로 중화하여 바라보는 데 능숙했으며, 많은 고전에 쓰인 '남성'이라는 단어를 적절히 '인간'으로 바꿔 읽는 성능 좋은 번역기를 지니고 있었기에, 젠더를 형식

---

7 미셸 푸코, 『헤테로토피아』, 이상길 옮김, 문학과지성사, 2014, p. 89.

으로 파악하는 작업은 내가 여태 익혀왔고 또 존중해온 역사적 맥락을 의도적으로 괄호 치고 인위적으로 파헤쳐 그 사이에 젠더의 필터를 집어넣는 과정이었다. 만약 내가 이와 같은 과정에서 텍스트를 조금이라도 다르게 읽는 것에 성공했다면, 그것은 내가 페미니스트여서가 아니라 텍스트를 형식으로 파악하는 법을 훈련받았기 때문이다. 내게 많은 영향을 준 이론가와 비평가 대다수는 그들이 페미니스트여서가 아니라 형식주의자였기 때문에 내가 페미니즘의 관점으로 글을 읽고 쓸 수 있도록 도와주었다.

인품과 필력 모두 훌륭한 중년의 남성 작가 한 분이 더 이상 일인칭 소설을 쓰기가 두렵다고 한 말을 들은 적이 있다. 중년이고 남성인 자신이 '페미니즘적 소설'을 쓸 수 있을지 모르겠다는 걱정이었다. 실제로 한동안 작품 활동이 뜸했다. 이해 가지 않는 바는 아니지만, 작가가 아닌 비평가로서 말하자면, 이미 우리의 세계에 젠더 정치학이 도입되고 우리의 형식에 젠더 형식이 중첩된 지금, '어떤 소설'이 페미니즘적인지 아닌지를 판별하는 것은 큰 의미가 없다. 나에게 흥미로운 것은 페미니즘의 시선으로 '모든 소설'을 보는 것, 그리고 그 시선을 두껍고 풍부한 읽기로 이어가기 위해 다양한 형식들의 배치와 중첩과 충돌을 살피는 것이다. 그러므로 나는 중년 남성 작가가 일인칭 시점으로 쓰는 소설에 대해 어떠한 거부감도 가지고 있지 않다. 다만 다른 모든 소설을 읽을 때처럼 형식들의 정치학이 어떻게 구성되는지, 그로 인해 어떤 의도가 성취되고 또 어떤 의도치 않은 효과가 발생하는지 궁금할 뿐이다. 형식은 텍스트의 내부와 외부를 모두 가로지르는 것이고, 그것이 다양하면 다양할수록 우리는 많은 가능성을 얻게 될 것이다. 그래서 나는 '페미니즘의 형식'에 대해서는 여전히 알지 못하고 다만 '형식주의자의 페미니즘'을 지향할 뿐이다.

'남성 성장소설'을 넘어서
— '위안부' 피해자를 재현한다는 것

1

1991년 8월 14일, 故 김학순은 일본군 '위안부' 피해 사실을 최초로 증언했다. 이미 1980년대부터 '위안부' 문제가 수면 위로 등장하기 시작했지만, 공식적인 증언이 이루어진 것은 이때가 처음이다. 그리고 이 문제는 여전히 법적인 해결조차 마무리되지 못한 채 현재진행 중이다. 2018년 최종 배상 판결을 확정받은 강제징용 피해자들의 손해배상청구 소송과 2005년 시작된 후 여전히 항소 중인 '위안부' 피해자들의 손해배상청구 소송은 관련된 수많은 정치적·사회적 사건들을 발생시켰고, 기억을 둘러싼 투쟁의 장을 다시금 열어젖혔다. 박근혜 정부의 사법 개입, 한·일 무역 분쟁, 혐한과 반일, 『제국의 위안부』와 『반일 종족주의』를 둘러싼 논쟁 등, 복잡하게 얽힌 일련의 현재적 사건들은 마치 우리 사회가 일관되게 '위안부' 문제에 집중해온 것 같은 착시 현상을 야기한다. 그러나 생각해보건대, '위안부' 피해 증언은 광복 이후 46년이 지나서야 비로소 공적인 장소에 등장할 수 있었다.

그리고 지금 다시, '위안부' 피해 문제는 1991년 증언 이후 가장 큰 사회적 관심을 받고 있다. 여기에는 대법원의 강제징용 판결과 국가 간 분쟁 같은 구체적 계기도 작동하지만, 그에 앞서 이념의 정치와 기억의 정치의 교차점이 자리 잡고 있다. 이념의 정치에서 침묵했던 (혹은 이념에 따라 발화했던) '사건'들이 기억의 정치에서는 다른 입을 열게 된다. 전통적인 이데올로기들로 설명할 수 없는 사건의 기억들이 회귀한다. 그렇다면 이 교차점에서 문학이 서 있는 자리는 어디쯤인가.

사건에는 지향을 품고 의미의 궤도로 진입할 수 없는 문턱이 존재한다. '위안부' 피해자들을 다룬 문학적 재현이 많지 않았던 이유도 일차적으로 여기서 유래한다. 사건을 다룰 때, 문학은 재현의 윤리와 형식에 관한 질문을 피해갈 수 없다. 스피박이 주목한 것처럼, 재현은 묘사와 대표라는 이중적인 의미를 갖게 된다. 묘사와 대표의 관계는 (루카치가 그러했던 것처럼) 일치를 추구할 수도 (알튀세르가 간파했듯이) 불일치를 인정할 수도 있지만, 분리될 수는 없다.[1] 대상을 묘사한다는 것은 동시에 어떤 방식으로든 대상으로 하여금 (그리고 재현하는 주체로 하여금) 특정한 지점을 대표하도록 만드는 것이다. 그리하여 폭력의 피해자·생존자를 재현하려는 자는 반드시 묘사와 결부된 대표에 관한 질문에 직면하게 된다. 섣불리 의미화할 수 없는 사건 앞에서 이 같은 물음은 일종의 문턱이 된다. 그리고 상당수가 이 문턱 앞에서 돌아선다.

더구나 '위안부' 피해자가 겪은 폭력은 일종의 '인간의 한계' 개념인 '성(性)'과 관련되어 있다. 다른 폭력과 달리, 성폭력은 피해자에게는 자신이 인간의 한계를 벗어났다는 수치심을 갖게 하고, 외부자들에게는 호기심과 혐오와 동정과 같은 강렬한 감정들을 유발한다. 이렇게 인간 존엄의 한계선을 건드리고 그로 인한 극적 감정들을 요동시키는, 성과 폭력의 결합은 남성 중심 사회에서 소설을 비롯한 모든 예술

---

1 가야트리 스피박 외, 『서발턴은 말할 수 있는가—서발턴 개념의 역사에 관한 성찰들』, 로절린드 C. 모리스 엮음, 태혜숙 옮김, 그린비, 2018, pp. 61~71.

장르가 매혹적으로 다뤄온 소재였다. 유사 이래 여성이 성적으로 유린되는 서사는 결코 드물지 않다. 이런 맥락에서 '위안부' 피해자를 소설로 다룬다는 것은 소재주의의 혐의와 대상화의 위험으로부터 자유로울 수 없는 일이다. 특히 재현 주체가 남성인 경우, 그 혐의에서 벗어나기란 더욱 어렵다. 자세히 묘사하자니 성을 선정적으로 소비할 위험이 있고, 그렇다고 묘사하지 않자니 한 인간이 겪은 비극과 이 세계가 저지른 폭력의 구체성을 회피하는 꼴이 될 수밖에 없는 딜레마.

그러나 동시에 바로 이런 이유로 '위안부' 피해자들을 표상하고 재현하는 문제는, 우리 사회가 정치적으로나 문학적으로나 외면할 수 없는 현재적 지표가 된다. 그것은 현재 문학이 기대고 있는 대항 담론장의 재현(대표/묘사) 체계와 그 정치적 무의식을 따르는 동시에 그 체계를 초과하는 모순과 무능 또한 누설하는, 일종의 우리 시대에 대한 리트머스지 같은 역할을 한다. 그렇다면 일찍이 이 문제를 다뤄온 두 편의 소설[2]을 살펴보는 일은, 우리 문학장의 가장 문제적인 지점을 되짚어보는 일이 될 것이다. 우리는 사건과 기억의 입구를 봉인해서는 안 된다. 그렇다고 그것들을 제멋대로 꺼내어 윤색하거나 해결해버려서도 안 된다. 이토록 아슬아슬하고 잠정적인 재현의 가능과 불능 사이에서 문학의 잦은 실패가 필연적이라면, 그 실패의 기록을 검토하는 일은 사건과 증언에 접근하여 타인의 고통과 기억을 나누려는 문학이 포기할 수 없는, 반드시 넘어서야 할 문턱일 것이다.

---

2   윤정모의 『에미 이름은 조센삐였다』(당대, 1997), 임철우의 『이별하는 골짜기』(문학과지성사, 2010). 윤정모의 소설은 1982년 발표되었고, 임철우의 소설은 2006년 『문학사상』에 연재한 후 2010년 단행본으로 발표되었다. 인용할 경우 본문에 작품 제목과 쪽수만 표기한다.

2

1980년대 가장 영향력 있는 평론가 중 한 명이었던 백낙청으로부터 시작해보자. 그의 비평에 작가 윤정모가 처음 등장한 것은 1985년. 예의 1980년대 한국문학을 중간 결산하는 글에서였다. 이 글에서 백낙청은 1980년대 한국문학이 새로운 현실과 발맞춘 '민족문학의 새 단계'에 진입하길 희망하며, 그 성취의 기준으로 "광주의 기억이 어떻게 구체화"되었는지 살펴볼 것을 제안한다. 이어서 그는 '80년 광주'로부터 5년이 지났는데도 여전히 광주를 정면으로 다룬 작품들이 드물다는 점을 들어, 우리 문학이 아직 '새로운 단계'에 들어섰다고 보기엔 역부족이라고 평가한다. 그러나 드물게나마 광주를 다룬 작가들이 있어 그 직전까지는 도달했다고 보는데, 이때 소개된 작가 두 명이 바로 윤정모와 임철우다.

윤정모와 임철우, 두 작가의 작품 세계에서 광주가 차지하는 절대적인 비중은 익히 알려진 바이니, 여기서 보다 흥미로운 점은 동일한 사건에 천착하는 두 작가에 대한 백낙청의 상반된 평가에 있다. 그는 임철우의 「직선과 독가스」 「사산하는 여름」에 대해 광주의 역사를 '상처와 병리'의 차원에서만 바라본다고 강력히 비판한다. 모름지기 민중이 대규모로 관여한 사건에는 희생과 상처에 못지않은 '폭발적인 민중의 힘과 의연함'이 존재하는데, 임철우의 작품에는 "폭발성의 의미에 관한 통찰과 신념이 없을뿐더러 폭발성 자체가 '후유증'의 제시 속에 은폐되어버릴 위험"이 있다는 것이다. 이와 반대로 윤정모의 「밤길」은 매우 긍정적으로 평가한다. 소설 속 인물들이 "현장의 참상에 대한 기억과 지속되는 과업에의 의지"를 강하게 갖고 있고, 소설은 이를 성공적으로 형상화하고 있다는 것이다.[3]

사실 임철우의 소설은 윤정모와 같은 지면에서 비교되기 전 이미 백낙청에 의해 한 번 언급된 바 있는데, 이때도 임철우에 대한 백낙청의 평가는 매우 단호하다. "임철우의 「아버지의 땅」이나 「직선과 독가스」 같은 작품들을 분단극복문학의 큰 성과로 추켜올리는 일도 장기적으로 독자들이 소설을 르뽀나 수기보다 애초부터 못한 장르로 생각토록 만들 위험이 있다. 임철우는 부분적인 형상화의 재능도 있고 6·25 또는 광주사건의 동족상잔을 다루려는 의욕도 있는 작가지만, 이제까지의 성과는 분단주제의 심미주의적 활용이라는 측면이 많아서 형상화 자체의 일관성에도 무리가 생김을 볼 수 있다."[4]

윤정모에 대한 평가 역시 일관되게 유지된다. 1988년 '오늘의 민족문학 상황'을 점검하는 글에서, 윤정모의 「님」은 같은 지면에서 언급되는 다른 작가들보다 "훨씬 적극적인 저항의지"가 보인다는 상당한 고평을 받는다. 비록 주인공들의 연애 장면들이 "통속의 위험"을 지니고 있지만, "저자의 뚜렷한 주제의식에 따라 설정된 데다 (……) 분단현실의 답답하고 암울함과 대조되는 싱그러움"을 드러내고 있기에 작품의 무게를 잃지 않고 있다는 것이다.[5] 여전히 작품에 대한 형식 비평은 생략되어 있지만, 그가 윤정모를 높이 평가하는 이유는 일관되게 '작가의지' '저항의지' '주제의식' 등으로 요약될 수 있다.[6]

---

3 백낙청, 「민중·민족문학의 새 단계」, 『민족문학의 새 단계—민족문학과 세계문학 III』, 창작과비평사, 1990, pp. 46~47.

4 백낙청, 「민족문학과 민중문학」, 『민족문학의 현단계—민족문학과 세계문학 II』, 창작과비평사, 1995, p. 346.

5 백낙청, 『민족문학의 새 단계—민족문학과 세계문학 III』, p. 75.

6 같은 책, p. 46.

3

한편으로 확고하고 한편으로 모호한 백낙청식 비평에 동의할 수 없는 부분은 많다. 그러나 두 작가를 바라보는 그의 시선에 설득력이 전혀 없는 것은 아니다. 이 글에서 다룰 '위안부' 생존자 소설에서도 이들이 보여주는 문학적 집중력과 태도는 '과업에의 의지'를 부르짖는 윤정모, '상처와 병리'를 잊을 수 없는 임철우로 동일하게 요약될 수 있기 때문이다. 한 명의 평론가가 서 있는 위치는 그 좌표에 대한 의문과 비판까지도 포함한 일관된 시선의 체계, 다시 말해 하나의 현실을 구축한다.

그러나 또 다른 현실 역시 존재한다. 예컨대 백낙청이 비판하던 임철우의 상처와 병리에 대해 정반대의 평가도 가능한 것이다. 평론가 김형중은 이렇게 말한다. "만약 예술이란 쾌락에 종사하는 것이 아니라 불쾌에 종사해야 한다는 아도르노의 전언이 진실이라면, 〔……〕 임철우의 작품들이야말로 진실에 종사하는 예술의 가장 훌륭한 전범이라 할 만하다."[7] 더 나아가 김형중은 고통을 반복하는 이런 유형의 소설들을 향한 그간의 비평들, 즉 "항쟁을 개인화하고, 총체적인 진실에 접근하지 못"하고 "전체 역사 속에서 '5월'을 자리매김하지도 못"한다고 폄하해온 비평들에 대해, 이렇게 사건을 실체화·총체화·역사화하려는 시도들이야말로 한 '사건'의 기념비화·화석화에 기여할 뿐이라고 비판한다. '5월의 정신병리'야말로 '5월의 제도화'에 맞서 '5월'을 지속시킨다는 것이다.[8]

7　김형중, 「『봄날』 이후, 임철우 소설의 궤적에 대하여」, 『단 한 권의 책』, 문학과지성사, 2008, p. 270.

8　김형중, 「『봄날』 이후—광주항쟁 소설들에 대한 단상」, 『켄타우로스의 비평』, 문학동네, 2004, pp. 121~25.

이처럼 광주라는 사건의 재현을 둘러싼 상반된 두 현실은 사건과 그 이후 지속되는 삶, 기억과 고통, 역사화와 서사화 등의 문제에 문학이 어떻게 접근하고 재현할 수 있는지에 대한 시사점을 준다. 이렇게 어긋난 궤적 어디쯤에서, 5월의 작가 윤정모와 임철우는 또 다른 사건인 일본군 '위안부' 문제를 각자의 시선으로 바라본다. 그러나 두 작가가 정말 상반된 위치에 서 있는지는 모호하다. 흥미롭게도 '위안부' 피해자를 다룬 이들의 소설에는 그간 거론된 차이점과 함께 기묘한 공통점 역시 뚜렷하기 때문이다.

4

임철우의 『이별하는 골짜기』와 윤정모의 『에미 이름은 조센삐였다』에는 중요한 설정 세 가지가 동일하다. 첫째, 두 작품 모두 주인공이 아버지에게 버림받았거나 아버지가 실종됐거나 여하튼 아비 없는 아들이라는 점, 둘째, 이들이 '위안부' 피해자의 증언을 듣는 청자라는 점, 셋째, 이 중 한 명은 직업 소설가, 한 명은 아마추어 시인이지만 둘 다 문학을 한다는 점이다. 마치 서로를 인용하거나 반박하는 듯한, 이 상호 교차하는 설정들은 프로이트의 「가족 로맨스」를 연상시킨다.

프로이트는 아이들의 성장 과정에서 자신의 부모를 현실의 부모가 아닌 좀더 위대한 사람으로 상상하는 백일몽이 나타난다고 했는데, 이 시기가 오이디푸스콤플렉스 이전이면 모계와 부계 모두를 부인하는 '업둥이 로맨스'가, 오이디푸스콤플렉스 이후면 모계는 인정하지만 부계는 부인하는 '사생아 로맨스'가 등장한다고 부연한다. 이 논의를 이어받아 마르트 로베르는 두 유형의 백일몽이 소설의 원형적 서사를 이룬다고 보고, 아버지의 권력을 차지하려는 사생아 로맨스는 현실을 변혁하려는 '리얼리즘적' 소설에, 양쪽 부모 모두를 거부하는 업둥이 로맨스는 세상을 부정하고 유토피아로 도피하는 '낭만주의적' 소설에 해당한다고 말한다. 그렇다면 '위안부' 피해자의 재현을 사생아 로맨스로 서사화하고 있는 윤정모와 임철우는 로베르의 구별에 따르면 모두 리얼리스트인 셈이다.

사생아형이든 업둥이형이든 가족 로맨스의 원형적 서사는 '고귀한 출신 → 유기 → 고난 → 신분의 복원'이라는 성장 과정으로 이루어져 있다. 먼저 윤정모의 소설을 보자. 소설은 주인공 '문하'의 아버지가 사망했다는 소식으로 시작된다. 문하는 학도병 출신인 아버지로부터 '일본놈의 자식'이라는 이유로 버림받고 어머니 손에서 성장했다. 성인이 된 문하는 아버지에 대한 소설까지 쓸 정도로 아버지를 향한 복잡한 애증을 지닌 인물인데, 이 해묵은 갈등은 아버지의 죽음 이후 그가 '고귀한 출신'임이 밝혀지고 신분의 복원을 이루는 결말에 이르러서야 해소된다. 그리고 바로 이 부분이 소설의 주제의식을 가장 뚜렷하게 드러내는 부분이다.

흥미로운 점은 문하가 여전히 비루한 아버지의 친자식이면서도 고귀한 신분을 복원하게 된다는 것인데, 그것은 다름 아닌 어머니의 '위안부' 피해 증언을 통해 이루어진다. 어머니는 문하에게 '배광수'라는 한 남자의 아들 자리 대신, '대대손손 이어질 배씨 집안'의 장자이자 떳떳한 '한국인'이며 강인한 '조선 민족'이라는 대타자의 자리를 마련해준다. 어머니가 '위안부' 출신이었음을 밝히는 이유는 이 때문이다. 문하의 아버지가 그저 비루한 삶을 산 한 사내가 아니라 민족의 피해 의식으로 괴로워했던 조선 사람이라는 것, 그리고 이 비극은 한 가족의 비극이 아니라 민족의 역사적 비극이라는 것. 어머니의 증언은 오직 문하를 각성시키기 위해 이루어진다.

> 넌 분명히 이 땅에서, 그 사람에 의해 그 사람의 아들로 태어났어. (『에미 이름은 조센삐였다』, p. 183)

> 나 같은 몸뚱이에서 너 같은 아들이 태어난 건 특별한 의미로 그이의 조상이 점지해준 거야. 〔……〕 그런 치욕을 겪고도 우린 떡두꺼비 같은 아들을 얻었단 말이다. 천대 만대 대를 이어 갈 아들…. (『에미 이름은 조센삐였다』, pp. 184~85)

> 문하야, 이제 내 얘기는 끝났다. 니가 이 에미를 부인해도 좋다. 그러나 이 땅에서 살아온 배씨 집안의 영원한 끈임을 너는 부인할 수 없을 것이다. (『에미 이름은 조센삐였다』, p. 185)

기묘한 것은 이토록 감당하기 힘든 이야기를 주고받는 와중에도 두 사람 사이에는 어떠한 긴장도 갈등도 존재하지 않는다는 점이다. 고통으로 가득 찼던 어머니의 과거를 들은 아들은 '어머니, 힘드셨겠어요'라는 의례적인 공감의 말 한마디 없이 자신의 환희와 결심을 쏟아낸다.

> 당신이 옳았어요, 어머니. 〔……〕 나는 이제야 막 배광수의 아들 배문하로 완성되었어요. (『에미 이름은 조센삐였다』, p. 185)

> 우리 함께 아버지 고향엘 다녀와요. 어머니 고향두요. 가는 곳마다 제가 말할게요. 내가 바로 배광수의 아들이라고. (『에미 이름은 조센삐였다』, pp. 186~87)

이렇게 윤정모의 사생아 로맨스는 두 가지 소득을 올리는데, 하나는 문하 자신의 신분 복원이고, 다른 하나는 한국인과 아들이라는 단순한 사실에 불과한 정체성이 고귀한 출신으로 둔갑했다는 것이다. 한국인이라는 국적과 어차피 딸 아니면 아들인 성별은 마치 대단한 가치인 양 격상된다. 여기서 문학이란 이데올로기의 빈틈을 봉합하는 장치일지도 모른다는 그간의 의심과 문학을 추종하는 힘이 그것의 정치적 무의식이라는 그간의 분석은 충분한 설득력을 얻게 된다. 소설이 정치적 무의식으로, 아니 차라리 의식적으로 봉합한 질문은 이런 것들이다.

만약 문하가 정말로 '위안부' 피해자와 일본군 사이에서 태어난 자식이라면 어떡할 것인가? 무의미한 당함의 비극 속에서 그가 태어났다면 어떡할 것인가? 그렇다면 그는 유기되고 학대받아도 마땅한 것인가? 자랑스러운 한국인과 더러운 일본인 사이에는 어떠한 균열이나 틈도 존재하지 않는 것인가? 안타깝게도 이 소설에는 애초 고귀한 출생 따위는 존재하지 않을 수도 있다는 의심이나 '비천한 출생'을 부여받은 타자들에 대한 고민의 자리는 마련되어 있지 않다.

그렇게 소설에서 남성과 민족과 조국은 조금의 균열도 없이 일직선으로 이어진다. 그렇다면 '위안부' 증언을 듣는 자가 한국인이자 소설가로 설정된 이유는 분명하다. 작가 윤정모에게 문학을 한다는 것은 사건에 담긴 고귀한 의미를 알리고 계승하고 실천하는 것, 조국과 민족의 진보를 이루는 것, 백낙청의 말로 바꿔보자면 '뚜렷한 작가의식과 주제의식'을 갖고 나아가는 것이다. 그러니까 윤정모에게 작가란 문하처럼 아비 없음을 극복하고 성장하여 스스로 강인한 아버지가 되는 사생아인 셈이다.

5

　이제 또 다른 사생아형 소설, 임철우의 『이별하는 골짜기』를 살펴보자. 등단작 「개도둑」이나 대표작 「아버지의 땅」에서도 그렇듯, 그의 소설에서 아버지는 자주 부재한다. 물론 임철우의 소설만 그런 것은 아니다. 성장 자체가 문제적인 한국 근현대사에서, 사생아 로맨스는 실제 아버지가 부재하는 편모슬하로 나타났다. 전쟁과 독재를 겪은 한국소설에 흔히 등장하는 이 편모슬하의 서사는 부계로부터 자연스럽게 이어지는 "역사적 지속성이 약화된 인간 성숙의 특수한 조건"이자 "성장의 서사를 추동시키는 기본적인 결핍의 토포스"[9]로 작동한다. 『이별하는 골짜기』의 사생아 '동수' 역시 박탈된 성장을 '별어곡'이라는 기차역에서 겪는 여러 에피소드로 불완전하게나마 채워나간다.
　그러나 그는 끝내 고귀한 신분을 얻었다고 말할 수 없다. 소설 말미에 제시되는 두 가지 가능성 중 어느 쪽도 차마 고귀하다고 말하기는 어렵다. 그는 살인을 저지르고 도망간 탈영병의 유복자일 수도 있고, 사촌 동생을 납치하여 임신시킨 남자의 아들, 그러니까 근친상간의 결과로 태어난 죄의 자식일 수도 있다. 몇 가지 사건들 끝에 이 사생아를 기다리는 것은 출생의 비밀과 신분의 복귀가 아닌, 자신이 스스로 짐작한 것보다 더 비천한 출신이라는 사실뿐이다.
　물론 충만한 의미 대신 남루한 현실을 안고 살아가는 것이 어른의 삶이라는 점에서, 이 소설 역시 사생아 로맨스이자 성장소설이다. 로베르의 말처럼 사생아 로맨스가 현실을 공격함으로써 현실의 변혁을 돕는 리얼리즘적 소설이라면, 에피소드마다 주요 인물들이 상상적 자아에서 벗어나 실재의 세계와 대면해가는 이 연작소설이야말로 주

9　황종연, 「편모슬하, 혹은 성장의 고행」, 『비루한 것의 카니발』, 문학동네, 2001, pp. 34~35.

인공이 현실을 파악하고 장악해가는 사생아 소설의 전형이라고 할 수 있을 것이다. 아버지와 동일시를 꿈꾸는 사생아 로맨스는 윤정모의 소설처럼 고귀한 아버지와의 동일시에 성공할 수도 있지만, 임철우의 소설처럼 비루한 아버지와의 동일시 역시 거부하지 않을 수 있다.

우선 『이별하는 골짜기』의 주요 인물들이 어떻게 '성장'하는지 살펴보자. 첫번째 에피소드에서 아름다운 시를 쓰는 젊은 역무원 동수는 다소 개연성 없이 다방 레지의 죽음에 연루된다. 그에게는 아무 잘못이 없다. 다만 아무 관여도 하지 않은 죄가 있을 뿐. 동수는 이 사건 이후 아름다운 시를 쓰는 것을 부끄러운 일로 여긴다. 아마 작가 임철우에게 부끄러움이 없는 사람은 주체일 수 없을 것이다. 젊은 역무원을 주인공으로 삼으려면 반드시 그에게 원죄를 부여해야 한다. 원죄는 이것만으로도 충분하다. 다른 사람의 가난한 마음을 몰라준 것, 그리고 아름다운 시를 쓴 것.

두번째 에피소드에는 실수로 한 남자를 기차로 친 나이 든 역무원이 등장한다. 그는 미안함과 책임감으로 그 남자의 아내와 결혼하고 그의 딸을 거두지만, 결혼 생활 내내 진실을 숨기면서 불안과 의심으로 아내를 죽게 만드는 더 큰 죄를 짓는다. 근무 중 기차로 사람을 친 것은 실수일 수 있다. 그러나 그것을 책임지기 위해 그의 아내와 인연을 맺으며 만든 죄는 그의 평생을 괴롭힐 만한, 바꿔 말하자면 그의 평생을 지탱할 만한 죄의 탄생이다. 그는 아내의 죽음과 언젠가 죗값으로 치러야 할 자신의 죽음 사이에서 머무를 수 있다. 아직 죽지 않은 자로서.

가장 분량이 긴 세번째 에피소드인 '위안부' 피해자 서사를 잠시 지나치면, 네번째 에피소드는 어린 시절 탈영병을 신고하여 그의 죽음에 일조했다는 죄의식을 가진 여자의 이야기다. 탈영병과의 약속을 어긴 그녀는 평생 자기 처벌 속에서 살아간다. 탈영병과 닮았다는 이유로 폭력적인 유부남과 착취에 가까운 관계를 맺어왔고, 그 관계로 생긴 아이를 키워 속죄하려 했으나 아이를 잃었으며, 탈영병과 똑 닮은 젊은 역무원 동수를 만나 그를 위로해준 후 말없이 떠난다. 그녀의 삶은 고작 손가락으로 탈영병의 위치를 가리킨 어린 날의 죄에 비하면 지나치게 가혹하다. 그러나 그녀는 묵묵히 감내한다. 모든 것이 죄의 대가인 것처럼.

　승진을 꿈꾸지 않고 망설이고 두리번거리는 사람들. 우리는 여기서 쉽게 작가 임철우의 모습을 발견한다. 서영채는 광주라는 기원으로부터 출발한 이 임철우적 주체들을 향해 '1980년대적 주체'라고 부르며, "그들이 품고 있는 죄의식은 '터무니없는' 것이지만, 그 터무니없는 것을 끌어안고 있을 때에만 그들은 주체"일 수 있다고 설명한다. 죄의식을 지닌 채 자신을 '아직도 살아 있는 윤상원'으로 정의하는 주체들. 이들은 윤상원의 죽음과 자신의 죽음 사이 공간에서 아직 죽지 못한 자라는 정체성을 가지고 살아간다. 이 두 죽음 사이의 공간에 평생 고집스럽게 서 있는 작가로 임철우가 꼽히는 것은 자연스럽다.[10]

6

　그렇다면 이 죄의식의 주체가 윤정모의 인물들과 어떤 차이를 보이는지 『에미 이름은 조센삐였다』로 잠시 돌아가보자. 이 소설에서 등장인물들 가운데 죄의식을 가진 존재는 문하 한 명뿐이다. 그에게는 어머니에 대한 애증의 투사로 친구 '옥님'을 강간하여 그녀를 마을

10　서영채, 『죄의식과 부끄러움』, 나무나무, 2017, p. 320.

에서 쫓기듯 떠나도록 만들었던 과거가 있다. 임철우 소설처럼 일종의 원죄를 부여받은 셈인데, 그가 이 죄의식을 털어내는 장면은 마치 잊고 있던 잡지 부록을 우연히 들춰보듯 시시하고도 경쾌하다.

> 아 참, 저도 고백할 게 있어요. 어머니, 옥님이 있죠, 몇 달 전 신촌에서 봤어요. 〔……〕 나와의 일이 결코 후회스러운 추억은 아니었다고… 다 그렇고 그런 게 인생이 아니냐면서 넉넉하게 웃더군요. (『에미의 이름은 조센삐였다』, p. 187)

그는 말하고 있다. 피해의식에 시달리던 '민족-남성'이 괴로움에 못 이겨 강간쯤 하더라도, 그것은 일본군의 야만적인 폭력과는 비교될 수 없는 추억이라고. "다 그렇고 그런 게 인생"이고 폭력에도 귀천의 등급이 존재한다고 믿는다면, 이렇게 편리한 의식을 죄의식이라고 부를 수는 없을 것이다. 죄의식의 가장 큰 특징은 임철우의 인물들이 보여주는 것처럼 지독한 끈질김과 엄격함이기 때문이다.

물론 임철우가 보여주는 죄의식의 주체 또한 이미 대찬 반성의 물결 속에서 집중포화를 맞아 지금은 멸종된 듯한 '진정성의 주체'와 유사하다. 그러나 자신의 이상에 확신을 갖고 타인들에게도 엄격함을 적용했던 투사로서의 진정성의 주체와 어디에서도 확신을 갖지 못한 채 죄의식과 부끄러움으로 서성대는 진정성의 주체가 같은 사람일 수는 없을 것이다. 고귀한 출생임을 밝히고 계승하는 사생아 로맨스와 강인한 아버지 대신 비루한 아버지를 끌어안은 사생아 로맨스가 동일한 이야기일 수 없는 것처럼. 앞만 바라보겠다고 다짐하는 전자와 달리 후자는 영원히 그 자리에서 머물겠다는 다짐에 다름 아니다.

만약 진정성의 주체가 진품성이나 유일성과 무관할 수 있다면, 그래서 "'나의 진정성'과 '타인의 비진정성'을 불균등하게 전제하고

[……] 폭력적인 화용론이자 수사학"[11]을 사용하는 것을 멈출 수 있다면, 그것은 임철우의 주체들과 비슷한 모습을 하고 있을 것이다. 어쩌면 이처럼 충동으로서의 윤리를 지닌 주체들은 진정성의 시대가 저문 뒤 찾아온 새로운 윤리적 주체가 아니라 늘 존재했고 여전히 존재하는, 보다 넓은 의미의 진정성의 주체일지도 모른다.

7

그러나 임철우 역시 윤정모처럼 '위안부' 피해자를 다루는 소설에 성장 중인 남성을 주인공으로 삼았다는 사실은 여전히 남성들의 성장을 위해서는 여성의 수난이 필요함을 보여준다. 죄의식의 주체가 아무리 힘센 아버지가 아닌 윤리적 아버지를 갈망한다 해도 그가 쓰는 소설이 남성 성장소설이라는 사실은 변하지 않는다. 이것이 야기하는 문제는 우리가 지나친 세번째 에피소드, '위안부' 피해자 순례 할머니 이야기에서 드러난다.

모두가 죄인인 임철우의 세계에서 오직 한 사람만이 죄로부터 벗어나 있는데, 그가 바로 '순례' 할머니다. 할머니는 윤정모의 수다스러운 어머니 순이와 달리 도통 말이 없다. 치매로 기억을 잃었기 때문이다. 그래서 소설 속에서 청자와 화자가 존재하는 담화는 주인공 동수와 정대협 활동가, 할머니의 보호자인 친척 사이에서만 이루어진다. 할머니의 과거가 전지적 시점에서 서술되기는 하지만 사람들 사이의 담화에서 할머니는 부재한다. 할머니가 '말의 세계'에서 퇴출되었다는 점, 소설 속에서 '위안부' 피해자의 목소리를 들을 수 없다는 점은 의

---

11 김홍중, 「진정성의 기원과 구조」, 『마음의 사회학』, 문학동네, 2009, p. 36.

미심장하다.

물론 짐작할 수조차 없는 거대한 고통을 겪은 피해자들 앞에서 작가 임철우가 겪은 윤리적 딜레마를 짐작해보기란 어렵지 않다. 섣불리 의미화해서도 안 되고, 죄의식의 주체로도 그릴 수 없는 존재들. 이들 앞에서 임철우는 어찌할 바를 모른다. 아마도 그는 이렇게 생각했을 것이다. '이것은 반드시 씌어야만 한다, 그러나 내가 이들의 고통을 안다고 말할 수 있을까, 이들의 목소리를 그려낼 수 있을까.' 고민 끝에 그는 썼고, 할머니의 입을 지웠고, 할머니 주변 사람들의 입을 빌렸다.

작가의 죄의식과 '말할 수 없음'에 대한 감각은 허위의 서사를 만들어내진 않지만 피해자의 입을 봉할 수는 있다. 이렇듯 남성 성장 서사에서 '위안부' 피해자들은 윤정모의 소설처럼 "단지 피해자를 넘어 운동가로"[12] 진화하길 기대받거나 임철우의 소설에서처럼 '말할 수 없음'을 체현하는 피해자로 남기를 강요받는다. 이 양자택일 없이 당함의 비극을 재현하기 위해서는 성장하는 사생아나 책임지는 칸트적 주체를 넘어 '회색지대'[13]의 주체에 대한 사유가 더 필요할 것이다.

이 회색지대 앞에서 반성하는 죄의식의 주체는 속절없이 쓴다. 물론 이것은 숭고한 일이다. 그리고 이것이 임철우에게 문학과 작가란 무엇인가에 대한 답일 것이다. 그에게 문학은 '유해 발굴 작업'[14]에 다

---

[12] 최근 「김복동」(2019)을 비롯하여 '위안부' 피해자들을 다루는 영화를 소개하는 기사에는 항상 이런 문구가 등장한다. "피해자를 넘어 인권운동가로 진화한 ○○○ 할머니." 그리고 그해 광복절 문재인 대통령은 이렇게 말한다. "할머니들께서는 그러나 피해자로 머물지 않으셨다. 〔……〕 인권운동가가 되셨고 〔……〕 국민들과 함께하셨다." 피해자들은 '단지' 피해자가 아닌, 더욱 존엄한 존재가 되어야 한다.

[13] 프리모 레비, 『가라앉은 자와 구조된 자』, 이소영 옮김, 돌베개, 2014, pp. 39~80. 프리모 레비는 선과 악, 가해와 피해, 방어와 공격 등 기존의 경계들이 무너지는 수용소의 모습을 묘사하면서, 이 모호한 비식별 영역을 '회색지대'라 부른다.

[14] 김형중, 「임철우, 사도 바울」, 『연대기, 괴물』 해설, 문학과지성사, 2017, p. 364.

름 아니다. 비록 해골은 입을 열지 못하지만 기억은 올라온다. 해골의 말을 대신 들어야 하는 자, 떠돌아다니는 기억에 몸을 맡길 수밖에 없는 자, 기억의 회귀가 괴로워도 멈출 수 없는 자, 그가 임철우가 생각하는 작가다.

8

그렇다면 두 소설은 성장소설로서 서사를 완료한 것일까. 과연 하나의 사건이 작가의 의식 속에서 그의 의지대로 종료될 수 있는 것일까. 그렇지 않다. 사건에 대한 은폐와 발설은 무의식중에 동시에 일어나기 때문이다. 만약 극복하고 성장하고 서사화하려는 힘이 은폐의 시도라면, 거기에 담기지 못하고 흘러나오는 사건성의 압력은 일종의 발설이다. 그리고 이 은폐와 발설 사이의 왕복운동은 일종의 증상을 형성한다.

프로이트는 앞서 언급한 글에서 가족 로맨스가 "신경증 환자들뿐 아니라 재능 있는 사람들의 핵심적인 특징"[15]이라고 말한다. 알다시피 정신분석학에서 정상과 신경증은 질적으로 동일하고 다만 양적인 차이가 있을 뿐이다. 그런데 프로이트의 저 말은 재능 있는 사람들과 신경증 환자의 경우 질적만이 아니라 양적으로도 유사하다는 뜻이 된다. 그렇다면 (양적으로도 신경증 환자가 되기에 충분한 소질을 가진) 소설가가 승화를 통해 신경증의 발병을 피했다 해도 그의 작품에는 신경증적 징후들이 흔적처럼 남아 있을 가능성이 매우 크다. 본래 승화란 불완전하기 때문이다. 그렇다면 다시 소설로 돌아가보자. 소

---

15   지그문트 프로이트, 「가족 로맨스」, 『성욕에 관한 세 편의 에세이』, 김정일 옮김, 열린책들, 2004, p. 200.

설이 증상으로 지시하는 것, 은폐하고자 했으나 발설하고야 마는 것, 성장의 서사로도 해소되지 못하고 넘치는 것은 무엇일까. 소설 속 증상은 이 은폐와 발설 사이 어디쯤에 존재하는 것일까.

『에미 이름은 조센삐였다』에서 무엇보다 눈에 띄는 것은 전형적인 히스테리인 어머니의 '자궁병'이다. 프로이트에 따르면 히스테리 발작은 다음과 같은 방식으로 일어난다. 첫째, 콤플렉스가 연상되는 어떤 것과 접했을 때(어머니의 하혈은 아버지가 그녀를 '갈보'라고 욕했을 때 가장 극심했다), 둘째, 철저히 신체적·조직적으로(실제로 자궁통과 출혈이 발생한다), 셋째, 질환으로 도피하기 위해서(어머니는 돈 문제나 이웃과의 불화가 생기면 "신통술"처럼 어김없이 하혈한다), 넷째, 특정한 사람들을 향해 의식적으로(그래서 아들은 어머니의 하혈을 보고 '일부러' 하는 행위라고 생각하며 구역감을 느낀다).

애초 히스테리라는 병명이 고대 그리스어로 자궁hystera에서 유래했으니, 어머니의 자궁병은 임상적으로도 서사적 장치로도 프로이트가 설명하는 히스테리에 완벽히 부합한다. 그런데 어원에서도 짐작할 수 있듯이, 이 말에는 정념에 휘둘리는 나약한 여성이라는 전형적인 여성 표상과 이를 비하하는 남성의 시선이 전제되어 있다. 그렇다면 이번에는 히스테리에 대한 탈프로이트적 해석을 전개하는 두 명의 이론가, 라캉과 푸코를 통해 다른 읽기도 시도해보자.

라캉에게 세계는 실체로서의 세계가 아닌 담화로서의 세계다. 그는 담화의 형태를 분류하는 담화이론을 전개한 바 있는데, 여기서 '주인기표'의 모순과 균열을 폭로하는 담화가 '히스테리자의 담화'로 소개된다.[16] 푸코 역시 이 같은 담화이론과 연결 가능한 흥미로운 계보학적 분석을 보여주는데, 여기서도 19세기에 등장한 히스테리는 단순한

---

16 브루스 핑크, 『라캉의 주체』, 이상민 옮김, 도서출판b, 2018, pp. 240~49.

질병이 아닌, 정신의학 권력을 향한 광인들의 조롱이라는 대항 담론이 된다. 그는 히스테리가 정신의학이 구축한 체계를 그대로 따라 하는 방식으로 그 체계의 허위를 드러낸다고 말하는데,[17] 이를 라캉식으로 바꿔 말하자면 '주인기표의 방식으로 주인기표의 균열을 누설한다'고 말할 수 있다.

그렇다면 프로이트의 기준에서 히스테리인 어머니의 하혈은 라캉과 푸코가 이야기한 히스테리적 담화를 동반하는가. 대답은 '아니오'다. 오히려 이것은 하나의 클리셰, 내셔널리즘의 전형적 특징인 '불결과 정화의 의식'을 보여주는 상징적 장치로 기능한다. 그리고 이 같은 전형성은 개연성마저 쉽게 포기해버리는데, 이러한 예를 아들에게 굳이 밝히리라고 상상하기 어려운, 지나치게 그로테스크한 순이의 증언에서 확인할 수 있다.

> 정신대로 끌려가서 일본군 위안부 노릇을 한 여성들이면 대개 자궁 외벽이 이상한 형태로 변해 있게 마련이다. 〔……〕 그 외벽엔 살갗이 부풀어올라 꾸덕꾸덕 굳어 있거나 그 부푼 자리에 농포가 생겨 진물이 흐르는 사람도 있었다. 〔……〕 산거머리를 유인한 어떤 육질 냄새라도 풍겼던 때문일까. 새벽녘, 내 아랫도리에 뭔가 붙은 것 같기는 한데 전혀 불쾌하지는 않고 오히려 나쁜 피가 빠져 나가는 듯이 허전하면서도 시원한 느낌이 들었다. (『에미 이름은 조센삐였다』, pp. 174~75)

이처럼 자궁의 오염과 관련된 여성 수난사로서의 역사 서술에 대해, 권명아는 "남성적인 것은 복원되어야 할 민족적인 것의 표상"이

---

17 미셸 푸코, 『정신의학의 권력』, 오트르망 심세광·전혜리 옮김, 난장, 2014, pp. 201~203.

되고 "여성적인 것은 민족적인 것의 훼손된 표상"으로 재구성되는 '역사의 성화(性化)'라고 비판한다. 약자의 고통에 주목하는 듯 보이는 이 같은 서사가 실은 파시즘의 핵심인 "민족주의와 혈통주의, 정화에 대한 강박 관념"을 공유한다는 말이다.[18] 파시즘이 두려워하는 항시적인 적의 침투 가능성은 "침투 가능한 여성 신체"로 표상되고, 침투된 여성의 육체는 "더럽혀진 자궁"을 의미한다.[19] 정확히 여기에 어머니의 자궁병 증상이 자리한다. 여성의 수난에 분노하는 정의로운 시선 아래로 더러운 씨를 낳을 수 있는 더러운 자궁에 대한 진부한 공포가 은폐되어 있는 것이다.

이제 이 소설이 '위안부' 피해자들을 향한 선의에서 출발했음에도 불구하고 피해자의 아들이 성장하는 것에 더 연연하는 이유를 알 수 있을 것이다. 여성 육체의 수난을 통해 역사를 서술하는 무의식은 민족의 여성화에 대한 공포와 민족의 남성화에 대한 열망으로 얼룩져 있다. 이런 얼룩은 어머니의 하혈을 보고 역겨움을 느끼는 아들의 모습뿐 아니라 은인이자 연인을 바라보며 이렇게 묻는 그의 아버지에게서도 발견된다.

> 그렇게 많은 일본 남자를 상대하고 나면 여자의 그것도 일본식으로 변하는 게 아닐까?(『에미 이름은 조센삐였다』, p. 180)

어머니의 증언을 통해 밝혀진 것은 어머니의 '위안부' 경험뿐 아니라 아내를 향해 더러워서 같이 못 살겠다며 떠난 아버지의 졸렬함이다. 그런데 놀라운 것은 이런 아버지의 행동을 보며 분노했던 아들이

---

18 권명아, 「수난사 이야기로 다시 만들어진 민족 이야기」, 김철·신형기 외 엮음, 『문학 속의 파시즘』, 삼인, 2001, pp. 239~40.

19 같은 책, pp. 284~85.

어머니의 증언을 들은 후 일말의 고민도 없이 아버지를 이해하게 된다는 것이다. 하나의 전형성은 다른 전형성으로 연결된다. 소설은 겉보기에 어머니의 증언과 모자 간의 대화처럼 보이지만 실상은 부자 간의 대화, 더 나아가 세대를 달리하는 '민족-남성' 간의 화해와 협력의 대화라고 할 수 있다. 이들은 '위안부' 피해자의 몸을 빌려 민족의 여성화를 극복하고자 하는 '민족-남성'의 욕망을 대신 말하고 있는 셈이다.

> 그 치욕은 나 한 사람만 겪은 게 아니다. 그 당시 처녀였던 이 땅의 수십 만 여성이 다같이 겪은 난리였단다. 그러니까, 문하야, 넌 내 얘기를 듣고 슬퍼해서는 안된다. (『에미 이름은 조센삐였다』, p. 115)

> 일본 여성들은 좋아도 자살하고 슬퍼도, 분해도 자살하더라. 〔……〕 하지만 우리 조선 여자는 좀처럼 자살하는 법이 없었다. 고통을 겪을수록 더욱 강해졌지. (『에미 이름은 조센삐였다』, p. 143)

> 미쳐서 꽥꽥 소리치는 일본 여자….
> 나는 거기서도 혼이 빠지거나 미쳐 버린 조선 여자는 단 한 사람도 보지 못했다. (『에미 이름은 조센삐였다』, p. 160)

어머니의 증언에서 주어는 조선 여자이자 당시 처녀였던 이 땅의 수십만 여성이다. 이들을 '대표'하는 어머니의 말은 흡사 배우의 대사처럼 막힘 없고 매끄럽다. "확신에 찬 자연스러움이야말로 사람이 사건의 기억을 〔……〕 이야기할 때 결코 가질 수 없는 것"[20]이라는 말을

---

20 오카 마리, 『기억·서사』, 김병구 옮김, 소명출판, 2004, p. 133.

떠올려본다면, 역으로 어머니의 말에 부재하는 것이 무엇인지 쉽게 알 수 있다. 제대로 전달하고 싶은 마음과 제대로 전달되지 않을 것 같은 불안 사이의 낙차, 그리고 그 낙차 때문에 생기는 망설임과 반복 같은 것들. 그 '부자연스러움'이 어머니의 증언에는 부재한다. 과연 이 것을 증언이라 할 수 있을까. '증언의 영역'이 "망각에 대항해서 '학살의 기억을 잊지 말자'는 것이 아니라, 국민의 이야기와는 다른 이야기의 위치 설정을 말하는 것"[21]이라면, 이 수다스럽고 확신에 찬 전형적인 이야기가 '증언'인지 '국민의 이야기'인지는 쉽게 구별 가능하다. 나아가 이 서사가 누구를 위한 서사인지도 자명하다. '위안부'의 존재로 상처받은 '민족-남성'의 자존심 회복을 위한 서사인 셈이다.

9

그런데 실은 이 소설에는 한 명의 환자가 더 있다. 아들과 아내를 학대하며 자신의 삶조차 망가뜨린 남자 배광수. 만약 사건이 표상 불가능성을 포함한 유일무이한 어떤 것이라면, 결코 발생하기 이전으로 돌아갈 수 없는 회복 불가능성과 비가역성이라면, 여전히 사건 속에서 살아가는 존재는 문하의 어머니인 순이가 아니라 오히려 아버지인 배광수라 할 수 있다.

아이러니하게도 문하와 순이에게 사건은 '위안부' 경험이나 증언이 아니다. 이들이 완전히 이해할 수 없는 불투명한 사건적·유령적 존재는 바로 배광수다. 그는 결코 '배씨 가문의 자랑스러운 장손'이나 '고난을 극복한 강인한 한국인'이 되지 못했다. 그는 사건의 서사화에 실

---

21 도미야마 이치로, 『전장의 기억』, 임성모 옮김, 이산, 2002, p. 94.

패한 존재, 사건에 지배당한 존재이다. 순이가 '위안부'였음을 알면서도 그녀에게 청혼했고, 성실한 가장이고자 했으나 다급히 도망쳤으며, 다른 여자와 재혼했지만 평생 그녀에게도 위악적인 알코올중독자처럼 굴었던, 영원한 패잔병이다.

이렇게 사건의 심연을 극복 서사로 봉합치 못한 자, 기억과 고통을 새로운 주체성으로 교환하지 못한 자는 다른 이들에게 사건의 지워지지 않는 얼룩이 된다. 그는 타인들에게 여전히 사건을 상기시키고, 그 위에 세워진 바람직한 '현실'을 무너뜨린다. 만약 그를 이해해버리고 봉인하려는 자가 사건의 외부자라면, 역설적으로 '위안부' 피해 당사자인 어머니와 문학을 하는 아들이야말로 외부자가 되는 셈이다.

> 당신이 나를 용서할 수도, 잊을 수도 없는 그 갈등의 진짜 핵심은 바로 당신 자신의 피해의식이며 당신도 이제는 그것을 깨달아야 한다. 〔……〕 조선 어디에서나 흔히 불리는 순이… 지금 나는 순이고 죽을 때까지 순이다. 제발 잊자. 지난 일 따위는 씻은 듯이 잊어야 한다…. (『에미 이름은 조센삐였다』, p. 179)

자신을 "조선 어디에서나 흔히 불리는 순이"로 자리매김하고 전선을 벗어나기도 전에 '다 잊자'고 말할 수 있는 순이 같은 이들에게 배광수 같은 존재들은 사라져줘야 한다. 소설이 그의 죽음으로 시작되는 것은 이 때문이다. 문하와 순이는 그가 죽은 후에야 비로소 그를 이해할 수 있다. 실제의 그가 사라져야만 그는 민족의 고난을 겪고 피해의식으로 괴로워했던 아버지로, 우리가 강한 민족이 되도록 채찍질하는 중요한 계기로 이해받을 수 있다. 그래서 이 소설에서 정말 궁금해지는 것은 어머니의 증언보다 아버지의 증언이다. 기억에 대책 없이 당한 자, 사건의 망각에 실패한 자는 어떤 '현실'을 간직하고 있었을까.

　기실 전쟁 후 배광수 같은 이가 한둘이었을까. 사건의 미종결을 드러내는 거슬리는 존재들. 이들을 치우는 방법은 소설이 그러하듯이 그의 고유하고 어쩌면 무의미한 죽음을 웅장한 기념비 속 한자리에 들어앉히는 것이다. 실제 비루한 아버지의 자리에 웅장한 '민족-아버지'를 세우는 작업은 히스테리자의 담화와 멀어진다. 기억이 아닌 기념은 주인기표를 세우고 사건을 지운다. 문학은 때때로 그런 일을 한다. 그러나 항상 성공하지는 못한다. 완전히 드러내는 것이 불가능하듯이, 완전히 은폐하는 것도 불가능하기에. 언제나 배광수들은 악다구니 쓰는 추한 모습으로, 이해할 수 없는 폭력적인 기억으로 다시 튀어나올 것이다.

10

　『이별하는 골짜기』에도 히스테리는 등장한다. 기억을 잃고 매일 기차역에 나오는 순례 할머니의 행동. 임상적으로는 치매지만 문학적으로는 '불구의 모티프'다. 전후 소설에 빈번했던 신체적 불구 모티프에 대해 김형중은 "전쟁으로 인한 심리적 외상의 신체적 전환"이라고 분석한다. 다시 말해 "그들의 불구는 히스테리 증상의 문학적 변형"이다.[22] 그렇다면 '위안부' 피해자인 할머니의 치매 역시 히스테리의 문학적 변형으로 읽지 못할 이유는 없다. 신체적 불구가 아닌 치매, '기억의 불구'라는 점이 더욱 의미심장할 뿐이다. 아마도 이는 '위안부' 피해자들의 외상이 주로 기억의 문제와 밀접함을, 그리고 그녀들의

22　김형중, 『소설과 정신분석』, 푸른사상, 2003, p. 129.

기억에 이차적인 사회적 억압이 작용하고 있음을 암시할 것이다. 그렇다면 이 '치매-히스테리'는 무엇을 은폐하고 무엇을 발설하는가.

그녀는 커다란 가방을 끌고 다닌다. 그녀는 가방을 들고 매일 기차를 기다린다. 그러나 단 한 번도 기차를 타지 않는다. 그녀의 걸음은 그녀더러 어쩌다 "몸을 그리 험하게 굴"렸냐고 힐난하는 이웃의 앞을, 엄숙한 '수요집회'와 '훈도시를 찬 사내들의 포르노 영상'을 동시에 떠올리는 동수의 옆을, 그 말들의 세계를 무심히 지나친다. 어쩌면 그녀는 몸으로 말하는 중이지만, 그 말은 해석되지 않는다. 그녀의 행로는 "빛 한 줄기 닿지 않는 캄캄한 심해, 혹은 수천 길 지하 동굴의 밑바닥에 도사린 태초의 어둠 같기도 한" "텅 빈 두 눈 속"(「이별하는 골짜기」, p. 113)에서 해석을 거부한다.

소설 내내 순례 할머니는 그렇게 증상으로서 존재한다. 할머니의 영원한 맴돌이가 실재의 주변을 맴도는 '반복(오토마톤)'이라고 한다면, 그녀의 "동굴 같은 두 눈"을 마주하고 "까닭 모를 한기에 휩싸"(「이별하는 골짜기」, p. 125)여 고개를 돌려버린 동수는 찰나처럼 실재와 '조우(투케)'한 것이리라. 할머니는 그렇게 오토마톤과 투케 사이 어디쯤에서 유령처럼 존재한다. 실제로 소설은 할머니의 '위안부' 시절과 현재 시점을 교차하며 서술되는데, 한편에서는 여전히 소녀인 순례가 끌려가고, 도망치고, 유랑 중이고, 다른 한편에서는 할머니가 된 순례가 "태엽 감긴 오리 인형"(「이별하는 골짜기」, p. 110)처럼 앞만 보고 걷고 있다. 이 영원한 걸음은 두 세계를 잇는다. 순례는 결코 한쪽 세계에서만 존재할 수 없다. 그녀는 여전히 분열된 다중적 현실에서 그 사이 공간을 헤매고 있다. 소설 속 할머니의 증상은 바로 이 균열 위에 자리한다.

그러나 이 증상의 본질적인 양의성은 보다 메타적인 층위에서 작동한다. 작가 임철우는 앞서 언급한 것처럼 윤리적인 이유와 '말할 수 없음'에 대한 감각으로 순례 할머니의 목소리를 지우고, 그 대신 생존자 특유의 유령적이고 다중적인 현실을 형상화했다. 그런데 역설적이게도 바로 이 때문에 독자인 우리는 할머니의 과거를 할머니가 직접 들려주는 이야기보다 더 투명하고 생생하게 알 수 있다. 여기서 소설이라는 형식이 태생적으로 지닌 일종의 '전능함'이 드러난다.

소설의 전능한 말하기는 철저히 할머니의 '말할 수 없음'에 기대서 이루어진다. 할머니의 '위안부' 시절은 증상이 전혀 없는 영특한 소녀 순례의 시선에서 섬세하게 서술된다. 대신 말해버리지 않기 위해 할머니의 입이 치매로 봉해지자, 말을 초과하는 '순수한 사실'처럼 소녀 순례가 등장하고 더 완벽한 '대신 말하기'가 가능해지는 것이다. 소설은 할머니의 부정확한 기억 대신 소녀 순례에 대한 영화를 기꺼이 '상영'해준다. 결국 소설에서 할머니의 증상이 갖는 가장 중요한 의미는 고통의 '말할 수 없음'이지만, 그것의 기능과 역할은 소설이 마음껏 '대신 말하는 것'을 가능하게 해주는 것이다.

소설에서 할머니의 감정이 드러난 순간은 딱 한 번 존재하는데, 동수가 할머니의 커다란 가방을 들어주려 했을 때다. 할머니는 절박하고 사납게 거부하며 가방을 지킨다. 그러나 가방이라는 것은 다른 사람들이 몰래 열어볼 수 있는 것이고, 할머니의 보호자는 궁금해하는 동수에게 가방 속에 무엇이 들어 있는지 '대신' 알려준다. 그리고 그것은 가족에게 줄 선물로 '해석'된다. 그러나 이때 동수가 갖는 또 하나의 의문, 할머니가 기차로 가고자 하는 목적지가 어디인지는 그 누구도 알아내지 못한다. 할머니는 치매로 말을 할 수 없고, 서술자도 개입할 수 있는 상황이 아니기 때문이다.

바로 이 부분이, 이 소설에서 할머니의 말할 수 없는 증상이 '말할 수 없음'으로 머무는 유일한 순간이다.

최근 '위안부' 문제를 둘러싸고 벌어지는 갈등들은 두 소설의 왕복 운동이 여전히 끝나지 않았음을 보여준다. 선량하고 평범한 대다수의 사람들이 최대한 경제적으로 자신의 감정을 지출한다. 누군가는 타인의 고통 자체를 부인하고, 누군가는 이 기회를 틈타 성장을 희망한다. 타인을 외면하지 않으면서도, 그의 고통을 거름으로 한 '우리의 성장 서사' 쓰기를 거부하는 것은 결코 쉬운 일이 아니다. 마치 높은 파고의 바다에서 빠져나오지도 떠밀려가지도 않은 채 버티고 서 있는 것처럼.

그리고 문학 또한 이 높은 파도 앞에서 드물게 성공하고 자주 실패한다.

죄의식의 남성성, 해원의 여성성
─임철우론[1]

1

작가 임철우에게 '5월 광주'란 연원이 아닌 중력과도 같아서, '광주'를 향한 애도의 결산이라 평가받았던 소설 『봄날』(문학과지성사, 1997)을 쓰고도 그는 그 힘의 자장에서 벗어날 수 없었다. 『봄날』이후 쓴 네 편의 장편에서도 여전히 그는 광주를 포함한 '사건'의 기억과 고통, 증언의 문제에 천착해왔다. 나는 평생 역사적 외상과의 대면을 피하지 않았던 한 작가의 장구한 문학적 실천 앞에 진심으로 깊은 존중을 표한다. 그의 작품들은 사건과 문학을 둘러싼 윤리와 미학과 정치의 분투를 담은 아카이브로 손색이 없다. 그러나 동시에 나는 이처럼 반복되는 애도의 시도로 구성된 '임철우적 계열체'에는 '여성성'이 핵심 장치로써 작동하고 있다고 주장하려 한다. 타자의 고통에 대해 민감한 피부를 지닌 남성 주체가 타자의 고통을 재현하기 위해 어떻게 역설적으로 '여성'을 하나의 '기능'으로 타자화하는지, 타자를 위무하고 싶은 그의 선량한 욕망이 이 '여성-기능'을 통해 어떻게 성공하

---

[1] 이 글에서 다루는 임철우의 작품들은 다음과 같다. 『이별하는 골짜기』(문학과지성사, 2010), 『백년여관』(문학동네, 2017), 『돌담에 속삭이는』(현대문학, 2019), 『황천기담』(문학동네, 2014). 이 작품들을 인용할 경우 제목과 쪽수만 기록한다.

고 또 어떻게 실패하는지 드러내고자 한다.

무게는 누적에서 유래하므로, 나는 이 아카이브를 향한 해석의 갱신이야말로 "한국 문학의 사도 바울"[2] 임철우에 대한 예우가 되리라 믿으며 젠더 정치학적 비판을 수행한다. 그러니 누군가 나에게 왜 하필 '남류 작가'로 임철우를 다시 읽느냐고 묻는다면, 나는 그가 충분히 숙고할 만한 남성성의 한 전형을 보여주었기 때문이라고 답할 것이다. 그러나 그것이 앞으로의 세계에 상속되어야 할 덕목이나 가치일 수는 없음을 분명하게 덧붙일 것이다.

2

『이별하는 골짜기』부터 시작해보자. 이 작품은 '별어곡'이라는 시골 역을 중심으로 네 명의 사연을 다루는 연작소설이다. 그중 역사적 사건을 다루는 에피소드는 '위안부' 피해자 '순례' 할머니가 주인공인 세 번째 에피소드로 소녀 순례의 '위안소' 시절과 할머니가 된 현재의 모습을 교차 편집하여 보여주는 방식으로 구성되어 있다. 현재의 순례는 치매로 기억을 잃은 채 매일 기차역과 집 사이를 맴돌고 있다. 치매로 인해 그녀는 말의 세계에서 퇴출되었고, 그런 이유로 그녀의 과거는 (나머지 에피소드들과 달리) 회상이나 증언의 형태로 등장할 수 없다. 대신 그녀의 과거 '수난기'는 소설의 한쪽에서 영화처럼 생생하게 '상영'되는 중이다. 그런데 흥미롭게도, 이 같은 과거와 현재의 중첩은 당사자인 순례를 통해서는 이루어지지 않지만, 시를 쓰는 젊은 역무원 '동수'를 통해서는 이루어진다. 동수는 '노랑나비와 함께 등장

---

2 김형중, 「임철우, 사도 바울」, 『연대기 괴물』 해설, 문학과지성사, 2017, p. 371.

한 한복 차림의 소녀', 즉 순례 할머니의 '소녀 분신'과 두 번 마주치는데, 한 번은 그가 순례 할머니의 사연에 관심을 보이기 시작한 때였고, 나머지 한 번은 할머니의 사연을 모두 알게 된 후였다.

여기서 문제적인 것은 크게 두 가지다. 첫째, 말로 표상할 수 없는 사건을 다루는 작품에서 생존자의 분열적 현실을 드러내기 위해 유령적 존재가 등장하는 경우는 드물지 않은데, 이는 흔히 현재의 내가 '또 다른 나'와 마주함으로써 서사를 이끌어가기 위한 배치인 경우가 많다. 그런데 이 소설에서 소녀 순례의 모습은 관찰자인 동수에게만 보인다. '또 다른 순례'를 의미하는 소녀의 므습은 얼핏 순례의 도플갱어처럼 보이지만, 실은 순례 자신과는 조우하지 않는, 동수의 '남성적 환상'에 불과한 것이다. 둘째, 많은 작품에서 사건 당시 모습으로 등장하는 유령적 존재가 매력적인 소재로 사용되는 이유는 그것이 유발하는 모호하고 불안한 감정이 사건성 자체를 지시하기 때문인데, 여기서 소녀 순례의 모습은 완벽히 천진하고 화사한 모습으로 출현한다. 그렇다면 이 소설에서 소녀의 얼굴을 한 유령적 존재는 분열과 불안을 환기하는 상징계의 균열로서 등장한 것이 아니라 안도와 위안을 선사하며 사건을 종결하기 위한 상상적 봉합으로 요청되었다고 할 수 있다.

과거에서 막 빠져나온 듯 보이는 소녀 유령과 그녀를 유일하게 볼 수 있는 남성 주인공의 만남. 이 만남은 타자의 고통에 예민하게 감응하고 그 고통으로부터 타자를 구원해주고 싶은, '해원(解冤)과 재생의 욕망'을 지닌 선량한 시인 동수(와 우리)를 위해 이루어진다. 나비와 함께 등장하는 아름다운 소녀는 동수가 보고 싶은 순례, 훼손되지 않은 순결한 순례의 상징적 구현물이다. 낯설고 언캐니한 유령적 존재가 아닌, 동화적이고 신화적인 '소녀상'은 소설을 읽는 (그리고 쓰는) 이의 감정적 부담을 빠르게 경감해준다. 불멸하는 소녀의 아름다움을 통해 독자는 위안소의 잔혹한 현실에도 순례가 훼손되지 않았음을 확인하며 안도할 것이고, 소설의 애도와 재생의 욕망은 충족될 것이다. 그렇게 향수 어린 메타포로 삽입된 '소녀-환상'은 '위안부' 피해자의 '여성 수난사'를 동화와 신화의 미덕으로 치유하는 핵심적 장치로 기능한다. 그리고 바로 이런 이유로 소설에서 과거와 현재의 만남은 실제 순례 할머니가 아닌 아름다운 소녀-환상을 매개로 성사되어야만 하는 것이다.

물론 이렇게 망자와의 대화를 시도하는 초혼, 즉 "강신술 메타포"[3]는 고통스러운 사건과 기억을 다루는 작품에 드물지 않게 등장한다. 기억이 망각의 영역에 자연스럽게 자리 잡지 못하고 억압에 의해 강제로 배제되면 "기억의 회귀는 주술적 사건으로 형상화"[4]되기 쉽다. 비자발적·강박적으로 회귀하는 억압된 기억들이 일종의 유령 심상, 즉 원귀나 혼령의 형상으로 돌아오는 것이다. 그래서 역사적 외상이나 극심한 상실의 사건을 다루는 재현물에는 히스테리적 증상이나 분열적·유령적 현실이 등장하는 경우가 많다. 문제는 이것이 '신화'로 봉합되는 경우다. 언어 너머의 모호하고 낯선 비정형의 것들이 더 이상 유령적인 것이 아니라 신적인 것이 되어버릴 때, '유령과의 마주침'이라는 현재적 사건은 진혼 의식으로 승화되며 숭고함을 향해 달려가 버린다. 그렇다면 이런 질문이 가능하다. 역사적 외상을 겪은 피해자들에게 유령의 자리 대신 신의 자리를 주는 것, 이 같은 해원의 서사는 선의일까, 기만일까, 혹은 둘 다일까.

임철우는 『봄날』 이후 네 편의 장편에서 모두 '마술적 리얼리즘'을 선보인다. 『이별하는 골짜기』에서는 위안부 피해자를 다룬 연작에서

---

3   알라이다 아스만, 『기억의 공간―문화적 기억의 형식과 변천』, 변학수·채연숙 옮김, 그린비, 2011, p. 236.
4   같은 책, p. 234.

만 '작은 마술'을 구사하지만, 『백년여관』과 『황천기담』은 소설 전체에 걸쳐 본격적인 '한국형 마콘도'를 형상화하고 있고, 이 같은 특징은 최근작 『돌담에 속삭이는』까지 일관되게 유지된다. 이에 대해 평론가 서영채는 이 같은 "마술적 리얼리즘과 샤머니즘의 결합"은 "서사적 의장에 불과"할 뿐이고 임철우 소설의 "근본적인 동력"은 "죄의식을 통한 주체화가 이루어지는 과정"이라고 선을 긋는다.[5] 그리고 오랫동안 임철우의 문학적 궤적을 지지해온 평론가 김형중은 마술적 리얼리즘에 기반한 해원 서사가 자칫 '거짓 화해'가 될 수 있음을 지적하며, 이 점이 임철우가 '경계해야 할 지점'이라고 염려한다.[6]

그러나 과연 그럴까. 임철우에게 마술적 리얼리즘이 돌출된 문제점처럼 경계하고 벗어날 수 있는 지점이거나 서사적 의장에 불과한 것일까. 그것은 실은 경계조차 할 수 없는 부분, 그의 주체성과 작품 세계 전반에 얽힌 불가분하고 핵심적인 부분은 아닐까. 임철우의 마술적 리얼리즘(그리고 같은 시기 황석영, 이만교, 최인석, 천명관 등이 선보인 한국형 마술적 리얼리즘의 유행)은 단단한 고리로 연결되고 응결된, 내적인 필연성을 지닌 복잡한 구성물이 아닐까. 이렇게 반복적으로 등장하는 특정한 형식을 만나게 될 때 우리가 해야 할 일은 이것을 '경계 지점'이나 '서사적 의장'이라는 말로 주변화하는 대신 오히려 정중앙에 배치하여 그 중심점을 감싸고 있는 필연성의 고리들을 면밀히 살피는 일일 것이다.

---

5   서영채, 「두 죽음 사이의 윤리」, 『백년여관』 해설, 문학동네, 2017, p. 401~407.
6   김형중, 「한국형 마콘도들에 관한 몇 가지 단상」, 『변장한 유토피아』(랜덤하우스코리아, 2006), 「『봄날』 이후, 임철우 소설의 궤적에 대하여」, 『단 한 권의 책』(문학과지성사, 2008).

3

　『이별하는 골짜기』에서 소녀의 모습을 한 순례는 오직 동수의 눈에만 보인다. 다른 사람들은 볼 수 없는 것을 보는 자, 다른 사람들은 들을 수 없는 것을 듣는 자, 임철우의 소설에는 이처럼 남들보다 예민하고 특별한 감수성의 소유자들이 반드시 등장한다. 이 인물들은 서술자와 가까운 거리에서 화자의 역할을 하며 서사를 이끌어간다. 이들은 커다란 역사적 상실을 경험한 '죄의식의 주체'라는 점에서 유사한 주체성을 지니고 있고, 공교롭게도 항상 남성이며, 죄의식과 부채감 외 세속적인 희노애락이나 여타의 심리적 갈등은 겪지 않는, 매우 '공적인' 존재들이다. 역사적 외상을 겪은 사람들이 모여 사는 연극 무대 같은 공간과 그곳을 지켜보는 죄의식을 지닌 남성 주체. 이 두 쌍은 네 편의 소설에서 반복 재생된다.
　그래서 소설들은 구성상의 몇 가지 공통점을 지닌다. 첫째, 역사가 공간화된 장소, 다시 말해 황천이나 별어곡, 영도, 제주처럼 한국의 비극적인 근현대사를 상징하는 장소가 등장한다. 둘째, 이 장소들은 오랜 역사적 모순을 단일한 공간으로 압축하기 위해 동화적·설화적으로 구성된 폐쇄적인 무대로 존재한다. 셋째, 이 환상적인 무대가 '역사'이고 이 역사를 조망하고 사유하는 자가 남성인 데 반해 여성성의 영역은 역사의 외부나 초월로서 요청되거나 혹은 역사의 희생양으로 전형화된다. 넷째, 이처럼 동화적·설화적으로 구성된 '유사 역사 무대'에서 남성 서사의 환상성은 그 역사의 외부인 여성성과 쉽게 결부되며 여성 신화에 기대게 된다.
　이렇게 하여 한국 근현대사의 비극을 상징하는 공간에 역사의 주체인 남성과 역사의 외부인 여성이 맞물린 임철우 특유의 마술적 리얼리즘이 탄생한다. 그런데 이처럼 역사를 한 장소에 모아두는 시도에는 어딘가 수상쩍어 보이는 구석이 있다. 시간의 축을 굽히고 압착하여 한 공간에 집어넣기 위해 소설은 시간의 축을 대신할 어떤 동력, 예컨대 '마술적 힘'을 요구하기 쉽고, 일단 도입된 마술적 힘은 '해원의 유혹'을 뿌리치기 어렵기 때문이다. 그렇다면 이제부터 그 마술적 힘의 구체적 작동 원리와 정치적 효과가 무엇인지 살펴보자.

4

『백년여관』의 영도라는 섬에는 식민지, 6·25, 4·3, 보도연맹, 베트남전쟁, 5·18 등 근 백 년간의 역사적 비극으로 죽은 원혼들이 모여든다. 임철우를 연상시키는 소설가 '이진우' 역시 이 넋들의 목소리에 이끌려 이곳을 찾아온다. 소설은 이렇게 세대를 거듭하여 이어지는 역사적 고통과 원한을 유기적으로 배치한 후, 그 배치의 정점이자 결말에 해원을 위한 굿을 마련해둔다. 그런데 이 해원굿에서 원혼들에게 빙의된 무당 조천댁의 입에서 흘러나오는 소리는 결코 무수한 원혼들의 갈라지고 찢긴 절규와 원망 같은 것이 아니다. 영혼들은 "드넓은 바다 수면 가득히 들꽃처럼 무수히 피어난 작고 가느다란 불빛들"(p. 374)로 아름답게 떠올라 단일하고 신성한 목소리로 합일되고, 그 목소리는 우리로 하여금 역사의 절망적인 잔혹함 대신 비극적·신화적 숭고를 경험하도록 해준다.

> "오오, 사랑하는 이승의 자식들아. 이젠 그만 우리들을 놓아다오. 분노와 증오, 원한과 절망, 눈 부릅뜬 저주와 어둠의 시간들로부터 벗어나서, 아아 우리 이제는 그만 돌아가려 한다. 한과 슬픔과 미련을 모두 지워내고, 이 추악한 지상의 시간, 서럽고 아픈 과

거들을 이제 그만 너희에게 온전히 맡겨둔 채로, 저 영원한 망각의 세상에서 이제는 깊이 잠들고 싶다…… 가엾은 이승의 내 자식들아. 부디 너희의 눈물과 통곡과 슬픔을 이제는 거두어다오."
(p. 373)

여기, 빙의된 무당의 입에서 '어머니의 목소리'로 저주와 폭언이 튀어나온다면 그야말로 언캐니한 일이겠지만, 그녀의 입에서 흘러나오는 원혼들의 목소리는 시종일관 인자하고 장엄하여 우리를 안도하게 만든다. 무릇 애도라는 것은 사회적인 의미에서건 문학적인 의미에서건 죽은 자가 아닌 산 자를 위해 필요한 법. 망자들의 목소리를 듣고 남은 자들의 마음이 편안해지기 위해서는, 그들의 목소리가 결코 낯설거나 무섭거나 무엇보다 끈질겨서는 안 된다. 그들은 살아남은 우리를 '어머니의 목소리'로 따뜻하게 위로해줌과 동시에 자신의 해원을 알리고 깨끗이 사라져줘야 한다.

『돌담에 속삭이는』 역시 유사한 구조를 보여준다. 이번 마술의 무대는 4·3의 비극을 안고 있는 섬, 제주도. 소설은 평생 "스스로를 수의 입은 죄수"(p. 69)라고 여기며 살아온 '임철우적 인물'인 '한민우'가 제주로 이주하면서 시작된다. 그는 집 근처에서 4·3 당시 목숨을 잃고 지금까지 이승을 헤매고 있는 어린 영혼들의 존재를 느끼고, 그 영혼들이 '사천꽃밭섬'으로 무사히 떠나는 모습까지 지켜보게 된다.

이 작품은 『백년여관』보다 더 살뜰하게 우리의 감정을 '절약'하는 방식으로 역사적 사건을 재현한다. 예컨대, 학살 당시 불길 속에서 죽은 아이들은 "마치 잠에서 막 깨어난 것처럼" "입고 있던 옷 그대로, 몸엔 상처 하나도 없"(p. 131)이 깨어나 제주의 삼신할머니인 '폭낭할망'의 돌봄 속에 지내왔다. 비록 오랜 기다림에 지치기도 했지만, 마침내 그들을 찾으러 온 어머니의 영혼과 만나 "모든 꽃들이 사시사철

흐드러지게 피어나고, 온갖 새와 나비와 벌과 반딧불이 들이 날고, 귀여운 강아지와 고양이가 아이들이랑 온종일 함께 뒹굴고 뛰노는"(p. 199) 사천꽃밭으로 향하며 긴 기다림은 끝을 맺는다. 그리고 그 순간, 한민우는 아이들을 인도해가는 여인의 얼굴을 보며 이렇게 생각한다.

> 여인은 아이들을 그러안고 끝없이 눈물을 철철 흘리고 있다. 어느 순간 달빛에 드러난 여인의 얼굴을 보자마자 한은 또 한 번 놀란다. 어찌 된 영문인가. 그 얼굴은 바로 한의 어머니다. 〔……〕 한은 눈을 크게 뜨고 다시금 여인을 바라본다. 놀랍게도 그것은 이번엔 윤 씨 할망의 얼굴이 되었다가, 이내 또 다른 노인의 현무암 같은 검은 얼굴이 된다. 〔……〕 한은 뒤늦게 깨닫는다. 자식을 잃고 찾아 헤매는 이 세상 어미들의 얼굴은 모두가 똑같다는 사실을. (p. 214)

여성은 신이 될 수 있을지언정 개별적인 얼굴을 지닌 인간은 되지 못한다는, 이 남성 주체의 감격 어린 깨달음은 4·3이라는 역사적 비극을 '폭낭할망'과 '어머니' 같은 여성적 존재들을 통해 치유 가능한 것으로 치환해버린다. 모성 신화에 기댄 설화적, 아니 거의 동화적 설정으로 이루어진 이 해원 서사를 통해 죄의식에 가득 차 반성하는 남성은 역사를 사유하는 주체가 되고, 그 남성의 시야에 포착되어 추상화·신화화되는 '여성성'은 역사의 외부, '사천꽃밭' 같은 마술적 세계에 잔존한다.

황천을 무대로 한 연작소설 『황천기담』에서도 한 편[7]을 제외한 나

---

7   『황천기담』에서 가장 완성도 높은 에피소드는 「나비길」이라는 작품이다. 이 이야기에도 환상적인 요소는 있지만, 그 환상성이 주제를 뒷받침하며 시적으로 한정되어 있고, 두 주요 인물의 욕망과 갈등은 매우 구체적이고 '인간적'이다. 임철우의 애정 서사에, 유사한 수준으로 사유가 가

머지 네 편이 모두 여성 신화를 다루고 있다. 그중 특히 「월녀」는 서로 다른 이유로 고통을 겪고 있는 일곱 명의 남성이 월녀에게 위로받고 다시 살아갈 힘을 얻는 이야기로, 신화적인 모성을 더할 나위 없이 찬양한다. 그러나 지나치게 과장된 이 모성은 어쩐지 수상쩍다. 밤이 이슥해지자 흥분과 기대를 안고 남의 눈을 피해 월녀의 집에 찾아가는 일곱 명의 모습은 흡사 성매매 업소에 몰래 드나드는 남자들처럼 어딘가 음험해 보인다.

"밤이 이슥해지자, 이윽고 사내들이 월녀의 집으로 하나둘 모여들기 시작한다."(p. 206) 사내들은 우물에 끝없이 차오르는 '우유빛 샘물'로 목욕을 하고, 알 수 없는 향기로 가득한 월녀의 방으로 들어간다. "사내들의 몸과 감각과 의식이 차츰 몽롱하게 풀려간다. 오랫동안 얼어붙었던 그들의 가슴도 소리 없이 녹기 시작한다. 〔……〕 어느 사이 사내들의 눈에서 맑은 눈물이 방울방울 흘러내린다."(p. 209) 성적인 함의로 읽을 수밖에 없는 문장들을 지나, 소설은 다 큰 사내들이 월녀의 저 거대한 '네 개의 유방'에 매달려 젖을 먹는 장면에서 절정을 이룬다. "흐벅진 달덩이 하나를 통째로 차지한 천씨는 품에 안긴 채 서럽게 흐느끼기 시작한다."(p. 223) 그리고 그들에게 젖을 물리며 월녀는 이렇게 말한다.

> 그래, 울어라. 마음껏 울어버려라. 울어야만 산다. 가슴속 돌멩이, 목구멍의 핏덩이를 토해내야만 산다…… 내 가엾은 자식들아. 슬픔이 너의 힘이다. 분노와 한이 너의 힘이다. 〔……〕 한사코 포기하지 말고, 어떻게든 이 끔찍스러운 생을 살아내거라…… (p. 224)

능한 두 명의 인물이 등장하는 경우는 극히 드문데, 이것이 가능한 이유가 두 인물 모두 남성인 일종의 퀴어 서사이기 때문이라는 점은 매우 아이러니하다. 여기 실린 연작 중 유일하게 '여자 없는 세계'인 것이다.

남성에게 여성이 어머니(성녀) 아니면 창녀로 존재한다는 말이 사실이라면, 여기 묘사된 월녀의 모습은 그 두 가지가 합쳐진 결여 없는 '완벽한 여성성'이다. 그녀는 평생 '처녀의 몸'이었기에 결코 창녀일 수 없지만, 젊은 시절 '색시집'을 운영했고 주기적으로 "환희와 고통이 뒤섞인 열기에 휩싸여"(p. 174) 젖과 활력이 부풀어 오르는 성적인 존재다. 모성과 섹슈얼리티의 완벽한 결합. 이 결합이 얼마나 비현실적인지는, 소설에 묘사된 일곱 명의 남성이 지닌 상처가 모두 역사와 현실에서 유래한 자세하고도 구체적인 것임에 반해, 월녀의 삶에 관한 모든 것은 설화적이고 신화적인 것들뿐이라는 데서도 쉽게 짐작할 수 있다. 월녀는 한국 근현대사의 '백 년 동안의 고독'에 대한 알레고리이자 그 치유를 위한 여성성의 상징이다.

> 포만감에 젖은 사내들은 쌔근쌔근 숨소리를 내며 어느새 곤히 잠들어 있다. 평생 단 한 번도 맛본 적 없는 평화와 안식의 품속에, 그들은 행복한 젖먹이가 되어 포근히 안겨 있다. (p. 224)

남성에게는 위안과 숭고를 제공할지 모르는 이 장면이 여성 독자에게는 그저 징그러울 공산이 큰데, 더욱 안타까운 점은 이렇게 '젖을 먹여 남성을 구원하는 여성상'이 가장 마술적인 『황천기담』에만 예외적으로 존재하는 것이 아니라는 점이다. 네 편의 소설에서 이 모티프는 반복적으로 등장한다. 환상성이 거의 없는 『이별하는 골짜기』의 결말 부분에서도 울고 있는 동수에게 아이도 키워보지 않은 이웃 여자는 젖을 물리며 읊조린다. "사랑하는 내 아들……"(p. 296) 『백년여관』에서도 보도연맹 사건으로 가족을 잃은 요안이 발작을 하자 무당 조천댁은 젖을 물린다. 놀랍게도 할머니인 조천댁의 가슴은 "삼십대 여인의 그것처럼 놀랍도록 탄력 있고 눈부시게 뽀"얗고, 그 "조천댁의 뽀얀 가슴에 얼굴을 묻"(p. 333)자 요안의 "맑은 눈물이 그치지 않고 철철 흘러내린다"(p. 334).

이처럼 임철우의 세계에서 신적인 것은 철저히 여성의 성적인 육체에 기반하여 구성된다. 이 세계에서 여성성은 "천지에 가득한 슬픔과 고통과 절망을 오붓이 한데 감싸안고서 고요히 잠재워주던 그 한없이 부드럽고 풍요로운 모성의 젖가슴"(p. 334)으로 존재한다. 그리고 이 성스러운 (동시에 젊고 아름다운) 육체는 남성에게 카타르시스를 안겨주며 다시 한번 그가 험한 현실 세계를 살아갈 수 있는 기원과 위안이 되어준다. 여성은 '육체화'되는 동시에 '신화화'되며, 신성하게 그러나 신속하게 역사 외부로 축출된다.

5

문학연구자 오혜진은 중견 남성 소설가들이 시도하는 '장편 남성 서사'를 분석하는 글에서 여성혐오의 혐의가 거의 기정사실화된 김훈의 소설에 대해 이렇게 말한다.

> 인간과 인간이 이룬 모든 것들을 형이하학적·유물론적 세계로 끌어내려 그것의 물질성을 직시하게 하는 것이 김훈 세계관의 중핵이라면, 주목할 것은 이때의 '인간'이 여전히 '남성'만을 지시하는 성별화된 기호라는 점이다. 〔……〕 '난민 공동체'의 표상은 김훈 소설 전반을 통어하는 지배적 심상이다. 그런데 이때 더 섬세하게 포착돼야 하는 것은 이 '난민'의 형상에서 작동하는 성별 위계다.[8]

어떤 세계도, 심지어 난민화된 세계조차도 난민화의 힘은 동등하게 작용하지 않는다. '우리는 모두 난민이다' 따위의 말이 실제로는 어떠한 정치적 함의도 지니지 못하는 것처럼, 모두가 난민화된 세계에서 중요한 것은 그 세계의 난민화를 인식하고 사유할 줄 아는 자가 누구냐는 것이다. 김훈의 세계에서 자신이 난민임을 자조적으로 인정하고 비감에 젖는 자는 남성이다. 그리고 여성은 "모든 상황에 즉물적·본능적으로 반응하면서도 끝내 자신의 행위가 지니는 의미에 대해 사유할 기회를 얻지 못함으로써 동물화·비체화"된다. 이것은 단지 남성중심적인 사고보다 더 큰 혐의를 지닌다. 오혜진에 따르면, 이렇게 성별화된 재현 문법은 "서사적 주체의 자격, 나아가 역사를 '역사화'하는 자의 자격"과 관련된다.[9]

김훈과 임철우의 소설이 보여주는 미학적·정치적 결의 차이에도 불구하고 두 작품은 공통점을 지닌다. 두 세계에서, 비감에 젖어 있는 예민한 남성 주체와 달리 여성은 철저히 타자화된다. 세계의 압도적인 폭력성에 대해 탁월한 감각을 지닌 두 작가는 '타자화된 여성'과 '주체화된 남성' 사이의 구체적 권력관계에 대해서는 탁월하게 빈곤한 고찰을 보여준다. 김훈의 소설처럼 늘 "'피, 땀, 젖' 같은 '비체'로 환원"되고 "'냄새'라는 후각적 심상을 통해서만 재현"[10]되는 '암컷'이든, 임철우의 소설처럼 거대한 "비밀스런 네 개의 유방"으로 젖을 뿜고 "꿈결처럼 매혹적인 향기"(p. 223)를 발산하는 '여신'이든, 둘 중 누구도 역사의 내부로 들어올 수 있는 자는 없다. 다만 그렇게 몸체로 환원된 여성의

---

8 오혜진, 「누가 민주주의를 노래하는가—신자유주의시대 이후 한국 장편 남성서사의 문법과 정치적 임계」, 『지극히 문학적인 취향』, 오월의봄, 2019, p. 159.

9 같은 책, pp. 161~62.

10 같은 책, p. 164.

반대 항으로 그 육체성을 사유하는 남성만이 주체화된다.

물론 임철우의 세계에서 이루어지는 여성의 비체화는 김훈의 경우와 달리 신적이고 성스럽다. 임철우의 여성은 '비체를 초월하는 비체'가 되고 남성은 그 앞에서 복잡한 심사의 눈물을 흘린다. 그러나 그렇다고 해서 비체가 역사 속으로 들어갈 여지가 존재하는 것은 아니다. 즉물적이든 숭고하든 간에 여성은 역사의 바깥에 남겨지고, 역사의 바깥에 정치학은 존재하지 않는다. 그에 반해 반성과 회한과 결심을 담은 남성의 눈물은 말과 정치의 영역, 비루하지만 인간의 것인 역사에 속한다. 비록 같은 역사의 피해자라 할지라도 누군가는 역사의 외부로 축출되고 누군가는 '비극적 상속자'로서 성장 서사를 쓰게 되는 것이다. 그리하여 울고 있는 '아들들의 역사'에서 여성을 향한 이상화와 혐오는 동시에 발생한다.

여기서 또 하나 주목할 점은, "어머니의 권력과 여성의 권력은 정반대"라는 점에 있다. 한 명의 여성이라기보다 아들의 대리인이나 후견인으로 존재하는 '어머니'에 대한 드높은 존경심은 그에 반비례하여 실제 여성에 대한 섬세한 인식을 불가능하게 만든다.[11] 임철우의 소설에서 남성 인물들은 항상 어머니의 젖을 먹어야 하는 '우는 남자'로 그려지고, 모성 신화에 속하지 않는 여성 인물들은 늘 흐릿하고 평면적으로 재현되는 이유가 바로 이 때문이다. 네 편의 소설에서 '아들-남성'은 늘 아버지가 부재하고, 아버지가 부재하게 된 원인인 한국 근현대사의 비극까지 떠안은 죄의식의 주체들이다. 그들에게 모성은 상처받은 '아들-남성'을 위로해주는 신성하고 숭고한 것이다. 그리고 이러한 도식에 해당하지 않는 실제 여성의 얼굴은 자연스럽게 지워진다. 여신이 아닌 여성이 역사에 등장하는 순간은 전형적인 피해자의 표상

---

11 정희진, 『페미니즘의 도전』, 교양인, 2005, p. 70.

으로 '인격화된 고통'을 형상화할 때뿐이다.

이처럼 말의 세계에서 추방당한 '피해자다운 피해자'는 순례 할머니뿐만이 아니다. 『백년여관』의 경우, 1980년 5월을 경험한 남성 인물들이 폭력의 기억과 심리적 외상으로 괴로워하면서도 광주의 진실을 알리는 문화 운동을 하거나 작품을 쓰는 등 치열한 죄의식의 주체로 거듭나는 동안(이진우, 케이), 여성 인물들은 시골 마을로 내려가 몇 사람 찾아오지 않는 제과점을 하며 '잊힌 여자'처럼 처연하게 살거나(순옥), 성폭력을 당한 후 아예 정신을 놓아버린다(은희). 특히 피를 연상시키는 '빨간색'에만 집착하며 말과 기억을 모두 잃어버린 성폭력 피해자 은희의 모습은 '기차표'와 '가방'에만 집착하는 '위안부' 피해자 순례 할머니의 모습과 쉽게 겹쳐진다. 그녀들은 고통 속에서 텅 빈 삶을 감내하는 모습을 보여줘야 한다.

그러니 임철우의 세계에서 여성은 두 가지 유형으로만 존재한다. 하나는 신화적이고 마술적인 모성으로, 다른 하나는 피해자로서의 여성으로. 물론 이렇게 알레고리나 상징, 전형으로 등장하는 여성들은 그 어느 쪽도 구체적인 개인이 아니다. 그래서 실은, 이 두 유형의 여성성이 반드시 분리될 필요도 없다. 종종 후자의 여성성은 전자의 여성성으로 승격되기도 한다. 그런데 짐작할 수 있다시피 모든 피해자로서의 여성이 여신으로 승격될 수 있는 것은 아니다. 여성 피해자는 모성의 유무에 따라 다시 두 가지로 나뉜다. 순례나 은희처럼 모성과는 무관한 성폭력 피해자거나 '아이를 잃어버린 어머니'. 여기서 성폭력 피해자는 스스로 발화할 수 없는 피해자의 형상에 머물 수밖에 없지만, 아이를 잃은 어머니에게는 조금 다른 가능성이 주어진다.

네 편의 소설에서 여성이 남성처럼 죄의식을 갖게 되는 방법은 오직 하나, 아이를 잃는 것이다. 여성이 아이를 잃으면, 이후 그녀의 전생(全生)은 어떻게든 다시 아이를 찾는 일로 채워진다. 그녀들은 『백년여관』의 화북댁처럼 자식을 따라 죽어버릴 수도 있고, 『이별하는 골짜기』의 빵집 여자와 『백년여관』의 미자처럼 죽은 자식을 대신할 '아들-남성'을 구원하며 수도승처럼 살아갈 수도 있다. 그러나 고통스러운 삶을 향해 그 의미를 따져 묻는 남성들과 달리 자식을 지키지 못한 여성들은 죄의식을 갖기는 하지만 '내면'이 있다고는, 다시 말해 죄의식의 주체가 되었다고 말하기는 어렵다. 그녀들은 본능처럼 모성이 이끄는 대로 살게 된다. 그러다 누군가는 『백년여관』의 설분네나 『돌담에 속삭이는』의 여인처럼 죽어서라도 자식들의 영혼을 찾아 인도할 신적인 것이 되기도 한다. 마치 '사물'도 오래되면 영기가 깃들게 된다는 전설처럼.

물론 임철우의 소설에는 종종 숭고한 모성과는 사뭇 다른 정력적인 여신이 등장하기도 한다. 그리고 이를 향해 여성주의적 해석을 시도할 수도 있다. 대표적으로 『황천기담』의 홍녀와 그 모계의 여걸들이 그런 존재다. 그러나 홍녀가 이렇게 남성성의 범주로 인정되는 전형적인 특징들(큰 체격, 막강한 힘)을 전유함으로써 '양성성'이라는 '신화성'을 얻게 되는 것이 과연 여성주의적이거나 해방적이라 말할 수 있는지는 의문이다. 다른 성의 전형적 성별 범주를 모방하고 전유하는 전략은 성별 범주를 만들어낸 기존 세계관의 권위를 재확인하는 결과를 가져올 수 있기 때문이다.[12] 이분법적으로 성별화된 세계에서 여성성과 남성성을 둘러싼 패러디와 전유는 가치 있는 전략이다. 그러나 역설적으로 이 전략은 기존 세계를 '자연화'된 세계로 승인해주는 효과를 가져온다. 본래의 이분법적 세계가 확고하고 자연화되어 있어야만, 그것을 전유하는 연행의 전략이 파격적인 힘을 가질 수 있다. 그래서 홍녀와 같은 설화적 여신의 재현은 실제 현실 속 여성을

---

12 리타 펠스키, 「남성성의 은폐—글쓰기의 여성화」, 『근대성의 젠더』, 김영찬·심진경 옮김, 자음과모음, 2010, p. 188.

기존의 통속적 방식처럼 '가련한 여성' 형상 속에 철저히 가둬두어야만 가능해진다.

결국 소설들의 결말은 놀랍도록 유사해진다. 해원을 위해 마련된 무대, 그곳에서 한바탕 펼쳐지는 여성적 마술들, 마지막 큰 마술을 선보이고 세계에서 사라지는 여신들. 그 순간 이 세계에 남겨진, 그러나 정확히 말해 이 세계를 차지한 남성들의 표정. 결말의 장면들은 대체로 이렇다. '모든 어미의 얼굴'을 지닌 여인이 아이들의 영혼을 데리고 사천꽃밭섬으로 떠나자 "한의 눈에서 눈물이 주르르 흘러내린다. 한번 터진 눈물은 멈추지 않고 끝없이 솟아 나온다"(『돌담에 속삭이는』, p. 220). 조천댁의 해원굿으로 바닷속에 가라앉아 있던 무수한 원혼들이 발광체가 되어 날아간 순간, "누구도 입을 열지 않았다. 저마다 오래도록 막혀 있던 눈물이 뺨 위로 흘러넘쳤다"(『백년여관』, p. 374). 죽음을 앞두고 마지막으로 젖을 먹여준 월녀의 방에 고요히 불이 꺼지는 모습을 바라보며 "일곱 명의 사내는 각기 주먹으로 눈물을 훔치"다가 "어둡고 쓸쓸한 인간의 땅"(『황천기담』, p. 232)을 향해 터벅터벅 내려가기 시작한다. 에피소드마다 등장하는 '모성 마술'과 '아들-남성의 눈물' 쌍은 전체 소설에서 확대 재생되고, 내부에 배치된 다양한 이질성은 단일한 화음으로 수렴되어 세계에 유장하게 울려퍼진다.

이렇게 네 권의 소설에 걸쳐 수차례 반복되는 해원의 시도는 역사적 비극으로 고통받은 사람들을 위무하고 구원하고 싶은 재현 주체의 갈급한 욕망에서 기인했을 것이다. 그러나 아이러니하게도 이 과정에서 가장 혜택을 얻은 자는 젖을 먹고 눈물을 흘린 후 현실 세계를 살아갈 용기를 얻은 아들들이다. 그렇게 남성 주체는 모성으로 표상된 상상적 세계에서 벗어나 역사적·상징적 세계로 나아간다. 더 이상 여신들이 존재하지 않는 '어둡고 쓸쓸한 인간의 땅'에서 살아갈 아들들의 삶은 고단하겠지만, 바로 그 고단함이 역사의 주체인 남성의 멍에이자 힘인 것이다. 이 환상적인 임철우의 세계에서 '역사'는 '여성 피해자'를 만들고 동시에 '여성성'에 의해 구원받는다.

6

마르케스의 마술적 리얼리즘을 향해 프랑코 모레티는 "어떤 사건을 신화적 형태로 다시 쓰는 것은 이것을 의미 있게 만드는 것과 마찬가지"라고 지적하며 그것이 지닌 이데올로기적 혐의를 경계한다. 그의 말대로 이제는 누구나 한 번쯤 마콘도에 살아보고 싶을 것이다. 그러나 그러한 마콘도의 매력에도 불구하고 여전히 그곳에 상처와 착취는 남아 있을 것이다. "하지만 어느 쪽이나 (신화적으로) 이해할 수 있게 되며, 심지어 아주 익숙"해질 것이다.[13] 이러한 마술적 리얼리즘을 향한 모레티의 의심은 '홀로코스트'라는 명명에 대한 아감벤의 거부와 그 이유가 일치한다. '번제'를 뜻하는, 본래 종교적 의미를 지닌 홀로코스트라는 이름으로 학살을 지칭하는 것은 "'무의미한' 죽음을 정당화하려는, 즉 도무지 납득이 가지 않는 것에 의미를 되돌려주려는 무의식적 요구로부터 비롯"[14]되기 때문이다. 무의미한 사건에 직면했기에 그 사건으로부터 여하한 의미라도 발견하고 싶은 절박한 감정은 타당하다. 그러나 우리가 살아가며 흔히 시도하는 '삶의 서사화'에 충분한 이점이 있는 것처럼, 사건 자체를 '재주술화'함으로써 얻게 되는 의미는 숭고의 표정을 한 '이득'에 가까울 것이다.

13 프랑코 모레티, 『근대의 서사시』, 조형준 옮김, 새물결, 2001, pp. 379~80.
14 조르조 아감벤, 『아우슈비츠의 남은 자들』, 정문영 옮김, 새물결, 2012, p. 39.

물론 사건을 서사화하는 것이 주체가 사건을 기억하는 것이 아니라 기억이 주체를 덮쳐오는 상황에서 생존자가 살아남기 위해 갈망하는 욕망이자 형식이라면, 우리는 임철우가 80년 광주를 기록한 『봄날』 이후 계속해서 반복하는 이 시도들의 기원을 충분히 짐작할 수 있다. 그리고 그런 의미에서 그의 작품들은 일종의 아카이브가 된다. 이 아카이브는 사건의 고통을 목격한 죄의식의 남성 주체가 얼마나 절실히 그것의 재현을 자신의 사명으로 삼았는지, 그리고 그 과정에서 어떻게 성별화된 테크놀로지를 사용하여 사건을 의미화했는지 보여준다. 역사를 남성의 것으로 바라보는 죄의식의 남성 주체는 여신으로 재현할 수 없는 사건을 겪은 여성에게 피해자의 정체성밖에 줄 수 없었다. 여성이 아이를 낳은 것으로 설정된 경우 그녀의 여성성은 모성 신화로 전환될 수 있었지만, 그렇지 않은 경우 그녀에게 남은 자리는 영원한 피해자의 자리밖에 없었다.

여성을, 그것도 성폭력을 겪은 여성을 철저히 피해자로 재현하는 것 외에 다른 방법을 알지 못했던 선량한 작가 임철우가 그녀들을 위해 해줄 수 있었던 일은 아름다운 마술을 삽입하는 일이었을 것이다. 그리하여 '위안부' 피해자인 순례는 노랑나비와 함께 소녀의 형상으로 동화처럼 출현했고, 세계는 환상적인 마콘도가 되었다. 그러나 동시에 그렇기에 순례는 끝끝내 한 명의 사람으로 등장할 수 없었고, 소설은 여성을 아름답게 박제할 수 있었다.

임철우는 타자의 고통에 눈감을 수 없었다. 임철우는 여성을 철저히 타자화했다. 두 문장이 동시에 성립할 수 없는 것은 아니다.

증언의 거처
─김숨론[1]

1

이한열의 운동화를 둘러싸고 '복원 (불)가능성'에 대해 집요하게 묻고 있는 소설 『L의 운동화』는 자신의 피로 두상을 만든 조각가 마크 퀸의 일화로 시작된다. 그리고 "마크 퀸이 죽은 뒤 저 작품이 망실(亡失)될 경우, 저것을 어떻게 복원할 것인가"(『L의 운동화』, p. 12) 묻는 복원가의 모습은 당시 첫번째 '위안부'[2] 증언소설인 『한 명』을 집필하고 있었던, 그래서 '재현 (불)가능성'에 대해 고민할 수밖에 없었던 작가 김숨의 일화로 읽기에 충분해 보인다.

소설에는 '복원의 원칙'을 측정하기 위한 두 축의 예시들이 등장한

---

[1] 이 글에서 다루는 김숨의 작품들은 다음과 같다. 『바느질하는 여자』(문학과지성사, 2015), 『L의 운동화』(민음사, 2016), 『한 명』(현대문학, 2016), 『흐르는 편지』(현대문학, 2018), 『군인이 천사가 되기를 바란 적 있는가』(현대문학, 2018), 『숭고함은 나를 들여다보는 거야』(현대문학, 2018). 인용할 경우 본문에 작품 제목과 쪽수만 표기한다.

[2] 현재 '위안부' 피해를 증언한 피해자/생존자들에 대한 공식적 명명은 '위안부 피해자 ○○○ 할머니'이다. 줄여서 '○○○ 할머니'라고도 부른다. 실제로 상대를 대면하는 상황이 아닌 공적인 명명에서도 '할머니'라는 호칭을 생략하지 않는 것은, '위안부' 문제를 둘러싼 우리 사회의 연대 의식을 보여주는 동시에, 끝내 '민족'과 '여성'으로서의 호명을 포기하지 않는 정치적 무의식을 드러낸다고 본다. 이에 대한 본격적인 논의는 이 글의 범위를 초과하므로, 다만 여기서는 '할머니'라는 호칭 대신 상황에 따라 '피해자'나 '생존자'라는 명칭을 사용한다.

다. 한편에는 뒤샹, 요셉 보이스, 렘브란트 등 작가의 의도대로 제작된 예술 작품들이 있고, 다른 한편에는 이한열의 운동화를 비롯한 미선이·효순이의 신발, 아우슈비츠의 신발 등 역사적 죽음을 증언하는 유물들과 제주 4·3 사건 피해자, 일본군 '위안부' 피해자 등 사라져가는 생존자들의 증언이 있다. 이 두 축을 중심으로 소설 내내 반복되는 복원과 재현의 미묘한 변주와 실험은 이 소설이 뒤이어 이어질 네 권의 '위안부' 증언소설의 프롤로그임을 암시한다. 작가 김숨은 사건과 증언을 미학적 형식인 소설로 재현하기 위해 『L의 운동화』에서 균형추를 다듬고 있었던 것이다.

> L의 운동화를 최대한 복원할 것인가?
> 최소한의 보존 처리만 할 것인가?
> 아무것도 하지 않고 내버려 둘 것인가?
> 레플리카를 만들 것인가?(『L의 운동화』, p. 21)

그리하여 평론가 김형중은 김숨의 '위안부' 증언소설을 '하나의 기획'으로 조망하는 글에서 그 기획을 4부작이 아닌, 『L의 운동화』를 포함한 5부작으로 꼽는다. 『L의 운동화』의 복원 원칙들이 뒤이어 나온 두 편의 '위안부' 증언소설에 적용되었음에 주목한 것이다. 316개의 증언들이 변형되지 않은 채 각주로 붙어 있는 소설 『한 명』은 '최소 복원', 일인칭 시점의 서술로 내밀한 감정이입을 유도하는 전통적인 소설 『흐르는 편지』는 '최대 복원'에 해당하고, 최소 복원과 최대 복원 이후 완성된 두 편의 증언집 『군인이 천사가 되기를 바란 적 있는가』와 『숭고함은 나를 들여다보는 거야』는 아우슈비츠 이후 저 아도르노의 질문에 대한 응답처럼 '재현 불가능성' 자체를 재현하고 있다는 것이다.[3]

동의하면서도 한 가지 질문은 남는다. 그렇게 '위안부' 증언소설을 쓰기에 앞서 『L의 운동화』에서 재현의 윤리와 한계선이 측정되었다면, 재현의 형식 자체는 어디서 시험되고 완성되었을까. '최소 복원'과 '최대 복원' 그리고 '재현 불가능성의 재현'까지 모두 '증언의 소설적 재현'에 관한 실험임은 틀림없지만, 재현의 '형식' 자체에 관한 탐구는 아니다. 『L의 운동화』에서 작가 김숨이 보여준 깊이와 끈기를 가늠해본다면, 그 이전에 반드시 형식을 위한 집요한 시도가 있었을 것이다. 재현의 윤리와 원칙보다 더 근본적인 재현 형식, 김숨이 대상 세계를 재현하는 방식 자체를 둘러싼.

2

어쩌면 이곳일지도 모른다. 여기, 김숨이 매혹된 세계가 있다. 김숨 특유의 뜨거운 고요함이 압도적으로 완성된 곳. '위안부' 증언소설과 하나의 기획으로 묶일 만큼 자의식이 강한 프롤로그는 아니지만 『L의 운동화』를 예고하는 듯한 접점들[4]이 산재한 곳. 윤리의 시험장이었던 『L의 운동화』에 앞서 형식의 시험장이었던 곳.

들기름에 볶다가 쌀뜨물을 붓고 끓인 무국은 명주를, 된장에 무친 무청시래기나물은 광목을, 데쳐 조선간장에 무친 배추는 무

3　김형중, 「고통은 재현될 수 있다」, 『문학과사회』 2018년 겨울호, pp. 219~27.
4　『바느질하는 여자』와 『L의 운동화』, 두 소설의 중첩된 지점들을 비교해보는 것도 재밌는 독법이 될 터지만 이 글에서는 '위안부' 증언소설에 집중하기 위해 자세히 다루지 않는다. 그러나 간단히 보아도 두 소설은 유사한 모티프를 갖는다. 밀폐된 공간에서 작업을 한 땀 한 땀 수행하는 장인의 치열함이라든지, 그 삶 속에 담긴 양가감정과 불능의 요소들을 '마비된 손'을 통해 보여주는 주요 인물, 소설 내 비중은 다르지만 '복원'이라는 소재 등이 그것이다.

명을 닮았다. 갓 지은 쌀밥에 미리 삶아 식혀둔 보리를 섞은 밥은 광목을. 〔……〕 금택은 명주를 닮은 음식을 좋아했지만, 화순은 양단을 닮은 음식을 좋아했다. 어머니는 무명을 닮은 음식을.(『바느질하는 여자』, pp. 21~22)

우물집 기와지붕은 서너해 묵은 조선간장색 명주 조각이었고, 마당은 누렁이똥색 광목 조각이었다. 들기름을 먹인 마루는 손목이 헐렁거리도록 다듬이질을 해 명주처럼 윤기가 도는 칡우린물색 무명 조각이었다. 돌담은 밤껍데기색 광목 조각, 돌담 그늘은 도토리우린물색 아사조각이었다.(『바느질하는 여자』, p. 126)

이곳에서 시간은 '실타래'에 꿰어져 흐르고, 앞뜰에는 '무명햇살실과 초를 먹여 빳빳해진 명주햇살실'이, 뒤뜰에는 '바람바늘'이 날아든다. 황토 마당의 개미 행렬도 '바늘땀'만큼씩 움직이고, '옥양목 같은 구름' 아래로 '광목 조각 같은 참새들'이 날아다닌다. "바늘땀 하나에 쌀 한 톨"(『바느질하는 여자』, p. 65)이 돌아오는 이 세계에서 음식으로 옷감을 묘사하거나 옷감으로 음식을 설명하는 '음식-옷감 교차 비유'의 반복은 비유이기 이전에 직접적이고 구체적인 감각 그 자체다.

김숨은 이 세계의 한자리를 차지하고 있다. 이 세계의 문법대로 주변 사물들과 사람들을 감각한다. 감각의 조각들이 촘촘하게 쌓이고 쌓이면, 특유한 질감의 새로운 장소가 만들어진다. 마치 독특한 무늬의 벽에 가까이 가보았더니 무늬 대신 무수한 벽돌을 확인할 수 있는 것처럼. 고유한 감각과 호흡이 압도적으로 축적되면 그것은 하나의 질감, 하나의 매질로서의 세계가 된다. 김숨이 공간을 만드는 방식은 이토록 노동집약적이다. 마치 바느질하는 여자 수덕의 누비 바느질이 무수한 반복으로 이루어진 것처럼.

월성댁의 입에서 풀어져 나오는 명주실과 어머니의 입에서 풀어져 나오는 명주실이 허공에서 씨실과 날실처럼 교차했다. 배냇저고리를 한 벌 지을 분량의 명주가 짜질 때까지, 월성댁과 어머니는 그렇게 서로를 바라보고 서 있었다. 〔……〕 월성댁이 한복거리 밖으로 무사히 사라질 때까지 어머니는 자리를 뜨지 않았다. 월성댁과 어머니가 입으로 명주실을 뽑아서 짠 명주는 그새 온데간데 없었다. (『바느질하는 여자』, p. 50)

　어떠한 감정도 어떠한 사건도 이 '바느질의 세계' 바깥에 존재할 수 없다. 두 명의 바느질하는 여자인 월성댁과 어머니의 이별은 '명주실'이 풀어지고 흩어지듯 애절하고, 그 시간은 '배냇저고리'를 짤 만큼 느리게 지나간다. 이 같은 '세계 동질적' 묘사를 600쪽 넘게 읽고 있노라면, 작가 김숨이 바느질하는 장인을 재현했다기보다 직접 바느질하는 장인이 되었다고 말하고 싶어진다. 그녀는 재현해야 할 대상을 창밖의 대상처럼 바라보지 않는다. 대상의 문법과 호흡대로 느끼고 생각하여, 차라리 그 대상이 되어버리고자 한다. 한 세계를 재현하기 위해 대상을 묘사하는 대신 그 세계의 감각 자체를 미메시스하는 것, 이것이 김숨이 발견한 재현의 윤리이자 형식이다. 수덕의 세계에서 수덕처럼 느끼고 수덕의 바늘땀 같은 글자땀을 심으면서, 김숨의 글은 빽빽하게 누벼진 요약할 수 없는 누비저고리가 된다. 『바느질하는 여자』를 쓰기 위해 '바느질하는 여자'가 되어버린 김숨의 재현 방식을 이제 '세계-되기'라 불러도 좋을 것이다.

3

 풍경을 그리는 작가 허수영은 해마다 작업실을 옮기면서 작업실 밖 풍경을 그린 「1년」 시리즈를 발표한다. 하나의 풍경을 구상한 후 그것을 순차적으로 완성해가는 대신 1년 동안 자연의 시간성이 남긴 무수한 층들을 중첩시킨다. 봄의 화사한 풍경 위로 여름의 신록이 덮이고, 여름의 무성함 위로 가을의 낙엽이 쌓이고, 가을의 어둠 위로 겨울의 눈이 내리는 식으로 시간은 누적된다(물론 계절의 순서는 작업실에 머무는 기간에 따라 무작위적이다). 계절에 따라 변모하는 꽃과 풀과 흙은 쌓이고 뒤섞이며 하나의 매질처럼 추상화되고, 의도적·구성적 묘사에서 표현할 수 없었던 자연의 시간성은 역설적으로 생생하게 재현된다. 수행성으로 압축된 시간성. 김숨의 '세계-되기'가 그러했던 것처럼 허수영의 '1년-되기'도 질감으로 드러난다.
 흥미로운 점은, 이처럼 '세계-되기' 중인 작가들은 더 이상 대상을 파악하고 장악할 수 있다고 믿는 우월한 모더니스트도, 대상의 재현 불가능을 선언한 무기력한 포스트모더니스트도 아니라는 점이다. 이들은 작품의 외부도 내부도 아닌 곳에서 수행성을 통해 다른 방식의 주체로 변모한다. 이들에게 재현의 외부와 내부의 관계가 반드시 단절일 이유는 없다. 작품의 창조주가 되는 대신 행위를 통해 작품과 고유한 관계를 맺는 것, 나로 인해 대상이 변형되고 동시에 대상에 의해 나도 변형되는 것, 이들이 수행 중인 상호 주체화 과정은 창작이라는 이름보다 작업이라는 이름에 더 걸맞을 것이다.
 세밀화 수준의 풀잎과 꽃잎을 겹겹이 쌓아가며 1년을 살아낸 허수영과 생략할 수 없는 '글자땀'을 심으며 그 세계를 겪어낸 김숨은 단연 강박증적이다. 이들이 지닌 강박의 원인은 동일하다. 재현의 불가능성과 그럼에도 불구한 불가피성. 이 곤경 앞에서 이들은 회화와 '회화가 아닌 것' 혹은 소설과 '소설이 아닌 것'이 함께하는 장소를 찾는 시도를 멈추지 않는다. 그렇다면 결국 이들이 시도하는 '세계-되기'는 재현의 주체와 대상이 단절과 위계 없이 공존하는 장소를 만들어내는 재현의 형식이자 윤리라 할 수 있다. 이렇게 만들어진 고요하고 뜨겁고 진지한 공간, 여기에 이르러서야 김숨은 이곳에 '위안부' 생존자들의 증언을 담을 수 있으리라고 조금은 안도했을 것이다.

4

2018년 광주비엔날레에서 아키라 츠보이는 수십 점의 여성 입상을 세운다.[5] 구체적인 얼굴 없이 비슷비슷해 보이는 그녀들은 다만 각기 다른 민속 의상을 입고 가슴 부근에 그을린 종이 한 장씩을 붙이고 있다. 종이에 인쇄된 것은 고통에 관한 짧은 증언들. 그녀들은 각 나라의 일본군 '위안부' 피해자를 상징한다.

짐작건대 작가는 '위안부' 피해자를 형상화하려던 어느 순간, 자신의 조형 언어를 포기해야 한다고 (정확히 말하면 기존의 조형 언어를 포기함으로써 새로운 조형 언어를 사용해야 한다고) 직감했을 것이다. 그리하여 고민 끝에 선택한 방법은 증언을 활자 형태 그대로 붙여 두는 것, 다시 말해 증언의 재현 불가능성을 미완의 얼굴과 함께 남겨 두는 것이었으리라. 동시대 예술의 가장 큰 고민이자 알리바이가 바로 이것이다. 아우슈비츠 이후 재현 불가능성은 흔하지만 타당한 진리가 되어, 병렬적으로 자료를 집적하는 아카이브형 예술을 유행시킨다.

---

5   아키라 츠보이, 「일본군성노예」 연작, 베니어 합판에 아크릴, 2018.

이제, 이 작품의 성취를 동시대 예술이 아닌 '증언의 몫'이라는 기준을 통해 바라보자. 우선 이런 의문들이 가능하다. 각국의 여성 입상에 할당된 몇 마디 말로 증언하는 것은 가능한가? '발췌된 증언들의 합'으로 구성된 '하나의 작품'은 개별적인 증언들의 모임인가, 단일하고 지시적인 표상인가? 작품이 가리키는 것은 삭제 불가능한 이름인가, '위안부 피해자'라는 보통명사로 고정된 공식죄인 명명인가? 과연 이 정도로 우리는 '한 명들'[6]의 이름을 되돌려줄 수 있는가?

> 열차에서 자신은 바늘공장에 간다던 소녀가 한옥 언니였다. 무조건 좋은 데 간다던 소녀는 애순, 대구역으로 가는 도중에 들렀던 여관에서 도라지꽃을 따주려 했던 소녀는 동숙 언니, 야마다 공장에 실 푸러 간다던 소녀는 봉애…… (『한 명』, p. 38)

『한 명』의 주인공인 '위안부' 생존자는 평생 "구구단을 외우듯 소녀들의 이름을 중얼"거리며 살아왔다. 이름을 바꿔 붙이는 것이 일종의 저주[7]라면, 위안소의 일본식 이름 대신 고향의 이름을 기도처럼 불러보는 것은 저주를 풀 수 있는 유일한 방법일 테니까. 316개의 증언들로 발화를 대신한 소설 『한 명』과 그것을 보다 소설적 형태로 가공한 『흐르는 편지』를 쓰고도 작가 김숨의 고민이 끝나지 않았던 이유 역시 이 '이름의 기도'와 동궤에 있을 것이다. 김숨은 여기서 이미 자신의 아카이브가 완성이 아니라 시작임을 암시하고 있다. 종이 한 장이

---

[6] '한 명들'은 박혜경이 『한 명』 해설에서 사용한 표현이다. '한 명'의 개별성을 지우지 않고도 복수성을 드러내기 위해 '한 명들'을 사용한 취지에 공감하며, 이 표현을 차용한다.

[7] 진 리스의 탈식민주의 소설 『광막한 사르가소 바다』(윤정길 옮김, 웅진지식하우스, 2024)에서 식민지 출신 아내는 본국 출신 남편이 붙여준 이름을 거부하며 이렇게 말한다. "다른 사람의 이름으로 나를 부르는 것은 나를 내가 아닌 다른 사람으로 만들려는 거지요? 그것도 오베아예요." 오베아는 자메이카 고유의 주술적 행위이다.

나 각주 몇 개로 대신할 수 없는, '한 명'의 증언을 위한 한 권의 책이 필요하다고.

이제 이어지는 두 권의 증언집을 위해 '세계-되기'는 새로운 국면으로 들어간다. 완전히 다를 것이다. 『한 명』과 『흐르는 편지』처럼 가공의 '위안부' 피해자를 중심으로 '세계-되기'를 시도하고 그 세계를 소설적으로 구성하는 일과 실존하는 '위안부' 생존자 한 명의 증언을 '대신 말하지 않는 방식'으로 담아내는 일은. 이제 대신 말하지 않기 위해, 더 크게 말하지 않기 위해, 더 능숙하게 말하지 않기 위해, 김숨의 '세계-되기'는 서사의 세계를 떠나 '증언-되기'로 전이해야 한다. 취재한 증언들을 서사 속에 녹여내는 대신 스스로 증언이 되는 것, 그것은 과연 가능한 일일까.

5

사람이 무서워?
사람이 뭐가 무서워.
사람이, 사람이 무서우면 안 되지.

사람이 무섭지.
세상에서 사람이 가장 무섭지.
사람은 사람을 해치니까.

사람이 뭐가 무서워, 나는 하나도 안 무서워.

군인이 내 치마를 찢었어. (『군인이 천사가 되기를 바란 적 있

는가』, pp. 99~100)

내가 믿는 거…….

전생,

벌,

그리고 내가 전생에 지은 죄.

죄를 지을까봐 겁이 나……. (『숭고함은 나를 들여다보는 거야』, pp. 20~21)

이해할 길이 없었어.

전생이 아니면, 전생에 지은 죄가 아니면,

내가 겪은 일들을. (『숭고함은 나를 들여다보는 거야』, p. 29)

  이 두 권의 책은 각각 '위안부' 피해자 한 명의 목소리를 담고 있다. 만약 이 책들이 악보라면, 여기 실린 목소리는 도돌이표와 긴 쉼표 들로 뒤덮인 노래들이다. 반복되는 기억의 끝에 돌연 나타난 낙차 앞에서, 그녀들은 여전히 어찌할 바를 모른 채 망설이고 부정하고 침묵하고 멈춰 선다. 이러한 '반복의 중단'과 '중단의 반복'을 트라우마라 부르든 회피나 강박이라 부르든, 그 내부에 가장 깊이 자리 잡고 있는 것은 완고한 물음의 형식이다. 아무리 묻고 또 물어도 도저히 이해할 수 없어 전생까지 거슬러가버린, 그런 물음의 형식.

  물음은 조금씩 변주되며 후렴처럼 반복된다. "내가 또 따라가면 어쩌지?" "엄마, 엄마는 알았지?" "내가 챙피해?" "소식 없어?" "엄마, 내가 몇 살이야?" "복동아, 너 어디에 있어?" "여기가 어디에요?" "누가 오나?" 그것은 흡사 그녀들의 몸을 아무런 저항 없이 통과하여 흘러나오는 노래 같기도 하고, 듣고 있는 우리에게 다음 구절을 요청하는 돌림노래 같기도 하다. 이렇게 증언이 맴돌고 퍼지는 둥근 공간. 이곳의 울림과 떨림은 독자로 하여금 어떤 온기마저 느끼게 할 정도로 생생하지만, 정말 비극적인 것은 이렇게 공간을 감싸는 물음의 노래가 극단적 폭력을 경험한 생존자들 특유의 말투라는 점에 있다.

> 그런데 지금 내가 불행하지 않은 것은 그때 불과 10센티미터 왼쪽에 있었기 때문일까? 소련군 저격수가 나 아닌 B를 쏘았기 때문일까? 아니면 8월 15일에 패전이 결정되었기 때문일까? 그러면 그때 10센티미터 오른쪽에 있던 녀석의 행복은 어찌되었을까? 만약 전쟁을 끝낸다는 천황의 칙어(勅語)가 쇼와(昭和) 20년(1945) 8월 14일에 내려졌다면 어찌 되었을까, 8월 16일이었더라면 또 어찌 되었을까?[8]

도미야마 이치로는 전장 체험을 연구하면서, 증언자들 특유의 '답변할 수 없는 물음에 대한 집착'에 주목한다. 이들이 집착하는 특정한 물음들은 대부분 신체와 직접 관련된 구체적인 기억과 감각으로 구성되어 있다. 문제는 이 구체적이고 신체적인 경험이 결코 '나의 체험'으로 내 삶 속에 적절히 기입될 수 없다는 점에 있다. 증언자의 말은 이어진다.

> 우리는 온전히 처리할 수 없는 수많은 문제들을 헛되이 부둥켜안고 있었을 뿐, 그것을 체험으로서 의미를 부여해서 처리한다는 것은 전망조차 보이지 않는 형국이었다. ……우리는 저 군대나 전

---

8 도미야마 이치로, 『전장의 기억』, 임성모 옮김, 이산, 2002, p. 97.

장이나 수용소에서의 생활을 완전한 공백의 시기로 인식함으로써, 아니 그렇게 인식함으로써만 오늘날의 현실에서 새로이 살아나갈 방향을 결정해 왔던 것이다."[9]

증언자가 '10센티미터'에 집착하는 것은 결코 그것이 생생하고 강렬한 체험이어서가 아니다. 오히려 아무리 복기해도 도저히 '나의 체험'으로 받아들일 수 없는 무방비한 공백과 대면했기 때문이다. 증언한다는 것은 구체적 체험을 꺼내 그 공백을 채워가는 과정이 아니라, "말하면 말할수록 그 담론에 의해서 구성된 의미가 붕괴되기 시작하는" 공백의 영역으로 들어가는 일이다. "말하면 말할수록 개별적 영역이 해체되고 마는 불안정한 발화, 그것이 바로 전장 체험의 이야기인 것이다."[10]

그렇다면 '위안부' 생존자들의 말이 어디를 맴돌고 있는지도 자명하다. 나머지 삶을 꽁꽁 묶어 그 주변을 맴돌게 하는 말뚝, 부정할 수 없이 나의 내부에 박혀 있지만 결코 나의 일부로 받아들일 수 없는 이물, 이어지는 이야기의 끝마다 불현듯 맞닥뜨리게 되는 급격한 절벽. 그녀들의 말은 라캉이라면 실재라 불렀을 어두운 중심점을 감싸며 공회전한다. 그렇게 말들은 실재를 은폐하고, 트라우마는 서사화가 불가능하다. 그러나 언어가 지닌 독특한 역설은 언어가 정확히 그 은폐와 회피의 방식으로 실재와 조우할 수 있다는 것이다. 비록 그 만남이 음각으로 새겨질지라도.

생존자들은 이 진실을 아주 단순하게 말한다. 그녀들은 말하기를 거부한다. "나 말 안 하고 싶어." "나 말 못해." "말을 하면 아픈 데가 더

9   같은 책, p. 101.
10 같은 책, pp. 102~103.

아파." "나 부끄러워." "그런다고 청춘이 돌아오냐?" "말하고 싶지 않아. 말은 흩어져버리니까." "목소리가 안 나와." 그러나 끊임없이 말한다. "아파도 말해야 해." "말해야 해. 그래야 사람들이 알지." "나 안 부끄러워." "말을 하고, 나를 더 사랑하게 되었어." "저절로 노래가 나와, 제목도 모르는 노래가."

바로 이 틈, 증언의 자리는 이 사이 어디쯤에 있으리라. 구축하면 해체되는, 해체될수록 대면하게 되는, 대면하자마자 증발되는, 불가능과 불가피함 사이의 '비장소로서의 장소'. 그래서 증언은 "거의 없으면서 많"고, "모든 것을 무릅쓰고 (다시 말해서 결함적으로) 가능"[11]하다. 증언은 무한한 왕복운동의 곡선을 그리고, 그 곡선은 사건을 은폐하는 동시에 누설한다. 이 은폐와 누설의 왕복운동을 직선으로 요약해버리지 않기 위해 두 편의 증언소설은 결여를 메우고 과잉을 삭제하여 서사를 구성하는 대신 스스로 '증언-되기'를 선택한다.

증언이 된다는 것은 발화된 증언을 초과하는 비(非)발화의 분량을 삭제하길 포기하는 것이다. 생존자들의 망설임과 한숨과 침묵이 소설의 행간과 여백 속에 적극적으로 기입되도록 내버려두는 것이다. 증언을 증언하기 위해 잘 준비된 빈터를 마련해주는 것이다. 그렇게 마련된 빈터에서만 "자기 안에서 들려오는 소리에 귀를 기울이는" "내면의 소리와 입 밖으로 말이 되어 나오는 소리를 가만히 맞춰보는"[12] 증인의 모습이 겨우 희미하게 떠오른다. 다시 말해, 증언은 발화된 말의 결여와 과잉까지 포함하는 장소로서 존재하며, 이런 의미에서 '증언-되기'란 곧 '증언의 장소-되기'인 것이다.

잊지 말아야 할 것은 아무리 실제를 표방한 글일지라도 실제 자체

11 조르주 디디-위베르만, 『모든 것을 무릅쓴 이미지들』, 오윤성 옮김, 레베카, 2017, pp. 62~63.
12 스베틀라나 알렉시예비치, 『전쟁은 여자의 얼굴을 하지 않았다』, 박은정 옮김, 문학동네, 2015, p. 21.

는 아닌 것처럼, '증언-되기' 역시 증언을 그대로 옮길 수는 없다는 점이다. 작가 김숨은 인터뷰를 진행하는 청자로서 화자의 발화를 가능토록 했고, 편집자로서 말들을 솎거나 이어주었으며, 눈 밝은 독자가 아니라면 알아차리지 못할 만큼 절제된 일인칭 관찰자 시점의 서술자로서 종종 등장했다. 이것은 부정할 수 없는 재현이다. 그러나 이 재현은 정제된 이차원의 표준어가 지닌 혐의들을 피하기 위해, 소설가가 누릴 수 있는 전능한 외부자의 위치를 거부하고 내부에 함께 있는 자로서 머무르는, 재현 불가능성까지 포함한 삼차원의 재현이다. 이렇게 김숨의 '세계-되기'는 스스로 증언의 장소를 자처하면서 '대신 말하기'의 유혹을 거부하고 가까스로 증언을 전달할 수 있게 된다.

그러나 생각해보건대, 이것은 오래전부터 소설가의 역할이 '대신 말해주는 자'였다는 점을 떠올려볼 때 참으로 역설적인 일이다. '대신 말해주는 자'가 '대신해서 말하지 않는 방식'으로 '대신 말해야 하는 것'. 다른 말로 하면, '언어를 쓰는 자'가 '언어화해버리지 않는 방식'으로 '언어화해야 하는 것'. 이 절박한 역설 앞에서 문학은 형식을 고안해낸다. 참전 여성들의 증언을 듣고자 알렉시예비치가 '거대한 귀'로 변하여 '목소리 소설'을 썼듯이,[13] '위안부' 피해자들의 증언을 담고자 김숨은 스스로 '증언의 거처'가 된다. 애초 모든 사람의 것인 문학의 언어가 지독히 개별적이고 난데없는 사건 앞에서 저 홀로 온전함을 유지할 수는 없을 것이다. 우리에게 여전히 존중할 만한 언어와 문학의 불가피성이라는 것이 존재한다면, 그것은 이러한 불능과 역설의 장소에서 가까스로 새로운 형식으로 남아 어떻게든 버티는 연약하고도 희미한 모습일 것이다.

---

13 같은 책, p. 23. "나는 점점 커다란 귀가 된다. 다른 사람들의 이야기를 하나도 빼놓지 않고 모두 담으려는 커다란 귀. 나는 목소리를 '읽는다.'"

6

　1970년대 후반 뉴욕의 빈민 지역 사우스브롱크스에서 활동하던 조각가 존 에이헌은 쥐를 잡으며 놀고 있는 이곳의 아이들을 실물 크기의 입상으로 제작한다.[14] 아이들은 초라한 행색이었지만 주눅 들어 보이지 않았고, 긴 막대기를 든 채 쥐를 괴롭히고 있었으며, 조금도 안쓰러워 보이지 않았다. 예상하다시피 이 같은 재현은 누구에게도 환영받지 못했다. 가난을 극복해가는 '자본주의 판타지' 영웅 서사를 원했던 이들에게도, 가난과 불평등에 허덕이는 참혹한 '자본주의 리얼리즘'을 원했던 이들에게도 아이들이 드러내는 아이러니는 결코 만족스럽지 않았다. 실제로 존 에이헌은 뉴욕시로부터 사우스브롱크스 거리에 세울 상징적 조형물을 주문받고 유사한 작품을 만들었으나, 극렬한 비난 속에 닷새 만에 철거당하고 만다.

　증언의 생명 역시 이와 같을 것이다. 역사와 의미의 궤도에 서둘러 안착하고 싶은 사람들에게 편집되지 않은 증언은 사실과 오류의 불안정한 혼합물쯤으로 보인다. 아직 궤도에 진입하지 않은 증언은 누구도 만족시킬 수 없고, 이 '미완'의 증언 앞에서 사람들이 갖기 마련인 불편함을 해소하기 위해 증언의 '부정확'하고 '모순적'인 부분들은 비판과 검증을 거치게 된다. 이러한 거름망을 통과하기 전 '위안부' 피해자의 증언에 일본군에 대한 증오와 민족에 대한 애정만 있을 리 없고, 남성에 대한 적대와 여성에 대한 연대 의식만 있을 리 없다. 그녀들은 '착한 일본 군인'도 있었다고 말하고, 엄마와 언니들과 동네 사람들에게 받은 상처가 가장 지우기 힘들었다고도 말한다.

　상징화·언어화의 과정에서 증언의 손상과 증발은 필연적이다. 다

14　존 에이헌, 「쥐 잡는 아이들」, 섬유 유리에 유채, 1986.

만 그것을 최소화하기 위해, 아니 그것마저 재현하기 위해 김숨은 '증언의 장소-되기'를 선택했다. '전생에 지은 죄가 아니었다면 자신이 겪은 일을 이해할 길 없다'는 생존자의 말은 그녀의 남은 생 역시 '위안소의 밤'에서 벗어날 수 없음을 암시한다. 그렇다면 그녀들을 재현하려는 자 역시 이곳에 머물러야 한다. 칸트식의 '책임'을 지는 것도, 라캉식의 '원인 되기'도 불가능한 이곳, 어떠한 의미도 배정받지 못한 (그리고 배정받기를 거부한) 이곳이야말로 증언을 재현하려는 자가 머물러야 할 가장 치열한 윤리학의 영토다.

우리 앞에 놓여 있는 '인간성과 비인간성 사이의 균열'을 가로지르는 "희미한 능선이 증언의 장소"라면, 우리의 역사가 야만의 역사임에도 불구하고 여전히 우리가 인간일 수 있는 것은 이처럼 연약한 '증언의 이접'에 의해서일 것이다. 아우슈비츠 이후 발견된, "인간성을 증언할 수 있는 유일한 이가 자신의 인간성이 온전히 파괴된 자"라는 역설, 자신의 '탈주체를 증언하는 주체'와 자신의 '비인간을 증언하는 인간'이 존재한다는 역설은 증언과 인간이 같은 (비)장소에 존재하고 있음을 시사한다.[15] 그리고 이러한 증언은 자신의 '인간 이후의 인간성'이 단지 '피해자'로 환원되는 것을 거부하는, '거의 이해할 수 없는 저항 같은 것으로 표상되는 미증유의 노력"[16]으로 겨우 출현한 것이다. 그렇다면 바로 이곳, 증언과 (비)인간이 존재하는 이 장소가 문학의 처소임을, 그리고 이 장소에서 영원히 번민하는 것이 문학의 일임을 짐작할 수 있다.

---

15   조르주 아감벤, 『아우슈비츠의 남은 자들』, 정문영 옮김, 새물결, 2012, pp. 201~202.
16   알랭 바디우, 『윤리학』, 이종영 옮김, 동문선, 2001, p. 19.

7

　　사건으로서의 증언의 생명은 늘 위태로워서, 그것을 떠밀어 보내려는 강력한 급류들이 사방으로 흐른다. 이렇게 위태로운 공간에 그대로 머무르기 위해 단지 가만히 서 있는 것만으로는 역부족이다. 오히려 물살의 반대편으로, 마치 벤야민의 '역사의 천사'처럼, 최선을 다해 몸을 기울여야 한다. 그렇게 우리가 가까스로 멈춰 설 수 있도록 도와주는 힘 역시 이곳에 존재한다. 여전히 서성이고 노래하고 묻는 증언의 목소리들과 그 울림으로 만들어진 미약한 인력의 장소. 여기, 그녀들의 물음에 응답해야 할 책임이 우리 모두에게 남겨진 이 "시적인 것이라는 이름의 윤리의 자리"[17]에서 작가 김숨이 훌륭한 청자로 버티고 머무르며 감당했음을 이 두 권의 책은 말해주고 있다.

　　　　　　내가 노래 불러줄까. (『숭고함은 나를 들여다보는 거야』, p. 22)

　　　　　　내가 노래하면, 너도 노래할래? (『군인이 천사가 되기를 바란 적 있는가』, pp. 9, 10)

　　　　　　내가 널 위해 빌어주면 너도 날 위해 빌어줄래? (『군인이 천사가 되기를 바란 적 있는가』, p. 14)

　　　　　　노래를 가르쳐줄까, 술 빚는 걸 가르쳐줄까.
　　　　　　노래 부르면서 술 빚는 걸 가르쳐줄까. (『군인이 천사가 되기를 바란 적 있는가』, p. 118)

17　권명아, 「홀로-여럿의 몸을 서로-여럿의 몸이 되도록 하는, 시적인 것의 자리」, 『숭고함은 나를 들여다보는 거야』 해설, p. 220.

네가 있어야 내가 있지, 내가 있어야 너가 있고.

그것이 내가 알고 있는 황금률이야. (『군인이 천사가 되기를 바란 적 있는가』, p. 151)

곁, 정류, 앎
―고통과 문학에 관하여

1

파울 첼란을 비판할 수 있는 사람이 있을까.
고통과 문학의 전범이 되어버린, '아우슈비츠 이후' 시를 쓰는 것이 어떻게 가능한지 참혹한 정답이 되어버린 그에 대해.

2

그러나 아우슈비츠 생존자 프리모 레비는 이렇게 말한다.

> 그의 시는 죽어가는 인간의 가르랑거리는 소리 바로 그것이다. 그것은 깊은 균열이 그러하듯 우리를 매혹한다. 하지만 동시에 우리를 속여, 말해졌어야만 하는데 말해지지 않은 무언가를 빼앗는다. 그래서 우리를 좌절시키고 쫓아버린다. 나는 시인 첼란을 모방하기보다는 숙고하고 동정해야 한다고 믿는다. 그의 시가 메시지라면, 그것은 '배경 잡음' 속에서 길을 잃는다. 그것은 의사소통이 아니다. 그것은 언어가 아니다. 혹은 기껏해야 곧 숨이 멎을 고

독한 (우리 모두가 죽음의 순간에 그렇듯이) 사람의 언어처럼 모호하고 불완전하다. 하지만 우리들 산 자는 고독하지 않으므로 마치 우리가 고독한 것처럼 써서는 안 된다. 우리가 살아 있는 한 우리는 책임이 있다. 우리는 우리가 쓴 것에 대해 한 단어 한 단어 책임져야 하고, 모든 단어가 반드시 제 목표에 도달하도록 해야 한다.[1]

언어가 파괴되는 모습을 보며 숙고의 노력을 매혹의 불가항력으로 대체하지 말 것.
또 한 명, 프리모 레비처럼 아우슈비츠 생존자이자 파울 첼란처럼 독일어로 시를 썼던 루트 클뤼거도 비슷한 말을 한 적이 있다.

시는 삶에 대한 특정한 종류의 비판으로, 이해를 거든다. 시가 허용되어서는 안 될 이유가 대체 무엇인가? 〔……〕 그처럼 문학을 배제하는 일은 쉽게 변성하고 그로 인해 합리적 성찰을 배제하는바, 부지불식간에 역전된다. 첼란의 후기 시들에 관심을 보인 괴팅겐의 어느 젊은 연구자의 목소리도 이런 현상의 일종이다. 그에 따르면 첼란의 후기 시들이 무엇을 말하고자 하는지는 사실 아무도 모른단다. 〔……〕 홀로코스트는 원러 오로지 그와 같은 신비한 서정시를 통해서만 소화해야 한다는 말도 했다. 이 오로지, 라는 말에서 멈칫한다. 〔……〕 나는 첼란의 난해한 시의 무해한 패러디 하나를 지어 보인다. 나에게 한 번도 충격을 받은 적이 없는 사람들이 충격을 받는다. 신과 괴테에 더해서 비방할 수 있지만 「죽음의 푸가」 저자는 침해할 수 없다는 것이다. 첼란이 훌륭

---

1   프리모 레비, 『고통에 반대하며』, 심하은·채세진 옮김, 북인더갭, 2016, pp. 83~84.

한 시인이기 때문이 아니다. 괴테 역시 훌륭한 시인이었다.[2]

수용소에서 죽음의 고비를 넘겨본 적이 없는 사람이라면 모두 그렇겠지만, 나는 세 사람 중 누구에게도 패러디를 시도할 수 없다. 그럼에도 고통과 문학에 관해 이야기하기 위해 첼란이 아닌 두 사람에게서 용기를 얻는다.

말 대신 비명과 울음을 선택한 문학에 범접할 수 없는 가치를 부여하면, 너무나 드물고 무참한 비극에 신성불가침한 헌사를 바치면, 문학의 자리는 협소해질 수밖에 없다. '재현 불가능성'을 알리바이 삼아 고통을 이해하는 노력을 폄하한다면. 재현하는 자가 고통의 당사자인지 심문하고 싶은 마음을 누르지 못한다면. 사건을 분석하고 전달하고 설득하는 범속한 과정을 소홀히 여긴다면.

첼란 같은 작가가 몇 명이나 나올 수 있을까. 그와 같은 작가가 몇 명이나 나오길 바라야 온당한 일일까.

3

동물 울음소리는 동물에게서 나올 때, 죽어가는 사람에게서 나올 때, 미친 사람이나 자포자기한 사람에게서 나올 때 수용할 수 있다. 건강하고 온전한 사람이 동물 울음 소리를 쓴다면 위선자이거나 바보이며, 또한 아무도 그의 글을 읽지 않을 것이다. 인간 사이에서 인간의 언어로 이루어지는 담론은 동물 울음소리보다 더 낫다. 그러니 왜 그것이 울음소리보다 덜 시적이어야 하는지 이해

---

2 루트 클뤼거, 『삶은 계속된다』, 최성만 옮김, 문학동네, 2018, p. 161.

하기는 어렵다.³

아무런 운율도 사유도 없이 체험만 하는 자는 내 어머니의 품에 주저앉은 그 나이든 여자처럼 이성을 잃을 위험에 놓이고 만다. 나는 이성을 잃지 않고 운율을 지었다. 물론 이차원적인 기록물을 앞에 둔 다른 이들도 이성을 잃지 않는다. 왜냐하면 그들이 마주하고 있는 것은 실제 일어난 사건이 아니라 덜 무르익은 모조품들이기 때문이다. 공감하고 함께 생각하고자 하는 사람에게는 일어난 사건에 대한 해석이 필요하다. 사건 자체만으로는 충분하지 않다.⁴

순위를 매기지 않고 비교하는 일. 언어는, 어떤 언어는, 적어도 문학적 언어는 그런 일을 가능하게 한다. 아우슈비츠에서 벗어난 레비와 클뤼거가 잊지 않으려는 건 지금 자신이 읽고 있는 모든 것은 실제 사건이 아닌 "담론"과 "모조품들"이라는 것, 그 사실을 인정해야 한다는 것, 그 재현물의 존재가 사건을 지우진 않는다는 것. 바로 그것들이 필요하다는 것.

고통은 손끝 하나 대지 않고 그대로 보존해야 할 신성이 아니고 또 그럴 수도 없다. 여타의 경험처럼 고통 역시 분석되고 전달되어 연결될 수 있고 또 그래야 한다. 우리가 언어를 구사하는 이유는 소통의 불가능성을 증명하기 위해서가 아니라 가능성을 기대하기 때문이고, 우리가 문학을 존중하는 이유는 문학이 가능성을 포기하지 않은 채 불가능성과 가능성 사이의 공간에 머무르길 고집하기 때문이다. 문학

---

3 프리모 레비, 같은 책, pp. 85~86.
4 루트 클뤼거, 같은 책, p. 162.

은 고통을 다룬다. 그러나 고통이 문학인 것은 아니다. 문학은 고통의 자리를 응시한다. 그러나 고통의 자리가 곧 문학의 자리가 되는 것은 아니다. 그렇다면 문학의 자리는 어디에 있나. 모두가 고통의 당사자가 될 필요는 없다면. 모두가 말이 뭉개지는 지점으로 내려가지 않아도 된다면. 모두가 고통에 대해 말하고 들을 수 있다면. 모두가 사건을 이야기하고 기억할 수 있다면.

4

사회학자 엄기호는 고통을 겪고 있는 사람들의 부서진 고함과 비명을 분석하며 이런 결론을 내린다.

> 고통에 대해 말할 수 있는 자리는 어디인가? 그 자리는 당사자가 아니라 당사자의 '곁'이다. 고통은 고통을 겪는 이가 아니라 그 곁에 있는 이를 통해 다른 사람들에게 말을 건다. 고통을 겪는 이가 고통의 절대성으로 인해 응답을 바라지 않는 말, 상호성을 제거한 일방적인 말만 함으로써 말을 파괴한다면, 응답을 기대하는 말, 응답할 수 있는 말을 하는 것은 고통의 당사자가 아니라 그 곁에 서 있는 이다.[5]

고통은 마음을 좁힌다. 고통을 겪는 사람에게 담대함을 요구하는 건 가혹한 일이다. 극심한 고통은 온몸을 통점으로 수렴시키고, 고통을 겪는 사람은 그 속으로 함몰되고 고립된다. 그러나 알다시피 반대

---

5 엄기호, 『고통은 나눌 수 있는가』, 나무연필, 2018, p. 233.

의 사실도 있다. 고통을 겪어본 사람은 타인의 고통에 눈감기 어렵고, 생존자는 다른 생존자에게 야위고 창백한 손을 내민다. 누구와도 나눌 수 없는 고통의 실감은 전신에 독소처럼 퍼지지만, 종종 그 독은 해독제가 되어 다른 이에게 전달된다. 독과 해독제 사이에 존재하는 시간적, 공간적 거리. 그러니 "당사자가 자신의 고통에 관해 말하기 위해서는 당사자의 위치에서 나와야 한다".[6] 타자를 향해 건너가야 울음이 아닌 말이 될 수 있다면, 고통의 절대성 앞에서 침묵을 택하기보다 "고통의 절대성 자체가 '공통의 것'"[7]이라는 영점에서 말이 시작되길 희망한다면, 누구든 고통의 자리가 아닌 고통 '곁의 자리'로 움직여야 한다.

고통은 삶에 엄존하고, 그 자체로 숭고하거나 연대를 보장하지 않는다. 고통이 실존적인 동시에 정치적인 것이 되려면, 고통을 나의 소유격에서 풀어주는 일, 타인의 고통 역시 그의 소유격이 아님을 깨닫는 일이 반드시 요구된다. 고통은 고독과 연대 사이에서 부단히 진동한다. 나르시시즘에 빠지지 않으면서 고통에 관해 말하는 법, 언제나 그것이 가장 어렵다. 그러나 나는 문학을 하는 사람이어서, 문학이야말로 폭력적이지 않은 방식으로 고통을 응시할 수 있다고, 치열하고 끈질기면서도 안심하고 마음을 나눌 수 있는 '곁의 자리'를 빚어낼 수 있다고 믿는다. 문학은 아무리 독백의 형식을 하고 있어도 영영 독백으로 남을 순 없는 방향을 지닌다. 고통의 자리만큼 주목해야 하는 곳이 고통 '곁의 자리'이고, 그 자리가 사라지지 않도록 지키는 일이 무엇보다 고통을 겪는 사람에게 절실하다면, 문학은 기꺼이 고통의 곁, 그 곁의 곁, 다시 그 곁의 곁…… 곁이라는 말로 끝없이 이어지는 연

---

6   같은 책, p. 234.
7   같은 책, p. 125.

결의 장소를 마련해야 하고 또 그럴 수 있다.

5

그 연결의 장소를 만들어내는 건 결국 형식이다.

    문학적 복수란 '형식의 복수'다. 상징적 질서를 훌쩍 초과할 만큼 거대한 트라우마여서 (아우슈비츠나 5·18처럼) 그에 합당한 언어를 도저히 찾을 수 없어 보이는, 그래서 흔히들 '재현 불가능한 것'의 범주에 넣고 마는 사건조차 '말로써' 재현(하려고 시도)해야 하는 것이 문학의 아이러니이자 운명이다.[8]

    파토스 형식은 예술이 지옥을 붙드는 방편이며 테크닉이다. 예술이란, 자칫 우리를 삼켜버릴 고도의 부정성 쪽으로 예술가를 잡아당기는 방향감각에 다름아니다. 그것은 죽음이거나 중독이거나 우울이거나 파멸이거나 폭력이다. 그러나 예술은 폐허에서 건져 올린 잔해들의 빛나는 배열의 원리이기도 하다. 예술이 삶으로부터 나오되 삶 그 자체를 간혹 초과하는 것은 그 때문이다. 구원은 형식에 있다. 구원은 파토스의 형식에 있다.[9]

    문학적 형식이란 경험을 매개하는 장치나 기술을 가리키는 것이다. 그렇기 때문에 오늘날 경험이 분기하고 질식되며 우회되는

---

8   김형중, 「총과 노래―최근 오월소설에 대한 단상들 2」, 『후르비네크의 혀』, 문학과지성사, 2016, p. 53.
9   김홍중, 「마음의 부서짐―세월호 참사와 주권적 우울」, 『사회학적 파상력』, 문학동네, 2016, p. 111.

방식을 문학 속에서 찾고 드러내려면 바로 형식에 대한 섬세한 고려와 탐색이 필수적이다.[10]

신뢰할 만한, 그러나 나란한 좌표에 서 있다고는 말할 수 없는 세 명의 비평가가 재난 이후의 문학, 사건 이후의 문학에 대해 하는 말은 크게 다르지 않다. 언제나 문학의 문제는 형식의 문제일 수밖에 없다. '고통'과 '고통의 말'과 '고통의 문학'은 모두 다른 것이고, '곁의 자리'라는 낙차이자 간격이자 장소를 마련하기 위해 문학이 기댈 수 있는 건 형식뿐이다. 형식을 통해 문학은 감각과 경험을 시공간에 배치하고, 절대적인 것과 상대적인 것, 주관적인 것과 객관적인 것, 사적인 것과 공적인 것의 경계를 가시화하는 동시에 재배열한다. 이렇게 가까스로 열린 질문의 공간에서 우리는 역사와 사회 그리고 자신을 향해 심문하는 능력을 구할 수 있다.

6

그러므로 그것은 앎의 문제이기도 하다. 말을 잃은 곳에서 말을 찾는 것, 말이 멈춘 곳에서 말을 재개하는 것, 말을 뺏긴 이들의 곁에서 말을 발명하는 것, "수동과 능동이 V자형으로 겹쳐지는 영역, 즉 정지와 시작이 교차하는 말의 정류(停留)를 우리가 사는 이 속수무책인 세계에서 찾아내어 거기서부터 개시되는 말의 모습을 확보하는 것".[11] 이 모든 행위가 앎의 영역에서 이루어지는 문학의 실천과 무관하지

---

10   서동진, 「"서정시와 사회", 어게인」, 『동시대 이후—시간-경험-이미지』, 현실문화A, 2018, p. 205.
11   도미야마 이치로, 『시작의 앎』, 심정명 옮김, 문학과지성사, 2020, p. 25.

않다.

고통 '곁의 자리'라고 불러도 좋을 말의 '정류 지점'에서, 문학은 말이 제 리듬을 찾아 흐르고 불어나도록 보살피는 역할을 맡는다. 굳어버리거나 증발하지 않도록. 휩쓸리거나 떠내려가지 않도록. "붕괴하는 느낌과 새로운 미래에 대한 희망이 뒤섞인 사태"[12]에서 성급하게 빠져나오지 않도록. 그렇게 고통의 곁에서 문학은, 문학의 곁에서 고통을 겪는 이들은, 말이 정지한 이유를 읽고 말이 시작된 계기를 나누면서 서로 연루되고 멀리 연결된다.

아주 오래된, 그러나 늘 새로운 장소. 문학은 이곳에 앎이자 형식이자 행위로서 존재한다. 그렇게 믿는다.

---

12 같은 책, p. 78.

제주에서 보낸 한철
— 김금희, 조해진, 한강의 장편소설과 '정치적인 것'에 대하여[1]

1

 최근 발표된 세 작가의 장편소설에는 묘한 공통점 몇 가지가 있다. 한 여성이 제주로 향한다는 것, 그곳에 가기 전이나 갔다 온 후 편지를 쓴다는 것, 그곳에서 우리 시대의 가장 첨예한 정치적·사회적 문제를 목격하게 된다는 것. 물론 소설에서 묘사하는 제주의 모습과 그녀들이 제주로 향하는 이유는 각기 다르지만, 그럼에도 이 소설들은 모두 '제주'라는 장소성을 정치적 상징성을 지닌 공간으로 형상화하고 있고, 이 과정을 따라가보면 간접적으로나마 각 소설이 생각하는 지금의 '정치적인 것'이 어떤 모습을 하고 있는지 짐작할 수 있다. 사실 어떤 소설이 되었건 작품의 배경으로 제주를 선택하는 것은 무작위적인 선택이기 어렵다. 이들 소설에 등장하는 제주 방언이나 제주 곳곳에 새겨진 역사적 흔적을 봐도 그렇지만, 흔히 제주로 터전을 옮길 때 "이사가 아니라 이주라고"(『완벽한 생애』, p. 16) 표현하는 것으로도 짐작할 수 있듯이 우리에게 제주는 '특별자치도'라는 대한민국 행정구

---

[1] 이 글에서 다루는 작품들은 다음과 같다. 조해진의 『완벽한 생애』(창비, 2021), 김금희의 『복자에게』(문학동네, 2020), 한강의 『작별하지 않는다』(문학동네, 2021). 인용할 경우 본문에 작품의 제목과 쪽수만 표기한다.

역을 초과하는, 국외가 아니면서도 '한국'이라는 현실에서 얼마만큼의 거리를 확보한 곳으로 상상되기 때문이다.

만약 지금 우리 사회에 산재한 문제들에 관해, 그것이 분배와 관련된 불평등의 문제든 윤리적 차원의 인정과 정체성 정치에 관한 문제든, 복합적이고 다차원적인 문제들을 포괄하는 "또 다른 형태의 사회질서"가 존재하고 또 존재해야 한다고 믿는다면 그것이 '정치적인 것 the political'의 영역이리라는 낸시 프레이저의 의견에 동의할 수밖에 없다.[2] 물론 지금의 우리 시대가 일원화할 수 없는 모순들 앞에서 체계적이고 통합적인 관점을 제시하는 기획에 무능한 건 사실이지만, 그렇기에 다시 '세계'를 창출하려는 시도는 이론적인 차원에서든 실천적인 차원에서든 더욱 시급하고 유의미한 일일 것이다. 이와 같은 맥락에서 이 소설들은 우리 시대의 곤경과 과제의 좌표에 정확히 놓여 있다. 알다시피 소설은 '소설의 외부'인 현실에 대해 자율성을 지니되 결코 독립적일 수 없는 형식이자 증상이다. 그러므로 만들어내야 하지만 만들어낼 역량은 아직 부족한 이 '정치적인 것'이 소설에서 '제주'라는 모습으로 응결되었을 수 있다. 그렇다면 제주를 다녀오는 여성들의 행로와 그녀들의 편지를 살펴보는 일은 지금 우리가 '정치적인 것'을 어떻게 바라보고 있는지에 대한 모종의 증례가 되리라 예상된다.[3]

---

2 낸시 프레이저·악셀 호네트,『분배냐, 인정이냐?』, 김원식·문성훈 옮김, 사월의책, 2014, p. 123.

3 이런 맥락에서 정세랑의『시선으로부터,』(문학동네, 2020)와 최은영의『밝은 밤』(문학동네, 2021)까지 함께 살펴볼 수도 있다. 이 소설들 역시 여성 인물이 하와이와 가상공간 '희령'에 머물다 다시 서울로 돌아오는 '여성 여행 서사'라고 할 수 있다. 소설의 주요 인물들은 그곳에서 현실의 어려움을 상쇄할 만한 이야기를 듣고 다시 서울로 돌아오는데, 이 과정에서 하와이와 희령이라는 공간은 서울이라는 현실과 거리를 벌리기 위해, 혹은 서울의 문법과는 다른 사람을 만나기 위해 존재하는 무대로 기능한다. 이런 의미에서 돌아오기 위해 떠나는 이 여행의 성공과 실패에 관해 이야기해보는 것도 흥미로운 접근이지만, 지면의 분량상 이 글에서는 '제주'와

2

『작별하지 않는다』에는 작가 한강을 연상하지 않을 수 없는 주인공 경하가 한 도시의 학살을 다룬 소설을 쓴 후 기진맥진한 상태로 죽음 충동과 싸우고 있다. 역사적 외상을 재현한 경험이 도리어 그녀의 외상이 되어버린 상태. 그녀는 꽤 오랫동안 우울에서 헤어 나오지 못하고 있다. 그러던 어느 날 손가락이 절단되어 서울의 병원에 입원하게 된 친구 인선의 갑작스러운 부탁으로 경하는 인선의 앵무새를 돌봐주기 위해 제주에 있는 인선의 집으로 향하게 된다. 엄청난 폭설과 강풍에 갇혀 겨우 죽을 고비를 넘긴 경하는 인선의 집에서 분명 서울에 있어야 할 인선의 영혼과 마주하게 된다. 폭설에 고립된 제주 중산간 지역에 대한 유려한 소묘와 그녀들이 감당하는 고통에 대한 치열한 묘사. 소설은 유감없는 솜씨로 독자인 우리를 '고통의 공동체'에 초대한다. 눈송이로 빚어낸 진공의 공간, 현실의 시공이 무화된 것 같은 이곳에서, 경하는 인선을 통해 인선의 어머니가 남겨둔 4·3에 관한 자료와 증언을 마주한다. 그리고 이토록 무시간적인 영혼의 공간이자 시적 공간에서 소설은 갑작스럽게 중단된다.

신형철이 추천사에서 밝힌 것처럼, 경하와 인선은 "이만한 고통만이 진실에 이를 자격을 준다는 듯이, 고통에 도달하는 길은 고통뿐이라는 듯이" 막대한 고통에 몸을 담근 채 가까스로 4·3에 관한 이야기를 나누기 시작한다. 이들의 행로를 지켜본 독자라면 누구나 단언할 수 있듯이, 소설은 결코 제주의 고통을 소비하거나 해소하지 않는다. 그러나 경하가 제주로 들어가는 과정을 담은 1부가 소설의 절반 이상을 차지할 만큼 지난한 것에 비해 본격적으로 4·3에 관한 이야기가

'편지'에 초점을 맞춰 세 소설을 살펴보는 데에 집중하고, 정세랑과 최은영의 장편소설은 다음 기회에 분석하고자 한다.

펼쳐지는 2부와 3부는 소략하게 느껴지기도 한다. 더구나 4·3을 둘러싼 이야기가 '죽은 새'가 날아드는 비현실적인 공간에서 '영혼'을 통해 신비롭게 이루어지다 돌연 일시 정지 상태로 종결되는 모습은 4·3이라는 구체적 사건을 다루는 소설이 영혼과 고통의 시적 세계에 머른 채 '정치적인 것'으로 향하기를 포기하는 것처럼, 다시 말해 그녀들의 자리로 돌아가 현실에 직면하는 일을 회피하는 것처럼 보이기도 한다. 경하가 돌아가야 할 곳이 실제 인선이 누워 있는 서울의 병원이나 죽음 충동으로 뒤덮여 있는 경하 자신의 방이라는 점을 떠올려보면, 그녀가 제주에 도착하기 위해 감수했던 고난보다 다시 서울로 되돌아갈 때 감당해야 할 몫이 결코 작다고는 할 수 없을 것이다. 진실의 장소에 이르기 위해 고통이 필요한 것은 당연하지만, 그곳에서 얻은 진실을 현실로 가지고 나오기 위해서 그 이상의 것을 지불해야 한다는 것 역시 자명한 사실이다.

그래서 소설은 '정치적인 것'으로 향하는 대신 철저히 감각의 차원에 천착한다. 제주의 역사는 손가락이 절단되는 통증이나 눈송이가 피부에 와닿는 촉감으로 감각화되고, 이 감각의 생생함에 비해 경하와 인선이 4·3에 관해 이야기를 나누는 상황은 현실인지 비현실인지 모호하게 처리된다. 특정한 시공과 맥락 속에 있었던 역사적 사건은 오직 '고통의 연대'를 통해서만 '지금 여기'로 연결되고, 이 연결을 보장해주기 위해 죽은 새가 살아 돌아오고 두 명의 인선이 동시에 존재하는 무시간적이고 유령적인 현실이 펼쳐진다. 이것은 매우 자연스러운 결합이다. 고통의 감각이 역사의 본질이자 재현의 지고한 윤리가 되면, 역사는 산 자에게는 신체화되는 방식으로, 죽은 자에게는 영혼이나 귀신의 형식으로 현현할 수밖에 없다.

그러나 이렇게 역사와 사회를 고통의 감각으로 보는 것에는 늘 위험이 존재한다. 소설에서처럼 '정치적인 것'이 '사력'을 다해 뚫고 가야 할 눈더미로 뒤덮인 '고통의 공동체'로 공간화되면, 이곳은 더 이상 현실의 장소처럼 보이지도 않거니와 고통의 영역 바깥으로 확장될 가능성도 잃게 된다. '정치적인 것'을 고통으로 대체하면 고통은 숭고의 경지에 근접하기 쉽고, 더구나 소설에 실제 작가를 연상시키는 일인칭 화자가 등장하면 고통을 스스로 감행한 작가가 그 '정치적인 것'의 자리를 대신하기도 쉬워진다. 그리하여 누구나 신형철의 말대로 "언젠가부터 그의 새 소설 앞에서는 숙연한 마음이 된다". 그리고 그 숙연한 마음만큼 다수의 평범한 사람들은 그 고통으로부터 빠져나가고 싶어진다. 세계를 상처와 고통의 시선으로 바라볼 때 우리는 쉽게 자기연민에 빠지고, 고통과 '작별하지 않는' 장엄한 고행길에 가장 가깝게 연결된 길은 역설적으로 고통에서 벗어나기 위해 위로와 위안을 찾아 떠나는 여행길이다. 이 갈림길에서 다음 살펴볼 소설이 등장한다.

3

『완벽한 생애』에서 라디오 구성작가인 윤주는 자신의 거취를 두고 가벼운 농담을 주고받는 피디와 아나운서의 대화를 우연히 듣게 된 후 수치심에 그 길로 직장을 그만둔다. 졸지에 실직자가 되어버린 윤주는 제주로 이주한 시민운동 활동가인 미정의 초대를 받아 그녀의 집으로 '한 달 살이'를 떠난다. 그런데 실은, 윤주에게 제주행을 권한 미정 역시 다른 활동가 보경의 권유로 이곳에 왔지만, 지금은 보경의 감정적 의존이 지나치게 부담스러운 데다 제주에 온 명분 중 하나인 '제2공항 건설 반대'에도 그다지 뚜렷한 신념을 가지고 있지 않아 괴로운 상태에 처해 있다. 다시 말해, 두 사람에게 제주는 명백히 도피처이고, 도피처가 반드시 제주일 필요도 없었다. 다만 "서울에서 가장 먼 곳이 제주여서 제주를 선택한 것"(p. 79)뿐이라는 사실을 두 사람 모두 잘 알고 있다. 그러니 당연하게도 소설의 말미에 두 사람이 내린 결론은 서울로 돌아가야 한다는 것이다. 두 사람의 행로는 현실에서 받은 상처를 안고 제주에 갔다가 다시 서울로 돌아가 현실을 꾸려나가는 '제주 기행'의 경로를 보여준다.

둘 중 조금 더 단순한 여행자는 윤주다. 그녀는 지난 정권에 부역하여 지금은 퇴출된 피디가 인간적인 애정으로 메인 작가 자리에 '꽂아준' 사람이다. 정권 교체 후 부임한 지금의 피디는 이에 대한 불만으로 그녀와의 계약을 해지하고 싶어 하고, 이를 반대하는 아나운서와 농담을 섞어가며 이야기하고 있었다. 윤주가 도망친 것은 "그 웃음 때문이었다. 그들이 웃지 않았다면, 한 사람의 생계를 놓고 그렇게 웃지만 않았어도, 윤주는 녹음 직전에 말도 없이 사라지는 무책임한 행동은 하지 않았을 것이다"(pp. 53~54). 윤주는 두 피디가 놓여 있는 정치적 맥락이나 비정규직 방송작가의 불안정한 노동 조건에 대해서는 어떠한 의문도 품지 않는다. 그녀는 다만 이 상황을 '무례함'으로 인식하고 '모욕'을 받은 사람으로서 행동한다. 그녀가 "듣고 싶은 말은 사실 단 하나"(p. 114)뿐이고, 그것은 바로 "내 잘못은 없었다"(p. 147)는 말이다.

미정은 윤주보다 더 오랫동안 도피 중이다. 그녀는 법조인을 꿈꾸던 법학도였지만, 베트남전쟁에 참전했던 아버지에 대한 의구심과 그로 인한 죄의식에 휩싸였고, 학창 시절 그 문제를 다룬 모의재판을 경험한 후 꿈을 포기했다. 일종의 자기 처벌로 꿈을 폐기한 미정에게 제주는 "그저 포기한 꿈에 더이상 미련을 갖지 않는 연습"(p. 79)을 하기에 적절한 장소로 존재한다. 다소 결벽증처럼 보일 만큼 미정이 자기 처벌과 자기 연민 사이를 맴도는 이유는 "아버지의 딸로 태어난 것을 취소하거나 번복할 수는 없으므로. 그건 탄원도 항소도 불가능한 판결이니까. 아무리 무죄를 주장해도, 아니 무죄가 명백한데도 영원히 패소할 수밖에 없는 소송"(p. 80)이기 때문이다. 그렇게 법조인 대신 인권법재단 간사 자리를 선택한 미정은 남들의 눈에는 신념으로 가득 찬 활동가처럼 보이지만, 실은 어떠한 정치적 현실도 감당할 능력이 없는 상태에 가깝다. 그녀는 인권법재단에서 성소수자 병사를 돕다가 소수자들 내부에서도 폭력의 문제가 발생한다는 걸 목격하고 "무엇이 옳은 것인지 갈피를 잡을 수 없게 되자 세상에서 가장 쓸모없는 일을 하고 있다는 생각이 밀려오기 시작"(p. 85)하여 돌연 재단을 그만두고 서울에서 도망친다.

그렇게 둘은 제주로 도피했지만, 이곳 제주에도 '현실'이 없을 리 없다. 미정을 만나러 집회 장소에 나간 윤주는 제주 방언이 섞인 행인들의 말, "육지 것들이 와서 제주의 발전을 막고 있다"라는 비판과 "하는 일 없이 훼방만 놓는 시위꾼들"이라는 비난의 말을 듣게 된다. 상당히 위험한 집회였기에 "그때 그들의 대화를 듣지 않았더라면 윤주는 아마도 미정의 안전을 살피기 위해 좀더 오래 그 자리를 지켰을" 테지만, 이렇게 감정적 갈등이 발생하는 순간 윤주는 또다시 빠르게 도피한다. 행인들의 이야기를 더 들어볼 생각도 없고, 미정을 돕거나 지켜볼 생각도 없다. 윤주는 이 상황이 마치 "서피디와 최아나운서의 웃음소리가 그 대화의 뒤편에 배음처럼 깔려 있"는 것처럼 느껴지고, "가상의 확성기를 통해 울려 퍼지는 그 웃음소리로부터 벗어나"(pp. 93~94)기 위해 서둘러 도망친다.

그런데 안타깝게도, 이 소설에서 저 행인들의 말을 부정할 만한 정황은 없다. 냉정히 말하자면 저기서 투쟁 중인 미정과 보경은 비극이 있는 곳에 찾아가 자신의 존재 이유를 찾고 자기 치유를 시도하는 '육지 것들'에 가깝다. 또한 그곳에 있던 제주도민들은 윤주가 연상한 것과 달리 피디와 아나운서처럼 곤란한 상황에 처한 사회적 약자를 무시하는 것도 아니다. 그러나 자신의 상처에 함몰된 윤주는 전혀 다른 맥락을 지닌 정치적 상황을 '비웃음'이라는 사적이고 심리적인 기준으로 동일하게 처리한다. 그리고 며칠 뒤, 미정과 윤주는 처음으로 이에 대한 대화를 나누지만, 이 대화에서도 제2공항이나 시민운동에 관한 내용은 찾아볼 수 없다. 미정은 "윤주야, 난 여기가 편하고 사실 갈 데도 없어. 〔……〕 그게, 내 잘못인 거야?"라고 묻고, 그런 미정의 말에 윤주의 마음은 풀어진다. 윤주 역시 왜 방송국을 그만두었는지 이야기하며 이렇게 생각한다. "그 이야기가 어떤 순서로 전해지든 마지막 말은 이미 정해져 있다 〔……〕 그러니까, 너의 잘못이 아니라는 그 말……"(p. 101)

그러나 정말 그런 것일까. 윤주의 기대처럼 "그 누구도 아닌 자기 자신으로부터" 내 잘못이 아니라는 말을 들으면 "그 말에 기대어 무서움 없이 살아갈 수 있"는 걸까, "그것으로 충분"(p. 102)한 걸까. 더 나아가, 내 삶에 내 잘못이 없는 일이 과연 가능한 일일까. 잘못과 책임의 거리는 그리 멀지 않을 텐데, 성인이 자기 삶에서 자신을 면책하는 것이 가능한 일일까. 이렇게 '상처'는 받았으나 '내 잘못'은 없는 이들의 정체성은 당연히 피해자 정체성일 수밖에 없고, 이들은 상처받은 사람들끼리 모여 서로를 위로할 뿐 다른 제주 사람들과 유의미한 상호작용을 나누지 않는다. 이런 방식으로 소설에 등장하는 정치적 행위와 투쟁 현장은 모두 트라우마와 연결되어 심리화된다. 그렇다면 소설이 이들을 '굳이' 제주로 불러모은 이유는 혹시 '정치적인 것'을 복잡한 맥락으로부터 떼어내 탈정치화하기에 서울보다 제주가 수월했기 때문은 아닐까.

이와 비슷한 문제가 미정과 아버지의 갈등이 해소되는 과정에서도 반복된다. 피를 묻힌 세대와 그것을 부인할 수도 그렇다고 수용할 수도 없는 다음 세대 간에 발생하는 갈등은 쉽게 풀리기 어려운 역사적 매듭이지만, 소설은 이 상황을 "나는 사람은 안 죽였다"라는 아버지의 고백, "죽이는 걸 해본 놈들은 벌써 다 죽었어, 병들어서. 마음이 상했으니 몸도 병든 거지"(p. 123)라는 설명으로 단번에 해결해버린다. 사람을 죽였다고 반드시 그 대가를 치르는 건 아니라는 걸 우리는 수많은 독재자와 학살자를 통해 확인한 바 있지만, 소설은 더 이상 나아가길 거부한다. 만약 소설이 정말 '내 잘못'과 '내 잘못이 아닌 것'에 대해 사유하고 싶었다면 이렇게 빠른 해소를 위한 해명을 제시하는 대신 진짜 물음을 던졌어야 했다. 아버지가 베트남에서 사람을 죽였다면 어떡할 것인가. 우리 사회에 전쟁과 학살의 무용담을 소리 높여 과시하는 사람들이 없는 것도 아닌데, 혹은 반대로 그 경험으로 인해 가해와 피해의 의식이 뒤섞여 이후의 삶을 망가뜨려버린 사람들도 적지 않은데, 아버지가 무고하지 않다면 어떡할 것인가. 그러나 소설은 알고 보니 미정의 아버지에게는 '잘못'이 없었고 그러므로 미정에게도 '잘못'이 없다는 면책의 논리를 마련하여 어초 간직했던 문제의식을 빠르게 지워버린다.

이렇게 소설은 결정적인 갈등마다 살짝 비껴가며 '내 상처'는 '내 잘못'이 아니라는 걸 주장한다. 그리고 이 같은 상처의 서사는 탈정치화된 위로로 귀결될 수밖에 없다. 내 잘못이 아닌 상처가 있다면 그 상처를 치유하고 잊어버리는 것 외에 별도리가 없으니까. 그러나 정말 보경이 말한 대로, 그리고 그 말을 듣고 미정과 윤주가 안심했던 대로 "우리는 모두 여행자"이고 "이 행성에 잠시 머물다 가는 손님일 뿐"이며 "우리 각자의 여행"(p. 151)을 하는 중인 걸까. 글쎄, 우리는 그보다 훨씬 더 복잡한, 결코 떠나온 곳과 돌아갈 곳이 따로 존재하지 않는, 돌이킬 수 없이 얽혀 있는 그런 삶을 사는 게 아닐까. 만약 인생의 의미가 고작 여행이고 '제주'는 그 여행을 상징적으로 보여주는 장소라면, 제주를 통해 형상화된 '정치적인 것'이 자기 위안의 영역에 그치는 것은 당연하다. 잠시 머물다 가는 여행지를 책임지려는 손님은 없다.

4

　이렇듯 두 편의 소설은 '정치적인 것'을 '감각적인 것'으로 이전한다. 한쪽은 '내 고통이나 마찬가지'라고 말하고 다른 한쪽은 '내 탓이 아니라'고 말하지만, 둘은 모두 '정치적인 것'을 상처와 고통으로 그려낼 때 가능한 반응이다. 한 편은 그대로 제주에 남은 채 끝나고 다른 한 편은 서둘러 제주를 떠나며 끝나지만, 모두 감각적이고 윤리적인 차원에 머무른 채 '정치적인 것'을 지연하거나 회피할 때 그어지는 행로다. 물론 이와 같은 지점이 개별 작가의 한계에서 유래한다고 말하는 건 아니다. 그보다는 이것이 우리 시대의 '정치적인 것'이 놓인 좌표라고 말하는 쪽에 가깝다. 두 소설은 정확히 시대의 한계선에 위치한다. 그러니 희망이 있다면, 고통의 바로 옆에 고통에 대한 인식과 실천이 존재하리라는 믿음에 있다. 바로 그 '직전의 순간'이 두 소설의 주인공들이 맞닥뜨린 결말의 순간이다.

　이처럼 아슬아슬한 경계에 존재하는 두 소설은 편지라는 형식에서도 차이점과 유사점을 보인다. 『작별하지 않는다』의 초반에 경하는 수신인이 정해지지 않은 '작별 편지'를 쓰고 찢기를 반복한다. 그리고 소설은 그녀가 편지의 수신인 칸을 채우기 전에 혹은 새로운 편지를 쓰기 전에 끝이 난다. 그녀는 아직 제주에 있고, 여전히 누구에게도 편지를 보낼 수 없다. 반면 『완벽한 생애』의 윤주는 얼굴도 모르는 시징이라는 청년과 편지를 주고받는다. 에어비앤비의 호스트와 고객 관계인 둘의 편지가 소설에서 가장 대화다운 대화라는 점은 의미심장하다. 둘은 누구에게도 말하지 못할 내밀한 이야기들을 나누며 어떠한 책임도 물을 필요 없이 서로에게 필요한 위안을 주고받는다. '쓰지 못한 편지'와 '위안을 교환하는 편지', 두 소설에 등장하는 편지는 두 소설의 성격 차이를 그대로 반복한다. 그러나 동시에, 독백의 수신인을 지목하지 못하고 찢어버리는 것과 누가 수신인이어도 좋으나 다만 내 곁의 사람일 수는 없다는 것 사이에는 묘한 공통점이 느껴지기도 한다.

그러고 보면 편지라는 매체는 독특한 것이다. 편지는 상대의 얼굴을 보지 않아도 가능한 대화 방식이고, 그렇다고 실시간으로 상대의 반응을 확인할 수 있는 온라인상의 대화와도 다르다. 온라인일 수도 오프라인일 수도 있는 상태, 독백일 수도 대화일 수도 있는 말들. 수신인을 정하지 않아도 발신을 하지 않아도 편지는 얼마든지 쓸 수 있다. 이런 맥락에서『복자에게』는 두 소설과 같은 자장에 있으면서도 사뭇 결이 달라 보인다. 이 소설에서 영초롱은 복자에게, 영초롱의 고모는 사랑하는 친구나 영초롱에게 정확한 수신인을 명기한 편지를 쓴다. 더욱이 제목이 말해주듯 소설 전체가 복자에게 쓰는 편지임을 표방하고 있기도 하다. 그렇다면『복자에게』에서 편지는 어떤 의미를 지닐까.

5

『복자에게』의 영초롱은 부모의 파산으로 제주에서 보건소 의사로 일하는 고모의 집에 보내진다. 초등학교 6학년이었던 영초롱은 제주에서 다시 배를 타고 들어가야 하는 고고리섬에서 1년, 그 후 대정읍으로 나와 중학교 1년을 더 보내고 서울로 돌아간다. 그녀에게 이렇게 제주에서 보낸 2년의 시간 중 특히 고고리섬에서 보낸 1년은 친구 복자와의 추억으로 각별한 시간이었지만, 그 후 고모는 고고리섬을 떠났고 복자와도 다투고 멀어져 다시는 그곳의 소식을 듣지 못했다. 그리고 2016년, 서른 살이 된 판사 영초롱은 서귀포 성산법원으로 부임하며 다시 제주로 돌아오고, 복자가 이곳 '영광의료원'에서 간호사로 일하다 유산한 후 현재 그 일로 산재 소송을 진행 중이라는 소식을 듣게 된다. 복자가 산재 인정을 받지 못하고 소송 중인 이유는 병원 측에서 간호사들이 안전하지 못한 방식으로 항암제를 다뤘다는 사실을 은폐하기 때문인데, 여기에 더해 병원장 부인인 엘리사벳은 식사 자리나 술자리에 성산법원의 판사들을 불러모을 만큼 막강한 힘으로 산재 소송을 방해하고 있다.

잘 알려졌다시피 이 소설은 '제주의료원 산재 사건'을 모티프로 하고 있다. 작가는 '작가의 말'에서 이 사건에 각색과 창작을 더했으며 현실에서는 본원이 아닌 지원이 재판을 맡는 경우가 없다는 점을 미리 밝히고 있다. 그런 언급을 따로 하지 않았더라도 실제 사건과 소설 사이에 많은 차이점이 있는 것은 지극히 당연한 일이다. 그러나 그럼에도 중요한 사회적 문제에 대해 소설이 많은 부분을 변형하고 있다면 이에 대한 분석이 필요하다는 것 역시 당연하다. 소설은 산재 문제를 둘러싼 갈등의 핵심으로 '지역 유지가 운영하는 영광의료원'과 '지역 유지에게 우호적인 판사들'이 영초롱을 재판에 배석하지 못하도록 방해하는 상황을 다루고 있다. 그리고 이렇게 일종의 '음모론'에 가까운 갈등이 진행되는 동안 복자를 비롯한 노조의 투쟁, 시민운동, 다른 전문가들의 연대 등은 전혀 언급되지 않는다. 소설은 사건의 복잡성을 주인공 영초롱의 주변에 있는 '선한 부족'과 그저 이익에 눈이 먼 '악한 부족'의 이분법적 대립으로 바꿔버리고, 이와 같은 설정의 단순화는 소설적 변형의 차원을 넘어 현실 왜곡의 수준에 이르렀다고 말할 수밖에 없다.

실제 제주의료원 사건은 불의를 참지 못하는 '착한 판사'가 '나쁜 의사 자본가'와 '나쁜 향판'의 결탁에 대항하는 식의 단순한 문제가 아니었다. 잠시 몇 가지 중요한 점만 짚어보자. 첫째, 소설과 달리 실제 사건에서 복자처럼 유산한 사람들은 근로복지공단의 산재 인정을 받았다. 산재로 인정받지 못한 경우는 유산한 경우가 아니라 심장 질환아를 출산한 경우였는데, 이 경우 산재가 인정되지 않은 이유는 근로자가 아닌 아이에게 요양급여를 지급할 법적 근거가 없다는 것이었다. 여기서부터 근로복지공단과 간호사들 간의 십여 년에 걸친 긴 소송이 시작된다. 법원은 1심에서 명백한 역학조사 결과를 근거로 간호사들의 손을 들어줬지만 2심에서는 형식적 법 논리에 의해 기각했으며, 다시 2020년 대법원은 간호사들의 손을 들어준다. 그런데 문제는 여기서 끝나지 않는다. 아무리 대법원이 산재 인정 취지의 판결을 했을지라도 실제로 이에 해당하는 법과 제도는 공백이었기에 새로운 산재보험법이 필요했다. 늘 그렇듯이 국회는 빠르게 움직이지 않았고, 이에 입법을 요구하는 투쟁이 다시 이어졌다. 다행히도 2021년 12월 국회는 개정법을 통과시켰고, 입법 취지를 살려 개정법 시행 전 출생아에게도 산재 신청을 할 수 있도록 단서 조항을 달았다.

둘째, 그러므로 소설에서 '착한 의사'인 고모가 "그 원장이 의협 쪽 무슨 임원이지 않니? 어디 연구소인지 몰라도 그 정도까지 결론을 내려준 것도 상당한 직업윤리를 발휘한 셈"(p. 152)이라며 "우리 연구소는 작지만 더 잃을 것 없는 사람들이 모인 단체라 가끔은 아주 용감해지기도 하니까"(p. 154) 도움을 청하라고 하는 말과 달리, 현실에서는 처음 의뢰한 역학조사에서부터 간호사 측이 주장하는 결과가 나왔다. 실제로 2010년 제주의료원은 1년 동안 간호사들의 유산과 선천성 심장 질환아 출산이 이어지자 노조에서 요구한 역학조사를 서울대 산학협력단에 의뢰했고, 서울대 산학협력단은 간호사들이 최기형성 약물에 지속적으로 노출되었다는 결과를 내놓았다. 그 후 1심에서도 한국산업안전보건공단 산하 산업안전보건연구원은 간호사들이 생식독성에 노출된 것을 포함하여 다양한 업무 환경에 의해 유산되었을 가능성이 크다는 역학조사 결과를 발표한다.

다시 말해, 복자의 산재는 '어떤 판사'가 배석판사가 되느냐, '어떤 의사'가 역학조사를 담당하느냐에 좌우되는 단순한 문제가 아니라, 산재 문제를 대하는 사회적 인식, 정부 차원의 의지, 법률적 해석과 국회의 입법 과정 등을 포함한 구조적인 문제였고, 이를 해결하기 위해 당사자인 간호사들뿐 아니라 다양한 시민단체와 법조인, 노조의 끈질긴 연대와 치열한 투쟁이 필요했다는 말이다. 이 과정에서 영초롱이 판사로서 고민할 만한 사안들은 너무도 많지만, 소설은 사건을 단순한 선악 구도로 전환함으로써 인물들이 고작 '시골 음모론'의 수준에 머무르게 만들어버린다.

셋째, 소설과 달리 제주의료원은 돈에 눈이 먼 의료 자본이 세운 병원이 아니라 공공의료체계에 속한 공공병원이었다. 당시 제주의료원의 간호사들이 다른 병원과 달리 직접 항암제를 가루로 빻아야 했고 열악한 노동환경에 놓여 있던 이유는 그곳이 '나쁜 기득권자'의 소유여서가 아니라 병상 회전율이 낮고 중증환자 비율이 높아 만성 적자에 시달리던 공공병원이었기 때문이다. 공공의료기관의 특성상 고령의 장기 입원 환자의 비율이 높을 수밖에 없었던 제주의료원은 계속해서 적자가 누적된 상태였고, 이에 제주도는 강력히 적자 감축을 요구한다. 이는 몇 년 후 경상남도가 진주의료원을 폐쇄했던 상황과 유사하다. 홍준표 당시 경남지사가 진주의료원의 적자 원인을 '나쁜 귀족 노조'의 문제로 단순화하여 처리해버린 것처럼, 때로는 해결이 어려운 구조적인 문제를 손쉽게 해결하기 위해 기꺼이 '악인'이 만들어지기도 한다.

그렇게 필요에 따라 만들어진 악인은 소설의 개연성을 방해할 만큼 어색한 상황을 만들어낸다. 예컨대 엘리사벳은 영초롱을 회유하기 위해 재판 전 뇌물을 들고 면담하러 찾아온다. 그런데 산재 소송은 근로복지공단을 상대로 이루어지는 것이지 병원을 피고로 하는 소송이 아니다. 다시 말해 엘리사벳이 피고로서 판사와 면담하는 장면은 이미 말도 안 되는 상황이다. 또한, 엘리사벳은 영초롱을 협박하기 위해 영초롱의 정신과 진료 기록을 부장판사에게 제출하는데, 일반인이 판사 개인의 진료 기록을 입수한 것에 대해 영초롱은 의료법이나 개인정보보호법 위반이라는 자연스러운 반응을 하지 않은 채 "정신과 치료가 아니라 불면증 치료였어요"(p. 205)라는 시대착오적인 변명만 한 다음 지인인 기자를 통해 정보를 누출한 의사를 수소문한다. 그리고 수소문 결과, 엘리사벳에게 기록을 넘겨준 의사가 "영광의료재단의 계열사"인 "외국계 제약회사의 사외이사"(p. 207)로 전직했음을 알게 된다. 이것이 사실이라면 그러려니 하고 넘어갈 문제가 아니거니와, 현행법상 의료재단은 비영리재단이고 자회사를 차리는 기준조차 극도로 제한되어 까다로운데 어떻게 외국 자본의 제약회사가 의료재단의 계열사가 될 수 있는지도 의문이다. 만약 이것이 편법으로라도 가능하기 위해서는 아마 국내 굴지의 병원인 C그룹 정도가 되어야 할 텐데, 그 정도 그룹이라면 그룹의 사모가 와서 지원 판사들을 접대할 리 만무하다.

6

이렇게 몇 가지만 살펴봐도, 실제 사건에 관심이 있거나 법조계와

의료계의 동향을 조금이라도 알고 있는 사람이라면 소설에 집중하기 어려울 만큼 턱없이 취재가 부실해 보인다. 물론 모든 소설이 현실의 문제를 자세하고 정확하게 다루어야 한다고 생각지 않는다. 그러나 사회적으로 중요한 문제의 본질적인 부분을 다수 변경하였을 때에는 그만큼의 대가를 지불할 가치가 있어야 한다. 문학이 실제 모티프가 존재하는 정치적·사회적 문제를 작품 내부에서 해결하고 있다면, 그 해결 방식 역시 충분히 정치적이고 사회적인 의미가 있어야 한다.

왜 복잡한 문제를 충분히 복잡하게 다루지 않고 엉성한 선악의 구도로 단순화시키는가. 왜 구조적이고 사회적인 문제를 충분히 정치하게 다루지 않고 소박한 음모론의 수준으로 격하시키는가. 그것은 혹시 문제를 영초롱과 복자의 우정 차원에서 해결 가능한 것으로 만들려는 나태한 소원 성취의 욕망에서 기인하는 것 아닐까. 물론 우정을 중심으로 다루는 소설도 당연히 있을 수 있다. 만약 제주의료원처럼 공공의료체계의 복잡한 현실이나 법정에서 끝나지 않는 산재 시스템의 구조적인 문제를 다룰 생각이 없었다면, 산재 인정의 어려움에 집중하여 복자의 이야기를 들려줄 수도 있었을 것이다. 그러나 소설은 '정치적인 것'을 단순한 이분법으로 치환시키고 그것을 손쉽게 해결하는 길을 마련했음에도 정작 복자의 이야기에는 그다지 큰 관심을 보이지 않는다.

어쩌면 이는 당연한 일일지도 모른다. '정치적인 것' 대신 음모론적 세계상을 제시하여 그것이 세계의 문법인 양 그려내는 '선악의 서사'는 반드시 다른 한편에 유토피아를 요구한다. '악한 부족'이 법원과 병원을 중심으로 한 제주의 유지들이라면 '선한 부족'이 사는 섬은 단연 고고리섬이고, 그만큼 고고리섬의 주민들에 대한 묘사는 한결같이 토속적이고 유토피아적이다. 아이를 잃고 투쟁하는 복자의 노력도 인스타그램에 나올 법한 상큼한 아이스크림 가게 '복자빙과'나 '고고리 루프 바' 정도로 가볍게 처리된다. 그리고 이렇게 선한 부족을 둘러싼 환상은 어디까지나 그들이 그들의 자리를 지킬 때만 유지된다. 만약 복자가 자기의 관점으로 다른 주장을 하고 무언가를 요구하기 시작하면, 그 순간 이 모든 마법의 시간은 흩어져버린다.

실제로 소설에서 "평생의 부탁"이니 자신의 산재를 다루는 재판에 회피신청을 해달라는 복자의 간절한 말에, 영초롱은 성숙한 어른이라면 이해하기 힘든 반응을 보인다. "나는 말할 수 없는 배반감과 분노, 내가 맡고 있는 이 직분을 함부로 하는 침해 같은 것을 느꼈다. 그건 내가 베풀고 싶었던 선의와 우정이 깊으면 깊을수록 더 세게 나를 찌르는 것이었다."(p. 217) 초등학교 시절 절교한 이후 서른 살이 되어 다시 만난 친구가 아이를 잃고 법정 싸움을 하는 상황에서 단 하나 요구한 것이 재판 회피신청이었는데, 이 말을 듣는 영초롱은 격하게 분노한다. 그리고 이 분노를 가장 잘 수식할 수 있는 단어는 '감히'라는 부사일 것이다. 영초롱의 분노는 '내가 선의와 우정을 베풀고 있는데, 네가 감히 나를 믿지 않다니' 정도로 요약할 수 있다. 그 후 둘 사이를 중재하려던 또 다른 친구 고오세에게도 악담을 퍼붓고 영초롱의 제주 생활은 끝이 난다. 이때 고오세가 영초롱을 향해 '판사 에고'가 비대하다고 지적하지만, 사실 이런 영초롱의 모습은 판사는커녕 어른으로도 느껴지지 않기 때문에 정확한 비판이라 하기 어렵다.

그 후 소설은 시간을 건너뛰어, 판사를 그만두고 프랑스에 연구원 자격으로 체류하는 영초롱이 코로나로 봉쇄된 상황에서 복자에게 편지를 쓰는 마지막 장면으로 이어진다. 그녀는 다시 해맑게 편지를 쓴다. 너의 승소 판결문을 읽었다고, 나도 팬데믹 상황에 생존하고 있다고, 우리 모두 '생존자'임에 박수를 보내고 싶다고. 돌연 복자의 산재 문제는 축하한다는 편지 따위로 해결되어버리고, 파리의 영초롱은 "섬의 오래된 신과 보리밭"부터 해녀들, 물고기, 갯강구와 바닷바람을 거쳐 "다 녹아버린 아이스크림이라도 냉동고에 넣으면 얼마든지 다시 우리가 누릴 수 있는 것이 된다고 말할 줄 알았던 현명한 나의 친구"(pp. 236~37)에게 진한 그리움을 표하는 것으로 편지를 마무리한다. 다시 멀리서 보는 제주와 복자는 아름다운 나의 유토피아가 된 것이다.

그러나 인생은 결코 아이스크림처럼 다시 얼려서 먹을 수 있는 것이 아니고, 생존자라는 말로 덮을 만큼 동질적이지도 않다. 혼자 토라졌다 혼자 풀리는 '어른이'의 시선을 따라 소설의 결말은 갑작스럽게 '실패'를 긍정하고 "인생을 더 깊이 용인"(p. 233)하자고 하는데, 이 마지막 장에 의해 '선악의 서사'마저 '우리 모두의 실패에 대한 위로'로 황급히 대치되며 마무리되고, 프랑스에서 축복의 키스를 보내는 영초롱은 이 '제주 기행'에 '부끄러움'조차 지불하지 않는다. 그녀는 "모든 것이 그 자리에 있"(p. 76)는 '고향'을 언제까지나 긍정하고 그리워할 것이다. 그곳은 아름답고 온순한 복자가 저 멀리 조용히 있는 곳이고, 그곳에서 복자는 흡사 제주의 관광 상품용 마스코트처럼 결코 만나고 싶지 않은 '사랑하는 나의 타자'로 존재한다. 그러니 영초롱의 바람과 달리 이 편지가 복자에게 수신되지 않길 바란다. 이것은 결코 편지가 아니기 때문이다.

7

이렇게 소설은 '정치적인 것'을 '선악의 서사'로 뭉뚱그린 다음 우정을 통한 '회복의 서사'로 바꿔버린다. 그런데 이 방법은 복자의 산재 사건 외 다른 사건에도 얼마든지 적용된다. 1992년 전대협과 관련된 학내 투신 사건의 목격자였던 고모는 친구인 규정에게 불리한 증언을 한 적이 있고, 그 후 규정은 자살방조죄와 국가보안법 위반으로 투옥되어 영초롱이 고고리섬에 사는 동안 교도소에 수감되어 있었다. 여기서도 소설은 가장 중요한 부분을 편지로 해결한다. 당시 권위주의 정권하에 투쟁했던 많은 사람이 막다른 곳에 몰려 왜곡된 형태의 투쟁을 감행했을 테지만, 고모의 독백으로 이루어진 편지에는 별다른 반성도 없이 감상적인 후회만 가득하다. 편지 속 글귀들, "우리의 운동은 숨두부 같아야 하고 세천유원지 같아야 하고 작은 서재가 있는 전셋집 같았어야 했"는데 "언제나 남자 선배들의 다 낡은 코르덴 재킷 따위나 빌려 입은 듯한 기분"(p. 162)이었다는 두루뭉술한 후회는 단지 유토피아적이고 낭만적인 희망 사항에 불과할 뿐 유의미한 정보나 깊이 있는 사유로 연결되지 않는다. 더구나 영초롱이 훔쳐보는 몇 통의 편지로는 사건의 실체가 드러나기도 어렵거니와 그저 아름다운 편린으로 몇 개의 소품처럼 기능할 뿐이다. 소설은 다시, 개인적인 차원에서 해결하기 어려웠을 역사적·정치적 문제들을 감정의 문제로 서둘러 치환하는 경로를 밟는다.

그러니 복자의 재판에 영초롱이 참여하게 된 소식을 들은 고모가 "회복의 기회가 주어졌다니, 어디에 비할 수 없는 좋은 소식이구나. 고모에게도 그런 행운이 있었지만 이 년에 불과했어"(p. 189)라고 쓰는 것은 당연하다. 소설은 두 사건을 유사한 구조로 병치한다. 1980~1990년대 정권의 폭력성이나 이에 대항했던 학생운동 내부의 갈등이 마치 우정의 문제라도 되는 것처럼 회고하고, 지금 우리 사회의 모순들이 구조적으로 압축된 산재 문제나 정교한 법체계로 지탱되는 생명 정치의 위력도 우정의 차원에서 해결될 수 있다는 듯 처리한다. '규정과 고모의 관계'와 '복자와 나의 관계'가 등치되면서 이 복잡한 이야기는 우정에 기댄 단일한 '회복의 서사'로 전환되고, 회복의 서사는 필연적으로 유토피아적인 동시에 음모론적인 단순한 세계를 만들어낸다. 악한 부족에 맞서 선한 부족을 사수하는 일에는 깊은 사유가 필요하지 않다. "울고 설운 일이 있는 여자들이 뚜벅뚜벅 걸어들어가는 무한대의 바다가 있는 세상. 그렇게 매번 세상의 시원을 만졌다가 고개를 들고 물밖으로 나와 깊은 숨을 쉬는 사람들이다. 그러니 다 잘되지 않겠니?"(p. 189) 복잡하고 끈질긴 사유 없이 회복의 꿈을 꾸는 것, 그것은 소설이 종종 우리에게 안겨주는 기만적이지만 달콤한 소원 성취의 선물이다. 그리고 이 과정에서 '세상의 시원'을 만진다는 '제주 여자들'은 철저히 타자화된다.

8

'정치적인 것'을 상처와 고통의 차원에서 인식하는 우리 시대에, 그 것을 재현하기 위해 들고 있는 양날의 칼을 의식하지 못하는 작가는 거의 없다. 누군가는 그 칼을 쓸 때 반드시 칼의 다른 면으로 자신을 찔러야 한다고 생각하며 고통을 감내할 것이고, 누군가는 그 칼이 자신과 다른 이를 아프게 한다는 사실을 알고 중도에 울음을 터뜨릴 것이며, 또 누군가는 칼이 날카로우니 칼을 드는 대신 연고를 바르자고 주장할 것이다. 그러나 글을 쓰는 자라면 누구나 아는 진리는, 고통을 재현하기 위해서는 칼을 들 수밖에 없는 순간이 찾아온다는 사실이다. 어쩌면 "작품에 생명력을 부여하고 시대에 뒤떨어지지 않게 하는 것은 그 속에 존재하는 폭력성"[4]이다. 그 '폭력'을 행사하는 순간, 연고를 집어 드는 대신 칼의 무게를 정직하게 감당하는 것이 재현하는 자가 지켜야 할 최소한의 윤리다. 그리고 나아가, 이것은 재현을 업으

---

4 에밀 시오랑, 『독설의 팡세』, 김정숙 옮김, 문학동네, 2004, p. 19.

로 삼은 작가만의 문제가 아니다. 우리 각자에게도 세계는 재현된 것이며, 정치의 자리에 '윤리 일반'이 들어선 시대에 우리의 모습도 이와 유사하다. 우리 중 누군가는 고통 속으로 기꺼이 침잠할 것이고, 누군가는 자기처벌과 자기 연민을 왕복하는 피해자 정체성으로 살아갈 것이며, 누군가는 이 모든 것을 덮고 우리 모두 생존자임을 축복하자고 힐링을 누릴 것이다. '윤리의 길'과 '자기 연민의 길'과 '힐링의 길', 문제는 이 세 가지 행로가 결코 멀리 떨어져 있지 않다는 점에 있다.

3부
경도와 위도

일요일 오후를 견디는 법
─ 성혜령, 위수정

1. 사고실험

  우리 집에서만 그랬는지도 모르겠지만, 어릴 때 '……그 후 이야기' 같은 책들이 유행한 적이 있다. '키다리 아저씨, 그 후 이야기'나 '빨간 머리 앤, 그 후 이야기' 같은 제목들이었다. 모두 사서 읽긴 했지만 생각보다 흥미롭진 않았다. '해피엔딩 이후'의 생활에 대해서는 그다지 궁금한 게 없었다고 해야 하나. 그래서인지 정작 책의 내용은 기억나지 않고, 엄마가 그 책들을 꽤 재밌게 읽고 계셨던 모습만 기억에 남는다. 엄마는 당연히 알고 계셨을 것이다. 진짜 이야기는 공주와 왕자가 예복을 벗고 집으로 돌아간 후부터 시작된다는걸. 가끔 그렇게 부모가 한 사소한 말이 기억에 남을 때가 있다. 결혼 생활을 한 지 40년이나 된 아빠가 어느 날 "어른들끼리는 같이 사는 거 아니야"라고 농담기 없이 말하던 순간 같은 것. 그럴 때 아빠의 모습은 어딘가 낯설어 보이면서도 친근하게 느껴졌다. 곰곰이 생각해보면, 혼자가 아니라 누군가와 함께 산다는 것은 이상하거나 엄청나거나 아무튼 자연스러운 일은 아니다.

  재미 삼아 이론물리학자처럼 사고실험을 하나 해보자. 여기 한 부부가 있다. 부부는 진공상태(두 사람에게는 원가족, 자녀, 공동의 친구 집단이 없고, 관습적·사회적 압력을 크게 받지 않는다)에서 동등한 에너지(두 사람은 동일한 사회적·경제적 지위에 있다)를 갖고 가역적으로 결합된 상태다. 부부는 서로에게 다음과 같은 질문을 한다. "더 이상 나를 사랑하지 않게 되어도 나와 함께 있을 거야?" 이에 대한 답변을 거짓으로 할 순 없다고 가정하자. 그렇다면 대답은 두 가지다. 첫번째 대답, "그래도 너와 함께 있을 거야". 만약 당신의 배우자가 이렇게 다정하다면, 당신이 앞으로 두려워해야 할 것은 기만이다. 당신은 버려질까 봐 불안할 필요는 없지만, 당신의 배우자가 당신을 사랑하는지 아닌지 알 도리가 없다. 이제 당신을 기다리는 것은 권태로운 세계다. 두번째 대답, "그러면 같이 살지 않을 거야". 만약 당신의 배우자가 이렇게 정직하다면, 당신이 앞으로 두려워해야 할 것은 고독이다. 당신은 배우자가 당신과 함께 있는 한 당신을 사랑한다는 걸 알 수 있지만, 이 관계가 언제 끝날지는 알 수 없다. 이제 당신을 기다리는 것은 언젠가 혼자 남게 될 고독한 세계다. (누군가는 다른 대답이 가능하다고 생각할 수 있다. 예컨대 "너를 영원히 사랑할 거고, 영원히 함께할 거야" 같은. 만약 이런 게 있다고 믿는다면 당신은 굳이 소설을 읽지 않아도 된다. 그리고 아마 읽지 않을 것이다.) 권태와 기만에서 벗어나기 위해 고독과 불안을 감수해야 하거나, 고독과 불안에서 벗어나기 위해 권태와 기만을 감수해야 하는 것. 어쩌면 소설은 이처럼 알고 싶지 않은 '해피엔딩 이후'의 세계를 기어이 사고실험하는 형식일지도 모르겠다. 그리고 여기 두 종류의 세계가 있다. '그래도'의 세계인 「주말부부」와 '그러면'의 세계인 「아무도」.[1]

---

1   성혜령, 「주말부부」, 『현대문학』 2021년 12월호; 위수정, 「아무도」, 『문학과사회』 2021년 겨울호. 이하 본문에서 인용할 때는 쪽수만 기입한다.

2. '그래도'의 세계

    그들은 권태롭다. 아내인 남미는 서울의 아파트에 살고, 남편인 조오는 지방 공장에서 일하며 기숙사에 머물다 주말에 올라온다. 조오는 "조용하고 도로가 반듯한 일본"을 좋아하고 굳이 "더 하고 싶은 게 없"(p. 63)어서 학창 시절 아르바이트를 하다 "이미 익숙해져"(p. 63) 버린 페인트 공장의 직원이 되었다. "언젠가부터 조오는 집에 있는 침대가 불편"하고 "이음새가 조악한 기숙사 이층 침대가 피곤한 조오의 몸을 더 잘 받아주는 것 같"(p. 60)다. 심지어 "2주간 남미를 보지 못했는데 그다지 힘들지도 슬프지도 않"다. 그래도 그는 주말이 되면 집으로 돌아간다. 둘은 부부니까. 남미에게도 가장 편안한 시간은 조오가 없는 시간이다. 지금은 전화 상담 일을 하고 있지만 원래 그녀는 그림을 그리는 사람이었다. 요즘도 남미는 주중에 대학 동기인 수영을 집으로 불러 그녀를 모델 삼아 그림을 그린다. 주말에도 조오 없이 "호텔에 가서 하룻밤 자고"(p. 71) 오는 상상을 하거나 기차를 타고 멀리 나가 "집에 돌아가면 주말이 끝나 있"(p. 72)는 상상을 한다. 그래도 그녀는 집으로 돌아간다. 둘은 부부니까.
    장거리 연애 중인 커플에게는 이구동성으로 위로를 건네지만, 주말부부에게는 위로는커녕 삼대가 덕을 쌓아야 할 수 있다며 부러움을 표한다. 실은 조금 슬픈 이야기다. 더 이상 누구에게도 가족과 사는 집이 사적인 공간일 수 없다는 의미니까. 애당초 '사적인 집'이라는 것이 중산층 이상의 백인 남성에게만, 그것도 20세기까지만 가능했던 장소라 할지라도, 여전히 스위트 홈에 대한 환상은 존재한다. 하지만 이미 많은 사람에게 집보다 더 편하고 사적인 공간은 카페나 호텔 같은 곳이다. 여성에게는 더욱 그렇지만 남성에게도 집은 역할을 수행해야만 하는 장소다. 주말부부라면 더더욱 '주말에는 부부 노릇'이라는 '일'이 주어진다. 오랜만에 배우자를 만나 행복한 사람들 역시 그것이 물리적인 '일거리'를 가져오는 시간이라는 점에는 동의할 것이다. 여하튼 제스처들이 필요한 시간이다.

다시 한번 사고실험을 떠올려보자. 남미와 조오는 서로에게 '그래도 너의 곁에 있을 거야'라고 말한 사람들이다. 물론 그것은 권태의 세계를, 그러나 '자기 자리'를 소유할 수 있는 세계를 만들어낸다. 애초 남미는 "조오가 솔직한 사람이 아니라는 것을 알았고 그 점이 좋았다". "조오를 깊이 사랑한다고 느낀 적은 없었지만 조오와 함께 있으면 제 자리에 있는 것 같은 느낌이 들었다."(p. 75) 그러니 그녀는 일주일 만에 만난 조오를 "오래전부터 거기 있던 정물인 것처럼"(p. 66) 무심하게 바라볼 수 있다. 정물이야말로 제 자리에 잘 놓인 것이고, 남미가 원하던 게 바로 그런 것이니까. 제 자리를 잘 찾는 조오든, 그런 조오에게 안정을 느끼는 남미든, 둘 다 불안과 고독 대신 권태와 기만을 감수하기로 한 사람들이다.

그렇다면 조오가 잘 찾는다는 '자기 자리'란 무엇일까. 조오에게 그것은 "작지만 돌아갈 집"과 "그다지 예쁘진 않지만 아내"(p. 62)일 것이다. 그는 일요일에 '도시락'을 싸 '한강'이라도 가서 '돗자리'를 펴놓고 앉아 있길 원한다. 도대체 왜 집에 도시락도 돗자리도 없는지 못마땅하고 의아하다. 물론 그것들이 없는 이유는 간단하다. 여태 둘의 생활에 필요하지 않았기 때문이다. 그러나 그가 떠올리는 일요일의 풍경에는 한강과 도시락과 돗자리가 존재해야 하고, 그렇게 앉아 있으면 아마도 그들은 그럭저럭 행복해 보일 것이다. 마치 쇠라의 「그랑자트섬의 일요일 오후」처럼. 나는 이 화가처럼 일요일 오후의 분위기를 완벽히 그려낸 사람을 본 적이 없다. 토요일도 월요일도 아닌 일요일 오후의 공기는 어딘가 희박하고 미지근하다. 실제 인간의 시지각 메커니즘을 정교하게 계산해 그렸다는 이 그림은 흥미롭게도 전혀 현실처럼 보이지 않는다. 물감을 팔레트에서 섞지 않고 순색의 무수한 점으로 찍어 그렸기에 색채만은 생생하게 남아 있지만, 점으로 이루어진 사람들은 모두 경직되어 보이고 풍경은 정지 상태의 화면 같다. 균질하게 제 자리를 잘 잡은 점들의 세계는 아늑하지도 여유롭지 않고 다만 권태롭고 창백하다. 한강에 돗자리를 펴놓고 앉아 있는 주말 부부의 모습처럼.

그러나 권태란 보기와 달리 마냥 고요하지만은 않다. 권태를 감수하며 만들어낸 '자기 자리'는 끊임없이 다른 이의 자리를 의식해야만 확보될 수 있다. 조오는 "누가 집주인인지 모르"(p. 66)는 것처럼 보이는 남미의 친구 수영이 못마땅하고, 수영을 침대에서 재우겠다는 남미에게 "그 침대는 네 것이 아니라고 말해주고 싶"(p. 64)지만 꾹 참는다. 수영과 대화할 생각은 없지만, 수영을 집으로 데려다주면서 이 '부자 동네'의 "어느 것이 수영의 집인지"(p. 67) '수영의 자리'를 꼭 알고 싶다. 또한, 그는 외국인 노동자인 '동로의 자리'를 뒤져 담배인 줄 알고 마리화나를 피워버리지만, 이에 대한 보상을 요구하며 찾아온 동료의 친구에게 그가 요구하는 돈을 줄 생각은 없다. 어차피 '합법'도 아닐 텐데, 순순히 돈을 줘버린 남미가 문제를 "망쳤다고 생각"(p. 76)한다. 다음 날 한강에 돗자리를 펴고 앉아, 조오는 지나가던 외국인을 가리키며 그 남자라고 말한다. 남미가 아무리 아니라고 대답해도, 조오는 인종이 다른 것조차 구별하지 못하면서 마치 공적인 의무라도 지닌 양 힘주어 말한다. "확인은 해야지. 범죄자 주제에 대낮에, 그럼 안 되니까."(p. 77)

이렇게 조오가 '남의 자리'를 염탐하기도 폄훼하기도 하며 '자기 자리'를 확보하는 동안, 남미는 무엇을 얻을 수 있을까. 그녀 역시 불안과 고독을 몰아내기 위해 권태와 기만을 선택한 것은 마찬가지지만, 조오와 달리 그녀의 불안은 상쇄되지 않는다. 그녀는 "자기 자리를 찾는 데 능숙"(p. 75)한 조오와 달리 늘 "여기가 아닌데"(p. 75)라고 생각하는 사람이기 때문이다. 그렇기에 그녀는 조오보다 더 철저히 주말과 주중으로 삶을 분리한다. 일종의 취사선택인 셈이다. 주중에는 수영을 만나고 그림을 그리며 자신의 삶을 살고, 주말에는 주말부부 노릇을 하며 아내의 삶을 살 것이다. 그러니 "주말이 끝났다"(p. 77)는 마지막 문장이 마치 '주말 근무'가 끝났다는 업무 보고처럼 들리는 것은 이 분할된 삶에서 자연스러운 일이다. 앞으로도 그녀는 조오보다 더 권태로울 것이다. 그 지루한 시간을 어떻게든 버티기 위해 누군가는 게임을 하고 누군가는 쇼핑을 하고 누군가는 술과 담배를 하겠지만, 누군가는 남미처럼 그림을 그릴 수도 있다. 남미가 그림을 계속 그리길 바란다. 그녀는 그림을 그리는 동안에만 조오를 정물처럼 응시할 수 있다. 그렇지 않으면 그녀 역시 정물이 되어버릴지도 모른다.

3. '그러면'의 세계

영화 「다가오는 것들」(2016)에서 철학 교사인 중년 여성 나탈리는 전혀 예상하지 못한 '다가오는 것들'을 맞이하게 된다. 평생 지적인 동지였던 남편은 새로운 애인이 생겼다고 집을 나가고, 오랫동안 아팠던 엄마는 갑작스레 세상을 떠나고, 가장 아끼던 제자는 나탈리의 사상이 보수적이라고 면전에서 비판한다. 어디 하나 기댈 곳도 남겨주지 않고 한번에 밀려오는 것들 앞에서 그녀는 여태 자신이 살아온 방식 그대로 그것들을 받아들인다. 영화는 그녀가 이토록 품위 있게 '다가오는 것들'을 겪어낼 수 있는 가장 큰 이유가 오랜 세월 읽어온 책들과 그로부터 비롯된 깊은 사유임을 보여준다. 그러나 나는 그에 못지않게 큰 이유가 나탈리에게 찾아온 이 모든 일이 완벽하게 '다가오는 것들'이었기 때문이라고 생각한다. '다가오는 것들'을 받아들이는 '태도'는 품위의 문제일 수 있다. 그러나 나 자신이 '다가가는 것'이 되는 '선택'은 품위의 차원에서 해결되지 않는다. 더 이상 품위를 지킬 수도 없거니와 품위의 문제가 그렇게 중요하게 느껴지지도 않는다.

「아무도」의 희진이 그렇다. 희진은 다른 사람을 사랑하게 되어 11년 동안 함께 산 남편 수혁에게 별거를 요구한다. 그녀는 두 사람 모두에게서 잠시 떨어져 앞으로 어떻게 살아갈지 결정하려 한다. '다가오는 것'을 맞이한 동시에 그 자신이 '다가가는 것'이 된 셈이다. 이 상황은 품위와 기품의 차원에서 해결할 수 없다. 그녀의 선택은 필연적으로 수혁에게 고통을 가하는 것이지만 결코 악의는 없다. 다만 그녀는 사고실험에서 '그러면 너와 함께 살 수 없어'라고 말하는 사람인 것이다. 기만과 권태 대신 누구도 온전히 이해해줄 수 없는 고독한 세계를 택하기로 한 그녀를 비난할 수 있는 사람은 아무도 없다.

'다가오는 것'을 맞이한 이는 슬퍼하기만 해도 되지만, '다가가는 것'이 된 자는 단지 슬퍼하기만 해서는 안 된다. 그는 후회 속에서 자신을 감당해야 한다. 우리가 품위를 지키며 감당하기 가장 어렵고 복잡한 존재는 바로 나 자신. 어쩌면 품위는 '받아들인 자'가 얻을 수 있는 최대치의 몫이고, 후회는 '선택한 자'가 얻을 수밖에 없는 필연적인 부산물이다. 여기서 말하는 '선택의 후회'는 다시 과거로 돌아간다면 다른 것을 택하겠다는 후회가 아니다. 다시 똑같은 것을 선택할지라도 모든 선택에는 후회가 남을 것이다. 마치 유실물 보관소에서 느껴지는 묘한 감정처럼. 아주 오래전에 지하철 유실물 보관소에 가본 적이 있다. 별의별 물건들이 쌓여 있었고, 찾으러 올 법도 한데 찾아가지 않는 물건들도 많았다. 물건을 잃어버린 사람들이 잃은 것을 후회하지 않아서 찾으러 오지 않는 걸까. 그렇지는 않을 것이다. 다만 지나갔을 뿐이다. 우리 곁을 떠난 물건들은 마치 광채를 잃어버리기라도 한 듯 전혀 매력적으로 보이지 않는다. 만약 우리 각자에게 가상의 유실물 보관소가 있다면, 무엇을 선택하든 선택하지 않은 나머지 것들을 이 보관소에 들여보낼 것이다. 때때로 보관소를 바라보며 '돌이킬 수 없음'이 바로 나로 인해 발생했다는 것을, 한때 중요했던 것들도 그 파도에 휩쓸리면 별수 없이 저곳으로 들어가게 된다는 것을 씁쓸하게 곱씹을 것이다. 그러나 그렇다고 해서 다시 돌아가겠다는 의미는 아니다. 선택한 자의 후회는 이런 것이다.

그래서 희진은 고독하지만 권태롭지 않다. 그녀는 결코 재생될 수 없는 것들에 둘러싸여 산다. 힘들지만 "이러려고 집을 나온 거니까"(p. 125) 어쩔 수 없다. 그러니 우리는 모두가 행복을 선택한다고 섣불리 믿어서는 안 된다. 자신이 어떤 사람인지 뼈아프게 알게 되는 것이 행복하게 무지한 것보다 낫다고 생각하는 이들은 얼마든지 있다. 왜 다정한 남편과 헤어지고, 왜 좁은 오피스텔에서 술로 몸을 혹사시키고, 왜 모두가 흐뭇해하는 그 관계를 끊어내려 하는가. 그러지 말아야 할 이유 백 가지를 알아도, 단 한 가지 때문에 그것을 한다. 그렇게 해야 할 이유 백 가지를 알아도, 단 한 가지 때문에 그것을 하지 않는다. 바로 그 하나가 자신이 어떤 사람인지 알게 해주는 삶의 근거가 된다. 희진에게 사랑하는 남자가 생긴 것은 분명 중요한 계기지만, 소설은 그 남자가 어떤 사람인지 자세히 다루지 않는다. 더 중요한 것은 희진에게 그 남자가 어떤 '반짝이는 것', 삶에서 드물기에 보는 순간 잡아야 한다고 믿는 반짝임에 해당한다는 것이다. 희진은 그 빛이 영원과 행복을 가져오리라고 기대하지 않는다. "미래는 없다고, 지나가는 바람이라서 나중에 백퍼 후회할 거라고. 더러운 꼴을 볼 거라고. 그런데 그게 뭐? 그게 어쨌다는 거지? 〔……〕 어째서 당신들은 미래가 당연히 존재할 것이라고 믿는 건가?"(p. 149) 이것은 더 절박한 이야기, 지금 당장 살아 있다는 실감을 쥐어야만 살 수 있는 자의 이야기다. 몽롱하고 미지근한 세계에 무언가 반짝이는 것이 출현한다면 나는 반드시 그것을 쥘 것이다, 이것이 그녀의 욕망이자 윤리인 셈이다.

그녀는 고독을 느끼며 말한다. "누군가 단 한 명이라도 깨지 않아도 된다고 말해주는 사람이 있으면 좋겠다고 생각했다. 그러나 아마 그런 사람은 없겠지. 아무도."(p. 150) 그러나 희진에게는 '그런 사람'이 있는 편보다 '아무도' 없는 편이 나을지도 모른다. 희진은 고등학교 시절 아버지가 다른 여자와 웃으며 함께 걷는 걸 본 적이 있다. 간혹 그 여자가 누구냐고 묻고 싶기도 했지만 결국 묻지 않았고 예민하게 굴지도 않았다. 그러나 지금 그녀는 아버지가 집을 나온 자신에게 '동병상련'을 느끼는 것 같다는 생각이 들자 "이해할 수 없는 혐오감에 사로잡혀 쉽게 진정하지 못"(p. 130)한다. 희진 같은 사람을 견딜 수 없게 만드는 것은 아무에게도 이해받지 못할 거라는 고독감이 아니라 오히려 그 반대, 자신의 고통이 어디서 본 듯한 것이고 그래서 다른 사람과 동병상련 따위를 나눌 수 있다는 사실이다. 우리가 자신의 삶을 설명할 때 기쁨과 행복보다 슬픔과 고통을 더 소중하게 다루는 이유는, 기쁨은 소소한 것에서도 수확할 수 있지만 슬픔은 그보다 크고 중요한 것으로부터 찾아오기 때문이다. 슬픔은 기쁨처럼 햇볕 좋은 빨랫줄에 보란 듯이 널어 말릴 수 없다. 그러니 공감이 반드시 위로는 아니다. 어떤 사람들은 공감받지 못해 고독한 것이 아니라 공감받을까 두려워 고독을 택한다.

고독을 선택한 이에게 공감이 위로가 아닌 것처럼, 그 고독에 타인의 지분은 없다. 희진에게는 무심한 남편이나 무례한 시댁이 있는 것도, 폭력적인 아버지나 억압적인 어머니가 있는 것도 아니다. 그녀는 주변 어느 것에도 그리 싫은 마음이 없다. 다만 다양한 호칭으로 불릴 때마다 "나로부터 조금씩 멀어"지는 느낌으로 "나를, 또 다른 내가 무감하게 바라보고 있"(p. 139)을 뿐이다. 그녀는 아무런 복수심 없이 그저 벗어나고 싶을 뿐이다. 노숙인의 삶을 상상하며 "아무것도 소중한 것이 없는 상태를. 안온한 일상이 존재하지 않는 나날을. 친구와 가족과 이름을 버리고. 집착도 사랑도 모르는. 그렇게 죽음에 노출되어 하루하루 연명해가는 삶을"(pp. 145~46) 바라는 것은 결코 죽음을 꿈꾸는 것이 아니다. 오히려 아무런 치장 없이 완전한 실감 속에서 살고 싶은 욕망에 가깝다. 어린 시절 희진은 그 욕망이 무엇인지 몰라 지렁이에게 소금을 뿌리고 지켜봤지만 그렇다고 지렁이의 죽음을 바란 것은 아니었다. 다만 몸을 뒤트는 지렁이가 비로소 살아 있는 것으로 보였을 뿐. 본래 행복은 반복에서 온다. 권태롭지만 그것을 권태로 느끼지 않을 때, 사람들은 행복하다고 말한다. 그러니 고독한 사람의 영혼은 행복 때문에 상처받는다. 지독히 고독했던 어떤 사람이 음악을 "행복으로 깊은 상처를 입은 영혼의 피난처"[2]라고 말했던 것처럼, 희진 역시 피난처를 찾기 위해 드라이아이스를 쥐어보기도 하고 폐가 찢기듯 아플 때까지 달려보기도 한다. 고통을 원해서가 아니라 행복을 걷어내고 실감을 얻고 싶어서. 마치 지렁이에게 뿌렸던 소금을 제 몸에 발라보는 것처럼.

4. 벽돌 들어 올리기

남미의 관조하는 세계는 냄새도 촉감도 무게도 느껴지지 않고, 희진의 허덕이는 세계는 그녀가 가한 작용만큼 그녀에게 반작용으로 돌아온다. 소설 내내 희진은 술에 취해 코피를 쏟고, 숨이 찰 만큼 달리

---

[2] 에밀 시오랑, 『독설의 팡세』, 김정숙 옮김, 문학동네, 2018, p. 140.

고, 아이스크림에 입과 목구멍이 얼얼하고, 드라이아이스에 화상을 입고, 비와 눈을 맞으며 열이 오르락내리락한다. 어느 쪽이 나을까. 나로서는 '그러면'의 세계를 선택해왔다고 말하고 싶지만, 실은 대체로 '그래도'의 세계에서 머물렀던 것 같다. 버둥거리는 지렁이로 감당해야 할 순간은 반드시 찾아오지만, 긴 시간을 고요한 지렁이가 되어 햇빛에 누워 지냈다. 아마도 우리 대부분은 사고실험처럼 깔끔하게 나눠 존재할 수 없을 것이고, 두 세계를 적당히 겹치고 섞어가며 살아갈 것이다. 그래서 소설의 엔딩 이후, 희진이 집으로 돌아가고 남미가 집에서 나온다 해도 이상할 것은 없다. 소설의 바깥에서 내 부모도 나도 당신도 그러한 것처럼.

결국, 권태와 기만과 불안과 고독, 이 모든 것이 우리와 함께할 것이다. 그렇다면 우리에게도 응급처치랄까 대증요법이랄까 간단한 상비약 하나쯤은 있어야 하지 않을까. 이미 지나치게 사적인 글이 된 것 같아 뭣하지만, 나의 방법을 들려줄 테니 언젠가 당신의 방법도 알려주길. 만약 당신에게 어느 날 세계가 "오려진 종잇장"(「주말부부」, p. 68)처럼 얇고 경박하게 느껴지는 순간이 찾아오면, 망설이지 말고 곧장 주변에 놓인 커다란 돌을 들어 올려보라. 단단하고 무거울 것이다. 만약 그 질감과 무게에서 어떤 위안을 받았다면, 당신도 내가 느낀 것을 느낀 것이다. 설명하긴 어렵지만, 나는 이 방법을 친구에게 전해 들었고 효과를 여러 번 경험했다. 드라이아이스를 쥐기에는 글을 써야 하는 나의 손바닥이 아까워서, 내게는 벽돌을 들어 올리는 쪽이 적당한 것 같다.

그러므로 다시 이야기를
— 김기태, 정선임

　시간의 강력한 이미지 중 하나는 운동성이라서, 사람들은 흔히 자신의 주변에서 볼 수 있는 이동 수단을 세계에 견주어보곤 한다. 이 같은 비유법을 좋아하는 건 시인이나 학자도 마찬가지라서, 프로스트는 문학을 선택한 자신의 인생을 사람들이 적게 간 오솔길로 표현했고, 피터 브룩스는 소설의 플롯을 욕망이라는 증기기관의 힘으로 종착지를 향해 달리는 기차로 설명했다. 심지어 아인슈타인조차 기차의 속도에 경탄하여 광속을 초과하는 물체를 상상하다 상대성이론을 착안했다는 일화는 유명하니, 한 시대의 주요 이동 수단이 그 시대의 많은 이에게 삶과 세계의 메타포가 되는 건 자연스러워 보인다. 당시 기차의 속력이 지금 자전거의 속력과 비슷하다는 사실을 떠올려보면 천하의 아인슈타인에게도 인간적인 구석이 있었구나 싶지만, 여하튼 마차에서 보는 풍경과 기차에서 보는 풍경이 같을 리는 없었을 것이다. 나는 여러 갈래로 갈라진 긴 오솔길 근처에 살아본 적도, 목적지를 향해 철로를 벗어나지 않는 기차가 인생과 유사하다고 생각해본 적도 없지만, 자동차를 타고 달리는 도로에는 친숙했던 것 같다. 대략 이십 대 무렵까지, 나는 인생이 고속도로 같다고 생각했다. 중간에 휴게소를 들를 수도 있고 속도를 조절할 수도 있는, 내가 원하는 속도로 이동할 수 있도록 뻥 뚫린 고속도로. 지금 생각해보면 놀랍게도 그때의 나는 고속으로 달리는 차에 치이는 존재가 있다는 생각이나 고속도로에도 교통체증이 있다는 생각, 누구나 고속도로를 이용할 수 있는 것은 아니라는 생각 따위는 하지 못했다. 액셀을 밟으면 그만큼 나아가는 것이 인생인 줄 알았다니, 나는 인생에 관해 아무것도 몰랐던 셈이다.

1. 정선임, 「요카타」, 『에픽』 6호

16세부터 96세까지, 그녀에게 인생은 어떤 길이었던가. 그녀 역시 기차가 빠르다는 건 알고 있었지만, 철교 위를 아슬아슬하게 걸어봤을 뿐 기차를 타고 먼 곳으로 떠나보진 못했다. 바다 위에 놓인 철교에는 "안전한 발판도 난간도 없었다". 그 위태로운 다리 위를 걷자니 온몸이 떨렸지만, 두려움 때문은 아니었다. 그것은 "서러움과 분노의 감정"(p. 287). 그녀는 네 살 무렵 죽은 언니의 이름인 '연화'와 언니의 생년월일을 그대로 물려받았고, 이제 그녀의 아버지는 열여섯 살인 그녀를 스무 살인 그녀의 언니인 양 일본인 염전 주인 '후지타'의 방에 들여보내려 한다. 바로 그 전날 밤에 그녀는 철로 옆을 걷는다. "바다를 건너고 싶었다. 하지만 어디에도 가지 못했다."(p. 292) 결국, 그녀의 삶에서 기차보다 더 생생한 위력으로 움직이는 것은 바다였고, 그녀는 "바다가 데려간 것은 잊었고 다시 내어준 것을 팔아 살았다"(p. 295).

이제 사람들은 그녀를 향해 묻는다. '공식적으로' 백 세를 맞이한 그녀에게 사람들이 궁금해하는 것은 그녀의 현재나 미래가 아닌 그녀의 과거. 사람들은 역사의 격동기를 겪어낸 평범한 이의 기억이 중요하다며 정중하게 그녀의 과거를 묻지만, 그녀는 모든 물음에 솔직하게 답해선 안 된다는 걸 알고 있다. "아무래도 광복절이 제일 기뻤겠죠?"라고 기대에 차 묻는 말이나, "가장 슬펐을 때는 언제예요? 부모님이랑 헤어졌을 때 아니에요?"라고 묻는 말에, 그녀는 생사도 알 수 없이 헤어진 일본인 남편에 대해 털어놓지 않았고, 아버지와 헤어진 후 밀려오던 "그 해방감에 대해서 어떻게 설명해야 할지"(pp. 284~85) 알 수 없다.

삶은 역사 교과서의 사례집 같은 것이 아니고, 친일파나 지주가 아니어도 광복을 슬픔으로 전쟁을 해방으로 기억할 수 있다. 인생은 그리 단순하지 않아서, 후지타의 방에 들어가기로 한 전날 철로 위를 서성이던 순간이 그녀에게 가장 괴로운 기억일지라도, 후지타가 나가사키에 간 사이 그곳에 원자폭탄이 투하되고 조선이 해방을 맞이한 것이 가장 슬픈 기억으로 남을 수 있다. 광복을 맞이하던 날, 그녀는 후지타가 읽어주던 하이쿠를 잊지 않기 위해 그의 서재를 필사적으로 헤집었다. 후지타 덕분에 맛을 알게 된 원두커피를 마시러 지금도 매일 카페에 간다. 그러나 이런 이야기를 할 순 없다. 사람들은 대체로 다른 사람들이 자신에게 원하는 '이야기'가 무엇인지 알고 있다. 그녀는 오래 살아 현명하고, 사람들의 기대에 부응하여 이야기를 선택하고 손질하여 내어주는 데 능숙하다.

삶이 지닌 엄청난 위력은, 누구나 자신의 이야기를 수십 번 수백 번 고쳐 써야 한다는 데 있다. 내 삶의 이야기를 평생 셀 수도 없이 내가 쓰고 내가 읽는다. 그 이야기는 묻는 사람에 따라서만 달라지는 게 아니라, 나 자신에 의해서도 변형된다. 그녀는 라디오에서 나혜석의 생애를 들으며 그 끝도 없는 바다를 여러 번 건너다녔을 나혜석의 삶이 특별하다고, "그렇다면 나는 지극히 평범한 여성이자 할머니가 맞을 것"(p. 281)이라고 생각한다. 그러나 격동의 역사를 겪어낸 '평범한 사람'으로 라디오 인터뷰를 하기로 한 후 사회복지사 '진'과 인터뷰 연습을 할 때는 정반대의 고민에 빠지기도 한다. "진이 듣고 고개를 끄덕일 만한, 그리고 방송에서 원하는 평범한 여성의 삶은 무엇일까."(p. 282)

애당초 억지로 선을 그어두지 않으면 구별할 수 없는 것들이 있다. 평범한 삶과 특별한 삶의 경계 같은 것, 거기서 거기인 삶과 유일무이한 삶의 구분 같은 것.

거짓과 진실의 경계 역시 마찬가지라서, 지극히 세속적인 삶의 영역에서부터 엄밀함을 자부하는 이론의 영역에 이르기까지 허구가 아닌 진실은 존재할 수 없다. 모든 거짓에는 진실이, 모든 진실에는 거짓이 섞여 있기에 둘은 결코 반대말이 될 수 없다. 그녀는 다른 사람들에게 "미역을 다듬듯, 내 삶에서 불편한 부분을 걷어내고 보기 좋은 부분만 남도록 다듬어"(p. 285) 건네준다. 그 이야기를 거짓이라 고발할 수 있을까. 누구도 그런 자격을 얻지 못할 것이다. 다행스럽지 않은 일이 찾아올 때마다 다행스러운 일처럼 지나치기 위해 '요카타'라고 읊조리는 것도 거짓이라 할 수 없고, 그녀를 인터뷰하는 아나운서가 지금 누가 가장 보고 싶냐고 묻자 네 살 터울인 '동생'이 가장 보고 싶다고 한 말, 동생은 태어나자마자 죽어서 이름이 없다고 한 말도 차마 거짓이라 할 수 없다. 진실을 누설하는 순간 발설되는 명백한 거짓말. 영원히 잊히지 않는 것이 다른 말들에 숨어 돌아온다. 흔히 고유한 이름을 고유한 언어로 불러주는 행위가 지닌 숭고함에 관해 말하지만, 이름을 바꾸고 언어를 숨기는 방식으로 보호받는 삶이라는 것도 있다. 필사적으로 비켜서 있으려 하는 삶이라는 것도. 그렇다면 그녀의 말, "아무도 나를 궁금해하지 않았으니까. 다행이었지. 요카타, 요카타"(p. 295), 이 말은 진실일까, 거짓일까, 혹은 둘 다일까.

역사와 기억과 소설이 공통의 기반을 공유하면서도 아슬아슬한 긴장 관계를 유지하는 이유가 여기 어디쯤 있을 것이다. 한 인간의 삶은 기억으로 남으며, 그 기억이 역사와 맺는 관계는 반드시 존재한다. 그러나 그 관계가 포함이나 일치의 관계는 아니다. 기억과 증언으로 역사를 대신할 수 있다고 믿는 이들에게도, 역사로 기억과 증언을 구원할 수 있다고 기대하는 이들에게도, 모두에게 그저 실망스러울 수밖에 없는 사실은 역사와 기억 사이에는 결여와 단절이 명백히 존재한다는 것이다. 문학은 그 괴리를 인정하는 동시에 그럼에도 둘 간의 기묘한 결합에 관해 '이야기'한다. 그 이야기는 실제 기억이나 공식적인 역사와 그 배합과 방법을 달리하지만, 그렇다고 그중 어느 것 하나만 진실의 자리를 차지하는 것은 아니다.

소설의 마지막, 그녀는 고백한다. "나는 지금 어디로 가야 하는지 모른다."(p. 295) 삶이 만만치 않은 것은 근 백 년을 살아도 어디로 걸어갈지 도통 알 수 없는 순간이 찾아오기 때문이다. 이때 그녀의 걸음을 흐트러뜨리는 것은 알지 못하는 미래가 아니라 알고 있다고 믿는 과거. 오해하지 말아야 할 점은, 그녀에게 과거가 압도적으로 밀려오는 까닭이 그녀의 생물학적 시간이 얼마 남지 않아서는 아니라는 것이다. 언제나 과거는 우리가 길을 모색하기 위해 사용할 수 있는 유일한 재료다. 삶에는 주어진 의미가 없고 그 점이 삶의 가장 중요한 본질이라서 과거를 둘러싼 해석은 무한하다. 삶의 마지막 순간까지 우리는 걸어야 하고, 그러므로 죽는 순간까지 우리에게는 이야기가 필요하다.

2. 김기태, 「전조등」, 『현대문학』 2022년 4월호

7세부터 39세까지, 그에게 인생은 어떤 길이었던가. 열심히 공부하니 좋은 대학에 갈 수 있었고, 학점과 스펙을 쌓으니 대기업에 취직할 수 있었으며, 허투루 월급을 쓰지 않으니 보험과 주택 청약에 가입하고도 잘빠진 스포츠 세단을 구입할 수 있었다. 그렇다고 이기적인 꽁생원인 건 아니라서 언제나 월 급여의 2퍼센트는 기부금으로 썼고,

상사와 동료들을 훌륭한 매너로 대했으며, 부모에게 효도하기를 게을리하지 않았다. 또, 그에게 낭만적인 구석이 없는 것도 아니어서 늘 자신의 사랑이 특별하길 기대하며 최선을 다했고, 그런 연인을 결혼정보회사에서 만날 수 있다고 믿지 않았다. 그는 자신이 너무나 평범해서 대학 연극부 시절 늘 주인공 후배나 선배 역할만 주어졌다고 아쉬워하지만, 실은 넓고 세련된 서울의 오피스텔에서 평범함을 푸념하고 있는 삼십 대 대기업 종사자의 삶은 '평범의 탈을 쓴 특별'에 속한다고 보는 편이 맞을 것이다. 그의 삶은 트랙을 밟기만 하면 유의미한 수치를 얻을 수 있고 좀더 열심히 달려보면 통계의 상위권에 오르는 것도 어렵지 않은 삶, 안정적으로 쭉 뻗은 고속도로 같은 삶이다. 심지어 서른네 살이 됐을 무렵, 그는 지인의 소개로 이상형까지 만나게 된다. "이토록 좋은 일이 이토록 평범한 방식으로 이루어질 수 있다는 것이 의심스러"(p. 92)울 만큼 평탄한 인생이다.

그러나 언젠가 반드시 그 순간이 찾아온다. 내가 삶을 바라보는 것이 아니라 삶이 나를 바라본다고 생각되는 순간이. 청혼을 위해 해변의 프라이빗 빌라를 예약하고 그녀가 청혼을 수락할 '확률'을 계산하며 "유쾌한 긴장감"(p. 93)을 느끼던 그가 돌연 예상에서 벗어나 인적 없는 밤길을 "둔해진 감각으로" 운전하게 된 순간. 불빛 없는 산길을 지나며 점점 커지는 초조함에 "자기보다 크고 빠른 기계를 통제할 때의 상쾌함을 기억해내려고 애"쓰던 순간. 그러다 "퍽, 하고 작은 파열음이"(p. 95) 들리더니 전조등이 나간 그 순간. 이제 그의 앞길을 환히 비춰주던 전조등은 그의 의지와 무관하게 꺼져버렸다. 매끈한 차에서 내린 그는 "어디라고 하기도 어려운, 어디으 어디 사이일 뿐인 한밤중의 도로"(p. 96) 한가운데에 서서 자신이 세계를 보지 못하게 되더라도 세계는 자신을 똑똑히 응시하고 있다는 사실을 온몸으로 느꼈을 것이다. 내가 삶을 누리는 것이 아니라 삶이 내게 밀려오고 있음을 처음으로 실감했을 것이다.

삶이 나를 물끄러미 바라보고 있다는 걸 알게 되는 건, 다소 당혹스러운 경험이지만 결코 불행한 느낌은 아니다. 그것은 오히려 '드디어 삶과 마주했다'는 들뜬 희열에 가까울지도 모른다. 그가 30여 년 동안 사회가 요구하는 모범적인 트랙을 밟아갈 때, 거기에는 일종의 자동성이랄까 반복성이랄까 묘하게 기계적인 구석이 있어서, 어디 한 군데 모난 구석도 없는 이 성실한 남자의 삶 앞에 우리는 애매한 웃음을 짓게 된다. 그런데 이 웃음기는 전조등이 퍽 하며 터진 순간 흔적도 없이 사라진다. 다행히도 그는 어리석지 않아서, "아무도 멈추지 않을 곳에서의 아무도 모르는 한때"(p. 96)를 놓치지 않는다. 그는 프라이빗 빌라의 해변에서 건네주려고 계획했던 반지를 그녀에게 내밀고 알 수 없는 울음을 삼킨다. "자기 울 줄 아는 사람이었구나."(p. 97) 그녀의 말대로, 누군가 그에게 당신은 인생을 무엇에 비유하겠냐고 묻는다면, 이날 밤 이후 그는 웃음 가득한 얼굴로 스포츠 세단을 몰던 고속도로 대신 전조등이 꺼지면 어둠뿐이었던 샛길과 이유 없이 울컥울대로 넘어오던 뜨거운 어떤 것을 떠올리게 될 것이다.

어쩌면 그가 그 후로 혼자 살아갔다면, 그리고 그가 충분히 운이 좋았다면, 그는 다시 자신의 계획에 맞춰 삶을 꾸릴 수도 있었을 것이다. 그러나 다들 알다시피 누군가와 결혼을 하고 아이를 얻게 되면 이제 삶은 계획대로 굴러가지 않는다. 그는 언제나 "배우자가 일신론 기반의 신앙인이 아니길 바라왔고, 그가 알기로 그녀는 종교가 없었다"(p. 93)지만, 결국 그녀의 요청대로 예비신자가 되어 성당에서 결혼식을 올렸다. 그와 그녀는 아이를 갖기 위해 노력했지만 병원의 도움을 받아야 했고, 그렇게 성공한 첫 임신에서 8주 만에 유산을 하게 되었으며, 그때 처음으로 그는 혼자 성당에 찾아갔다. 서른아홉에 첫 아이를 얻은 후 "그는 겸손해졌"(p. 100)고, 그러나 한편으로는 "담대해졌다"(p. 101). 그는 사내 불문율을 깨고 육아휴직을 신청하는 사람이 되었고, "세상 어떤 무대에서도 그녀의 남편은 자신 하나뿐"(p. 100)이라는 사실에 용기를 얻었다. 그는 더 이상 연극의 주인공이 되고 싶다는 생각 따위 하지 않을 것이다. 전조등이 꺼지고 그녀에게 결혼 승낙을 받던 순간, 길고 지루했던 1막이 끝나고 2막이 시작되었다. 그리고 이제 아이와 함께 시작된 3막이 그의 앞에 길게 펼쳐져 있다. 그는 이미 주인공이 된 것이다.

그러므로 삶에는 계획보다 허구가 필수적이다. 부모는 협박과 애정을 버무려 우리가 살아갈 허구를 만들어주고, 학교와 회사는 그것을 튼튼하게 지탱해준다. 우리는 그 허구 속에서 세상사 알 만큼 안다고 믿으며 자연스럽게 삶을 살아간다. 신혼여행에서 돌아온 날, 피곤하냐고 묻는 그녀의 물음에 "그가 그 집에서 한 첫 번째 거짓말"(p. 99)은 피곤하지 않다는 것이었다. 실제로 느끼는 피로보다 더 중요한 것은, 신혼의 행복으로 기억될 새로운 허구의 시작이다. 만약 허구나 거짓말이라는 말이 불편하다면, '이야기'라고 바꿔보자. 삶은 이야기를 요구하고, 전조등은 켜고 살아야 하는 법이다. 그 환한 불이 늘 켜져 있으리라고 믿는 것만큼 어리석은 일도 없지만, 꺼져 있는 순간만이 진정한 삶이라고 믿는 것만큼 불행한 일도 없다.

물론 때때로 전조등이 꺼지는 순간은 다시 찾아올 것이다. 그러니 하나의 이야기가 '오래오래 행복하게 살았습니다'로 마무리되길 기대해서는 곤란하다. 어른이라면 누구나 이것을 어렴풋하게나마 짐작하기에, 그 역시 "깜깜한 도로와 어리둥절한 그가 찍혀 있을 뿐인 블랙박스 영상을"(p. 97) 노트북에 저장해두었다. 한동안 그 밤의 도로로부터 무언가 놀라운 소식이 수신될 것만 같았다. 그러나 새로운 이야기를 꾸리고 가꿔갈 때 어둠이 보여줬던 날카로운 진실은 잊히기 쉽고, 무럭무럭 자라는 아이를 위해 큰 집으로 이사 가던 날, 그는 영상이 저장되어 있다는 사실도 잊은 채 노트북을 폐기해버린다. 이 기억은 다시 삶에서 전조등이 꺼지는 순간에야 돌아올 것이다. 그때 소환된 과거의 어둠은 새로운 의미를 부여받을 것이다. 대체로 그것은 현재를 설명하기 위해 속되게 사용되겠지만, 때로는 놀라운 비약을 보여주며 삶을 두텁게 만들어줄 것이다. 그렇게 소등의 순간은 우리의 '이야기'가 곤경에 처했을 때 그 구멍을 급히 메워줄 수도, 새로운 이야기가 탄생할 막간이 되어줄 수도 있을 것이다.

아름다운 삶을 소망하는 자가 주의 깊게 들어야 할 진리는, 우리가 겪는 것은 성장이 아니라 다만 생장이라는 것, 삶에는 배경음악이 없고 오직 소음만이 가득하다는 것이다. 그럼에도 우리가 삶을 아름답게 회고할 수 있는 이유는 예술이 삶을 흉내 내서가 아니라 삶이 예술을 흉내 내기 때문이다. 우리는 그것을 성장과 음악으로 바꿔 조형하는 것에 능한 존재들이다. 쿤데라에 의하면, 인간의 삶이란 원래 그렇게 구성된다. 우리의 삶은 마치 악보처럼, 우연한 사건을 하나의 테마로 삼아 반복하고 변주하고 발전시키며 '작곡'된다. 이토록 산문적인 삶에 어떻게든 조성과 후렴구를 부여하기 위해, 전조등이 꺼지던 그 밤 역시 일종의 모티프가 되어 반복적으로 등장할 수도 있다. 더 나아가 이렇게 말해볼 수도 있을 것이다. 우리 삶에 반복과 대칭을 선사해줄 우연을, 우리 삶을 소나타나 소설로 만들어줄 우연을, "인간이 이러한 우연을 보지 못하고 그의 삶에서 미적 차원을 배제한다면 비난받아 마땅"[1]한 일이라고. 그러니까 아무리 사후적으로 구성되고 환원적으로 회귀한 것일지라도 우리에게는 이야기가 반드시 필요한 법이라고.

---

1 밀란 쿤데라,『참을 수 없는 존재의 가벼움』, 이재룡 옮김, 민음사, 2009, p. 93.

*

　외할머니가 돌아가셨다. 연화 할머니가 공식적인 나이로는 100세, 실제 나이로는 96세였던 것과 달리 나의 할머니는 공식적으로 92세, 실제로는 96세에 세상을 떠났다. 출생신고를 몇 년 늦게 하는 일쯤이야 흔하던 시절이었고, 아이가 유년기를 무사히 넘길 수 있을지 가늠조차 못 하던 시절이었다. 그래도 할머니는 마지막 4년을 제외하고는 오랫동안 건강하게 사셨다. 부족하다고는 말할 수 없는 세월일 것이다.
　그러나 고백하자면, 나는 할머니가 그 긴 세월 동안 정성껏 빚어왔을 '이야기'를 단 한 번도 진심으로 청해 들어본 적이 없다. 할머니의 인생과 나의 인생에 닮은 구석이 없다고 믿어서였을까. 할머니에게 나와 같은 시절이 있었다는 걸 믿을 수 없어서였을까. 하지만 나는 나와 접점 하나 찾을 수 없는 타인의 몇십 년을 담은 소설을 정성껏 읽어왔다. 나는 성실한 독자였고, 거의 모든 인물에게 감정이입할 수 있었다. 그러니 그저 내가 그런 사람이기 때문일 것이다. 곁에 있는 사람의 혼잣말은 견디기 힘들어하면서 소설 속 인물의 독백은 기꺼이 공감하는 그런.
　할머니의 이야기를 상상해본다. 내 손에 들어온 소설의 어떤 자리에 할머니의 얼굴을 덧대어본다. 혹시 이런 것도 대화라고 할 수 있을까. 이런 것도 애도가 될 수 있을까. 아마 아닐 것이다. 그럴 수 있길 간절히 바라지만 그럴 수 없다는 걸 잘 알고 있다. 다만 그럼에도, 알면서도, 부디.

잃어버린 허구를 찾아서
— 김성중, 정영수

　누가 소설을 쓰는가. 순수 기적을 행하고 망설임 없이 수난을 선택한 예수와 그물을 버리고 그의 뒤를 따랐으면서도 예언대로 그를 세 번 부정한 베드로 중 누가. 고귀한 이상을 위해서라면 어떤 위험이라도 불사하는 돈키호테와 그를 따라 모험길에 올랐으면서도 늘 입을 것 먹을 것 세속적인 걱정을 떨치지 못했던 산초 판사 중 누가. 인생 따위 아무리 내던져도 깨지지 않는다는 듯 휘적휘적 걸어가버리는 이와 그런 뒷모습을 의심과 선망의 눈으로 지켜보는 이 중 누가 소설을 쓸 수 있는 걸까. 전자가 소설을 쓸 이유를 찾기란 어렵겠지만, 후자라고 언제나 소설을 쓰는 것은 아니다. 그러니 다음 질문은, 그는 언제 소설을 쓰게 되는 걸까. 어떤 순간에 소설을 쓰고자 말을 다듬어 내기 시작하는 걸까. 비로소 삶의 진실을 발견했다고 믿게 되었을 때, 아니면 도무지 삶에는 진실 따위 존재하지 않는다고 절망하게 되었을 때, 아니면 아무리 삶의 진실을 목격할지라도 거기에 걸맞은 의미를 부여할 능력 따위 우리에게 없다는 걸 절감하게 되었을 때, 그도 아니면……

　소설에 대한 질문은 끝이 없고, 소설가들이 '소설에 대한 소설'을 쓰는 일을 말릴 방법도 없다. 소설과 인생은 기묘하게 얽혀 있어, 인생을 이해하기 어려운 만큼 소설을 쓰는 자신에 대해서도 온전히 이해하는 소설가는 흔치 않다. 이는 비평가 역시 마찬가지라서, 그들은 꼭 그렇게 읽을 이유 없는 소설들도 곧잘 '소설에 대한 소설'로 읽어버리곤 한다. 그들 역시 평론이란 걸 쓰는 자신에 대해 완전히 납득할 수 없기 때문이다. 그러니 내게는 소설에 관한 질문이자 그에 대한 근사치의 답으로 보이는 다음 두 소설 역시 다른 사람에게는 다른 소설로 읽힐 것이다. 그러나 누가 비평을 하는가. 얼마만큼의 억지를 부려서라도 여기 있는 것을 저기로 밀어 올리는 자, 얼마만큼의 염치를 버리고서라도 저기 있는 것을 여기로 끌어오는 자, 인생과 소설 사이에 복잡한 도르래를 설치하는 자, 아마도 그런 자가 비평을 한다. 그러니 어쩔 수 없이 이 글을 읽는 동안만이라도, 당신은 나의 도르래를 타고 이쪽으로.

1. 누가 소설을 쓰는가[1]

"저의 유일한 취미는 고속도로 휴게소 나들이입니다."(p. 34) 정민은 휴게소의 모든 것이 만족스럽다. 호두과자, 맥반석 오징어, 찐 감자에서 풍겨오는 익숙하고 달콤한 냄새. 한식, 중식, 양식, 일식, 온갖 주전부리들이 준비되어 선택만 하면 곧바로 손에 쥘 수 있는 신속한 편리함. 자신의 선택으로 인해 "탈락한 메뉴들의 한숨"을 즐기며 "전능감"을 맛보는 은밀한 기쁨. "어떤 휴게소를 가나 똑같은 구성이라"(p. 35) 아무런 긴장도 없이 이 모든 것을 누릴 수 있는 안락한 안정감. 그에게 "지극한 행복"을 안겨주는 것은, 좋은 의미든 나쁜 의미든 기대에 어긋나기 십상인 호텔 셰프의 요리가 아닌, 그만고만한 "얕은맛"

---

[1] 김성중, 「서풍」, 『현대문학』 2022년 6월호.

의 푸드코트 음식이다. 다른 사람들과의 관계를 포기하고 은둔하며 살아가는 그에게 휴게소는 금요일마다 확인하는 "잘 아는 세계"이자 "대가족의 북적거리는 식탁"(p. 36)이다. 그는 고백한다. 자신이 휴게소에서 보내는 시간은 "금요일마다 거행하는 저만의 예배" 같은 것이라고. "모든 것이 제자리에 놓여 있고 잘 조율된 가운데 저 또한 일부를 이루는 느낌"(p. 37)보다 더 효과적인 항우울제는 없을 거라고.

이제 정민의 이 완벽한 세계에 메시아가 강림한다. 메시아는 제멋대로 정민의 차에 올라타더니 그의 옆구리에 칼을 들이대며 통영으로 향하라고 명령한다. 그 순간, 정민의 마음속에 들려오는 목소리는 공포나 당혹이 아닌 어떤 예감의 확인. "이거였어."(p. 41) 마치 "베드로가 그물을 버리고 예수를 따"(p. 46)를 수밖에 없었던 것처럼, 가장 절대적인 선택은 "수동성과 불가피성"(p. 41)의 모습을 띠고 순식간에 이루어진다. 그렇게 정민의 단조로운 일상은 자신을 '제프리'라 불러달라는 메시아를 만나 극적으로 변한다. 자신의 이름을 "유일하게 오디세우스를 돕는 바람"(p. 43)인 서풍의 신 제피로스에서 따왔다는 그의 말처럼, 이제 정민은 그가 불어준 바람을 타고 오디세우스이자 베드로가 되어 그와 함께 떠돌기 시작한다.

이 여행길에서 제프리가 보여주는 기적은 불과 책이다. 정민은 '방화광'인 제프리가 지르는 불을 보고 그가 들려주는 책 이야기를 들으며, 마음 구석구석에 습기처럼 자리 잡고 있던 "나약함을 과장하고 싶은 욕망, 자기 연민에 젖어 징징거리고 싶은 욕망"(p. 53)에서 벗어나 "굽은 어깨를 펴고, 허리를 세우고, 질질 끌지 않는 발걸음으로 바닥이 아닌 세상을 똑바로 바라보며 한발씩 앞으로 나아가"길 희망한다. 주변을 남김없이 태워버리는 불꽃을 바라보며 정민이 얻게 된 것은, 세상으로부터 나만 고립되어 있고 나만 괴롭다는 환상 대신 "더 나은 인생이 기다리고 있을 거라는 환상"(p. 55)이다. 그러니까 흔히 착각하는 것과 달리 성장이든 성숙이든 우리에게 어떤 변화가 가능했다면, 그것은 환상에서 실재로의 탈출이 성공했기 때문이 아니라, 환상에서 또 다른 환상으로 무사히 옮겨 갔기 때문이다. 우리는 삶의 고비마다 기존의 허구를 적절한 형태로 갱신해야만 다시 삶에 성공적으로 안착할 수 있다. 그 과정이 지연되어 과거의 환상에 고착되어 있던 정민에게 제프리의 불은 너저분한 현실을 태우고 새로운 현실을 가져다준 '정화의 의식' 같은 것이다.

돈키호테의 모험을 따라다녔던 산초가 그랬듯, 정민 역시 제프리가 허풍쟁이라는 걸 모르지 않는다. 정민은 그가 감방 동료들의 경험을 자기 경험인 양 떠벌린다는 것을, 그가 "하찮고 어리석은, 구제불능의 전과자"(p. 57)라는 것을 알아챈다. 그러나 정민의 말대로 아무렴 어떤가. "그의 말에서 허풍을 뺀다는 건 아인슈페너에서 크림을 빼는 것과 다를 바 없"(p. 50)고, 그가 "도저히 제 힘으로 나올 수 없었던 틀어박힌 삶에서 저를 끌어낸 사람"(p. 57)임은 분명한 사실인데. 그러니 둘의 우정이 끝나는 것은 정민이 제프리의 정체를 알아차렸기 때문이 아니라, 원래 상태변화를 일으킬 만큼 "순도 높은 시간"은 오래 지속될 수 없는 법이기 때문이다. 백 도에서 둘이 수증기로 날아가듯, 다른 상태가 된 정민에게 더 이상 제프리의 불과 우정은 필요하지 않다. 그렇게 정민은 제프리를 떠나고, 다시 고속도로 휴게소에 들어선다. 그가 준 라이터를 휴게소 쓰레기통에 버리고, 정민은 안도감 속에서 만찬을 즐긴다. "우동의 맛은 전과 같진 않지만, 어쨌든"(p. 59) 돌아왔다. 그 전과 완전히 같지는 않은 모습으로, 그는 유효하지 않은 허구 대신 새로운 허구를 짊어진 채로.

우리가 읽은 이 모든 이야기는 연쇄 방화범으로 지명수배된 제프리를 추적하는 형사에게 정민이 들려준 이야기다. 그는 형사에게 사건에 휘말리게 된 경위를 설명하기 전에 흥미로운 요청을 하나 한다. "이 이야기를 시작하려면 종이가 더 필요합니다. 이상하게도 종이가 없으면 말이 나오지 않습니다. 그러니 진술서를 쓸 종이를 몇 장 더 주시기 바랍니다."(p. 39) 다시 첫번째 질문으로 돌아가보자. 누가 소설을 쓰는가. 이야기를 쓰기 위해 종이를 달라는 사람, 이야기를 온몸으로 살아버린 사람이 아니라 그것을 목격한 사람, 이야기를 통해 변화했으나 결국 그것을 떠나온 사람. 바로 그가 소설을 쓸 수 있다. 그는 고백한다. "제프리는 저에게 불을 가져다준 프로메테우스였어요."(p. 52) 모름지기 프로메테우스는 영원히 바위에 묶이는 신화의 세계에 남아야 하는 법이고, 불을 얻은 인간은 그에게서 떨어져 나와 새로운 환상을 일구고 가꿔야 하는 법이다. 그러니 환희와 열기에 휩싸여 불을 지르고 다니는 자가 아니라, 그 모습을 옆에서 지켜보던 자, 이제는 돌아와 그 풍경을 회고하는 자, 다시 말해, 미친 자에게 매혹되었으나 미치지 않은 자가 소설을 쓴다.

  그러므로 탕아는 소설을 쓸 수 없지만, '돌아온 탕아'는 쓸 수도 있다. 물론 정민에게는 새로이 "우주를 보는 버릇"이 생겼으니, 이 귀환이 정확한 원을 그리는 폐곡선이라 할 순 없다. "저는 작은 촛불을 사용해 그때의 기억으로 돌아갑니다." 그는 여전히 좁은 방구석에 앉아 있지만, 이제는 촛불 하나로 우주를 보는 여행을 떠날 수 있다. "불을 보고, 눈을 감고〔……〕감은 눈 안으로 제프리가 '태양 구멍'이라고 부르는 덩어리에 의식을 집중합니다." 그 역시 제프리처럼, 불을 바라보다 눈을 감으면 눈꺼풀 안에 맺히는 암흑이 바로 "우주의 진짜 모습"(p. 62)이라고 믿는다. 그러나 그가 제프리와 다른 점은, 그는 불을 지르지 않고도 조그만 촛불 하나만 쥐면 우주를 향한 여행을 떠날 수 있다는 점이다. 그러니 '진짜'가 아니어도 진짜를 만들 수 있는 자, 종국에는 '진짜'를 배신하고 돌아오는 자, 그럼에도 그 유산을 소중히 간직할 줄 아는 자, 바로 이런 자가 소설을 쓰는 것이다.

2. 언제 소설을 쓰는가[2]

이번에는 이미 소설가인 사람의 이야기를 들어보자. 그는 지금 소설을 쓸 수 없는 곤경에 빠져 있다. 언제부턴가 그는 눈 밑까지 차올라 찰랑대는 눈물을 시도 때도 없이 왈칵 쏟아내느라, "거의 사람이 아니라 걸어 다니는 눈물주머니라고 불러야"(p. 147) 할 상태가 되어버렸다. 흰 종이나 깜빡이는 커서만 바라봐도 하염없이 눈물이 쏟아지는 상황이니, 소설을 쓸 수 있을 리 만무하다. 그를 상담 치료하는 정신분석가는 그에게 유년시절 "부모에게 느낀 소외감과 결핍감"이 억압된 채로 남아 그의 감정을 자극하는 것이라고 설명하지만, 이 말을 들은 그는 냉소한다. "나 참, 프로이트나 미국식 정신분석이나 어쩜 그리 한결같은지."(p. 149) 그러나 그가 혼자 사는 어머니와 잠시 대화하는 것만으로도 녹초가 되어버리는 사람이란 건 사실이었고, 회한에 가득 차 "완료된 과거를 들여다보는" 버릇이 있다는 것도, 그러다 오래전 멀어진 사람들에게 메일을 보내는 기이한 버릇이 있다는 것도 사실이었다. 그래서 그 역시 자기분석을 시도해보는데, 그는 "미처 화해하지 못한 지난 관계의 앙금들이 마치 신발 속 뾰족한 돌멩이처럼 자신의 마음속을 굴러다니며 계속해서 작은 생채기를 만들어내"는 것 아닐까 짐작해본다. 이런 그의 생각이 상담사의 분석과 그다지 달라 보이진 않지만, 여하튼 그는 상담사의 권유대로 유년시절을 복기하기보다 제 버릇대로 "가장 과거에 멀어졌지만 아직 편지를 보내지 못한 한지수"(p. 151)에게 편지 쓰기를 선택한다. 원래 소설가는 정신분석가와 동반자적 관계를 유지하면서도 끊임없이 반목하는 법이니까.

---

[2] 정영수, 「일몰을 걷는 일」, 『릿터』, 2022년 4/5월.

하지만 그의 오래된 고통에 대해선 잠시 미뤄두고, 소설가였던 그가 갑자기 소설을 쓰지 못하게 된 무렵으로 돌아가보자. 그는 분명히 소설을 쓰고 있었다. "더이상 자신의 문장을 견딜 수 없게" 되기 전까지는. 소설가로서 그는 삶을 살아가는 순간에는 삶을 제대로 파악할 수 없으니 소설이 삶을 재현하여 제공해야 한다고, 그러므로 "진실을 반영"하기 위해 소설이 지녀야 할 가장 중요한 덕목은 "얼마나 삶을 실재와 동일하게 모방하고 있느냐"라고 믿는 사람이었다. 그러던 어느 날, 그는 "자신의 문장이 진실을 가리키고 있다는 확신을 잃어"(p. 153)가기 시작했다. 예를 들면 이런 식이다. 소설 속 인물이 보험회사에서 일하고 비행기 사고를 당한다면, "도대체 왜 그가 신발가게를 하거나 신문사에서 일하는 대신 보험회사에서 일해야 하는지, 왜 그가 자동차 사고를 당하거나 백혈병에 걸리지 않고 비행기 사고를 당하는지" 온전히 납득할 수 없었다. 이런 생각에 골몰하다 보면 한 단어 한 문장을 적어갈 때마다 그 단어와 문장이 "왜 존재해야 하는지"(p. 154) 알 수 없어졌고, 나아가 도대체 소설이라는 게 어떤 가치를 지닌 건지, 소설이 왜 존재해야 하는지 회의감에 빠져버렸다. 그는 조금이라도 필연의 영역에서 벗어난 것들에 관해 쓸 수 없게 되었고, 이 말은 그가 더 이상 소설을 쓸 수 없게 되었다는 말과 정확히 같은 의미였다.

원래 삶의 모든 것은 의미가 있다면 있고 없다면 없는 거라서, 만약 당신이 그가 눈물주머니로 변해버린 이유가 있다고 믿는다면 그 이유의 목록은 한없이 길어질 테지만, 반대로 이유가 없다고 믿는다면 그 어떤 이유도 찾아내지 못할 것이다. 우리 삶에서 '그럴 만한 것'과 '그럴 만하지 않은 것'의 경계는 모호하고 유동적이라, 그럴 만하다고 여기면 모든 것이 의미심장해지고, 다시 정색하고 뒤돌아보면 그럴 만큼 대단한 것은 아무것도 없다는 걸 깨닫게 된다. 그러므로 의미의 세계를 탐구하던 소설가가 무의미의 더미에 압도되어 눈물주머니가 되어버린 것이 자연스러운 만큼, 그가 다시 별다른 이유도 없이 "부질없는 실존적 고뇌에 점령되었던 삶을 수복해"갔다고 해도 부자연스럽지는 않다. 강조하자면, 그는 결코 잃어버린 의미를 되찾은 것이 아니라, 단지 "어느 순간부터는 알 수 없는 이유로 울음을 터뜨리지 않게"(p. 162) 된 것뿐이라 할 수 있다. 어느 날부턴가 그는 상담사에게 유년기의 상처를 고백했고, 저녁마다 달리기를 시작했으며, 어머니와 다른 사람들의 이야기를 조금 더 주의 깊게 들었다. 그러나 그중 어떤 것 덕분에 다시 글을 쓸 수 있게 된 건 아니었다. 그저 시간이 흘렀고, 그는 견딜 수 없는 상태로부터 서서히 빠져나왔다.

그러니 나이를 먹는다는 게 그다지 대단한 건 아니다. 나무에는 어떻게든 나이테가 새겨지고, 우리의 얼굴에는 어김없이 주름살이 잡힌다. 인생에는 아무런 의미가 없고, 어디선가 의미가 날아와 내려앉지 않아도 삶은 무심하게 전개된다. 그러나 이 말을 오해하지 말아주길. 나는 무의미를 알리바이 삼아 인생을 냉소하는 자가 "무의미가 자신을 산산조각 내고 있다고"(p. 159) 눈물을 흘리는 자보다 현명하다고 말하는 것이 아니다. 우리는 분명히 더 성숙해질 필요가 있고, 나는 나의 삶에 의미를 부여하고 싶다. 누구의 얼굴에나 주름은 잡히고 누구의 삶에나 세월은 흐르지만, 그렇다고 누구나 성숙을 경험하는 건 아니다. 성숙이란 인생의 무의미함을 알면서도 거기에 의미를 기입하는 행위. 그러니까 우리 삶의 모든 것이 무의미하다고 냉소하는 것도, 우리의 세계에는 비밀스러운 의미가 가득하다고 믿는 낭만적인 상상도 아니다. 그것은 겸허히 무의미의 진실을 수용하되 그 시린 진실에 나만의 의미를 새겨 변용하는 것에 가깝다. 이런 점에서 소설과 인생은 닮아 보인다. 누구에게나 삶은 기억에 남는 몇몇 장면으로 남을 것이고, 그렇다면 이 장면들에 어떤 무늬를 새기고, 어떤 선율을 작곡하고, 어떤 이야기를 부여하는지에 따라 그 삶의 의미가 만들어질 것이다. 이렇게 탄생한 것들은 비록 사실이나 진리는 아니지만, 그렇다고 거짓이라 할 수도 없다. 소설의 진실이 꼭 그러한 것처럼.

　삶을 지탱하는 것이 허구에 불과함을 깨닫는 것은 그다지 성숙하지 않은 사람에게도 충분히 가능한 일이다. 날카로운 냉소와 허무도, 비애적인 각성의 눈물도 반항의 수준을 넘어서긴 어렵다. 우리가 어른으로 살아가기 위해서는 내가 본질이나 가치라고 믿었던 것들이 모조리 허구였음을 인식하되, 그럼에도 불구하고 그것이 나의 삶을 만들고 지탱해왔음을 인정해야 한다. 그러니 제대로 성장한다는 것은, 계단을 밟아가듯 높은 곳을 향하는 것도, 산재해 있는 우연한 것들을 연결하여 기필코 필연과 상징을 만들어내는 것도, 좁은 세계의 껍질을 부수고 나와 더 넓은 세계를 탐험하고 발견하는 것도 아니다. 차라리 우리의 세계에 의미가 있어야 할 필연적인 이유는 없다는 것, 의미가 있다 해도 그것을 내가 이해할 수 있으리라 확신할 수 없다는 것, 이해할 수 있다 해도 그 사실이 이 세계에 어떠한 영향도 미칠 수 없다는 걸 인정하는 것부터 시작해야 한다. 그렇게 포기와 미련과 회의와 희망이 혼탁하게 뒤섞여 울퉁불퉁한 자신의 모습을 받아들인 후에야, 소설가는 맑고 청량한 눈물을 닦아내고 다시 소설을 쓸 수 있을 것이다.

　상담사의 분석이 뻔하다고 느꼈던 눈물주머니 시절의 소설가처럼, 사람들은 대체로 자신의 고통을 특별한 고통이라 믿고 애틋하게 여긴다. 통증을 호소하는 사람들의 언어는 매우 다양하고, 유난히 길고 섬세하게 말하는 사람일수록 자신의 손에 타이레놀만 쥐어지면 실망하기 마련이다. 그러나 자비 없는 전문가의 눈에 그것은 모두 통증의 다른 이름에 불과하고, 통증을 호소하는 환자에게 지금 당장 필요한 것은 진통제 한 알이다. 소설의 말미, 더는 눈물주머니가 아닌 소설가는 상담사의 말대로 어린 시절을 복기한다. "세상 모든 존재를 애처로워하는 것처럼 보였지만 결국 누추한 자기연민에서 크게 벗어나지 못했던 울음"(p. 162)을 그치자, 내 고통이 남의 고통과 크게 달라 보이지 않았을 것이다. 사람은 모두 다르지만 인간은 다 비슷하고, 삶은 다양하지만 인생은 거기서 거기라는 것. 이렇게 모순되는 양쪽의 말을 동시에 수용할 수 있는 것은 사실과 진실이 결코 동의어가 아니기 때문이다. 이 중 어느 한 편만 승인하는 자의 소설이 지루하지 않을 도리는 없다. 그러니 비록 눈물주머니였던 시간은 고통스러웠겠지만, 소설을 쓰는 자가 더 이상 확신에 찬 진실의 담지자를 자처하지 않게 된 것은 참으로 다행스러운 일이다.

소설의 제목처럼 '일몰을 걸어본 자'가 일출을 볼 수 있다. 이 말은 내일의 태양이 희망이나 대안이라는 뜻이 아니라, 일몰이 결코 세계의 끝은 아니라는, 그러니 어둠을 비관할 것도, 일몰을 걷는 멋진 나 자신에게 반할 필요도 없다는 말이다. 매일 태양은 다시 떠오른다. 이같은 반복에는 아무런 의미가 없고, 심지어 모든 말은 실제 물리적 현실과는 동떨어진 허구에 불과하다. 하지만 그럼에도 우리의 삶은 '내일의 태양' 아래 구성되고, 그 과정에서 무수한 이야기가 만들어진다. 당연하게도 이때 우리가 만드는 이야기는 필연적인 '진짜 이야기'가 아니라 다수의 이야기에 경합을 붙여 선택한 잠정적인 이야기. 그러므로 우리는 결코 은퇴를 모르는 소설가처럼, 단 하나의 '삶의 이야기'에 몰두하지 못하고, 산만한 '이야기의 삶'에서 그것들과 함께 뒹굴며 살아갈 수밖에 없을 것이다.

전자 시대의 교향곡
— 신종원의 『전자 시대의 아리아』[1]

1

푸가, 아리아, ·멜로디, 볼레로, 송가, 사보, 보이스, 코다…… 제목의 단어들이 암시하듯 신종원의 첫 소설집 『전자 시대의 아리아』는 음악을 의식하며 아니, 정확히 말하자면 '소설이 아닌 매체'를 의식하며 씌어진 소설들이다. 악보와도 같은 이 책을 읽고 가장 먼저 든 생각은 이것이 아리아가 아니라 기악곡이라는 것. 아리아의 성패를 가르는 것이 가수의 기교와 성량이라고 한다면, 이 소설들은 결코 가수의 기량을 감상할 수 있는 편안함을 선사해주지 않는다. 소설을 읽는 내내 내 머릿속에 떠오른 것은 작곡과 지휘를 겸하고 있는 단 한 사람과 그의 명령을 순종적으로 따르고 있는 독자인 나. 그러니 이 소설집을 다악장형식의 기악곡이라고 부르는 편이 좋겠다. 대규모의 관현악 소리로 가득 차 있지만, 한 사람의 지휘에만 복종하는, 그런 압도적이고 중앙집권적인 교향곡.

그래서 소설 곳곳에 연주곡의 목록과 악상기호가 잔뜩 표기되어 있어도 이 세계는 소란스럽지 않다. 아무리 스트라디바리가 만든 바

---

[1] 신종원, 『전자 시대의 아리아』, 문학과지성사, 2021. 이 책에 실린 작품을 인용할 때는 제목과 쪽수만 표기한다.

이올린(「저주받은 가보를 위한 송가집」)이나 끔찍한 음향 기록물이 쌓여 있는 적산가옥(「전자 시대의 아리아」), 급기야 민요를 수집하는 마지막 하나 남은 세이렌(「작은 코다」)이 등장한다 할지라도, 우리는 정교하고 현란한 리듬을 듣는 동시에 먹먹한 고요를 느낄 수 있다. 시설 좋은 공연장에서 디렉터의 정확한 지시에 따라 연주가 이뤄진다면 그 소리가 아무리 크고 변화무쌍해도 결코 시끄럽게 들리지 않는 것과 같은 이치다. 공연장을 가득 채운 다양한 사운드는 오직 한 사람의 명령만을 충실히 수행하고, 심지어 스포트라이트의 바깥은 침묵으로 채워진 듯 적요할 것이다.

2

소나타 형식: 교향곡을 비롯하여 중주곡, 협주곡 등 클래식 음악에서 가장 기본적이고 광범위하게 쓰이는 악곡 형식. **제시부**, **전개부**, **재현부**의 세 부분으로 구성되었으며 제시부 앞에 **서주**, 재현부 뒤에 **종결부**coda가 딸려 있는 경우도 있다. 보통 제시부에는 두 개의 주제 대비를 기본축으로 구축되어 있고, 이 두 개의 주제는 전개부, 재현부에서도 여러 가지 기교를 통해 반복해서 사용된다.[2]

많은 교향곡이 대체로 소나타형식으로 이루어져 있으니, 우리도 소설들을 소나타형식에 따라 나눠보도록 하자. 소설은 모두 여덟 편. 흥미롭게도 더블Double처럼 짝을 지을 수 있다. 여섯 편의 쌍둥이 소설

---

2 삼호뮤직 편집부, 『파퓰러음악용어사전&클래식음악용어사전』, 삼호출판사, 2002.

들이 각 부를, 나머지 한 쌍이 각각 서주와 코다를 맡도록 하자.

먼저 서주는 「멜로디 웹 텍스처」. 알다시피 서주는 일종의 선언에 해당한다. 친절한 작곡가라면 간단한 워밍업 정도지만 조금 심술궂은 작곡가라면 '내 곡을 듣기 위해서는 각오를 좀 해야 할걸' 정도의 의미를 담는다. 곡 전체에서 반복적으로 등장할 주제적 요소들을 미리 제시하여 청중들에게 마음의 준비를 요구하는 것이다. 우리가 들을 음악의 주인은 심술이 없는 편은 아니다. 그가 서주에서 보여주는 것은 크게 두 가지. 첫째, 머나먼 신화적 세계부터 지금 여기의 모니터 앞까지 '짓는 자〔作家〕'에 관한 계보 만들기. 여신과 베 짜기 내기를 했던 아라크네에서 시작하여 저주를 받아 끊임없이 거미줄을 짜는 거미를 거쳐 컴퓨터 앞에서 글을 쓰는 작가까지 유사한 계열체가 만들어진다. 베틀과 신체의 규칙적인 동작과 직물의 생산은 엄격한 정육각형을 반복적으로 채워가는 거미의 움직임과 거미줄의 확장에서, 자판을 두드리는 손가락의 운동과 모니터에 증식하는 문자들의 행렬까지로 이어진다. 이와 같은 '텍스처'와 '텍스트'의 연쇄는 오직 선명한 이미지와 규칙적인 리듬만으로 유려하게 직조된다. 둘째, 교향곡 전체에 반복될 여러 쌍의 대립물 암시하기. 그 대립쌍들은 다음과 같다. 생물학적이고 유물론적인 물성의 세계/유령적이고 신화적인 영혼의 세계, 멀리서 부유하는 카메라의 냉정한 시선/'너'를 호명하는 장중한 고어 투의 목소리, 디지털 기술에 대한 자의식/의고적인 유물에 대한 탐닉, 비밀을 간직한 오래된 공간과 사물 들/찰나에 스러지고 사라져버리는 인간들 등등.

이렇게 서주는 순식간에 '직조하는 자'의 계보 사이사이에 곡 전체를 지탱할 대립물들을 배치하는 데 성공한다. 이 극단적인 대립물들을 상대하는 인력과 척력의 '텍스처 역학'이 바로 '텍스트를 쓰는 행위'라고 주장한다. 그러니 이 곡의 작곡가가 생각하는 '작가'란 대체로 이런 모습을 하고 있을 것이다. 시공을 초월하며 산재하는 것들 사이의 질서를 파악하는 자, 그 질서를 연쇄적인 이미지와 리듬으로 연결하는 자. 그 연결을 자신이 다루는 매체로 성실하게 변환하는 자. 이제 이에 걸맞은 또렷한 인장이 서주에 새겨진다. 대체로 서주가 유장한 작곡가들의 자의식이 강하다는 것은 익히 알려진 사실이다.

3

마음의 준비는 충분히 하였으니 **제시부**(「밴시의 푸가」, 「전자 시대의 아리아」)를 시작하자. 제시부의 역할은 이어질 전개부와 재현부에서 반복될 주제 선율들을 구축하는 것. 그러므로 서주에서 등장한 다양한 대립쌍 사이의 낙차를 하나의 선율로 구성할 필요가 있다. 구성의 효과를 극대화하기 위해 가장 중요한 것은 그것들을 한곳에 모아둘 수 있는 장소. 그래서 제시부의 무게중심은 장소에 존재한다. 그렇다면 서주에 등장했던 대립물들을 담아낼 수 있는 공간으로는 어떤 곳이 좋을까. 의고적인 잔해부터 최첨단의 기술까지 담아낼 수 있는 공간, 유물론적인 시선과 신화적인 열정이 공존할 수 있는 공간, 오래된 사물들과 찰나의 인간들을 연결할 수 있는 공간, 그곳은 아마도 뮤지엄이라고 불리는 공간일 것이다.

뮤지엄은 오래된 사물들이 통상적인 상품 가치와는 다른 기준으로 거주하는 곳, 현실의 시간성과 다른 이질적 시간성이 현현하는 곳이다. 그야말로 기억과 망각이 동시에 존재하는 이곳은 철저히 현재화된 시선으로 사실적인 자료에 기반하여 운영되지만, 어딘가 유령적이고 초자연적인 것이 출몰한다 해도 이상하지 않은 곳이다. 예컨대 박물관, 도서관, 기념관 혹은 헌책방, 벼룩시장, 성당 같은 장소들이 그렇다. 현실적인 공간은 아니지만 그렇다고 디스토피아나 유토피아처럼 실재하지 않는 상상적 공간도 아닌 일종의 '비장소적인 장소'. 푸코의 말을 빌려 이제 이곳을 헤테로토피아heterotopia라고 부르자. 이 같은 헤테로토피아는 악보처럼 구성된 이 소설에 더없이 적합한 장소다. 악보는 마치 '음소거된 음악'처럼 한편으로는 음악을 담고 있지만 다른 한편으로는 음악을 가리고 있는 이중적인 사물이다. 악보의 시제 역시 모호한데, 그것은 과거에 만들어졌으나 영원히 현재 시제 명령문으로 존재하고 늘 '아직'인 상태로 기대되는 것이다. 도서관이나 박물관도 마찬가지. 이곳에서 사물들은 보존을 위해 구속되고, '무인칭 현재 시제 연옥'처럼 심판 이후의 세계가 아닌 '아직 여기'의 세계에 머물러 있다.

온갖 잡스러운 것이 우글거리지만 무성영화처럼 고요한 곳. 이제 여기에서 유령의 목소리를 들어보는 것이 어떨까. 도서관에는 자신들의 존재를 알리기 위해 도서의 위치를 바꿔두는 영혼들이 등장하고(「밴시의 푸가」), 일제강점기 고문 시설이자 연구소였던 적산가옥에는 아무리 음향 장비를 꺼버려도 스스로 재생되는 조선어의 목소리가 들려온다(「전자 시대의 아리아」). 이 오래된 영혼들은 도서관에서는 문서의 형태로, 연구소에서는 음성 자료의 형태로 저장되지만, 그 저장은 특정한 정보의 형태로 변환되기를 요구받았다는 점에서 일종의 망각이라고도 볼 수 있다. 문자 시대의 세계는 문자화되는 것과 문자화되지 않는 것으로 나뉘었고, 축음기와 사진기를 비롯한 저장 매체가 발명된 후에는 저장되는 것과 저장되지 않는 것으로 나뉘었다. 하지만 어떻게 해도 상황은 마찬가지. 어떤 방식으로도 저장은 완벽할 수 없고 불완전한 저장과 망각 사이에 유령적인 것은 떠돌아다닌다.

작가란 이 분할을 가장 잘 알고 있는 자. 기억을 기록으로 번역하고 기록에서 기억을 독해하는 것을 업으로 삼은 자다. 그는 "기억도 목소리를 가질 수 있다면 좋을 텐데"(「전자 시대의 아리아」, p. 70)라고 간절하게 바라 마지않지만, 실은 기억이란 언제나 특정한 형식으로 저장될 수밖에 없음을 누구보다 잘 알고 있다. 기억이 기록되는 것은 언제나 불완전하지만, 그 역의 과정, 기록에서 기억으로 용해되는 것 역시 완벽한 부활일 수 없다. 그런 이유로 누군가 도서관의 서가를 악보 삼아 "오래된 프로둥을 흥얼거릴 때"(「밴시의 푸가」, p. 36) 또는 "녹음된 음성의 주파수와 콘크리트 건축재의 자연 주파수가 정확하게 일치"(「전자 시대의 아리아」, p. 69)할 때, 세계에 그어진 분할선은 변경되지 않는다. 다만 영혼들이 사라지고 건물이 무너져 내린다. 그러니 작가에게 중요한 것은 부활이 아니라 매체와 그 변환 작업에 대한 자의식. 하물며 유령조차 매체가 필요한 법이다.

4

전개부(「저주받은 가보를 위한 송가집」, 「옵티컬 볼레로」)는 제시부의 주제를 다양한 기교로 세분화하여 진행한다. 여기서도 박물관, 골동품 상점, 기숙사, 비밀 회합 장소 등 헤테로토피아들의 목록은 이어지지만, 이제 방점은 '장소'에서 '장소를 통과하는 사물들'로 이동한다. 이미 눈치챘겠지만, 이 교향곡을 관통하는 대립쌍들의 낙차를 다양한 방식으로 오랫동안 유지하기 위해서는 사람보다 사물을 선택하는 편이 유리하다. 개별적인 한 사람의 수명은 길어봐야 고작 백 년. 그가 겪어온 삶의 범위는 수명에 비례하여 한정적이고 그의 심리학적 내면은 협소한 필연성의 영역이다. 그러니 개인의 인생 대신 '사물의 전기The Biography of the Object'를 써보는 편이 좋겠다. 예컨대 스트라디바리의 손에서 탄생한 후 무수한 영욕을 거쳐 이제는 박물관의 조명 아래 쉬고 있는 바이올린 엘가의 전기(「저주받은 가보를 위한 송가집」)나, 렌즈를 이루는 광물의 원자 수준에서 보자면 빅뱅과 함께 탄생했을 캠코더 옵츄라의 유구한 전기(「옵티컬 볼레로」)처럼.

그렇다면 이것은 문제적 개인을 다룬다는 '소설의 기원'에서 벗어나 있는 소설 쓰기다. 신종원의 소설은 개별적 삶에 큰 관심을 두지 않으니, 여기에는 한 개인의 내밀한 반성과 진솔한 고백도, 그것을 통한 교훈과 성장의 서사도 등장하지 않는다. 아들을 위해 엘가를 마련했지만 원주민들에게 살해당한 백인 광부, 파가니니의 곡을 제대로 연주하지 못해 미쳐버린 소녀, 개신교도들에 의해 성당에 갇혀 불태워지면서도 엘가만은 피신시키는 가톨릭교도 연주자 등 엘가를 소유했던 이들 중 누구도 소설의 주인공이 되기에 부족한 이는 없다. 하지만 '엘가의 전기'에서 보자면 그들은 고작 스쳐 지나가는 인간 따위에 불과하다. '옵츄라의 전기' 역시 마찬가지. 캠코더 옵츄라에 찍힌 것들은 그것이 사람이든 장소든 죽거나 사라진다. 옵츄라에 의해 삼켜졌다고 말하는 편이 정확할 것이다. 약간의 은유를 동원하여 극단적으로 소급해보면, 옵츄라는 단지 1997년 캐논에서 생산된 디지털 영상 장치가 아니라 고생대 말기 광물로 형성된 '최초의 광학 장치'다. 이 '하나의 시선'은 태어난 후 아주 오랫동안 외롭게 고립되어 있었지만, 기술 복제 시대를 거쳐 디지털 매체 시대에 접어들 무렵이 되면 급격하고도 광범위하게 퍼져나가게 된다. 이제 옵츄라는 무엇이든 포착하고 무한하게 저장하며 신속하게 전송할 수 있는 권능을 얻었다. 여기 고작 한 명의 인생이라는 것이 어떤 의미를 지닐 수 있겠는가.

이렇게 전개부는 제시부를 심화시켜 일종의 소설적 뮤지올로지를 발전시킨다. 사물들은 흠집과 변형의 형태로 세계를 담아내는 데 적합하다. 물론 여기서 사물이란 단지 물건만이 아니라 공간이나 텍스트나 이미지까지 포함하는 넓은 의미의 사물, 세계의 잔해로서 관계망 속에 존재하는 사물thing을 의미한다. 세계를 사유하기 위해 인간의 심리주의 대신 사물의 전기를 살피는 것은 존재하는 것이라면 모조리 수용하겠다는 식의 한없는 긍정주의가 아니다. 제아무리 인간의 범위에서 이동해봤자 그것이 '다르게 보기'의 윤리에 불과할지도 모른다는 불안과 그러니 이제 다르게 보기 대신 아예 '다른 것'을 보겠노라는 시도로 설명하는 편이 정확할 것이다. 우리가 역사라고 부르는 것이 지속적인 폭력과 그 폭력에 의한 변형과 흉터의 총체라면, 우리는 사물들을 통해 그 과정을 좀더 정확히 직시할 수 있다. 그리고 우리 역시 역사적 잔해의 일종이고 사람이 아닌 매체가 기억의 주체임을 절감한다면, 이 사물의 전기에 우리를 기입할 방법은 얼마든지 존재할 것이다. 그런 이유로 이와 같은 시선은 유용한 정치적 전략이 될 수도 있다. 시텐노 가즈마가 지은 음향연구소가 김수근이 지은 남영동 건물이 되지 않으리라는 법은 없고, 우리가 무엇을 주목하든 그곳에 엘가처럼 매혹적인 사물이 존재하지 않을 리는 없을 테니까.

5

이제 **재현부**(「보이스 디펜스」, 「비밀 사보 노트」)에서는 앞서 전개부에서 진행한 주제들을 재통합하되 제시부와는 다른 방식을 시도해야 한다. 지금까지의 흐름을 간단히 정리해보면, 곡을 지배하는 대립쌍들은 제시부에서 '공간화'의 방식으로 등장한 후 전개부에서 '사물의 전기'로 확장되고 상술되었다. 다시 이들을 압축하되 조성을 변경하기 위해서는 두 방법론을 모두 지양하는 '사물화'의 방식이 적합하겠다. 악보에 대해 말하거나 악보를 삽입하는 지금까지의 방식은 직접 악보가 되는 것으로 전환된다. 다시 말해, 음향에 관해 이야기하는 대신 스스로 음향 신호가 되어 재생되는 것이다.

이러한 '되기'의 목적은 당연히 **"우리가 우리의 싸움을 계속하"**(「비밀 사보 노트」, p. 189)기 위한 것, "자신의 말하기를, 1인분의 목소리를, 1인칭의 화법을 가능한 한 오래 지켜"(「보이스 디펜스」, p. 231)내기 위한 것이다. 이제 싸움을 위해 음악의 높낮이와 리듬을 두세 배쯤 증폭시키자. 추측건대 이 교향곡의 작곡가–소설가는 바로 이 재현부에서 가장 신이 나고 또한 가장 괴로웠을 것이다. 그렇게 투쟁을 위한 두 종류의 악보가 펼쳐진다. 첫번째는 악마 바알즈붑이 송출하는 이명에 맞서 필사적으로 1인분의 목소리를 지키는 작가의 투쟁(「보이스 디펜스」). 소설집 전체를 가로지르는 대립쌍 중 가장 매력적인 쌍이라 할 수 있는 유물론적 묘사와 신화적 상상력의 대비가 이제 문장 단위에서 맞붙어 요동친다. '뇌파' '뉴런' '음향' 같은 생리학적·기술적 용어는 '바알즈붑' '나조벰' '파리 속기사들' 같은 주술적 이미지와 그로테스크하게 결합되어 커다란 진폭의 파동을 만들어낸다. 연주 지시어로 말하자면 프레스티시모prestissimo, 최대한 빠르게! 이 교향곡을 통틀어 가장 시끄럽고 빠른 템포에 맞춰 화자는 바알즈붑과 사운드 전쟁을 수행한다. 여기서 흥미로운 점은 악마조차 송출기와 수신기가 필요하다는 것. 그러니까 신종원의 세계에서 매체는 우주의 '광속'처럼 절대적이고 영속적인 기준점으로 존재한다. 이 세계에서 매체란 물질이자 자연이고 동시에 유령적인 것이자 신적인 것의 특권적 지위를 차지한다.

두번째는 영원히 끝나지 않을 가장 아름다운 투쟁(「비밀 사보 노트」). 여기서는 연주 지시어를 고민할 필요가 없다. 이미 최고의 음악가가 적절한 셈여림표와 빠르기표를 달아두었으니 우리는 그 표기에 맞춰 악보를 읽어가기만 하면 된다. 이번에는 불문학자 박정효가 황현산의 유작 『말도로르의 노래』에 오역을 남기지 않기 위해 새로운 번역에 도전할 차례. 죽기 직전 황현산이 기증한 로트레아몽의 육필 원고가 재번역을 시도해야 할 이유이자 감행할 수 있는 동력이 된다. 박정효는 정체를 알 수 없는 기호들로 범벅된 육필 원고를 보고 어쩌면 이 시가 정말로 '노래'였을지도 모른다는 생각을 하게 되고, 윤에스더에게 편지를 써 음악가를 소개받는다. 그러니 이제 우리도 음악가인 화자의 유려한 목소리를 따라 새롭게 악보로 번역된 『말도로르의 노래』를 펼쳐보면 어떨까. 물론 이것은 "아직 도래하지 않은, 우리 앞에 놓인, 미래의 책", 그러나 언젠가 반드시 도래할 책이다. 과거의 싸움꾼 황현산은 지금의 싸움꾼 박정효에게 노래를 물려주었고 우리는 물려받은 이 노래를 영원히 끝내지 않을 것이다. 그런 이유로 "이제 다음 싸움꾼들을 위해 새로운 마디를 비켜줄 차례"(「비밀 사보 노트」, p. 213). 그리고 창작자와 연구자 들을 향해, 문학과 음악의 모든 싸움꾼을 향해 신종원식 경의를 표할 차례.

6

마지막 **종결부**coda는 제목조차 「작은 코다」. 잠시 곡의 마무리를 위해 앞서 제시된 '기억과 기록의 문제'로 돌아가보자. 도서 배가표(기록)를 노래(기억)로 불러주자 도서관을 떠날 수 있었던 영혼들(「밴시의 푸가」)과 녹음된 연구 자료(기록)를 노래(기억)로 재생하자 순식간에 무너져 내린 연구소(「전자 시대의 아리아」)를 떠올려보면, 기록에는 망각이 포함되어 있음에도 불구하고 기억은 기록의 형태로만 남을 수 있다는 것을 알 수 있다. 이 소설집은 한 편의 소설에서도 빠짐없이 매체를 중심으로 기억과 기록이 불완전한 상호 관계를 맺고 있음을 명확히 보여준다. 그렇다면 이제, 마지막 세이렌이 등장하여 녹음기라는 매체를 통해 민요의 마술적 힘을 박탈하는 이야기가 코다가 되는 것은 당연한 결말이라 할 수 있을까.

매체학자 키틀러는 19세기 후반 축음기가 등장하자 '실재'가 저장되기 시작했다고 말한 바 있다. 오직 단 한 번의 현존만 가능했던 음성이 주변 소음까지 포함한 채 고스란히 재생되기 시작하면서 인간은 실재를 조작할 수 있다는 감각을 갖게 되었다는 것이다. 그에 따르면, 음성을 저장할 수 있는 축음기의 발명과 함께 문자 권력을 지키고 있던 문필가들의 시대는 막을 내리게 된다. 그러나 이것은 하나의 은유에 불과한데, 실은 실재란 저장되는 순간 더 이상 실재라고 할 수 없기 때문이다. 실재가 저장되면 그 순간부터 그것은 상징계에 편입된 것이지 더는 실재가 아니고, 여전히 우리의 세계에는 상징계에 포섭되지 않는 틈이나 균열로서의 실재가 엄존하게 된다. 어떤 순간에도 실재는 사라지지 않으니, 음악도 문학도 영원히 끝날 수 없다. 세이렌 종연의 여정 역시 마찬가지다. 음향 기기에 의해 음치가 된 그녀가 최후의 세이렌이고 그런 그녀가 **"수만 년 전부터 수없이 반복해서 구전되어 온 노래의 끝, 하나의 코다**"(「작은 코다」, p. 279)임은 명백할 것이다. 그러나 동시에 그녀가 하나의 돌림노래를 끝내고 다음 노래를 시작하는 자, 코다가 됨으로써 비로소 서주가 되는 자라는 것도 부정할 수 없는 사실이다.

"이로 인해 우리는 경남 지방 어업요 하나를 영영 잃게 된다."(「작은 코다」, p. 274) 종연의 녹음에 의해 무언가는 사라진다. 하지만 하나를 잃어야 하나를 얻을 수 있는 법. 다시 한번 예술가에 관한 신화적이고 매체학적인 계보 「멜로디 웹 텍스처」를 떠올려보자. 음향 기기에 의해 더 이상 기존의 방식으로 노래할 수 없게 된 세이렌, 사운드클라우드나 유튜브에 음성 파일을 업로드하는 세이렌은 시를 노래하는 대신 텍스트를 입력하는 아라크네, 이제 막 긴 기다림을 끝내고 다시 태어난 아라크네와 다른 존재가 아니다. 마지막이자 최초가 되는 것, 이것은 영원히 예술가들을 지배하는 화두다. 실재나 예술은 본질이나 실체로서 존재하지 않고, 다만 기억과 기록 사이에서 '변환'의 방식으로 존재한다. 언제 어디서나 변환하는 자는 존재하고 그의 권능은 갱신될 뿐 사라지지 않는다. 그러니 이 작곡가-소설가의 유장한 화법에 따라 말하자면 다 카포Da capo, 다시 말해, 처음으로 돌아가라.

이로 인해 우리는 두 개의 야심만만한 서주를 지닌 '전자 시대의 교향곡'을 끝내 만나게 된다.

주술과 언어의 유물론
─ 신종원의 『고스트 프리퀀시』[1]

신종원의 세계에 대해 말해볼까. 무심코 자판을 두드리고서 멈칫한다. 왜 자꾸 그의 소설을 읽고 나면 그의 말투로 이야기하게 되는 걸까. 첫번째 소설집의 해설을 쓸 때도 그랬지. 다시 감염된 모양이네. 아직 면역이 생기지 않았나. 아니면 혹시 이런 게 면역반응인가. 이런저런 생각들을 두서없이 주워 삼키며 내 글의 톤을 골라본다. 아마도 이게 다 규칙 때문일 것이다. 세계라고 부를 만한 것에는 반드시 규칙이 있기 마련이고, 만약 그것이 소설이라면 독자는 그 규칙에 물들기 마련이니까. 그리고 야심 있는 작가가 원하는 것은 바로 이런 것이다. 그는 메시지를 전하기보다 어떤 메시지든 만들어낼 수 있는 자신의 매체, 미디엄medium으로서의 세계가 현시되길 원한다. 여기에 걸려들면 이질적인 공기에 전염되어 잠시나마 내 세계의 규칙을 잊게 된다. 이런 감염에 취약한 나는, 나도 어디 한번 「아나톨리아의 눈」처럼 게임의 규칙을 만들어볼까 싶기도 했는데, 그게 또 쉬운 일은 아니다. 소설이 세계를 만들어내는 작업이라면, 비평은 세계를 만들어낸 바로 그 소설을 상대하는 과정에서 자기 세계의 규칙을 확인하는 작업이다. 그래서 비평가는 임의의 규칙을 창조해낼 수 없는 대신 소설의 규

---

[1] 신종원, 『고스트 프리퀀시』, 자음과모음, 2021. 이 책에 실린 작품을 인용할 때는 제목과 쪽수만 표기한다.

칙을 이해하거나 반박하거나 혹은 분석한다. 그러니 비평하는 사람들 가운데 주사위 던지기를 즐기는 사람은 흔치 않다. 그들에게는 더 적당하고 더 재미없는 다른 도구가 있다.

　내 도구 중 하나는 좌표계. 내게는 소설을 읽을 때 머릿속으로 데카르트좌표 하나를 그려보는 버릇이 있다. x축과 y축으로 좌표평면을 만들고 그 위에 소설의 시선에 따라 점을 찍어본다. 점들의 연결을 살펴보면 소설이 위치하는 범위나 운동성 같은 것을 짐작해볼 수 있다. 대개 리얼리즘소설은 서사가 아무리 입체적일지라도 좌표의 범위가 한정적이고 운동성도 일정한 방향을 보이지만, SF나 판타지소설의 경우에는 좌표의 범위가 극단적으로 확장되거나 운동의 방향이 기대치에 역행하는 경우가 많다. 물론 이 경우에도 소설을 끝까지 다 읽은 후 x축과 y축의 눈금 간격을 잘 조정하면 좌표평면을 그릴 수 있다. 그러니까 지도에 비유하자면 대축척이든 소축척이든 지도의 축소 비율은 다양하지만, 하나의 지도에서 축척은 일관되게 유지된다는 말이다. 종종 이 일관성이 보장되지 않는 소설들도 존재한다. 이런 소설들은 대체로 인터넷 서점 사이트에서 독자들에게 '난해하다'라는 비난과 '열렬한 팬이에요'라는 찬양을 동시에 받는다. 그리고 이 같은 소설 중 다수는 좌표평면에 점을 찍는 것 자체가 쉽지 않다. 소설이 좌표계에 편입되는 것을 거부하는 방식으로 구성되어 있기 때문이다.

　그런데 신종원의 소설은 좌표계를 거부하지 않으면서도 효과적으로 좌표계를 교란한다. 정확히 좌표를 제시하는데도 일정한 간격으로 x축과 y축의 눈금을 고정할 수 없다는 점, 상세한 위치를 지시하는데도 한 장의 지도로 완성할 수 없다는 점이 그의 소설들의 특징이다. 이렇게 생각해보자. 만약 당신이 어떤 세계를 현미경과 망원경을 동시에 사용하여 관찰해야 한다면, 또는 하나의 지도에 대축척과 소축척의 서로 다른 비율을 번갈아 적용해야 한다면, 그 세계는 신비로울까, 섬뜩할까, 현기증이 날까. 우선 「마그눔 오푸스」의 첫 장면으로 가 보자.

> 종족과 형태를 막론하고, 모든 포유류 태아는 생명의 줄기인 옴팔로스로 어머니와 연결된다. 탯줄은 난황낭 내부에 견과류처럼 웅크려 있던 초기 태아를 생화학 주머니 바깥으로 끄집어내며, 이후 35주 동안 이 신비한 생물의 배꼽 부근에서 좀처럼 떨어지지 않는다. 히알루론산과 콘드로이틴황산염으로 합성된 젤라틴 재질의 끈 모양 조직체는 태아와 모체— 다시 말해, 안과 바깥을 이어주는 유일한 통로로서 산소와 영양분을 전달하는데, 이런 과정에서 때때로 어머니의 정신과 꿈 또한 전송한다. 부드럽게 주름진 줄기 안에 두 가닥의 동맥과 한 가닥의 정맥이 흐르고 있기에. 모든 신호는 대체로 진동에 가깝다. 태아는 양전하로 부글거리는 어머니의 영적 주파수를 작은 축전기처럼 말없이 받아들인다. 수신자도 송신자도 오직 둘뿐인 통신용 터미널의 방대한 너비를 실감할 때마다 감전되어 부르르 떤다. 이 몸짓은 산부의과의들의 초음파 탐촉자에 감지되어 종종 아름다운 율동으로 해석된다. 그러나 그 모든 꿈이 반드시 즐겁고 만족스러운 경험을 주지는 않는다. 적어도 한 사람만은 그런 사실을 미리 알고 있었으리라. 지금 이 사람은 서울 모처의 자택에 누워 손자와 손을 맞잡고 있다. (「마그눔 오푸스」, pp. 9~10)

고배율의 현미경으로 세포 단위의 인지질까지 샅샅이 훑다가 순식간에 공중으로 부양하여 망원경을 들여다보는 것. 혈관을 타고 흐르는 생화학적 전기 자극에 관해 논하다가 홀연히 꿈과 영적 주파수로 도약해버리는 것. 이것이 신종원이 세계를 열어젖히는 방식이다. 벤야민의 말처럼 "상상력이란 무한히 작은 것 속으로 파고들어갈 줄 아는 능력이고, 모든 집약된 것 속으로도 새로운, 압축된 내용을 풍부하게 부여할 줄 아는 능력"이라면, 그러니까 상상력이란 "어떤 이미지든 접어놓은 부채로 여길 줄 아는 능력"[2]을 이르는 말이라면, 신종원의 세계는 좌표평면이나 지도보다 부채에 가까울 것이다. 우아한 합죽선에 혈족의 유구한 유전이 그려져 있고, 그것을 펼쳐보면 접혀 있던 사이사이에 '태반에서 일어나는 물질 교환'처럼 초고밀도로 압축된 정보들이 숨어 있다. 다시 이 부채를 뒤집어보면 삶과 죽음, 탄생과 소멸의 운명적 연쇄가 부챗살을 이루며 서사의 장력을 지탱한다. 상세하고 화려하며 커다란 부채, 이것이 신종원 세계의 특징적인 형상이다.

주사위 게임으로 만들어진 직소 퍼즐 같은 세계(「아나톨리아의 눈」)는 지도라고 보기엔 해독이 난망하다. 퇴행성 질환을 겪는 대녀의 미시적 세계와 별주부가 등장하는 신화적 세계의 중첩(「마그눔 오푸스」)은 좌표계로 옮기기엔 지나치게 낙차가 크다. 그러나 뇌세포의 도파민에서부터 용왕의 수중 궁전에 이르기까지 모든 것을 관찰할 수 있을 만큼 가시 범위가 극단적인 장비를 동원한다면 이 세계도 도표화되지 못할 이유는 없다. 그러다 보니 신종원의 세계에는 철저히 분리되어 있다고 믿었던 것들이 모조리 뒤섞여 들어온다. 물질과 비물질, 생물과 무생물, 탄생과 죽음, 과거와 현재 같은 대립쌍들이 하나의 구멍으로 쏟아져 들어오고, 그 함몰의 무게 때문에 '고요한 굉음'이 터져 나온다. 다종다양한 음향 신호가 블랙홀을 향해 달려가는 소리는 흡사 '고밀도의 진공'처럼 상상 너머의 역설일 것이다. 팽팽한 역장(力場)에 한 점 소용돌이가 발생한다면, 그것은 소란스러울까 아니면 고요할까.

---

2   발터 벤야민, 『일방통행로/사유이미지』, 최성만·김영옥·윤미애 옮김, 도서출판 길, 2007, p. 116.

그렇다면 역장 가운데 한 점은 소멸의 인력일까. 작가는 자전적 에세이 「운명의 수렴」에서 언젠가 죽고 마는 우리의 운명과 언젠가 끝나고 마는 소설의 형식이 닮았다고 말한다. 이 말은 소설을 '지연된 죽음'이나 '지연된 결말'로 정의했던 피터 브룩스의 말과 유사하지만, 나는 그의 소설에 대해 조금 달리 생각하고 있다. 때로는 작가의 소설이 작가의 생각을 뚫고 나간다. 그는 "글이 결국 이렇게 종점에 도달하듯이. 수렴점을 향해 기우는 운명"(「운명의 수렴」, p. 144)에 대해 생각한다. 그러나 그가 만들어내는 세계는 죽음이라는 운명보다 더 복잡하고 매혹적인 운명을 향해 운동한다. 그의 소설들을 타나토스의 충동으로 달려가는 에로스적 현실이라 말하기는 어렵다. 그의 소설은 단어와 문장의 수준에서부터 전체 서사의 흐름에 이르기까지 매 순간 삶과 죽음을 완벽히 겹쳐둔다. 그는 할아버지와 아버지의 '뼈'가 들려주는 '운명'에 대해 이렇게 말한다. "모든 인간의 종착지가 내 손 안에 있었다. 얇고 오목한 뼈"(「운명의 수렴」, p. 135) 그러나 그의 소설은 언제나 '뼈'와 같은 물질성 위에 "세상에서 가장 우스운 농담"(「운명의 수렴」, p. 142)인 '영혼'을 불가분의 상태로 부착한다. 실은 그는 알고 있다. 그에게 소설을 쓴다는 것은 운명에 관해 농담으로 대응하는 일임을. 그에게 소설가가 된다는 것은 뼈라는 운명을 알고도 영혼이라는 농담을 정성껏 빚는 사람이 되는 것임을.

손자의 태몽으로 황금 잉어를 건져 올린 늪이 곧 자신의 살점과 영혼을 헌납할 박테리아와 용왕의 소유(「마그눔 오푸스」)라는 사실, 소설가의 게임으로 활짝 열려버린, 순식간에 증식하고 확장하는 세계에 기록된 진리 중 하나가 "모든 생명이 종래에는 암흑 속으로 처박히는 것"(「아나톨리아의 눈」, p. 77)이라는 사실은 언뜻 삶이 죽음을 향한 일방향의 철로에 놓인 듯 보인다. 그러나 이 모든 것은 역방향으로도 진행된다. 또다시 누군가는 태몽을 꾸고 늪에서 삶을 훔칠 것이고, 게임으로 만들어진 열 개의 이야기는 "새로운 십면체 주사위"(「아나톨리아의 눈」, p. 47)가 되어 보드 위를 구를 것이다. 그러니 좀더 정확하게 말하자면, 삶이 죽음을 향해 수렴하는 것이 아니라 삶과 죽음이 한곳으로 수렴하는 것이다. 이것은 같은 말이 아니고, 어쩌면 이 수렴의 역장이야말로 신종원 세계의 토대일 것이다.

지금까지 우리가 이야기한 것은 이 세계의 특징적인 형상, 즉 세계상이다. 그런데 앞서 언급했다시피 이 세계가 '이미지와 음향으로 가득 찬 진공'처럼 역설적인 침묵으로 감각되는 것은 이 현란한 색조와 리듬이 엄격한 규칙에 따라 잘 정돈되어 있기 때문이기도 하다. 다시 말하지만, 세계라고 부를 만한 것에는 반드시 규칙이 필요하고, 그 규칙은 세계를 제한한다. 그러니 이제 규칙에 대해 말해본다.

누구나 이런 경험이 있을 것이다. 슬픔과 억울함으로 가득 차 정신없이 글을 써 내려간 일. 이럴 때 우리는 잊지 않기 위해 종이 위에 기억을 새기고 있는 걸까, 아니면 잊기 위해 종이 위로 기억을 추방하고 있는 걸까. 혹은 누군가를 향해 사랑한다고 속삭였던 일도 있을 것이다. 그럴 때 우리는 소중한 사랑이 바깥세상으로 나와 점점 더 자라나길 바랐을까, 아니면 버거운 사랑이 건조한 외풍을 맞아 조금씩 증발하길 바랐을까. 무의식과 의식 사이의 경계가 뚜렷하지 않음을 직감하는 순간은 바로 이런 순간이다. 우리는 언어를 사용하기 위해 지불해야 하는 것이 있음을 안다. 언어를 사용하면 기체처럼 부유하는 것을 고체처럼 결정화할 수 있다는 것도, 그러나 그 과정에서 반드시 잃는 것이 있다는 것도 안다. 말을 할 때, 글을 쓸 때, 언어를 물질화할 때, 우리는 교환을 의식한다. 거래의 내용은 매번 달라지지만, 우리는 언어를 사용하기 위해 늘 대가를 지불해왔다. 그래서 때때로 어떤 말은 아무리 노력해도 성대나 혀의 어디쯤 걸려 나오지 못한다. 아직 무언가를 잃을 각오가 없기 때문이다.

 신종원의 세계를 지배하는 규칙이 이와 같다. 영매는 영혼을 고정해주는 걸까, 쫓아버리는 걸까, 무당은 망자의 음성을 들려주는 걸까, 덮어버리는 걸까.「고스트 프리퀀시」에서 시인 박지일과 소설가 신종원이 맞닥뜨린 상황처럼, 문학은 대상을 지켜주는 걸까, 지워버리는 걸까. 작가는 부여하는 자일까, 박탈하는 자일까. 어느 쪽이든 변치 않는 사실 하나는 무언가를 읽고 쓰고 저장하는 것은 그것을 '변환'하는 작업이라는 것이다. 재현은 재현 대상을 사라지게 함으로써 나타나게 한다. 첫번째 소설집의 해설에서 나는, 이 세계의 절댓값은 '매체'이며 심지어 유령이나 악마조차 매체에 의해서만 나타날 수 있다고 말했는데, 이 규칙은 두번째 소설집에서 더욱 확장되어 여전히 성립한다. 그리고 우리가 살아가는 세속의 세계에 '재현'이나 '변환'이라는 말보다 더 어울리는 말은 '거래'일 것이다. 목숨 하나에 목숨 하나(「마그눔 오푸스」), 목소리 하나에 목소리 하나(「고스트 프리퀀시」)라는 규칙은 거래라는 말이 아니면 설명할 방법이 없다. 물론 주사위 한 번에 이야기 하나(「아나톨리아의 눈」)라는 규칙은 게임의 규칙이지만, 게임에 지고 손목을 내놓아야 했던 도박꾼들을 생각해보라. 규칙을 준수하며 진퇴의 결과를 수용하는 게임이야말로 거래의 원형이라 하지 않을 수 없으니, 이 세계의 절대적 규칙은 거래이고 모든 거래에는 대가가 있다. 탄생은 죽음을 지불하며 이루어지고, 살기 위해 달아둔 외상값은 반드시 상환을 기다린다. 이렇게 신종원의 세계에서는 주술적인 것들조차 합리적으로 작동한다. 그의 소설은 합리적인 것들 사이에 비합리적인 것을 끼워 넣어 독자가 놀라기를 기대하지 않는다. 오히려 비합리적인 것들을 합리적인 규칙에 따라 배치하여 모든 영역에 거래의 법을 집행한다.

그런데 주술이 정말 비합리적인 것인가. 내게는 대가를 각오해야 발화 가능한 언어와 상호 거래를 통해 발효되는 주술이 크게 달라 보이지 않는다. 훼손할 수 없는 거래 규칙, 지극히 엄격한 이 교환경제는 언어와 주술이 딛고 있는 공통의 토대다. 부르는 소리에 답을 하는 순간 성립되는 '이름'은 가장 흔하고 손쉽게 사용되는 주술이고, 소설을 비롯한 문학은 가장 오랫동안 유지된 거대한 주술판이자 거래판이다. 만약 '세계가 나의 외부에 실체로 존재하고 나는 다만 그것을 쓴다'고 믿는 자가 있다면, 그는 작가가 아니라 단지 문서 작성자임을 기억하라. 글을 쓰는 자는 사라지는 것으로 대가를 치르고 나타나는 것으로 권능을 얻는다. 이토록 이해 가능한 규칙을 준수하며, 신종원의 세계는 낯선 놀라움을 유발하는 대신 낯선 세계를 수립하는 데 성공한다. 규칙 없이 세계를 창조하는 이가 신이라면 규칙 속에서 세계를 구성하는 이가 작가이니, 이 책에 실린 모든 소설은 글쓰기에 대한 알레고리라 해도 틀리지 않고, 우리의 세계에 대한 이본(異本)이라 해도 지나치지 않을 것이다. 이 절대적인 세계, 공짜가 없는 세계, 무릅써야 하는 세계, 앞면이 뒷면인 세계. 바로 이 세계가 에로스와 타나토스가 굉음을 내며 함몰하는 우리의 세계이자 작가 신종원의 엄결한 주술적 유물론의 세계다.

소거되지도 승격되지도 않는
― 서수진의 『유진과 데이브』[1]

아주 조금이라도 피부에 화상을 입으면 늘 적당하게 느껴졌던 물의 온기가 통감이 되고, 더 깊이 진피까지 화상을 입으면 존재를 감지해본 적 없던 공기가 무시무시한 독성을 내뿜고 있다는 사실을 알게 된다. 물과 공기, 그중 어느 것 하나 변하지 않았지만, 완벽에 가까웠던 방어벽을 잃는 순간 세계는 나에게 압도적으로 밀려오고 물과 공기는 알알이 식별 가능한 것이 된다. 같은 나라, 같은 지역, 같은 계층에 심지어 같은 전공과 취미를 가진 사람과 하는 연애조차 쉽지 않은데, 심지어 그 모든 것에서 공통점을 찾아볼 수 없는 사람과 서로의 나라를 오가며 시도하는 연애란 흡사 피부를 조금씩 벗겨보는 행위와 비슷할지도 모른다. 그러니 당연하게도 서수진의 『유진과 데이브』를 정확히 해설하기 위해서는 이런 것들에 관해 말해야 한다. 국적과 인종을 달리하는 연인이 그려가는 사랑의 (불)가능성에 관해, 호주와 한국을 오가는 그들의 행로 사이사이에 자리한 역사적·정치적 갈등에 관해, 무지와 차이 속에서도 성립할 수 있지만 이해와 공감 속에서도 사그라들고야 마는 연애의 미묘한 역학에 관해.

그러나 나는 연인의 연대기보다 '그림을 그리는 사람'인 유진의 혼

---

[1] 서수진, 『유진과 데이브』, 현대문학, 2022. 이하 인용할 경우 쪽수만 표시한다.

란과 절망과 희망에 대해 말하고 싶다. 내가 이 소설을 읽으며 가장 궁금했던 것은, 그녀가 왜 그렇게 공들여 형상을 그린 후 그것을 뭉개버리는 방식으로 작업했는지, 그러다 어떤 계기로 그림을 그리는 대신 호주로 떠나기를 결심했는지, 서울로 돌아온다면 다시 그림을 그릴 수 있을지, 그때 그녀의 그림은 어떤 모습을 하고 있을지와 같은 것들이다. 나는 유진의 이야기가 여전히 끝나지 않은 것 같다. 그녀를 호주까지 이끌었던, 어떤 '그리기'를 둘러싼 이야기가.

1

소설에서 뭉개진 그림은 두 번 등장한다. 첫번째는 호주에서 데이브의 가족을 만나러 간 유진이 그곳에 걸린 그림을 유심히 바라보는 장면이었고, 두번째는 서울에서 유진의 가족을 만나러 간 데이브가 과거 유진이 그렸던 그림을 감탄하며 바라보는 장면이었다.

> 언뜻 보면 부드러운 색을 빠르게 칠한 인상주의 그림 같지만, 자세히 보면 세밀하게 완성한 후에 뭉갠 그림이라는 것을 알 수 있었다. 유진이 미술을 전공하던 시절 몰두했던 작업과 비슷했다. 유진은 눈을 가늘게 뜨고 뭉개기 전의 그림을 찾아내려 했다. 해가 지는 시간, 바닷가의 집, 커다란 창문으로 들여다보이는 두 명의 사람. 거리를 두고 서 있는 그들의 표정을 살피려 유진은 눈을 더 가늘게 떴다. (p. 21)

> 데이브는 소파 위 벽에 걸린 캔버스를 가리켰다. 캔버스에는 유진의 전 연인이 뭉개진 모습으로 서 있다. 유진은 그 그림을 오

랜 시간에 걸쳐 공들여 그렸고, 완성한 후에 모두 뭉개버렸다. 그리고 그렇게 뭉개진 그의 모습이야말로 자신이 말하고 싶었던 거라는 확신이 들었다. 그러니까 그게 '본질'이었다. 그 이후로 유진은 같은 작업을 몇 년간 이어 나갔다. 뭉개버릴 그림을 다 뭉개버리는 시간이 고통스러웠지만, 보이지 않는 무언가와 싸우는 것처럼 계속했다. 그때는 그랬다. (pp. 97~98)

구체적인 형상을 정성껏 그린 후 뭉개버리기. 유진의 작업을 머릿속에 그려보고자 할 때 가장 도움이 될 만한 작가는 게르하르트 리히터일 것이다. 미술비평가 핼 포스터는 사진과 같이 정교한 이미지를 구현한 후 그것을 흐려버리는 리히터의 작업을 외상 앞에서 충격받은 주체성을 드러내는 '외상적 리얼리즘traumatic realism'이라 분석한 바 있다. 이때 외상이 사적인지 공적인지는 중요하지 않다. 오히려 사적인 영역과 공적인 영역을 구별하기 어려운 혼란까지 포함한 채로 '외상적 주체'는 그 훼손의 순간에 강박적으로 머무른다. 아마도 라캉이라면 이렇게 흐려지고 찢기고 뚫리는 방식의 외상적 이미지를 '실재와의 조우'라고 불렀을 텐데, 그도 그럴 것이 상징계에 편입되지 않고 예기치 못한 틈새나 폭발의 방식으로 드러나는 '실재'란 잘 작동되던 삶의 한가운데 돌출된 '외상'과 딱히 다를 바가 없기 때문이다. 정교한 상징질서 속에 적절한 위치를 잡고 살아가는 우리에게 균열과 파열의 방식으로 등장하는 실재는 결코 유쾌하지 않다.

소설은 유진을 사로잡은 외상적 충격이 무엇인지 정확히 설명하지 않는다. 그러나 유년시절의 상처든 사회적·역사적 불안과 파국이든, 외상을 호소하는 것이 '공인된 형식'의 지위에 이르게 된 지금 시대에 유진이 지닌 외상의 실체가 무엇인지는 그다지 중요하지 않을 것이다. 다만, 전쟁에 관한 이야기를 나누다 '고통의 기억'을 강조하는 데이브를 향해 '기억의 고통'을 호소하는 유진의 모습을 보면, '기억'을 역사로 의미화하여 다시 상징계에 편입시키려는 데이브와 달리 유진은 '고통' 자체에 집중하여 그것을 상징계로 복구시키길 거부한다는 것을 짐작할 수 있다. 이렇게 과거를 외상의 차원으로 인식하는 것은 외상적 경험의 순간을 시각화하는 그녀의 작업 스타일과 무관하지 않을 것이다. 그녀는 '외상적 주체'로서 강박적 반복을 수행하고 있던 셈이다.

그런데 흥미로운 점은, 어느 순간 그녀가 이와 같은 작업을 지속하지 못한다는 점에 있다. 소설은 그녀가 미술을 그만둔 이유 역시 밝히고 있지 않은데, 그것은 특별한 이유가 없기 때문일지도 모른다. 그녀는 미술을 그만두고 도망치듯 도착한 시드니에서 "자신이 왜 우는지 도무지 알 수 없"었고, "삶이 엉망진창이 되어버린 이유를 찾을 수 없"(pp. 145~46)어서 절망에 빠진다. 어쩌면 이것이 외상의 핵심일 것이다. 언제부턴가 우리는 삶의 본질을 외상에서 찾아 그것으로 자신의 주체성을 수립하길 즐긴다. 그러나 본래 외상이란 반드시 '말할 수 없음'을 포함하는 것이고, 만약 그것이 발화되고 사유되고 재현되기 시작하면 더 이상 외상이라 불릴 필요조차 없다. 삶에서 크고 작은 상처와 좌절을 경험하는 것은 너무도 당연한 일이고 삶은 그것들을 곱씹고 소화하고 때로는 뱉어내며 이어지는 것이다. 그러니 외상도 존재할 수 있고 주체도 존재할 수 있지만 엄밀한 의미에서 '외상적 주체'란 존재할 수 없다. 나를 부수는 방식으로 증명할 수 있는 나는 없다. 외상적 주체란 애초 형용모순이고, 아마도 이 막다른 길에서 유진의 그림은 중단되었을지도 모르겠다.

2

　물론 그녀가 더 이상 '그림을 그리지 않는다'는 말과 더 이상 '아무것도 그리지 않는다'는 말이 같은 말은 아니다. 그녀는 낯선 곳에서 전혀 다른 방식으로 '지형도'를 그리기 시작한다. 처음 호주에서 유진은 젠더를 기준으로 지형도를 그린다. 그녀가 데이브의 가족을 만나는 자리에 정성껏 김밥을 싸가고 얌체처럼 보이지 않기 위해 설거지를 하고 신축성 없는 원피스를 입기 위해 점심까지 거른 것은, 그녀가 남자친구의 본가를 처음 방문하는 '여성'의 정체성을 가지고 있기 때문이다. 물론 이것은 지극히 한국적인 기준에서의 여성상이지만, 여하튼 그녀는 자신을 한국 '여성'으로 인식한다. 이렇게 '한국'과 '여성' 중 후자에 기울어진 그녀의 무게중심은 '브리즈번 한인 살인 사건'을 대하는 태도로도 짐작할 수 있다. 호주에서 만난 사람들부터 한국에 있는 엄마와 친구들까지, 사람들은 그녀 앞에서 '한인' 살인 사건을 말하지만, 정작 그녀는 그런 일은 '여성'에게는 언제 어디서나 일어나는 일이라고 일축하며 다른 사람들 역시 그 사건을 '한인'이나 '유색인'이 아닌 '여성' 살인 사건으로 인식하길 바란다.
　리베카 솔닛은 성차별보다 인종차별이 사회적으로 인식되거나 이슈화되기 쉬운 이유에 대해 이렇게 설명한다. "인종의 지형과 젠더의 지형은 다르다. 한 인종 그룹이 한 지역을 독점하는 것은 가능한 반면에 젠더는 모든 지역에서 그때그때 다른 방식으로 구획되기 때문이다."[2] 그런데 정확히 같은 이유로 반대의 이야기도 가능하다. 주류 집단과 인종을 달리하는 여성이 자신의 정체성을 '소수자'로 인식하길 원치 않는다면, 그녀는 자신이 겪고 있는 어려움에 대해 인종이 아닌

2　리베카 솔닛, 『걷기의 인문학』, 김정아 옮김, 반비, 2021, pp. 390~91.

젠더로 설명할 때 주류 집단의 '우리'에 녹아들기 훨씬 쉬울 것이다. 솔닛의 말처럼 다인종 사회에서 젠더의 지형학으로 정치적 구심점을 만드는 일은 인종의 지형학으로 세우는 일보다 어렵지만, 역설적으로 바로 그렇기에 젠더를 둘러싼 이야기는 '보편'에 가까워질 수 있다. 비록 둘 다 피해자의 입장에서 그리는 지형학이지만, 뚜렷한 밀도 차를 보이는 인종의 지형도보다 어디나 펴져 있는 여성의 지형도에서 자신의 자리를 확보하고 싶은 유진의 마음이 이해하기 어려운 바는 아니다.

이렇게 외상적 주체는 잘 그려진 지형도 내에서 주체의 자리를 수립할 수 있다. 자신의 외상을 정치적이고 참여적인 영역에서 찾고자 한다면, 거기에는 여성, 성소수자, 유색인, 아시안 등 다양한 이름을 붙일 수 있고, 나아가 정체성 정치와도 연결할 수 있다. 외상적 주체가 자신의 외상을 완전히 사회적인 것으로 인식하게 되면, 그것은 피해자 정체성과 무관하지 않은 방식으로 대중의 공감이 보장되는 존엄한 주체성을 획득하게 된다. "외상 담론에서 주체는 소거되는 동시에 승격된다"[3]는 말이 바로 이를 가리키는 말이다. 앞서 말한 것처럼 엄밀한 의미에서 외상적 주체란 형용모순이자 재현 불가능한 존재다. 그러나 사회적이고 대중적인 영역에서 외상적 주체란 누구도 폄훼하거나 부정할 수 없는 '상처'를 지닌 주체가 될 수 있다. 그러므로 외상적 주체는 자기도 모르게 필사적으로 지형도를 그린다. 그러나 이 역시 만만치는 않다. 사회는 복잡한 방식으로 빠르게 변화하고 이에 기반한 지형학 역시 그만큼 끊임없이 유동적인데, 이 다차원적인 역장에서 피해자의 존엄한 정체성을 유지하기 위해서는 그에 맞춰 지형도를 부단히 수정해야 하기 때문이다.

예컨대 데이브는 유진에게 여성이라는 이유로 어떠한 희생도 강요

---

3 핼 포스터, 『실재의 귀환』, 최연희·이영욱·조주연 옮김, 경성대학교출판부, 2010, p. 265.

하지 않는다. 물론 그렇다고 해서 유진이 데이브에게 완벽히 만족했다는 말은 아니다. 데이브는 한국으로 돌아간 유진을 찾으러 서울로 오는데, 이때 유진은 '한국 남성'처럼 굴지 않는 대신 '한국 남성'이 기꺼이 해줬던 일들도 해주지 않는 데이브가 야속하기도 하고 불편하기도 하다. 그럼에도 둘의 관계에서 젠더의 지형도는 더 이상 중요한 기능을 수행하지 못하고, 유진이 다시 데이브와 함께 살기 위해 기꺼이 호주로 향할 수 있었던 것은 이 때문일 것이다. 그러니 이제 그곳에서의 삶이 행복했다면 좋으련만, 불행히도 삶은 일종의 증상과도 같아서 자신을 유지하며 살아가기 위해 필요한 것이 행복이 아닌 상처인 경우가 드물지 않다. 더구나 외상을 통해 수립된 주체라면 더욱더 외상의 존재는 필수적이다. 마치 형상을 그리고 뭉개기를 반복했던 것처럼, 유진은 지형도를 갱신한다. 그녀의 두번째 지형도에 국적과 인종의 지형학이 뚜렷이 새겨지자, 이제 그녀가 겪는 문제의 대부분은 이방인을 향한 호주 사람들의 적대나 몰이해로 인식된다. 유진이 이곳 사람들과 '우리'로 묶이고자 했을 때 젠더의 지형도를 그렸던 것처럼, 더 이상 이곳 사람들과 '우리'로 묶이고 싶지 않을 때 역시 인종의 지형도는 그려진다. 이 과정에서 '브리즈번 한인 살인 사건'은 새삼 섬뜩하게 느껴진다. '외상 담론에서 주체는 소거되는 동시에 승격된다'는 말은 옳다. 주체는 소거되지 않기 위해 승격되어야 하고, 이 과정은 끊임없이 반복된다.

3

호주의 아름다운 섬 태즈메이니아에 데이브와 함께 정착한 그녀는 "이번에는 뭉개질 그림이 아니라 투명하고 세밀하게 내부를 드러내

보이는 사물"(p. 145~46)을 그릴 수 있겠다고. 뭉개짐으로부터 그 직전의 완전한 상태를 지켜낼 수 있으리라는 희망을 품는다. 과거에 뭉개짐을 '본질'이라고 믿었던 것처럼, 이번에는 뭉개지기 전에 온전한 '본질'이 있고 그것을 식별해낼 수 있다고 믿은 것이다. 그러나 소설의 결말, 그녀가 보게 된 풍경은 어떤 것이었던가. 그녀의 눈에 비친 풍경은 처음부터 모두 뭉개져버린 풍경, 아무리 눈을 가늘게 떠 봐도 "회색과 녹색, 파란색이 어지럽게 뒤섞여 있을 뿐"(p. 183)인 풍경이었다.

나는 결코, 결국 이렇게 뭉개져버릴 것들이었다고, 돌고 돌아 환상에서 벗어나 제자리로 돌아가는 것뿐이라고 말하려는 게 아니다. 오히려 반대로 이제 그녀의 그림이 시작되었다고 믿는 쪽에 가깝다. 데이브와 헤어지던 날, 마지막 장면에서 그녀의 눈에 비친 뭉개짐은 한때 그녀가 본질이라고 여겼던 뭉개짐과도 다르고, 또 한때 그녀가 건져 올릴 수 있다고 믿었던 투명함과도 무관할 것이다. 나는 이제 그녀가 외상적 주체에서 벗어나 다른 방식으로 삶을 꾸려가길 바란다. 그것이 어떤 삶인지는 모르겠다. 소설이 끝나고 난 뒤 그녀가 앞으로 어떤 그림을 그릴지도 영원히 알 수 없다. 다만 이런 이야기를 붙여보려 한다.

2019년 인류는 드디어 블랙홀의 이미지를 얻는 데 성공한다. 물론 블랙홀이 우주 곳곳에 존재한다는 것은 오래전부터 알려진 사실이었지만, 빛조차 탈출하지 못하는 블랙홀을 관측할 방법은 어디에도 없었다. 막대한 질량과 중력으로 주변 시공을 휘게 만드는 블랙홀은 우주의 물리법칙이 함몰된 곳이었고, '사건의 지평선'을 넘어 우리에게 돌아올 수 있는 정보는 없었다. 그렇다면 어떻게 그 블랙홀을 촬영했단 말인가. 실은 정확히 말해서 우리의 망원경이 관측해낸 것은 블랙홀이 아니라 블랙홀 주변을 회전하는 빛과 그 빛 너머 드러난 블랙홀의 그림자였다. 이 사진을 두고 한 천문학자는 이렇게 설명한다. "엄밀히 말하자면 블랙홀을 봤다기보다, 블랙홀이 보이지 않는다는 것을 본 것입니다." 때로 과학의 언어는 놀랍도록 문학적이다. 그리고 어쩌면 유진이 마지막에 보았던 뭉개진 풍경이 이런 것은 아닌지 생각해 본다.

  여전히 우리 눈으로 블랙홀을 볼 방법은 없다. 그러나 그렇다고 해서 '보이지 않음'을 블랙홀의 '본질'이라고 말해서는 곤란하다. 그저 우리 눈에 보이지 않고 우리가 볼 수 없을 뿐이다. 우리가 보는 것은 사건의 지평선으로부터 조금 떨어진 곳에서 일어나는 현상들이다. 우리는 블랙홀 주변의 왜곡된 현상을 통해 블랙홀의 존재를 알았고, 블랙홀의 그림자와 그 주변에 회전하는 빛을 보았으며, 앞으로는 이와 같은 방식으로 그 근처에서 일어나는 일들을 조금씩 알아갈 것이다. 물론 이 중 무엇도 블랙홀의 본질은 아니다. 그리고 바로 이 점이 우주에서든 현실에서든, 사회의 지형학에서든 한 사람의 마음에서든, 우리가 본질에 접근하기 어려운 이유이자 본질의 무용함일 것이다. 그리하여 세 문장이 동시에 성립한다. 블랙홀은 볼 수 없다, 블랙홀은 존재한다, 우리는 블랙홀의 '볼 수 없음'과 그 주변을 보았다. 유진이 앞으로 그려낼 것이 이와 닮아 있을 것이다. 우리의 삶을 관통하는 것이지만 그 주변의 부단한 움직임 외 그 어떤 것도 파악할 수 없는 것, 그러나 보는 것을 멈추지 않는다면 결코 우리 눈앞에서 사라져버리지 않는 것, 그런 어떠한 것.

그날 이후, 우리는
─ 장희원의 『우리의 환대』[1]

1

언제나 우리에게 가장 중요한 문제는 '우리'일 수밖에 없고, 장희원의 첫 소설집 『우리의 환대』는 '우리'라는 것의 가능성과 불가능성을 둘러싼 집요한 소설적 실험으로 보인다. 특정한 조건하에서 대상이 보여주는 결괏값을 수집하는 것이 실험의 과정이라면, 실험의 엄밀함을 유지하기 위해서는 실험 대상 선정을 위한 원칙이 필요하고, 그들이 놓일 상황과 조건을 섬세하게 조정해야 한다. 그러니 이 소설집이 '우리'의 가능성에 관해 묻는 실험이라면, 충분히 '우리'가 될 수 있으리라 짐작 가능한 대상들에게 어떤 공통의 조건을 부여한 후 이들을 지켜봐야 한다. 장희원이 선택한 공통의 조건은 '부재'. 소설은 부모와 자식, 형제나 연인 아니면 친구 사이처럼 끊어내거나 망각하기 어려운 관계에 묶인 사람들에게 돌이킬 수 없는 상실의 경험을 부여하고, 그 이후에도 여전히 '우리'로 남을 수 있는지에 관해 묻는다. 같은 상실을 경험했거나 혹은 경험했다고 믿는다면 '우리'는 기꺼이 '우리'로 남을 수 있을까. 물론 이 실험은 소설적 실험이고. 그러므로 실험의

[1] 장희원, 『우리의 환대』, 문학과지성사, 2022. 이 책에 실린 작품을 인용할 때는 제목과 쪽수만 표기한다.

결과는 숫자나 도표가 아닌 감각의 형태로 남는다. 이 실험이 이루어진 공간은 설득의 건축물이 아닌 경험의 장소이고, 그러므로 우리는 메시지 대신 잔상을 해독해야만 한다. 당연하게도 정확한 결론을 얻기는 쉽지 않을 것이고, 어쩌면 해석자는 영원히 이 실험을 종결할 수 없을지도 모른다.

2

데뷔작인 「폐차」부터, 그러니까 같은 어머니 밑에서 같은 결핍을 공유한 형제의 이야기부터 시작해보자.

인적이 뜸한 폐차장에서 일하며 홀로 적막하게 사는 정호에게 어느 날 동생 정기가 낡은 자동차 한 대를 폐차하고 싶다며 찾아온다. 그런데 오랜만에 만난 형제의 풍경이 그다지 친근하거나 편안해 보이지 않는다. 성인이 된 이후 둘은 그다지 많은 시간을 함께 보내지 못했다. 고등학교 졸업 이후 늘 타향을 전전하며 살아온 정기는 이상하게도 얼마 지나지 않아 늘 모친의 곁으로 돌아오곤 했다. 그는 지금도 늙고 병든 모친과 함께 살고 있으며, 모친에게서 멀리 떠나는 데 성공한 정호는 그런 정기에게 늘 미안한 감정을 지니고 있다. 모친은 차마 자애로운 어머니라고는 말할 수 없는 사람이었다. 그녀는 어린 아들들을 낯선 곳으로 데려가 차에서 내리게 한 후 아이들이 두려움에 떨며 한 시간 남짓 헤매고 나면 그제야 차로 태워가는, 학대에 가까운 화풀이를 하던 사람이었다. 그런 시절을 함께 보낸 동생이 이제는 거동이 불편한 노모를 늦은 밤 홀로 남겨둔 채 폐차를 부탁하러 찾아온 것이다. 그것도 차에 치인 동물의 사체를 트렁크에 싣고서.

"왜 저런 걸 받았니?" 그는 결국 참지 못하고 물었다.

정기는 그를 빤히 보았다. 정호는 더 참지 못했던 것을 후회하며 다음 신호를 기다렸다.

"어쩔 수 없었어, 형." 정기가 말했다.

"저걸 받지 않고는 갈 수가 없었어. 도저히 앞으로 갈 수 없었다구."

정기가 아무런 높낮이 없이 차분히 말했다. (「폐차」, p. 87)

정호는 폐차장에 철근 도둑이 나타났으니 어서 가보라는 반장의 독촉을 받고, 새벽에 정기와 함께 집을 나선다. 죽은 짐승을 차에 싣고 다닌다는 게 가뜩이나 찜찜한 상황인데, 급기야 트렁크에서는 무언가 통통거리는 소리까지 들려온다. 이제 정호에게 중요한 문제는 트렁크에 실린 짐승이 고라니인지 개인지 혹은 다른 무엇인지가 아니다. 살아 있는 저것을 어떻게 처리해야 할지 모르겠다는 것이다. 그런데 정기의 행동이 좀 이상하다. 트렁크를 열어보려는 정호의 손길을 정기는 단호하게 가로막는다. "죽을 때까지 기다리자구."(p. 94) 이제 정기가 하는 모든 말은 의미심장하게 들릴 수밖에 없다. '앞으로 나아가기 위해 받아버릴 수밖에 없었다'는 저 무언가가 비록 실제 모친의 육신은 아닐지라도, 어떤 방식으로든 모친과 연결되지 않을 도리가 없다. 폭력적인 모친은 형제의 삶에서 교집합이자 말뚝으로 군림해왔고, 그것은 각기 다른 형태로 형제의 삶을 관통하는 커다란 구멍 같은 것이었다. 그들은 그 어둑한 부재를 거울삼아 서로의 모습을 비춰보고 또 자신의 삶을 이해해왔다. 그러니 이 낡은 子동차를 납작하게 누르고 싶은 동생의 마음에 고라니 대신 모친이 존재한다고 해도 크게 틀린 말은 아닐 것이다.

그러나 정호는 여전히 살아 있는 것을 트렁크에 방치하는 것이 꺼림칙하고, 동생의 바람대로 행정절차 없이 곧바로 폐차할 마음도 없다. 그렇게 형제는 아무도 없는 이른 새벽 폐차장에서, 낡은 차에 나란히 앉아 침묵 속에 고여 있다. 그리고 그때 형제의 눈앞에 트럭 한 대가 도착한다. 어린 아들과 다리 한쪽이 없는 아버지가 트럭에서 내리고, 이들은 서로를 애틋하게 바라보며 힘을 모아 폐차장의 철근을 훔쳐가기 시작한다. 그런 그들을 보고 정호가 차에서 내리려 하자, 정기는 다시 한번 정호를 주저앉힌다. 그러니까 정기는 정호를 두 번 막아선 셈이다. 한번은 정호가 트렁크에서 살아 있는 짐승을 꺼내려던 순간, 다른 한번은 폐차장에서 절도 행위를 목격하고 그것을 저지하려던 순간. 정호의 판단이 옳지 않다고 말할 수 없는 순간에 정기는 정호를 단호하게 가로막는다. 그렇게 형제는 철근을 훔쳐가는 부자의 모습을 한참 동안 지켜본다. 그리고 문득 정호는 트렁크를 열어보지도, 절차를 밟기 위해 반장을 기다리지도 않은 채, 정기의 낡은 차를 압축하여 철근 더미에 갖다 버리기로 한다.

저 들판에다 버린다고 한들 아무도 모를 것이다. 정말이지 아무도 모를 것이다. 정말이지 아무도 모를 것이다. 하지만 지금 그는 어쩐지 동생의 눈을 마주 보고 싶지 않았다. 그럼에도 정기 역시 바로 자신과 같은 것을 느낄 거라고 생각했다. 저기 눈부신 햇빛 아래에서 서로가 온 힘을 다해 부둥켜안고 있는 것 같은 기분…… 저 멀리, 압축기 너머 철근 더미 위에 서 있는 개 한 마리가 보였다. 개는 목을 웅크린 채 이쪽을 향해 컹 하고 짖었다. (p. 98)

3

　신춘문예 당선작인 이 소설을 두고 심사위원들은 "이 시대의 희망처럼 빛나는 형제애"라는 평을 건네주었다. 나는 잘 모르겠다. 같은 결핍을 겪었지만 상반된 삶의 궤적을 남기며 살아온 형제가 죽었는지 살았는지 모르는 짐승이 실린 자동차를 함께 부숴버리는 새벽에야 다시 '우리'가 된다는 이야기가 과연 '이 시대의 희망'으로 읽힐 수 있는 것인지. 물론 형제는 어린 시절 모친의 학대를 함께 감당하며 '우리'로 성장했을 것이다. 그러다 자라서는, 언젠가 모친의 차에 타고 있던 형과 타지 못했던 동생으로 나뉘었던 것처럼, 서로 다른 삶을 살아가며 '우리'에서 벗어났을 것이다. 그리고 지금, 더 이상 나아갈 수 없는 막다른 길을 마주하자 이들은 트렁크에 무언가 담긴 낡은 차를 함께 폐기하며 다시 한번 '우리'가 되기를 소망한다. 그렇다면 이 소설은 다시 '우리'가 된 형제에게서 '시대의 희망'을 발견하는 소설일까. 그렇게 읽기엔 지나치게 처연하고도 섬뜩한 구석이 있는 건 아닐까. 오히려 소설은 그 처연한 섬뜩함에 대하여, 비록 "마주 보고 싶지 않"지만 "서로가 온 힘을 다해 부둥켜안고 있는 것 같은 기분"에 관해 묻는 것 아닐까. 혹은 그렇게 만들어낸 '우리'가 윤리나 이상을 기반으로 삼아 성립된 아름다운 공동체는 아닐 수 있다는 의문에서 출발했거나.

　그러므로 장희원의 실타래의 한끝은 여기서부터 시작되었다고 할 수 있다. 빛나는 희망이라기보다 곡진한 질문들을 품고서. 이제 질문들은 끊이지 않고 이어진다. 공동의 결핍을 공유했다고 해서, 서로의 결핍을 이해할 수 있다고 해서 정말 '우리'가 성립될 수 있는 것일까. 만약 그렇게 해서 가까스로 '우리'가 성립한다면, '우리'는 유대와 연대를 보장해줄 수 있는 걸까. 만약 '우리'가 그저 같은 어둠을 껴안고 있는 담벼락에 불과한 것이라면, '우리'는 그 담벼락을 어떻게 해야 하는 걸까. 또는 아무리 공동의 상실과 결여를 절절히 경험한다 할지라도 도저히 '우리'가 성립되지 않는다면, 도대체 '우리'는 언제 어떻게 어떤 모습으로 만들어질 수 있는 걸까.

4

그리하여 이 소설집에서는 젊은 사람들이 갑작스럽게 죽거나 사라진다. "결과적으로 그것은 사고였"(「폭설이 내리기 시작할 때」, p. 23)으나 '여정'은 폭우와 태풍이 몰아치는 산 아래에서 앞 좌석을 최대한 편안히 젖힌 채 누워 있는 모습으로 발견되었고(「폭설이 내리기 시작할 때」), '상주'는 늘 꿈꾸던 겨울 설산에서 아무도 모르게 죽었다(「남겨진 사람들」). 딸은 병으로 갑자기 죽어버리고(「기원과 기도」), 아들은 죽진 않았지만 한국으로 돌아올 생각이 없거나(「우리의 환대」), "언제나 사람들과 자신을 둘러싼 모든 것으로부터 떠나고 싶어"(「Give me a hand」, pp. 128~29) 하다가 급기야 자해를 시도한다(「Give me a hand」). 어쩌면 우리의 세계는 자연스러운 생로병사가 더는 운명처럼 받아들여지지 않는지도 모르겠다. 소멸의 순서가 보장되지 않는 세상, 누가 먼저 사라져도 놀랍지 않은 세상, 젊은 사람들의 부재를 상상하기 쉬운 세상.

다시 실험의 조건을 떠올려보면, '우리'의 가능성을 타진하는 이 실험에서 대상들에게 부여된 조건은 엄밀히 말해 죽음이 아니라 '상실'과 '부재'다. 그러므로 당연하게도, 나이 든 부모의 자연사보다 젊은 자식이 죽거나 떠나는 상황이 상실과 부재에 가까울 것이다. 이 책에 실린 소설적 실험들은 이처럼 소멸의 과정을 분석하는 대신 그 이후의 풍경을 관찰한다. '이후의 사람들'은 이미 소중한 사람이 죽었거나 사라진 후의 세상을 살아간다. 그리고 소설은 떠난 이들의 구체적인 사연을 상세히 알려주지 않는다. 소멸의 원인은 중요하지 않다. 죽은 자들, 떠난 자들, 사라진 자들이 딱히 특별해 보이지는 않는다. 그들은 평범했고, 사라졌고, 다만 남은 자들의 기억에 남아 있을 뿐이다. 소설이 묻는 것은, 그 이후에도 '우리'가 가능한지, 그럴 때 '우리'는 어떤 모습을 하고 있을지, 더 나아가 애당초 '우리'가 존재하긴 했는지, 존재했다면 그것은 되찾고 싶은 '우리'인지 하는 것들이다.

5

이제 실험의 결과 해석을 위해 남은 것은 지극히 내밀한 감각들이다. 그것도 사유와 연결되기 쉬운 시각이나 청각보다는, 가장 즉각적이고 직접적인 감각인 미각, 후각, 촉각에 의해 감지된 맛, 냄새, 온도, 습도 같은 것들.

아들을 만나러 미국에 온 '나'는 아시아에서 시작된 것으로 추정되는 전염병이 퍼지기 시작하자 지하철에서 사람들이 자신을 바이러스처럼 대하는 것을 경험하고 수치심을 느낀다(「Give me a hand」). 하지만 그 사람들의 감각은 조금 전까지 누군가 앉아 있던 지하철 좌석의 "미적지근한 온도"(「Give me a hand」, p. 132)에서 그녀가 느낀 불쾌감과 얼마만큼 다른 것인가. 그녀의 감각은 어디서부터 어디까지 타당할 수 있을까. 이렇게 그녀가 미국에 와서야 감지하게 된 위화감을 아들은 집에서도, 한국에서도, 미국에서도 끊임없이 느껴왔다는 사실이 그녀를 더 혼란스럽게 만든다. 그러니 같은 것을 느낀다고 해서, 그 감각을 공유한다고 해서 그 사실이 '우리'를 보장해줄 순 없는 것이다.

이국에서 느껴지는 예민한 불화의 감각은 「우리의 환대」에서 아들 영재를 만나기 위해 호주로 향하는 재현과 아내의 모습을 통해 극명하게 드러난다. 호주에 도착한 재현은 "오래된 퀴퀴한 냄새"(p. 49)가 풍기는 낡은 차를 타고 허름한 주택가에 "깊숙이, 더 깊숙이"(p. 52) 들어가며 점점 불안해진다. 그의 눈에 "관리 따위는 되지 않은 오래된 집"(p. 52)의 "지저분한 난장판"(p. 54)에서 함께 사는 흑인 노인과 어린 여자애와 영재의 모습은 마치 '우리'에 사는 동물들처럼 이물스럽게 느껴진다. 그에게는 이 집의 모든 것이 꺼림칙하다. 마치 입 안 구석구석 혀를 굴려 이물질을 걸러낼 때처럼 그의 후각과 미각은 고도로 민감해진다. 흑인 노인의 "따뜻한 숨결이 희미하게 귓가에 닿"(p. 53)자 그의 몸은 금세 굳어버리고, 미적지근한 물의 맛은 "이전에 느껴보지 못한 밍밍한 맛"(p. 55)으로 입안을 텁텁하게 만들며, 흐물흐물하고 "물러터진 멜론"은 "막상 입안에 넣고 나니 단맛이 순식간에 퍼졌"(p. 57)지만 더 이상 손이 가지 않는다.

그를 위해 약간의 변명을 해보자면, 그도 노력이라는 걸 하지 않은 건 아니다. 영재의 새로운 삶으로부터 새어 나오는 빛을 그도 전혀 모르는 건 아니다. 영재가 꾸린 '우리'를 '우리〔畜舍〕'로 보지 않기 위해, 그도 나름대로 열심히 "더듬더듬 손을 뻗"(p. 69)어본다. 그러나 그가 아무리 안간힘을 쓰며 "코를 킁킁"(p. 51)대도 그의 눈은 움찔움찔 떨릴 뿐 뜨이지 않고, 이제 영재와 재현이 함께 속한 '우리'는 다시 만들어지지 않을 것이다. 그렇다면 아들을 잃었다는 공통의 상실을 경험한 재현과 아내가 '우리'일 수 있는 걸까. 안타깝지만 그렇게 말하기도 어려워 보인다. 둘이 잃은 것은 같지 않다. 영재에게 가져갈 짐을 꾸리며 남편을 향해 "당신은 몰라. 〔……〕 이게 다 필요한 것들이야"(p. 41)라고 힐난했던 아내 역시 정말 영재에게 필요한 게 무엇인지는 알지 못했다. 이들이 생각하는 아들은 실제 영재와 각기 다른 방식으로 어긋나 있고, 그런 의미에서 부부는 결코 '같은 아들'을 가져본 적도 잃어본 적도 없는 셈이다.

6

 물론 평균적인 이성애자 중년 남성이 타국에서 폴리아모리적 관계를 꾸려가는 아들을 똑바로 마주하기란 결코 쉬운 일이 아닐 것이다. 그러니 이번에는 조금 더 '평범한' 상황과 장소로 이동해보자. 「폭설이 내리기 시작할 때」에서 '나'와 '재희'는 여정의 아버지 댁에 찾아간다. 몇 년 전 여정이 죽은 후 그녀의 아버지는 시골로 내려가 농사를 지으며 살고 있었는데, 어느 날 여정의 친한 친구였던 '나'와 재희에게 보고 싶다며 놀러 오라는 연락을 한 것이다. '나'는 순순히 초대에 응하긴 했지만, 친구가 없는 친구의 집이 그리 편하진 않다. 그리고 이렇게 불편한 마음으로 타인의 영역에 들어가면, 마치 접을 수 없는 더듬이를 지닌 것처럼 끊임없이 습도와 냄새를 감지하고 구석구석 쌓인 먼지와 흠집을 수색하기 마련이다. '나'는 이곳이 "음습하다"고, 근처의 수로에 "차곡차곡 시간을 두고 쌓인 잎들이 물길을 막고 있"(p. 12)는 것 같다고 생각했고, "무언가 시간을 두고 천천히 아주 조금씩 썩어가는 냄새가 나는"(p. 13) 것처럼 느껴졌다.

 당연히 이러한 감각은 홀로 남은 친구의 아버지를 보는 불편하고도 안타까운 마음과 연동한다. 처음에는 "오래된 집 특유의 퀴퀴한 냄새가" 거슬리고, 그러다 "깔끔하게 여기저기 청소한 흔적"(p. 15)을 발견하며 안도하기도 하고, 차츰 그 냄새와 훈기에 익숙해지면서 노곤해지기도 한다. 그러나 죽은 친구의 집에서 느껴지는 복잡하고 양가적인 감정은 쉽게 사라지지 않는다. 이 감정의 파고는 여정의 아버지가 보내주었던 "물러터진 자두의 맛"처럼 한마디로 요약되지 못한다. 농익은 자두는 막상 먹어보니 달콤했지만 "먹고 나면 손이 끈적"(p. 17)해졌고, 몇 개는 맛있게 먹을 수 있었지만 도저히 다 먹을 순 없어서 버려야 했다. 이곳에서 여정의 아버지가 챙겨주는 것들도 마찬가지다. 양배추는 크기만 컸지 잎은 시들했고, 주전부리는 양이 지나치게 많아 더부룩한 체기로 남는다.

그렇다면 이 소설은 딸을 잃은 아버지 대신 같은 친구를 잃은 '나'와 재희가 '우리'가 되는 과정을 그린 것일까. 글쎄, 그렇게 말할 수도 없을 것 같다. 둘은 같은 경험을 했다고 믿으며 같은 장소에 앉아 같은 풍경을 바라보지만, 서로 같은 것을 보고 있는지조차 알 수 없다. 재희는 눈이 온다고 말하지만 '나'가 본 것은 타고 남은 불씨이고, 재희는 눈을 감았다 떠보면 "뭔가가 달라질 거라는 것처럼 말"하지만 내 눈앞에 보이는 것은 "아까와 조금도 달라지지 않는 풍경"(p. 34)뿐이다.

7

그러니 같은 상실을 경험하는 것은 애당초 불가능에 가까울지도 모른다. 어쩌면 같은 상실을 경험하는 대신, 누군가의 고통을 곁에서 지켜봐주는 것이 '우리'가 되는 방법일 수도 있다. '나'는 괴팍한 아버지의 간병인 노릇을 해야 하는 혜주의 고통을 곁에서 지켜보며 그해 여름을 혜주와 함께 보낸다(「혜주」). 그 여름, 아마도 '나'와 혜주는 '우리'가 될 수 있다고 믿었을 것이다. 하지만 혜주를 안쓰러워한 '나'가 혜주의 고통이 자신의 것이기도 하다고 착각한 순간, 그 관계는 빠르게 파국을 맞이한다. 물론 '나'는 억울할 것이다. 충분한 시간과 노력을 들여 성심성의껏 그녀를 도왔으므로. 그러나 상대의 고통을 디딤돌 삼아 '우리'로 들어가는 일은 언제나 이토록 아슬아슬한 일일 수밖에 없고, 영원히 더울 것 같았던 계절도 반드시 지나가기 마련이다. 언젠가 아이스크림을 먹고 싶어 했던 혜주를 떠올리며 '나'는 아이스크림을 사 가지만, 혜주는 "이가 시려서 더는 못 먹겠다며"(p. 121) 냉동실에 넣어버린다. 더 이상 함께 아이스크림을 먹지 못하게 된 것은 '나'의 잘못도 혜주의 잘못도 아니다. '나'에게 거리를 두기 시작했던 혜주 역시 '나'의 마음을 곡해하진 않았을 것이다. 다만, 그해의 여름이 지나간 것이다.

그런 계절이 있다. 돌이킬 순 없지만 분명 존재했던 계절이, 너와 내가 '우리'였던 한 시절이. 그러나 "계절은 계속해서 변"(p. 122)하고, 삶은 그보다 훨씬 길게 이어진다. 물론 이 말이 누군가의 곁에서 '우리'가 되기 위해 노력한 시간이 헛된 것이었다고 말하는 건 결코 아니다. '나'와 혜주가 '우리'였던 계절이 길지 않았을지라도 그 시절은 분명 존재했다. 비록 혜주가 기억하는 '나'와의 계절과 '나'가 기억하는 혜주와의 계절이 온전히 같은 것은 아닐지라도, 시간이 흐른 후 꺼내 본 아이스크림에는 "놀랍도록 단맛이 그대로 남아 있"(p. 121)다. 혜주와 함께했던 여름이 속절없이 지나가듯, 대체로 상실을 깨닫는 순간은 뜨겁고 당혹스럽고 어지럽고(「give me a hand」 「우리의 환대」 「기원과 기도」), 상실 이후의 풍경은 춥고 고요하고 황량하다(「폭설이 내리기 시작할 때」 「폐차」 「남겨진 사람들」 「작별」 「우리가 떠난 자리」). 계절은 무수히 피었다 지고, 우리는 영원히 잊히지 않는 계절을 해독하며 살아간다.

이렇게 상실 이후 우리의 마음에는 경계가 형성되고 풍경이 만들어진다. 그렇다면 소설은 상실 이후의 애도나 애도의 불가능성에 관해 말하고 싶은 것일까. 그렇지는 않아 보인다. '유진'은 소중한 사람이 사고로 죽은 장소에 서서 문득 "자신이 무언가를 기다리고 있다는 것을 깨"닫지만, 그것이 "결코 닿을 수 없는 것"이라는 사실을, 단지 자신은 "바로 그 앞에 서 있"(「남겨진 사람들」, p. 165)을 뿐이라는 사실을 동시에 받아들인다. 유령이 된 '현주'는 죽음 이후에도 왜 어떤 마음은 사라지지 않는지 "왜 그 마음을 항상 저버릴 수 없"(「기원과 기도」, p. 193)는지 자문하지만, 살아 있는 동생과 함께 "무표정한 얼굴을 한 채 말없이 그 풍경을 마주"(p. 194)한다. 헤어졌지만 함께 살던 집을 "오랫동안 살았던 흔적"이 없도록 "처음의 모습 그대로"(「우리가 떠난 자리에」, p. 200) 돌려놓기 위해 만난 연인은 "이곳에 다른 무언가가 더 있지 않을까,라는 마음으로 무언가를 기다리"(p. 211)며 나란히 같은 곳을 바라본다.

대체로 이들 소설에 등장하는 인물들은 애도의 성공을 서둘러 희망하지도, 그렇다고 애도의 불가능성을 장엄하게 안고 살아가지도 않는다. 그 모순적인 마음들을 모두 품은 채 그저 '그날 이후'를 살아간다. 엉켜 있고 녹아 있는 용액처럼 분리되지 않은 채. 진부한 말이지만, 삶은 계속된다. 그리고 정확히 바로 그만큼 죽음과 상실도 계속된다.

*

아이의 손에서 인형을 빼앗아 처음으로 상실의 경험을 선사하는 사람이 실은 그 아이를 가장 사랑하는 부모인 것처럼(「작별」), 삶은 작별 이후 남겨진 사람들의 것이고 소설가는 그들을 사랑한다. 어쩌면 우리는 죽음에 드라마를 부여하지 않고도 죽음을 말할 수 있을지도 모른다. 운이 좋다면, 상실의 경험 위에 의미와 주석을 붙여 삼켜버리거나 반대로 그 앞에 납작 엎드려 먹혀버리지 않고도 상실에 관해 이야기할 수 있을 것이다. 결국, 이 소설들은 단 한 번도 '우리'가 지켜질 수 있다고 환호하거나 확언하지 않는다. 다만 '우리가 떠난 자리'를 담담히 바라보며, 과장하거나 봉합하지 않고 정직하게 이야기하길 희망한다. 언젠가 그 자리에 "우리 모르게 숨어 있는 것들이 모두 나오는 순간을"(p. 211) 기다리며, 그때의 '우리'가 지금의 '우리'와 아주 같지는 않길 간절히 기원하며.

마음과 구조
─ 김혜진의 『축복을 비는 마음』[1]

1

우리 사회의 구조적 모순은 '부동산'의 형태로 집약될 수 있고, 그 사회를 살아가는 개인의 욕망과 현실은 '집'의 형상으로 압축될 수 있다. 예전 글에서 나는, 주택을 의미하는 하우스house와 가정을 의미하는 홈home이 우리말에서는 모두 '집'이라는 단어로 통하지만 그 '집'이 의미하는 바가 얼마나 불안정하게 하우스와 홈 사이를 오가며 구성되는지 이야기한 적이 있다.[2] 물론 관념적으로 홈은 안온하되 하우스는 열악할 수도, 하우스는 안정적이되 홈은 흔들릴 수도 있다. 그러나 실제로 '집'은 생활의 터전이기에 물질과 비물질 중 어느 쪽에서도 자유로울 수 없고, 하우스와 홈 중 어느 하나만으로는 세워지지 않는다. "네 집이야?"라는 물음을 '네가 거주하는 집이야?'라는 뜻으로만 받아들일 한국인은 없듯이, 우리 사회에서 '집'은 거주의 의미만큼이나 소유의 의미가 강하고 그렇기에 '집'은 홈과 하우스의 끊임없는 역동으

---

1 김혜진, 『축복을 비는 마음』, 문학과지성사, 2023. 이 책에 실린 작품을 인용할 때는 제목과 쪽수만 표기한다.
2 이소, 「버티고 움직이고 미끄러지면서─최근 한국 소설이 그리는 '집'의 좌표평면」, 『부재하거나 사라졌거나 영원한』, 문학과지성사, 2025.

로서 존재한다. 물리적인 동시에 비물리적인 '집'을 둘러싼 이 모든 층위를 통틀어 "과정으로서의 집home as process"[3]이라 부를 수도 있다.

  김혜진의 소설은 이 역동을 단면으로 잘라 그 역학을 집요하게 규명한다. 다시 말해, 김혜진의 세계는 언제나 '집'을 중심으로 구성된다. 추상적이고 일반적인 구조와 개별적이고 특수한 상황이 중첩되어 이루어진 '집'을 무대 삼아 다양한 마주침과 충돌을 보여준다. 이는 당연히 계급, 젠더, 지역, 세대 등 어느 것 하나 무관할 수 없는 '전적인' 부딪힘일 수밖에 없고, 이때 '집'의 경계선은 고정된 실선이 아닌 유동하는 점선으로 그려진다. 내가 확신하는 것은, 상품으로서의 집이 주거로서의 집을 압도하는 현실이 우리 사회의 최대 모순이라는 점과 그럼에도 여전히 '집'은 이 사회를 힘겹게 살아가는 사람들이 지켜내고자 하는 최후의 보루라는 점이다. 그 최대이자 최후의 것을 언제나 정면으로 응시하고 상대하는 것이 김혜진의 정공법이다.

2

> 그녀는 부지런하게 살았다. 매일매일 비슷해 보이는 골목을 돌고, 별다를 게 없는 집들을 살피고, 그느느라 자주 끼니를 놓치고 옆 사람의 입에서 허기진 구취가 올라오는 것을 느낄 즈음에야 종일 먹은 게 없다는 사실을 알아차릴 정도로 성실했다. 그러니까 그 시절, 그녀를 움직인 건 허기를 잊을 정도의 절박함이었고, 그것이 그녀의 오늘을 있게 한 건지도 몰랐다. (「이남터미널」, pp. 122~23)

---

[3] 조문영, 「집으로 가는 길」, 『빈곤 과정—빈곤의 배치와 취약한 삶들의 인류학』, 글항아리, 2022, p. 148.

그녀가 처음 가졌던 건 내 집 하나를 갖겠다는 마음이었다. 그 마음이 낯선 동네를 필사적으로 돌아다니게 했고, 남우빌라를 소유하게 했고, 그 경험이 이보다 나은 집을 가질 수 있다는 자신감을 불어넣었다. 손해가 예상되는 상황에서도 그녀를 밀어붙인 건 자라나고 계속 자라나서 도저히 스스로의 힘으로는 물리칠 수 없는 그런 마음 때문이었다. (「이남터미널」, pp. 131~32)

두 인용문에서 볼 수 있듯, 김혜진의 소설은 건물주를 단순히 악으로 규정하거나 투기꾼으로 비난하지 않는다. 오히려 강도 높은 업무에 시달리는 성실한 노동자처럼 보일 정도다. 실제로 소설에 등장하는 건물주들은 바로 직전까지 셋집을 전전하던 세입자거나, 어렵게 아끼고 부지런히 발품 팔아 겨우 주택을 매입했으나 "세입자도 수월하게 구해지지 않는 골칫덩이 오피스텔의 허울 좋은 주인"(p. 132)에 불과하다. 소설은 주제를 강조하기 위해 생략의 방식을 구사하는 대신 기꺼이 현실의 복잡성을 선택한다. 개발계획이나 주택정책에 따라 시세 차익이 널뛰는 이 불안정한 부동산 시장은 사람들로 하여금 오래된 동네에서 '보물찾기'를 하게 만들지만, 이들은 보물인 줄 알고 주운 것이 바로 그런 이유로 한순간에 쓰레기로 판명될 수 있다는 사실을, "한번 타이밍을 놓치면 빠져나오기가 쉽지 않"(p. 123)다는 사실을 누구보다 잘 알고 있다. 이 부동산 공화국에서 사람들은 욕망하기에 불안해하고 불안하기에 욕망한다.

「목화맨션」의 만옥 역시 마찬가지다. 재개발을 기대하며 지어진 지 30년 넘은 빌라 한 칸을 장만한 후 겨우 대출 이자를 감당하는 중인 만옥은 이런저런 수리를 요구하는 세입자 순미에게 도리어 하소연을 쏟아낸다.

나라고 왜 안 고쳐주고 싶겠어. 뭐든 척척 고쳐주면 내 마음도 편하고 좋지. 근데 정말 그럴 형편이 안 돼요. 〔……〕

다들 금방 재개발이 된다길래 나도 덜컥 그 집을 산 거예요. 아니면 뭐하러 다 쓰러져가는 그런 집을 사겠어. 몇 년 안에는 틀림없이 된다더니 이제는 다들 모르겠다는 소리나 하고. 사람들이 왜 이렇게 무책임하대요? 있는 돈 없는 돈 다 긁어모아서 빚까지 냈는데. 팔고 나면 다들 나 몰라라지. 개발이고 뭐고 이제는 진짜 신물이 나요. 평생 그 말 쫓아다니다가 나드 우리 아저씨도 다 굶어 죽게 생겼어. (「목화맨션」, p. 84)

마흔 중반에 혼자 낡은 빌라로 이사 온 순미나, 남편이 편측마비로 쓰러져 병원비와 재활 운동까지 감당해야 하는 만옥이나, 그 처지가 곤궁하긴 마찬가지라서 둘은 금세 집주인과 세입자의 관계를 초과하는 친밀한 사이가 된다. 그러나 재개발 소식은 매번 한동안 들썩이다 흐지부지 꺼지기 일쑤고, 그때마다 그녀들의 '집'은 각자 다른 방향과 강도의 압력을 받으며 흔들린다. 순미가 나가고 싶었을 때 보증금을 내줄 수 없던 만옥이 순미를 붙잡아 눌러앉힌 적도 있고, 만옥이 전세금을 올리고 싶었을 때 순미의 사정이 딱해 그대로 계약을 갱신한 적도 있다. 그렇게 곧 허물어지리라 믿었던 목화맨션은 꼬박 8년 동안 두 사람을 묶어둔다. 이런 두 사람을 단순히 임대인과 임차인의 관계라 할 수는 없겠지만 그렇다고 친구 사이라고 부를 수도 없다. 도저히 더는 버틸 수 없어 목화맨션을 팔기로 결심한 만옥이 "어쩌자고 서로의 사정을 이렇게 속속들이 알아버렸을까" "차라리 몰랐으면 나왔을 거라고"(p. 100) 후회하는 것은 어쩌면 당연하다. 둘 사이에 오고 간 진심이 아무리 넓고 깊어도 그녀들이 서로에게 줄 수 있는 건 보물인지 쓰레기인지 여전히 알 수 없는 저 목화맨션에 단단히 묶여 있기 때문이다.

3

> 이 집을 에워싸고 죽일 듯이 위협하던 한파는 물러간 것처럼 보인다. 보일러가 얼고, 수도가 터지고, 며칠간 씻지도 못하고, 추위에 떨며 잠들어야 했던 끔찍한 밤을 더는 걱정하지 않아도 될 것 같다. (「20세기 아이」, pp. 45~46)

세미는 언제 재개발될지 모르는 낡은 집에서 할아버지, 엄마, 언니와 함께 산다. 손봐야 할 곳이 한두 군데가 아니지만, 빨리 팔아 치우는 것이 목표인 집주인이 제대로 수리해줄 리는 만무하다. 임시방편으로 비가 새는 옥상에 방수 페인트를 칠했더니 주인 허락 없이 마음대로 손댔다는 핀잔만 듣는, 완벽히 '투기 상품'으로 존재하는 열악한 집이다.

그러던 어느 날 한 여자가 집을 보러 찾아온다. 동네 사람들과 달리 "뭔가 터져 나올 듯한 조마조마한"(p. 58) 불안감이 없는 여자를 보자 세미는 "여자가 이 집의 주인이 되면 지금처럼 집을 내버려두지 않을 거라는 생각" "여자가 이곳으로 이사 오면 엄마가 이사 갈 집을 새로 알아볼 테고, 그러면 진짜 이 동네를 떠날 수 있을지도 모른다는 생각"(p. 62)에 설레는 마음을 감출 수 없다. 그러나 누구나 짐작할 수 있듯이, 여자가 집주인이 되어도 집은 지금과 달라지지 않을 것이다. 여자는 결코 이곳에 들어와 살지 않을 것이고, 세미의 가족은 이 집을 떠나도 더 좋은 집을 얻을 수 없을 것이다. 이 사실을 아는 가족들은 집을 살펴보는 여자에게 아무런 관심도 보이지 않고, 집을 청소한다는 둥 수리한다는 둥 번잡하게 구는 세미가 한심하기만 하다.

그러나 여기서 가장 안타까운 점은 힘의 역학을 가장 기민하게 알아채는 존재는 언제나 어린아이라는 사실이다. 세미는 이 모든 상황을 누구보다 잘 파악하고 있다. 앞으로도 자신이 "다리 건너면 21세기, 여긴 20세기"(p. 73)인 동네에서 살아가리라는 것을, "식구들을 점점 더 무뚝뚝하고 퉁명스럽게 만드는" 것은 이 '집'이지만 그렇다고 "옥상을 고칠 수 없고, 당장 이 집을 떠날 수도 없다"(p. 74)는 것을. 그래서 세미는 지금 할 수 있는 유일한 일을 할 뿐이다. 엉망인 집에 사는 불쌍한 아이처럼 구는 대신 "네 덕분에 이 집이 아주 환하구나"(p. 61)라는 말을 들을 만큼 명랑한 표정과 말투로 여자의 주변을 맴도는 것과 같은 일을.

4

부동산 투자에 골몰하는 사람들에게도 나름의 노고와 불안이 존재한다. 재개발만 확정되면 "뭐든 할 수 있을 거라는 확신"과 "자꾸만 되살아나고 번듯해지는 이 집과의 싸움이 얼마나 지속될지 모른다는"(「목화맨션」, pp. 89, 87) 두려움 사이에서, 그런 집들이 가져온 불운에 깔려 죽다시피한 다른 투자자들의 몰락을 목격하면서, 이들 역시 공포와 불안을 경험한다. 당연하게도 미래에 배팅하는 것은 불안을 동반한다. 그렇다고 해서 '부동산'의 소유를 둘러싼 불안과 '집'의 상실을 둘러싼 불안을 동등한 무게로 취급하는 것이 정당할까. "우리가 사는 건 아니고, 그냥 사두는 거야"(「20세기 아이」, p. 61)라고 말하며 이 집이 '괜찮은 물건'인지 꼼꼼히 살피는 이의 불안은 금광이 있을지도 모르는 땅 앞에 선 채굴꾼의 불안과 크게 다르지 않아 보인다.

소유의 불안과 생존의 불안이 반대 방향으로 얽힌 매듭에서 먼저 손을 놓을 수 있거나 놓아야 하는 쪽은 어느 쪽인가. 김혜진의 시선은 이 지점에서 오랫동안 머무른다. 소설은 시세 차익과 개발이익을 기대하며 부동산에 투자한 사람들의 "더 안전하고 안정적인 삶을 위해 기울인 노력을 폄하"하지 않으면서도, 자신의 안전과 안정을 바라는 그런 평범한 마음이 어떻게 다른 이의 안전과 안정을 불안하게 만드는지, 거주의 권리보다 소유의 권리가 압도적인 우리의 세계에서 그와 같은 노력이 어떻게 타인의 "주거권을 비가시화"[4]하고 생존을 위협하는 구조를 만들어내는지 탐구한다. 섣불리 윤리적인 답변을 제시하는 대신 구조에 대한 물음을 정교하게 세공하는 편을 선택한다.

5

소유와 거주, 임대인과 임차인의 이분법 외에도 '집'을 둘러싼 갈등은 얼마든지 존재한다. 특히 우리나라의 아파트는 주된 주거 형태인 동시에 완벽히 일원화된 체계의 상품이기에, 같은 공간을 점유하는 같은 아파트에 살더라도 그것의 소유 여부에 따라 선명한 선이 그어지는 경우가 드물지 않다. 한국인이라면 집이 자가인지 전세인지 월세인지에 따라 대우가 달라진다는 사실을 모르지 않아서, '임대동'에 거주하는 미애는 '입주민'을 대상으로 한 독서 모임에 참석하기 전에 "기준에 안 맞는다거나, 자격이 안 된다거나 하면서 거절당할 게 뻔"(「미애」, p. 9)하다고 여기며 연락 없이 무작정 찾아간다.

1년 전 이혼하고 여섯 살짜리 딸 해민을 키우는 미애가 독서 모임을 찾아간 이유는 분명하다. 믿을 만한 사람들 속에 들어가 자신의 사

---

4 빈곤의 인류학 연구팀, 『동자동, 당신이 살 권리―쪽방촌 공공개발과 주거의 미래』, 조문영 엮음, 글항아리, 2023, p. 149.

정을 털어놓고 도움을 받는 것. 그녀는 친구에게 아파트를 빌린 3개월 동안 새로운 직장과 살 집을 마련해야 하고, 그러기 위해서는 자기가 없는 동안 해민을 돌봐줄 사람과 안전한 장소가 필요하다. 연민에 기대 생존을 도모하는 그녀에게 비슷한 형편의 우정은 필요하지 않다. 그녀는 '임대동'의 옆집 문을 두드리는 대신 '분양동'의 '좋은 사람들'을 만나 기꺼이 동정을 받고 도움을 얻고자 한다. 그런 그녀에게 "좋은 사람"과 "좋은 것들을 많이 가진 사람"(p. 15)의 차이는 없고, 독서 모임 엄마들이 지닌 "더 나은 사람이 되고 싶다는 열망"이 얼마만큼의 진심인지 얼마만큼의 허영인지 가늠할 필요도 없다. 오히려 그 열망이 "자신을 그 모임에 끼워준 진짜 이유"(p. 16)라면 기꺼이 거기에 맞추면 된다. 무엇보다 해민을 맡아주는 세아 엄마 선우와 좋은 관계를 유지할 수 있다면 그걸로 충분한 것이다.

그러나 해민과 세아가 무단으로 외출한 다음부터 선우는 미애와의 관계를 끊어버린다. 돌변한 선우의 태도를 보고 독서 모임의 다른 엄마들은 기겁하지만, 정작 미애는 자신과의 관계를 손쉽게 청산한 선우가 실망스럽지도 그 이유가 궁금하지도 않다. 그녀는 감정 놀이 따위에는 관심이 없다. 선우의 집 앞으로 달려가 비굴해 보일 정도로 매달리면서, 이 절박한 마음이 단지 계속 도움을 받기 위한 자구책인지 그것만으로 설명되지 않는 더 깊은 마음인지 구별할 여유도 이유도 없다. 오로지 선우네 문이 열리길, 다시 선우의 집으로 들어갈 수 있길 간절히 바라고 기다릴 뿐이다. 그러나 아파트는 철문을 닫는 순간 거의 완벽에 가깝게 외부와 차단되고, 선우의 마음 역시 마찬가지다. 자신이 원하면 얼마든지 온기를 내어줄 만큼 안락하지만 그렇지 않으면 곧바로 철벽을 칠 만큼 폐쇄적인 마음. 그 매끈하게 닫힌 문이 다시 미애의 앞에 열리기는 아마 쉽지 않을 것이다.

6

　형태학이 우리에게 모든 생명체의 외형은 외부 환경의 압력에 따라 결정된다는 사실을 알려준다면, 김혜진의 소설은 마음의 형태 역시 그 압력에 대응하기 위해 유동적으로 변형되며 형성되어간다는 사실을 보여준다. 모든 형태의 안정성은 외부와 접촉하는 정도, 외부의 압력에 노출되는 정도에 따라 결정되고, 형태는 이와 같은 마찰과 압력을 회피하고 이에 저항함으로써 구축된다. 그런 의미에서 집만 '과정으로서의 집'이 아니라 마음 역시 '과정으로서의 마음'이라 할 수 있다. 흔히 마음이 유년시절에 빚어진다고 믿는 사람들은 아이들의 마음이 유연하게 변형되는 이유가 아이들이 상시적인 압력에 눌려 있기 때문이라는 사실을 잊고 있다. 실은 아이들 역시 외부와 접촉하지 않으면 마찰도 변형도 일어날 이유가 없다. 철문을 닫으면 미애로부터 완벽히 차단될 수 있는 선우에게 굳이 마음을 바꿀 이유가 없는 것처럼.

　그러니 세입자들의 "시시콜콜한 사정"도, "고급 차를 주시하는 사람들의 시선도, 주차 공간을 찾아 헤매는 일도"(「산무동 320-1번지」, p. 196) 모두 불편하여 건물 관리를 호수 엄마에게 맡겨버린 장 선생에게도 마음을 바꿀 만한 일은 생기지 않는다. 마음이 변하는 건 건물주 대신 빌라촌의 경사지고 구불거리는 길을 오르내리며 월세를 독촉하고 다니는 호수 엄마에게나 생기는 일이다. 어쩌다 데려온 새끼 고양이 호수를 "보름만 맡아야지, 한 달만 맡아야지, 하다가 일년이지"(p. 160) 나버린 것처럼, 밀린 월세를 받으러 갔다가 어머니가 돌아가셨다는 세입자의 말에 도리어 조의금을 건넬 수밖에 없는 것처럼. 그렇게까지 할 필요 있느냐고 남편은 묻지만, 그건 필요의 문제가 아니라 마음의 문제다. "그냥 가려니 마음이 그러네."(p. 170) 그러니 어찌할 수 없다. 마음이 변하는 일만큼은.

물론, 마음이 아름답게만 변하는 건 결코 아니다. 현지는 경미한 버스 사고 이후 몇 주째 병원에 입원해 있는 할머니를 보험 사기꾼 취급하는 버스기사 아내의 말에 "저희 할머니, 그런 사람 아니에요"(「자전거와 세계」, p. 192)라고 반박하지만, 퇴원하는 날 할머니가 지금 집보다 넓은 집으로 이사 가는 데 보태라며 준 합의금을 봉투째 건네받는다. 현지는 당황한다. 할머니는 현지의 생각과 달리 '그런 사람'이었나. 아니면 원래 '그런 사람'은 아니었지만 '그런 사람'이 되어버렸나. 아니, 애당초 '그런 사람'은 어떤 사람인가. '그런 사람'은 정해져 있나. 아프지도 않으면서 병원에 누워 다른 사람의 돈을 챙긴 사람이 '그런 사람'인가, 수치심을 견뎌서라도 좁은 집에 사는 손녀에게 목돈을 주고 싶은 사람이 '그런 사람'인가, 화를 내면서도 못 이긴 척 그 돈을 받은 현지야말로 '그런 사람'인가. 예상치 못한 사고와 돈봉투 앞에서 모든 것은 유동적이다. 분명한 것은 앞으로도 현지가 "고르지도 편편하지도 않고" "피해야 하고 조심해야 하는 것들은 끝도 없이 나타"(p. 202)나는 길에서 서툰 솜씨로 자전거를 타는 삶을 살아가야 한다면, '그런 사람'과 아닌 사람을 가르기는 어려우리라는 사실, 그 자신 역시 '그런 사람'인지 아닌지 미리 정해지지 않았다는 사실뿐이다.

7

그러니 다른 사람들이 나에게 무해한 사람이길 바라는 것은 언뜻 정당해 보이지만 실은 잔인한 요구이기 십상이다. 스스로 무해한 사람이 되어야 한다고 믿고 노력하는 것 역시 윤리적으로 엄결해 보이지만 유폐의 방식으로 자신을 보호하는 일이기 쉽다. 어쩌면 문제는 마찰과 그로 인한 압력을 유해한 것으로 감각하는 것에서, 사람들은 결코 서로에게 무해할 수 없다는 진실을 받아들이지 못하는 것에서 유래할지도 모른다. 튼튼한 문이 달린 안온한 '집'에서 사는 자가 연루되지 않고서는 살아갈 방법이 없는 사람들을 향해 무해함을 요구하는 것은 그들의 사회적 삶을 거둬들이길 종용하는 것과 크게 다르지 않다.

그렇다고 타자를 위해 충돌의 고통쯤은 감수하라는 윤리적인 당부를 하는 것은 아니다. 나는 오히려 반대의 말을 하고 싶다.

> 그 순간, 그녀의 집은 잿빛 담벼락 너머에 자리한 수많은 주택 중 하나가 아니다. 오랜 세월, 권태와 지루함을 견디며 낡아가는 그렇고 그런 주택도 아니다. 그 집엔 서로를 향한 두 사람의 순수한 애정과 진실한 마음이 머물러 있다. 이 순간, 그녀의 집은 특별하고 유일한 장소다. 매일 새로운 서사가 탄생하고 무궁무진한 가능성이 움트는 공간이다. (「사랑하는 미래」, p. 227)

> 그런 게 가능할 리 없다고 생각하면서도 인선은 웃어 보였다. 어떤 기분 좋은 상상들이 신기루처럼 잠깐 떠올랐다가 사라졌다. (「축복을 비는 마음」, p. 269)

철저히 예측 가능한 범주 안에서 일상을 보내던 주인이 마크를 만난 후 "텅 비고 적막한 공간"(「사랑하는 미래」, p. 232) 대신 "짐작할 수 없고, 도달할 수 없는 미래에 속한"(p. 238) 장소를 얻은 것처럼, "뭔가를 더 알게 되는 게 불편"(「축복을 비는 마음」, p. 258)하여 눈과 귀를 닫고 살던 인선이 경옥의 낯선 말을 듣고서야 바로 그런 말을 "자신이 내내 기다리고 있었다는 것"(p. 251)을 깨닫게 되는 것처럼, 현재에 구속된 우리가 미래를 만날 수 있는 유일한 방법은 기꺼이 충돌을 감행하는 것이다. 혹은 적어도 마찰을 차단하진 않는 것이다. 그리하여 무해함보다 유해함이, 차단보다 충돌이 우리에게 훨씬 자연스러운 삶의 방식이라는 걸 믿어보는 일이다.

*

자신이 가난하다고 주장하는 사람들은 과거 어느 시절보다 많아졌지만,[5] 실제 우리 시대의 가난은 점점 은폐되고 비가시화된다. 가난이 판자촌처럼 연결되고 드러나 있던 과거[6]와 달리, 지금 우리 사회에서 가난이란 '기초생활수급' 여부로 규정되고 통치의 대상으로 개별화되어 "'우리의 삶'에서 '저들의 문제'로 고립되"어버렸다.[7] 최근 문학작품에서 가난이 인물의 정체성이나 배경처럼 고정된 설정값으로 등장하는 경우가 대부분인 것은 아마도 이와 같은 상황에서 연유할 것이다. 그런 의미에서 김혜진의 소설은 놀라운 데가 있다. 노숙인의 사랑과 '집'의 (불)가능성을 다룬 『중앙역』(문학동네, 2020)에서부터 이 소설집에 이르기까지, 가난을 박제화하거나 소비하지 않고 "부단한 과정"이자 "고된 분투"[8]로서 재현하는 일은 결코 쉽지 않은 것이다. 비평가 김현의 말처럼, 사람들을 가난으로부터 구하진 못해도 그 가난을 추문으로 만들 수 있는 것이 문학의 여전한 미덕이다. 그러나 이제 그 것만큼 중요해진 것은, 가난을 추문으로 만드느라 가난한 사람들까지

---

5 "2019년 20~60대 시민 5027명을 대상으로 벌인 설문조사에서 응답자 절반 이상이 "나는 가난하다"고 답했는데, 이 중 연봉 6000만원 이상이 11.35퍼센트, 자가 소유자가 51.85퍼센트, 대학 졸업자가 64.69퍼센트에 달했다." (조문영, 같은 책, 2022, p. 24.)

6 김수현, 『가난이 사는 집―판자촌의 삶과 죽음』, 오월의봄, 2022, p. 183.

7 조문영, 같은 책, p. 27.

8 조문영, 같은 책, p. 144.

추문 속에 빠트리지 않도록 하는 일, 그들의 삶에 추문 대신 '미래'와 '축복'을 선사하는 일이다. 그리고 충분히 사려 깊은 소설가는 이미 정확히 그런 방식으로 소설을 쓰고 있다.

키치 대신 미래를 드립니다
― 김멜라론

1

　최근 한국문학장에서 '퀴어소설'로 호명된 작품 중 상당수는 실제 작가를 연상시키는 일인칭 화자가 등장하는 '자기 반영적 텍스트'인 경우가 많았다. 그리고 이와 같은 작품들은 평론가 김건형의 분석대로 "소설이 독립적인 가상의 완미한 세계라는 규약을 통해서 심미성을 인정받던 기존의 서사 문법과"는 다른 방식의 새로운 '정치 미학'을 제시했다고 평가받는다. 다시 말해, 근래 한국 퀴어소설들은 의도적으로 독자가 소설 속 화자를 보며 실제 소설가를 연상하도록, 나아가 소설 속 사건과 현실의 사건을 연결 짓도록 구성되는 경향이 있고, 이는 "퀴어의 자기 형성 원리를 서사 자체의 전략으로" 삼는 일종의 '퀴어적 전략'의 수행적 결과물이라고 할 수 있을 것이다.[1]

　그런데 이렇게 소설 외부와 내부를 상호 순환하는 수행성이 근래 퀴어 서사의 주된 전략이라면, 김멜라의 소설은 여기에 속하지 않는다는 점에서 독특하다. 김멜라는 소설의 독립된 가성성을 유지하는 기존의 서사 문법을 고수하고 퀴어 당사자의 자기 형성 원리를 서사

1　김건형, 「한국 퀴어 소설에 나타난 자기 반영적 서술 전략」, 『요즘비평들』 1호, 자음과모음, 2021, pp. 79~80.

의 전략으로 삼지 않으면서도, 일관되게 퀴어 주체를 중심인물로 내세운다. 레즈비언, 인터섹스, 장애인 등 한국 사회의 맥락에서 '퀴어'하다고 말할 수밖에 없는 이들의 이야기가 결코 탈성화되지 않은 방식으로 그려지지만, 그렇다고 소설의 중심 서사가 이들의 '퀴어적 정체성'을 구성해가는 과정으로 이루어져 있지는 않다.

   그래서 나는 김멜라의 소설을 보며 '퀴어'보다 '키치'라는 말을 먼저 떠올렸다. 김멜라는 '퀴어한' 성적 정체성을 타인에게 설득하기 위해 분투하는 맥락에서 살짝 벗어나, 분명하게 존재하는 삶의 영역을 함부로 '퀴어하다'고 말하는 이토록 키치한 세상을 그려내는 방식을 구사한다. 자신이 옳고 마땅하다고 '자연스럽게' 믿는 것에 대해 그 어떠한 반성도 없는 미학이 바로 키치이니, 정상성과 규범성에 얽매여 타인에게 '퀴어'라는 딱지를 붙이는 자들이야말로 키치하며, 이와 같은 세상에서 스스로 퀴어이길 주장하는 것은 곧 키치에 투쟁하는 것이다. 김멜라는 무엇보다 키치에 투쟁한다. 키치를 키치로 제시함으로써 다른 맥락을 창안해내고자 한다. 그리하여 당연하게도 이 투쟁은 전방위적으로 이루어질 수밖에 없다. '퀴어'로 불리는 자들조차 키치할 수 있다. 키치는 퀴어할 수 없지만 '퀴어'는 키치할 수 있기 때문이다.

2

   「적어도 두 번」에서 '나'는 레즈비언이고 세 살 때부터 자위, 그녀의 표현대로라면 '자기 자신과의 악수'를 해온 사람이다. '나'는 맹인학교 학생인 열여섯 살 이테에게 공부도 가르쳐주고 자신과의 악수도 가르쳐주는데, 자신과의 악수를 마치고 잠이 든 이테의 모습에 갑자기 동정심을 느껴 이테의 클리토리스, 이 단어가 불편할 사람들을 위해 그리스로마신화 식으로 고안된 이름에 따르자면 '클리토리우스'를 핥아주다가 이테의 부모에게 들키고 만다. 그 후 이루어지는 '나'의 고백은 다음과 같다. "저의 후회는 행위에 대한 후회가 아니라 동정에 대한 후회입니다. 제 부끄러움은 따뜻하고 축축한 혀의 부끄러움이 아니라 섣부른 저의 우월 의식에 대한 부끄러움입니다. 이테는 그 누구에게도 동정받을 만한 존재가 아니니까요." 그러므로 '나'는 고소당한 것이나 비난받는 것에 대해 조금도 억울하지 않다. "다만 언론이나 경찰이 말하듯 눈먼 소녀에게 못된 짓을 가르쳐주었다는 죄목은 받아들일 수 없"을 뿐이다.[2] '나'의 잘못은 흔히 말하는 것처럼 미성년 장애인에게 성추행을 저지른 것이 아니다. '나'의 죄목은 오직 키치, 이테를 바라보며 '두 방울의 눈물'을 흘린 것이다. 그렇다면 '두 방울의 눈물'이란 무엇인가. 이에 대해 자세히 알아보기 위해 이쯤에서 「저녁놀」의 모모 이야기를 들어보는 것이 좋겠다.

　모모는 3단계 바이브레이션이 가능하고 팬티형 스트랩이 포함된 화려한 스펙을 자랑하는, 환경호르몬에 안전한 의료용 실리콘으로 만들어진 모형 페니스다. 그러나 이 멋쟁이 모모는 딜도가 필요하지 않은 레즈비언 커플의 무관심 속에 초라하게 방치되어 겨우 연명 중이다. 심지어 두 여자는 좁은 원룸에 그림을 그리는 작업 공간을 마련하겠다며 미니멀 라이프를 선언하고 쓸모없는 물건들을 정리하는데, 당연히도 모모는 '버리는 상자' 속으로 들어가는 운명에 처하게 된다. 충격에 빠진 모모는 마찬가지로 폐기 후보군인 플라톤, 니체, 테오필 고티에, 오스카 와일드의 책을 읽으며 이를 악물고 자존심을 지켜나간다. 그리고 그들의 책에 '상징'처럼 숨겨진 자신의 모습을 발견하고,

---

2　김멜라, 「적어도 두 번」, 『적어도 두 번』, 자음과모음, 2020, pp. 82~83.

지성사에 깃든 자신의 '위대함'을 확인하면서, "쓸모없음이야말로 인류가 지켜가야 할 빛나는 보석"[3]임을 깨닫게 된다. 모모는 예술지상주의자인 고티에와 와일드의 글 옆에 쓰인 '무쓸모의 쓸모'라는 메모에서 두 글자를 따 스스로 모모라고 이름 짓고, 분노의 선언도 하고 독백도 하고 시도 읊고 하면서 여하튼 열심히 버티는 중이다.

> 고개 숙여 나를 보라. 나는 왜 이렇게 위대한가. 〔……〕 동지들이여 우리를 짓누르는 고환의 하중을 벗어던지고 솟아나자. 확대수술, 정력제 — 발기부전과 조루로 더럽혀진 우리를 둘러싼 언어를 깨부수자. 질 건강 유산균을 먹고 강해진 흡입자들에게서 탈출하자. 굿바이, 차오, 쟈네, 아디오스. 나는 무쓸모의 쓸모, 철저히 무용해지고 버려져 허공의 별이 되리라. (「저녁놀」, pp. 42~43)

이렇게 니체를 흉내 낸 말투로 비장하게 '남성 해방'을 선언하고 스스로에게 전율하는 모모의 모습은 완벽히 키치의 정의에 부합한다. 『참을 수 없는 존재의 가벼움』에서 쿤데라는 키치에 대해 탁월한 통찰을 보여준 바 있는데, 그에 따르면 키치는 잔디밭을 뛰어노는 아이들을 바라보며 흘리는 '두 방울의 눈물' 같은 것이다. 그중 첫번째 눈물은 아이들의 아름다움에 감동하여 흐르는 것이고, 두번째 눈물은 그 아이들을 바라보며 감동할 줄 아는 나 자신에게 감동하여 흐르는 눈물이다. 바로 이 두번째 눈물에 의해 키치는 성립한다. 만약 모모가 책을 읽으며 그 책에 대한 일차적인 감정으로 눈물을 흘렸다면 그것은 아직 키치가 아니다. 그러나 그 일차적인 감정을 느끼는 자기 자신에 대한 연민과 감탄에 빠지는 순간, 그러니까 첫번째 눈물이 자기를

---

3 김멜라, 「저녁놀」, 『소설 보다 — 겨울 2021』, 문학과지성사, 2021, p. 41.

향해 회귀하여 다시 흐르는 순간, 그것은 키치가 된다. 언제나 "이차적 눈물은 스스로에 대한 감동"이고 키치는 자기중심적인 "새로운 천동설"이기 때문이다.[4]

그런데 여기서 신기한 것은, 소설을 읽다 보면 이렇게 완벽히 풍자의 대상으로 존재하는 모모조차 미래에 행복하길 기원하게 된다는 점이다. 이토록 자의식과잉 상태에 빠진 모모가 자기 연민에 가득 찬 악다구니를 쓰고 있어도 우리는 모모가 진정한 '무쓸모의 쓸모'를 깨달아 자유로운 미래의 삶을 누리길 바라게 된다. 왜 우리는 이렇게 키치한 모모에게도 인간적인 애정을 느끼며 심지어 행복을 기원하기까지 하는걸까. 아마 이에 대한 가장 큰 이유 중 하나는 "우리 중 그 누구도 초인이 아니며 키치로부터 완전하게 벗어날 수 없기 때문"일 것이다. "우리가 아무리 키치를 경멸해도 키치는 인간 조건의 한 부분이다."[5] 우리는 잔디밭을 뛰어노는 해맑은 아이를 보며 감동하기 쉬운 존재들이다. 그 아름다운 아이의 이미지를 통해 '사회'나 '역사'라든지 '인간'이나 '사랑'이라든지 하는 말들을 떠올리고, 비록 눈에 보이거나 손에 잡히지는 않지만 무언가가 우리와 연결되어 있다는 충만한 느낌을 간직한 채 살아간다. 우리의 어떤 모습은 필연적으로 모모 같은 키치이며, 실제로 모모가 감탄한 '무쓸모의 쓸모'라는 메모도 한때 그 책에 매료되었던 예술학도 먹점의 것이었다. 그러나 우리가 더 이상 과거의 진리를 믿지 않는다고 해서 우리의 과거를 이루는 모든 것을 폐기 처분하여 순결함을 증명할 필요는 없다. 순결한 것이 존재한다고 믿는 것이야말로 가장 키치한 것이니까. 그런 의미에서 먹점의 연인인 눈점이 책을 버리지 않길 바라면서 "그렇게 쓸모없고 설레지 않

---

4 조중걸, 『키치, 달콤한 독약』, 지혜정원, 2014, p. 31.
5 밀란 쿤데라, 『참을 수 없는 존재의 가벼움』, 이재룡 옮김, 민음사, 2009, p. 415.

는 것들을 버리면 먹점이 네가 나까지 내다 버린다고 할까 봐 무섭다고"(「저녁놀」, p. 51) 말하는 것은 참으로 다행스러운 일이다.

3

삶의 아름다운 것들은 결코 키치와 무관하지 않다. 평론가 윤경희는 자신에게 "내 것조차 아니었던, 염가판 번역본과 조야한 복제화와 대량 생산 페티시 없이는 생겨나지 않았을. 나의 초라하나 정직한 기원"이 있었다고 고백한다. "낡고 빛바랜 복제의 방에, 현장의 변두리에, 아카데미아의 바깥에, 전위에서 가장 먼 후미에 〔……〕 누군가에게는 존재의 가장 결정적인 기원이 생성된다. 아름다운 말과 이미지를 향한 첫사랑이 시작된다."[6] 이 말을 부정할 수 있는 사람은 아무도 없을 것이다. 그리고 신기하게도, 내 기원의 키치함을 밝히는 순간 그것은 더 이상 키치의 맥락에 머무르지 않는다.

그러므로 플라톤에서부터 와일드에 이르기까지 남근 로고스 중심적이었던 예술과 지성사는 '모모 키치'가 김멜라에 의해 소설로 씌어지는 순간 구원받는다. 물론 그 구원은 다시 숭고해지는 방식으로 이루어지는 것이 아니다. 다시 그들을 단상의 높은 곳에 올려 두려는 시도는 키치의 신전에서만 가능하다. 김멜라의 구원은 사려 깊게 그러나 유쾌하게 이루어진다. 과거에 우리를 사로잡았던 것이 바로 그 예술과 지성사였음을, 그리고 여전히 우리가 그것에 감흥을 느낄 수 있음을 고백하되, 다만 그것이 영원한 진리나 본질일 수는 없음을 확언하는 방식으로 이루어진다. 다시 말해, "권위를 상실한 키치는 모든

---

6 윤경희, 「생성의 벽장」, 『분더카머』, 문학과지성사, 2021, p. 215.

인간의 약점처럼 감동적인 것이 된다".[7] 키치의 신전에서 빠져나오되 그 키치가 나를 구성하고 있었음을 인정하는 순간, 키치는 더 이상 키치로 작동하지 않고 우리는 숭배의 대상이었던 것을 마치 나의 약점처럼 사랑하게 되는 것이다.

이렇게 키치의 필연성을 부정하지 않고 키치로부터 탈출하는 예는 김멜라의 소설에서 얼마든지 더 찾아볼 수 있다. 「물질계」에서 '나'는 아버지가 죽고 어머니가 재혼한 후 할머니 손에서 자란다. 그러다 아홉 살 무렵, 할머니가 무당에게 '나'의 사주를 듣고 온 날부터 '나'는 '집안 말아먹을 년'이라는 아주 전형적인, 그러니까 가부장제의 단골 키치 멘트를 들으며 자라게 된다. 앞서 말한 것처럼 키치가 '자기중심적인 새로운 천동설'이라면 고작 생년월일이라는 우연으로 우주의 삼라만상과 내 운명을 엮어버리는 사주팔자야말로 동양적 키치의 최고봉일 것이다. 그 후 '나'는 사주의 세계에서 물리법칙의 세계로 도망치기 위해 물리학도가 되지만 지도교수로부터 '20세기 아인슈타인 흉내'는 그만 내라는 비아냥, 그러니까 '넌 아인슈타인의 키치야'라는 혹평을 듣고 좌절한다. 그리고 지금의 '나'는 논문이 언제 통과되는지 '은하수 역학관'에 가서 묻기도 하고, 아인슈타인과 수뢰딩거의 생년월일을 인터넷 사주 사이트에 입력해보기도 하고, "말아먹는 걸 피하고 싶으면 뭐든 일단 말아라"(「물질계」, p. 100) 같은 '댁땜'의 논리에 따라 김밥을 마는 아르바이트를 하기도 하는, 여하튼 사주의 세계와 물리학의 세계에 절반쯤 걸쳐 있는 융복합적으로 키치한 사람이다.

그런데 우리는 애초 '집안 말아먹을 팔자'라는 악담이 '나'를 강하게 사로잡을 수 있었던 이유가 자신이 무언가 남들과 다르다는 것을, "내 안의 숨겨진 무언가가 밖으로 튀어나와 나와 내 집안을 말아먹고 세

---

7 밀란 쿤데라, 같은 책, p. 415.

상의 손가락질을 받으리라는 것을"(p. 97) 직감했기 때문임을 잊어서는 안 된다. 바로 그런 이유로 '나'는 '레즈비언 사주팔자'라는 광고 전단에서 "낯설지만 오래 꿈꿔온 듯한 단어들"(p. 104)을 발견하고 '레사'에게 연락한다. 물론 '나'는 레사를 만나서도 여전히 '말아먹을 팔자'니 '남자 복'이니 '대박'이니 하는 키치하고 텅 빈 질문들을 반복하지만, 레사는 그런 것은 없다고, 정말 궁금해야 할 것은 왜 '레즈비언 사주팔자'라는 말에 연락해볼 생각을 했는지라고 알려준다. 여기서 레사는 사주팔자를 공부했지만 '나'와는 결이 다른 사람으로, "사주팔자와 별자리 점성학 그리고 우주물리학이 융합된 한 편의 영화를 만드는 게 꿈"(p. 127)인 사람이다. 그녀는 이미 팝아트가 그러했던 것처럼, 키치가 말해주는 본질 따위는 없고 다만 그것을 가지고 노는 예술이 존재한다고 말하고 있는 셈이다.

　자신이 아름답게 여기는 것 외 모든 것을 삶으로부터 삭제해버리는 미학, 분명히 존재하는 것을 추방해버릴 수 있다고 믿는 "똥에 대한 절대적 부정"[8]이 키치라면, 레사처럼 모든 엄숙주의를 향해 개소리라고 당당하게 외치는 사람이 멋있어 보이는 것은 당연하다. 그러나 우리가 한심하기도 웃프기도 한 '나'의 모습에 마음을 기울이고 진심으로 응원하게 되는 것은, 자신이 세상의 기준으로부터 크게 어긋나 있음을 느꼈을 때 그것이 고작 키치한 악담에 불과하다고 선언하고 유희할 수 있는 레사 같은 사람은 극히 드물기 때문이다. 그래서 결국 예술이 필요한 순간은 다시 찾아온다. 아무리 기존의 예술사와 지금의 예술 산업이 권위와 권력을 치장하기 위한 수단으로 사용되거나 기만적인 자기 위안의 도구로 활용되는 일이 드물지 않을지라도, '똥에 대한 절대적 부정'을 재차 부정하는 일에 가장 재능이 있는 것

8　같은 책, p. 399.

은 다시 예술이다. 여전히 우리가 성별 이분법이나 이성애 규범처럼 낡고 키치한 정상성의 미학에 사로잡혀 자발적으로 '집안 말아먹을 팔자'에 머무를지라도, 어떤 소설은 이렇게 기어이 우리를 '사랑할 만한 약점'의 자리로 옮겨주고야 마는 것이다.

4

마침 똥 이야기가 나왔으니, '싸는 것'에 대해 조금 더 이야기해보자. 김멜라의 세계에서 싸는 것은 절대 부정되지 않는다. 「코끼리코」[9]에서 종미는 아들만 있는 집안의 유일한 여성으로, 어머니 제사상을 준비하고 아버지 반찬을 만들다가 디스크로 척추 4번과 5번의 탈출을 경험한다. 그리고 아버지가 돌아가신 후 유산을 정리하러 모두 모인 자리에서, 그녀는 세 명의 오빠들 틈바구니에 좀처럼 제 몫을 차지하지 못하고 있다. 여기까지 읽는 순간 우리는 몸까지 아픈 이 여성이 자신의 공로도 인정받지 못한 채 오빠들에게 치이다 결국 아무것도 얻어내지 못할 거라고 '전형적으로' 생각하게 된다. 하지만 그렇지 않다. 그녀는 이 전형성에서 빠져나와 소리 지르기 시작한다. 그녀의 말은 원색적이고 거칠 게 없다. 그녀는 방음이 잘되는 집으로 이사 가서 "옆집 남자의 씨발 소리나 안 듣다 죽고 싶다고"(p. 138) 석고보드로 만들어진 지금 원룸에서는 "옆집 남자 오줌 싸는 소리가 실시간으로 들"리고 "화장실에서 여자 생리대 가는 소리가 다 들린다고"(p. 139) 온갖 육두문자를 내뱉고 악다구니를 써서 기어이 아버지 통장의 돈을 받아내는 데 성공한다. 그녀는 '싸는 세계'로부터 탈출하기 위해 그녀

---

9   김멜라, 「코끼리코」, 『문학들』 2021년 겨울호.

의 원룸을 떠나 개나리 맨션 상가 202호로 들어간다.

이제 우리도 그녀를 소설에서처럼 202호라고 부르도록 하자. 비록 이름 대신 숫자로 불리는 것이 비인격적인 호칭이라는 인상이 우리에게 남아 있지만, 그리고 202호라는 별명이 눈점, 먹점, 체, 앙헬처럼 서로가 '비밀'을 담아 애틋하게 붙여준 별명은 아니지만, 그래도 그녀는 자신의 이름보다 자신이 선택한 공간인 202호를 더 좋아할 것이다. 이제 202호는 원하는 대로 살다가 아름답게 죽기로 결심하고 좋아하는 것들로만 공간을 채워간다. 매거진 랙에 선명한 표지의 책들을 꽂아두고 안이 비치는 음료 냉장고와 질 좋은 스피커와 프로젝터를 설치하였으며 우쿨렐레와 전자피아노까지 들여놓았다. "연주하는 법도 모르고 배울 생각도 특별히 없었지만 202호는 마음에 드는 가구를 보듯 악기들 사이를 오가며 아름다운 무덤이 되어 가는 자신의 공간에 뿌듯해했다."(p. 144) 그러나 김멜라의 세계에서 아름다운 것들로 방부 처리된 곳은 존재하지 않으니, 202호는 여자 화장실을 자꾸 사용하는 통닭집 남자 때문에 다시 '싸는 것'의 세계로 돌아올 수밖에 없다. 그녀는 더러운 변기 때문에 "싼다는 건 무엇일까. 싸는 자세와 삶의 자세는 어떤 연관이 있을까"(p. 152) 같은 고민을 하다, 급기야 서서 싸기 위한 여성 휴대용 변기인 '코끼리코'를 구입한다. 아로마 향초를 피우고 프로젝터로 빗소리 영상을 틀어둔 채 코끼리가 물을 뿜는 모습을 진지하게 상상하는 그녀의 모습은 한편으로 우스꽝스럽기도 하지만, 다른 한편으로는 얼마나 불안하면 아무도 없는 공간에서 아무리 힘을 줘도 오줌이 나오지 않는 건지 답답하고 안쓰럽기도 하다. 그렇게 코끼리코를 들고 이리저리 끙끙대던 그녀는 그런 자신의 모습이 서럽기도 우습기도 하여 그만 실소가 터져버리고, 그 바람에 서서 오줌 싸기는 성공을 거둔다. 그리고 독자인 우리 역시 말 그대로 '카타르시스', 배설의 대리만족을 시원하게 느끼게 된다.

우리는 왜 다 큰 어른의 오줌 싸기를 이토록 열렬히 응원하고, 오줌 싸기에 성공한 202호를 향해 대견한 마음마저 품는가. 답은 「물질계」에서와 마찬가지로 우리 모두 202호처럼 싸는 소리가 울려 퍼지는 고단한 삶에서 벗어나 아름다운 키치로 탈출하고 싶어 하기 때문이다. 그러나 소설에서 보다시피 '싸는 것'은 결코 우리 삶에서 추방될 수 없고, 다만 다르게 싸는 법이 있을 뿐이다. 어쩌면 그 방법은 유쾌할지도 모른다. 키치가 우리 삶의 대안이 될 수 없고 우리 중 누구도 키치의 미학에서 완벽히 벗어날 수 없다면, 우리에게 희망은 자신이 키치임을 아는 자가 키치와 비(非)키치 사이를 섬세하게 감지해내는 데에 있다. 키치 왕국과 키치 신전은 언제 어디에서나 융성하기 마련이고, 키치와의 투쟁은 전방위적으로 이뤄져야 한다. 그리고 이 투쟁에서 우리는 근엄하고 비장한 표정을 짓는 대신 다음과 같은 진실을 기억해야 한다. "웃음이 나오자 오줌도 나오기 시작했다. 〔……〕 막상 통에 담긴 오줌을 보니 더럽단 생각이 들지 않았다." (pp. 156~57)

5

이제 김멜라의 세계에서 가장 발본적이고 지속적으로 이루어지는 '수확의 키치'와의 투쟁을 살펴보자.

빌렘 플루서는 우리가 기존의 역사를 완전히 넘어서는 몸짓으로 존재할 수 있는지 묻는 글에서 수렵과 채집과 재배에 대해 비교한다. 우선 '수렵 채취'는 덫을 사용하여 동물을 포획하는 수렵과 바구니를 들고 다니며 식물을 포획하는 채집으로 나뉜다. 플루서는 우리가 다르다고 여기는 덫과 바구니가 실은 그물의 다른 양태일 뿐이라고 말하며, 수렵과 채집의 '근본적인 기분'은 모두 '매복의 기분'이라고 설명한다. 흔히 남성성과 여성성의 기원이자 둘 사이의 본질적인 차이라 여기는 "사냥과 채집의 차이, 동물 포획과 식물 채집의 차이는, 이 매복 리듬의 차이"에 지나지 않는다는 것이다. 수렵과 채집 이후 등장한 재배의 몸짓은 또 어떠한가. 씨앗을 흙으로 덮고 기다리는 재배는 덫을 놓고 기다리는 사냥이나 채집과는 사뭇 달라 보이지만, 실은 기습하기 위해 늘 긴장해 있는 매복의 기다림에서 소유를 지키기 위해 늘 감시 중인 집요한 기다림으로 뒤집힌 것에 불과하다. 재배는 매복의 논리를 변태적으로 뒤틀어 "의도된 결과를 가져오는 어떤 과정을 연출"한다. 그리고 바로 그 차이에 의해 재배는 "소유와 전쟁의 기원"이 되고, "내가 가진 것을 고수한다는 의미에서 기다림의 기원"이 된다.[10]

그런데 이렇게 사냥과 채집에서 목축과 재배로의 이동이 정확히 의도와 목적을 관철하여 점점 더 많이 거둬들이려는 인간 몸짓의 역사라면, 과연 이와 같은 역사에서 벗어나 새로운 몸짓을 창안하는 일이 가능한 걸까. 이에 대해 플루서는 자연의 바깥에 서서 목표물을 기습하고 조준하는 사냥과 재배의 논리 대신 자연과 관계 맺고 다른 존재론을 상상하는 이들이 있다고 말하며 이들을 향해 '생태론자'라는 이름을 붙인다. "사냥꾼은 예상할 수 없는 세계의 목록(그물)을 만든다. 농부는 세계를 하나의 질서(일궈진 밭) 속에 억지로 밀어 넣는다. 생태론자는 세계를 관계(즉 오이코스)로 본다."[11] 그렇다면 만약 우리가 수확에 대한 기대 없이 나의 소유지가 아닌 곳에서 씨뿌리기를 멈추지 않는다면, 그때는 세계를 구획하고 이익을 기대하는 '수확의 키치'로부터 벗어나 세계 내부에서 새로운 관계를 형성하고 있다고 말할 수 있지 않을까. 그것이야말로 오지 않은 미래에 대한 희망을 증언

---

10 빌렘 플루서, 『몸짓들—현상학 시론』, 안규철 옮김, 워크룸프레스, 2018, pp. 144~47.
11 같은 책, p. 151.

하는 것이 아닐까. 이러한 질문에 대한 김멜라의 고민은 등단작 「홍이」에서부터 최근작 「나뭇잎이 마르고」에 이르기까지 중단되지 않는다. 마치 짝지어두기라도 한 것처럼, 두 작품은 사냥꾼과 생태론자의 이질적인 두 세계관을 다룬다.

「홍이」에서 중경의 삼촌은 어린 시절 집에서 키우던 '홍이'라는 개를 잡아먹었다는 오랜 죄책감에 그 이름을 아들에게 물려줄 만큼 섬세한 사람이었다. 그러나 그는 이런저런 장사를 전전하다 큰 빚을 지게 되어 마지막 기회라는 심정으로 개 농장을 시작하고, 수십 마리의 개와 함께 살며 그 개들을 도살하는 일을 하다 그만 알코올의존증 환자가 되고 만다. 급기야 폐인이 되어버린 삼촌은 아들 홍이만 남겨둔 채 농장을 떠나버리고, 중경이 홍이를 다시 보게 된 것은 홍이가 수십 마리의 개를 산 채로 가죽을 벗겨 주택가에 걸어놓다가 경찰에 붙잡힌 후였다. 소설에서 중경을 향해 회한에 젖은 삼촌이 하는 말("나는 사람이 갈 수 있는 끝을 갔다"(p. 241))이나 교도소에 수감된 홍이가 중경에게 전하는 삼촌의 말("사람에겐 누구나 착한 마음이 있다고. 그런데 그 마음에 더러운 게 묻어서 제대로 못 쓰는 거"(p. 257))은 죄의식과 폭력성이 상투적으로 얽힌, 어딘지 모르게 낯설지 않은 남성성의 한 전형을 보여준다. 결국, 삼촌은 죄의식에서 연유한 이름뿐 아니라 기이하게 자기 파괴적인 폭력성까지 아들에게 물려준 셈이다. 그리고 그 상투성이 '예쁜 애들'만 골라 죽였다는 홍이에게로 섬찟하게 이어진 것은, 소설의 처음에 등장한 '홍이라는 이름을 지닌 동물들이 차례차례 사람들에게 잡아먹히는 설화'가 뒤틀린 방식으로 실현된 것이기도 하다. 세계를 폭력적인 사냥꾼의 시선으로 바라보다 도리어 죄의식과 자기 연민에 취해버린 삼촌의 부계에는 피와 가죽의 냄새가 저주처럼 흥건하게 상속된다.

한편, 「나뭇잎이 마르고」는 이와 정반대의 세계를 보여준다. 여기서도 소설은 하나의 설화에서 출발한다. '한 남자가 열매 맺지 않은 무화과나무를 저주하여 나뭇잎을 말려버린 설화'는 얼핏 장애로 인해 겨울 나뭇가지처럼 앙상하게 뒤틀린 '체'의 팔다리를 연상시키지만, 이 저주는 결코 체의 삶으로 침입하지 못한다. 홍이와 삼촌이 보여주는, 어쩔 수 없이 '이유'를 상속받아 잔인해졌다는 식의 비극적이고 폭력적인 서사로부터 체는 완벽하게 거리를 둔다. 체와 친구 대니는 비인가 동아리 '마음씨'를 만들어 산에 장뇌삼 씨앗을 뿌리고 다니는데, 여기서 중요한 것은 씨앗을 어디에 심었는지 기억하지 않음으로써 '이유'와 '의도'에 지배받는 사냥과 재배의 논리에서 빠져나온다는 점이다. 수확을 전제하지 않아야만 고작 '기대'와 '투자' 따위의 수준에 머무르지 않는 미지의 미래를 상상할 수 있다. 그렇게 체와 대니는 설화에 등장한 나무처럼 "잎을 펼치고 열매를 맺는 일이 고달프다는 듯 꽈배기처럼 몸을 뒤틀며 자란 나무" 아래에 저주 대신 "먼 훗날 누군가 발견하게 될 산의 비밀"[12]인 씨앗을 심는다. 이들의 파종으로 제작되는 '미래 지도'에는 온통 이유 없는 것들이 가득하다. 이유 없이 누군가와 친해지기도 하고 멀어지기도 하고, 나뭇잎을 말려버린 저주처럼 이유 없는 악의에 부딪히기도 하고 캐러멜과 오이를 주고 간 할머니처럼 이유 없는 선의를 마주치기도 한다. 어디선가 건네받은 오이를 먹고 어디로든 날아갈 수 있는 씨앗을 뿌리며 어떠한 열매가 될지도 모르는 미래를 부려놓기에, 이 지도로 찾아갈 수 있는 목적지는 없다. 그러나 바로 그렇기에 그것이 미래, 가능성의 영역에 한정되지 않고 미지의 잠재성을 실현할 수 있는 진짜 미래로 가는 지도가 된다.

아마도 김멜라가 믿지 않는 것은 고작 이유, 믿는 것은 오직 미래일 것이다. 미래는 출렁이며 찾아오고, 끊임없이 밀려오고 밀려가는

---

[12] 김멜라, 「나뭇잎이 마르고」, 『2021 제12회 젊은작가상 수상작품집』, 문학동네, 2021, p. 109.

이 거대한 출렁임은 늘 기대치와 예상치를 배반한다. 그래서 미래를 지키는 것은 가장 근본적인 차원에서 이루어지는 키치와의 투쟁이고, 체와 대니처럼 수확에 대한 기대 없이 씨를 뿌리는 몸짓은 '일하지 않은 자 먹지도 마라', '뿌린 대로 거두리라' 같은 자본주의의 엄숙한 잠언들이 실은 '수확의 키치'에 불과함을 폭로하는 행위가 된다. 자본주의의 역사에서 성소수자, 장애인 그리고 불온하고 급진적인 혁명가들은 ""교미하여 번식하여라"라는 신성불가침한 슬로건을 위협"[13]한 죄로 늘 '퀴어'로 지목당하고 '키치 왕국의 수용소'로 추방되었다. 그러니 우리가 절대 잊지 말아야 할 것은, 자본주의든 이성애 중심주의든 남성 중심주의든 그것들을 치장하는 모든 유장한 언사들이 실은 고작 눈앞에 보이는 것을 놓치지 말고 긁어모아 거둬들이라는 상투적이고 탐욕스러운 키치의 슬로건에 지나지 않는다는 사실이다.

*

    논리란 무엇인가.
    나에게 논리란 말 타고 달리는 한 여자가 부르는 세상과 자신을 향한 노래다.[14]

당연하게도 김멜라의 논리이자 노래는 그녀의 소설로 씌어졌다. 나는 그 노래에 담긴 키치와의 투쟁이 다시 미래를 향한 희망의 후렴구로 돌아온다는 생각을 하고 이 글을 썼다. 그러나 동시에 내게 이 소설들의 합은 그 어떠한 무게중심도 찾아볼 수 없는, 선명한 색상과 울

---

13 밀란 쿤데라, 같은 책, p. 407.
14 김멜라 작가 노트, 「논리」, 『팔꿈치를 주세요』, 큐큐, 2021, p. 159.

통불퉁한 물성으로 뒤덮인 '퀴어 오브제'처럼 보이기도 했다는 것을 덧붙이지 않을 수 없다. 이 오브제는 「나뭇잎이 마르고」에서 김멜라가 유감없이 보여줬던 유려하게 사각거리는 단정한 문장들과 나로 하여금 쉴 새 없이 깔깔대도록 만들었던 「저녁놀」의 장난스럽고 유머러스한 문장들로 지탱되어 있다. 그리고 이렇게 조성이 다른 두 문체 사이의 넓은 스펙트럼에 이 글에서 미처 다루지 못한 소설들이 알알이 배치되어 있다. 그 모습이 마치 흐르는 물감의 궤적으로 춤을 추는 붓질과 만화의 한 컷을 패러디한 듯한 익살이 한데 섞인 오브제처럼 보였다고 설명한다면, 당신도 내가 보았던 것을 짐작할 수 있을까.

우리 내부에는 여기저기 끊어지고 어긋난 채로 존재하는 얼룩들이 흩어져 있다. 그 얼룩들이 누군가에 의해 기워지고 연결되어 오브제로 등장하고 노래로 들려올 때, 우리는 비로소 나 자신으로 존재해도 좋다는 인정을 받은 기분이 된다. 계속 그렇게 존재할 수 있는, 있는 그대로의 미래를 상상해도 좋다는 희망을 얻는다. "널 짓누르고 있던 무언가가 빠져나가며 널 웃게"(「논리」, p. 144) 한다. 바로 이런 것이 우리가 가져야 할 정치적이고 미학적인 생필품이라고 믿는다. 비균질적인 표면으로 덮여 쉴 새 없이 꿈틀대는 퀴어한 것, 이미 존재하는 몸으로 아직 도래하지 않은 예언을 증언하는 것, 이것이 김멜라가 우리에게 건네주고 싶은 미래의 씨앗이다. "그 미래에서 너는 파도를 탄다."(「논리」, p. 154)

다만, 아주 작은 승산
— 김기태론

1

김기태의 첫 소설집 『두 사람의 인터내셔널』(문학동네, 2024)에는 몇 명의 교사가 등장한다.

> 그는 학교에서 '공부 안 하면 나중에……'로 시작하는 훈화를 새겨들었다. 〔……〕 문학 교사였던 담임은 그의 성적표를 넘겨 보며 말했다. "좋은 계획이야. 수학도 잘하고. 아주 어울려." 그는 서울에 있는 대학에 합격했다. 〔……〕 숫자를 따져보자면 넉넉잡아 상위 칠 퍼센트 이내의 수험생만 진학하는 학교였다. (「전조등」, pp. 82~83)

> '너도 봉투 받는 애구나.' 여자애라거나 남자애라거나, 귀엽다거나 못생겼다거나, 공부를 잘한다거나 못한다거나 이전에 권진주와 김니콜라이는 서로를 그렇게 알아봤다. 〔……〕 담임이 회전의자를 빙글 돌리며 덧붙인 말. "둘이 친하게 지내."(「두 사람의 인터내셔널」, p. 114)

애들은 비즈니스 담임이라며 욕했지만, 그녀는 진주의 가정 사정이 법적으로 어떻게 규정되어 있는지 정확하게 인지했고 국내 최고의 대기업이 매년 벌이는 장학 사업에 연결해주었다. 〔……〕 그녀가 강조했던 교내 활동을 꾸준히 한 덕분에 서울 변경의 사년제 대학 행정학과에 기회균형 전형으로 합격했다. (「두 사람의 인터내셔널」, p. 117)

지켜보던 코치가 가방을 챙겨 나가며 말했다. 너무 열심히 하지 마. 다친다. 〔……〕 졸업하면 실업팀을 소개해줄 테니 걱정 말라는 말을 덧붙였다. 아는 감독님이랑 얘기가 다 됐다며. 무슨 뜻인지 송희도 알았다. 메달 하나 딴 적 없는 자기는, 끼워 파는 과자 같은 선수라는 걸. (「무겁고 높은」, p. 240)

누구나 한 시절을 함께할 수밖에 없는 직업의 사람들. 인용문에 등장하는 네 명의 교사는 결코 직무를 유기하거나 폭력을 행사하지 않는다. 그들의 입장에서 보면, 입시에 전념하는 중산층 출신 학생은 알아서 '어울리는' 길을 잘 찾아가니 품이 덜 들지만, 진주나 송희처럼 법적 제도와 법 외의 관례를 동원하여 각자의 처지에 맞춤한 방법을 알려주어야 하는 학생은 그다지 수월한 경우는 아닐 것이다. 비록 불과 2년 뒤 졸업식에 찾아온 진주의 이름과 집안 사정을 떠올리지 못할 만큼 '비즈니스 담임'이라 할지라도, 내야 할 돈을 내지 못한 학생들을 한꺼번에 불러다 놓고 친하게 지내라는 말 따위를 무심코 내뱉는 선생일지라도, 이들이 주어진 임무를 수행하지 않았다고 비난할 근거는 어디에도 없다. 제도가 무서운 것은 최대치와 최소치의 차이가 크지 않도록 조직한다는 점이다. 학교는 이들이 최선을 다하지 않더라도 임무를 완수하지 않을 수 없도록 강제하며 돌아간다. 대체로 재생산은 실패 없이 이루어지고, 그러니 교사에게도 할 말은 많다.

> 곽은 아무 제재도 하지 않았으며 모멸감을 느끼지도 않았다. 〔……〕 학교에서 잘 배워야 훌륭한 시민으로 성장한다는 믿음은, 제도교육에서 '모범적인' 성취를 얻어서 삶의 기반을 마련한 자신 같은 교사들의 고정관념이었다. 공교육이란 중산층의 아비투스를 재생산하고 체제 유지에 기여하는, 필연적으로 보수적인 국가 장치 아닌가. 바른 자세로 수업을 경청하라는 지도는 규율화된 신체를 양산해 사회적 유용성을 극대화하려는 '학교-감옥'의 통치술 아니냔 말이다. 곽은 일리치, 부르디외, 푸코 등을 떠올리며…… 어떤 지도도 하지 않았다. 엎드린 학생들의 뒤통수를 애정 어린 눈으로 보았다. (「보편 교양」, pp. 170~71)

상당수의 교사는 학교가 재생산 시스템의 핵심적 장치임을 모를 만큼 순진하지도, 나름의 방식으로 그것을 돌파하거나 쇄신하고 싶은 마음이 아예 없을 만큼 무기력하지도 않다. 그 현실과 이상 사이에서 교사들은 서서히 지쳐간다. 곽은 수업 시간 내내 엎드려 자거나 이어폰을 꽂고 딴짓을 하는 학생들을 향해 "모두를 이해할 수 있"(p. 170)다고 말한다. '이해해버리지' 않고서는 가르치는 사람이라는 자부를 지켜낼 방법이 없다. 학교 제도에서 입시와 무관한 가르침은 있을 수 없고, 배울 줄 아는 학생의 능력은 부모의 사회적 지위와 무관하지 않다. 곽이 학생들에게 키워주고 싶었던 '지성'은 유복한 집안 출신인 은재가 누리는 배움의 기쁨을 통과하여 대학이 원하는 인재의 '역량'으로 탈바꿈한다. 오래된 제도가 갖은 변화 속에서도 기어이 살아남은 데에는 다 이유가 있다. 제도는 제도에서 벗어나려는 노력까지 제도의 재생산에 복무하도록 수렴하는 놀라운 탄력성을 지닌다. 이 견고하고 촘촘한 사회적 현실을 무시하지 않는 것, 김기태의 세계를 지탱하는 첫번째 축은 제도가 성실하고도 탁월하게 수행하는 사회적 재생산에 있다.

2

그래서 그들은 어떤 어른이 되었나. 이제 막 어른이 된 송이를 제외하고 나머지 세 사람의 졸업 이후 5년가량의 삶을 살펴보자.

사오 년이 지나는 동안 그는 네 명의 애인과 각각 길지도 짧지도 않은 시간을 보냈다. 단독주택을 개조한 프렌치 비스트로, 식민지 시대부터 영업했다는 경양식당, 비건 요리를 제공하는 도심지의 사찰은 갈 수 없는 곳이 되었다. 〔……〕 점심으로 제육볶음을 먹으며 공모주 청약과 암호 화폐 시황, 최신형 휴대전화와 이국의 여행지, 1층 리셉션 직원의 헤어스타일에 관한 대화를 들었고 드물게 와이셔츠 앞자락에 국물을 흘렸다. 월에 한두 번씩 클럽에서 대마초를 피운다는 동기의 부주의함과, 동남아 골프는 밤이 진짜라는 상사의 부도덕함을 속으로 탓했다. 한동안은 샐러드나 통밀빵 샌드위치만 먹다가 화풀이처럼 알탕이나 등갈비를 먹었다. (「전조등」, pp. 88~89)

오 년이 지나는 동안 둘은 다양한 사람을 만났으나 그보다 많은 사람과 헤어졌고 몇몇은 다시는 안 볼 사이가 되었다. 볼빨간 사춘기를 들으며 각자 인천과 강릉 바닷가로 여행을 갔고 오사카나 보라카이 여행 경비를 계산해본 적이 있었다. 무리해서 최신형

스마트폰을 한 번 구매했고 어느 밤 야심차게 인스타그램에 가입했다. 별로 올릴 만한 사진도 없고 재미도 없어서 한 달쯤 지나자 시들해졌다. 대신 버스에서 이런저런 커뮤니티 게시판을 스크롤하며 킥킥거렸다. 검성 고길동이 양아치 둘리를 베어버리는 만화는 진짜 웃겼다. 여윳돈이 없어서 암호 화폐를 사지 못했고 '떡락'하는 차트를 본 이병헌이 "으악 안 돼!"라고 외치는 영상을 보며 웃었다. (『두 사람의 인터내셔널』, pp. 119~20)

부연할 필요도 없이, 재생산의 회로는 이후에도 완벽한 수준으로 작동한다. '그'는 몇 번의 연애를 거친 후 비로소 자신처럼 연극을 좋아하고 교양 있는 여자를 만나 결혼에 성공했고, "그녀의 직장 근처에 아담한 신축 아파트를 구매"했으며, 그의 부모가 그를 위해 "몰래 모아뒀던 약간의 돈을 보태려" 하자 다시 그 돈을 부모 "몰래 양가 어르신들의 노후 비상금으로 묶어놓"(「전조등」, p. 102)을 만큼 사려 깊게 행동했다. 아니, 사려 깊게 행동할 수 있었다. 그의 삶은 여유롭고 탄탄했으며 가정을 이루고 나서는 더욱 그랬다. 한편, 진주와 니콜라이는 "경기도 서남부의 한 도시에 함께 도착했고 같이 살아보기로 결정했으며 그것에 대하여 누구의 허락도 구하지 않았다". 아니, 구할 이유도 필요도 없었다. "마을버스도 올라오지 않는 가파른 언덕"에 "민트색이라기보다 치약색 페인트가 칠해진 낡은 빌라"가 둘의 보금자리가 되었고, 두 사람이 일할 만한 "공장과 마트는 어디에나 있었"으며, 그러나 니콜라이가 한국으로 귀화할 수 있는 소득 기준인 한국인 평균 연봉 "삼천팔백만원을 벌"(「두 사람의 인터내셔널」, p. 139)기는 어려웠다.

중산층 아이가 중산층 어른이 될 가능성이 '사회적 배려 대상자' 아이가 중산층 어른이 될 가능성보다 압도적으로 크다는 사실을 대한민국에서 모르는 사람은 없을 것이다. 모두가 아는 이야기보다 더 흥미로운 것은, 계층 간의 차이와 사회적 재생산을 명료하게 부각시키는 김기태 특유의 형식에 있다. 정밀화라기보다 속사화에 가까운 김기태의 소묘 방식은 크게 보아 두 가지 특징을 지닌다. 첫째, 문화적 소비를 통해 취향을 드러내는 방식으로 개인의 삶을 그린다는 점. 둘째, 그 과정에서 동시대 문화적 기호가 끊임없이 등장하지만 정작 그와 연동된 정동은 흐릿하다는 점. 아마도 김기태에게 주체란, 자신의 내면을 끊임없이 응시하고 반성하는 근대적 주체나 자신도 설명할 수 없는 무의식과 심연의 욕망을 품은 심리적 주체가 아닌, 자신을 둘러싼 사회적 시공에 새겨진 기호를 해독하고 구사하는 존재, 역사적으로 구획되고 사회적으로 세공된 무대를 통과하며 구성된 존재에 가까울 것이다. 그렇게 구성된 주체가 거주하는 세계는 동시대를 사는 독자라면 충분히 이해 가능한 기호들의 체계이자, 10년만 지나면 오래된 유행처럼 보일 만큼 극히 한정된 시의성을 지닌 통속적 현장이다.

한 사람이 품은 심연에 크게 관심을 기울이지 않는다는 점은 필연적으로 소설에 속도감을 부여한다. 가성비가 아닌 '문성비(문장 대비 성능)'라고 해야 할까. 한 개인의 내면을 들여다보기 위해서는 많은 시간이 소모되지만, 그가 위치한 기호들의 망을 파악하고 그의 취향과 소비를 짐작하는 데에는 그리 오랜 시간이 걸리지 않는다. 위에서 인용한 「전조등」과 「두 사람의 인터내셔널」의 5년은, 한 사람이 태어나서 성인이 될 때까지의 과정을 1분 안에 보여주는 AI 쇼트폼 영상이 그렇듯, 다양한 장면을 몽타주처럼 겹치고 몇 배속으로 감아 신속하게 현재에 도달한다. 문화적 취향으로 이루어진 조각들은 이들이 속한 계층을 빠르게 지시하지만, 그 속도를 유지하기 위해서는 많은 생략이 필요하다. 그 생략은 특히 감정의 영역에서 크게 이루어진다. 짧은 시간에 한 사람을 크로키하기 위해서는 그가 무엇을 소비하는지 스쳐 지나가듯 보여주되 그때 그가 무엇을 느끼고 고민하는지는 생략해야 하기 때문이다.

「보편 교양」의 곽 역시 마찬가지다. 앞에서 인용한 곽의 혼잣말은 언뜻 그의 내면이나 심리적 갈등처럼 보이지만, 실은 지식인의 '취향'을 드러내는 기호들로 뒤덮여 있다. 부르디외, 푸코, 국가 장치, 규율화, 통치술, 아비투스…… 비판이론의 기호들은 덕지덕지 붙은 스티커처럼 곽의 '아비투스'와 지적인 허영을 지시할 뿐이다. 이는 물론 소설이 지식인의 허위의식과 진정성 사이를 오가는 아이러니를 통해 '교양'의 양가성을 탐구하는 소설이기 때문이기도 하지만, 동시에 한 사람의 내면을 감정과 정동 대신 그가 지닌 문화적 취향의 기호들로 대체했기 때문이기도 하다. 누군가를 고발하거나 비판하지도, 그렇다고 애틋하게 여기거나 응원하지도 않은 채, 그를 둘러싼 배경을 최대한 빠르게 많이 담기 위해서는 얼마만큼의 왜곡과 아이러니를 동반하는 광각 렌즈를 사용할 수밖에 없다. 그렇다면 여기서 김기태의 세계를 지탱하는 또 다른 축이 등장한다. 첫번째 재생산의 축과 연관되면서도 문체와 깊은 관련을 맺는 축. 기호의 과잉과 정동의 과소로 이루어진 축. 그것은 '따옴표'의 형식, 그러니까 어떤 상황에서도 거리를 잃지 않고 짐짓 '따옴표'를 치는 미지근한 시선과 감각이라고 할 수 있다.

3

소설가에게는 적지 않은 닮은꼴이 있다. 철학자나 심리학자와 닮은 소설가를 떠올리기는 그리 어렵지 않다. 김기태와 가장 닮은 이는 사회학자일 것이다. 가치를 판단하거나 내면을 성찰하는 철학자도, 트라우마에 관심을 기울이고 치유를 도와주는 심리학자도 아닌, 문화적 기호를 통해 사회를 관찰하고 드로잉하는 사회학자-소설가.

부르디외는 (고백하자면, 나와 곽의 '취향'은 겹친다) 사회학자의 일이 '가치판단'이라고 믿어온 것을 '사실 적시'로 바꾸는 작업이며, 그런 의미에서 사회학자가 지닌 하나의 무기이자 자신의 글쓰기와 맺는 관계를 "따옴표 치기"라고 말한 바 있다. 만약 김기태의 소설에 하나로 수렴되는 주제나 문체적 특징이 없다고 생각한다면, 그것은 소설들이 모두 '따옴표'를 치고 있다는 사실을 파악하지 못했기 때문일 것이다. '따옴표' 안의 내용은 가지각색일 수밖에 없다. 오히려 일관된 것은 각 소설이 대상과 유지하는 거리감, 그러니까 '따옴표'를 치는 시선과 형식에 있다. 심지어 '따옴표'가 품고 있는 대상은 완전히 상반된 것일 수도 있다. 팬덤의 정치적 가능성을 기대하는 것처럼 보이다가도(「로나, 우리의 별」) 정치적으로 올바른 팬덤 문화가 실은 얼마나 탈정치화될 수 있는지 고발하는 것처럼 보이기도 하고(「세상 모든 바다」), 마르크스의 『자본론』이 대학 입시를 위한 교양이 되어버린 세계를 냉소하는 것처럼 보이다가도(「보편 교양」) 고작 조악한 솜씨로 그려진 "기립하시오 당신도!" 밈이 코뮌을 기억하고 상상하게 만드는 계기가 될 수 있다고 믿는 것처럼 보이기도 한다(「두 사람의 인터내셔널」).

어쩌면 이렇게 모순적인 지형도 자체가 어디로 가야 할지 알지 못하는 오늘날의 '답보 상태'와 구조적으로 닮아 있다고도 할 수 있다. 로런 벌랜트는 "삶의 재생산을 위한 전통적 토대가—직장에서, 친밀한 관계에서, 정치에서—위협적인 속도로 부서져가고 있기에, 답보 상태에 머무르는 것 자체가 이제 많은 이들에게 일종의 희망 사항이 되"[2]어버린 현시대를 진단하면서, 이런 답보 상태의 전형적인 정동이

---

1 피에르 부르디외·로제 샤르티에, 『사회학자와 역사학자』, 이상길·배세진 옮김, 킹콩북, 2019, p. 45.
2 로런 벌랜트, 『잔인한 낙관』, 박미선·윤조원 옮김, 후마니타스, 2024, p. 15.

무감각하고 무감동해 보이는 '평정심'이라고 말한다. 그렇다면 상반된 방향을 지시하는 소설들이 한 소설집에 공존하는 일종의 '정지상태'가 관찰된다는 점, 각 소설이 무심해 보일 간큼 특유의 담담한 톤을 유지한다는 점에서 김기태의 소설 역시 답보 상태의 재현으로 해독할 수도 있다. 진주와 니콜라이의 "미래는 여전히 닫힌 봉투 안에 있었고 몇몇 퇴근길에는 사는 게 형벌 같"(「두 사람의 인터내셔널」, p. 143)았지만 그들의 생활은 시종일관 차분하고 평온한 문장으로 서술되고, 폐광촌에서 역도 선수를 꿈꾸며 버거운 삶의 무게를 버티던 송희가 끝내 역도를 그만두던 마지막 날은 "쇳덩이를 쥐고 두 발로 바닥을 밀어내는 순간"의 고요함과 "모두가 공평하고도 아늑하게 하얀 눈에 덮"(「무겁고 높은」, pp. 262~63)인 단정함으로 기억된다.

언뜻 전혀 다르게 보이는, 명랑하게 통통 튀는 「롤링 선더 러브」 역시 마찬가지다.

> 〈솔로농장〉 역대 출연자 모임을 두세 번 드나들다 14기 순무가 방송과 사뭇 다른 인간이라는 걸 알았다. 순무와 교제를 시작하고 어느 아침, 맹희는 자신과 순무의 12간지로, 별자리로, 혈액형으로, MBTI로 애정운을 검색했고 그중 가장 좋은 것을 골라 순무에게 보내줬다. 운명과 세상을 비웃는 기분에 맹희는 혼자 키득거렸다. 애인이라는 단어를 타이핑하며 휘성의 〈사랑은 맛있다〉를 들었다. 극장과 미술관. 저수지와 둘레길. 호킹스와 드라이브. 오개월이 지났고 맹희는 순무가 자신이 기대하던 만큼은 아니며, 맹희 자신도 자신이 기대하던 만큼의 사람은 아니라고 느꼈다. 카페에서의 이별은 담백했지만 집으로 돌아오는 길에는 15&의 〈사랑은 미친 짓〉을 들었다. (「롤링 선더 러브」, p. 75)

맹희가 짝짓기 예능 프로그램에 출연한 인연으로 알게 된 사람과 연애를 하고 또 이별을 하는 과정은 열기도 깊이도 없이 표면에서 빠르고 얇게 스쳐 지나간다. '따옴표' 안에 존재하는 맹희가 다른 소설의 인물들보다 대중문화에 친숙하고 쾌활하다는 점만 빼면, 맹희의 삶 역시 '따옴표' 치는 시선으로 소묘된다는 점은 마찬가지다. 맹희가 어떤 사람인지는 취향의 기호로 드러난 그녀의 아비투스를 통해, 맹희가 경험한 만남과 이별의 상황은 그녀가 소비한 문화적 기호를 통해 대체되어 제시된다.

언제나 사회는 모순의 누설과 봉합 사이에서 기우뚱거리기 마련이고, 그렇기에 모든 사회적 현상은 양가적 속성을 지닐 수밖에 없다. 답보 상태 특유의 담담함은 어떠한 확실성도 보장할 수 없는 오늘날의 세계가 개인에게 부여한 수동적이고 역사적인 감각일 것이다. 그러나 동시에 무력한 개인이 자신을 보호하기 위해 스스로 만들어낸 능동적이고 의식적인 태도이기도 할 것이다. 답보 상태로서 현재를 경험하는 것은 "삶의 재생산에 관련된 규범의 중단에 적응하고 그 중단을 타진하고 체험할 수 있는 다양한 방식을 열"기 위한 노력이다. 과거와 확고하게 연결되어 미래로 자연스럽게 나아간다는 안정적 서사가 없어진 현시대에 사람들은 불안을 추스르고 감정을 절약하며 가까스로 현재를 꾸려나간다. 물론 그렇다고 해서 답보 상태가 막다른 골목이 아니라고 할 수는 없다. "막다른 골목에서 우리는 계속 움직이지만, 역설적으로 같은 공간에서 움직인다." 현재는 끊임없이 갱신되는 타임라인처럼 무한히 재생되고, 사람들은 정확히 그런 방식으로 현재에 갇혀 "열린 지체(기다림)의 장소"[3]를 맴돌 수밖에 없다. 벌랜트가 답보 상태를 진단한 것이 현실의 양가성을 드러내고 분석하는

3 같은 책, p. 361.

행위인 것처럼, 김기태의 소설이 답보 상태를 재현하는 것 역시 '가치판단'이 아닌 '사실 적시'의 수행이다. 사회학자-소설가는 사실의 세계를 탐구한다. 결국, "현재가 어떻게 생산되는지를 설명하지 않고서는 정치적인 것의 답보 상태impasse에 대해 아무것도 이해할 수 없"[4]기 때문이다.

4

그렇다면 이제 "현재가 어떻게 생산되는지" 더 큰 그림을 보기 위해 김기태의 소설들로 이루어진 좌표계를 그려보자. 먼저 x축을 '불안정성'으로 잡자. 오른쪽으로 갈수록 인물들이 지닌 삶의 불확정성이 증가한다. y축을 '정치력'으로 잡자. 위쪽으로 올라갈수록 다른 삶이나 다른 세계를 향한 기대와 희망이 상승한다.

이렇게 좌표계 위에 만들어진 사회학적 영토를 몇 개의 영역으로 나눠볼 수 있다.

첫째, 불안정성도 낮고 정치력도 낮은 영점 부근의 영역. 영점에는 삶이 불안정해질 이유도 없고 다른 삶을 모색할 욕망도 없는 한 남자(「전조등」)가 놓이고, 그보다 조금 위쪽에 유사한 삶의 조건을 지녔으나 그래도 이제 『자본론』을 읽어보겠다고 다짐하는 한 남자(「보편교양」)가 놓인다. 체제와 제도에 자연스럽게 안착한 이들이 살아가는 방식을 보여주는 이 영역을 편의상 '시스템 영역'이라고 하자.

둘째, 시스템 영역보다는 불안정성과 정치력 모두 소폭 증가한 중간 영역. 여기에는 짝짓기 프로그램에 출연한 30대 여성(「롤링 선더

---

4   같은 책, p. 14.

러브」)과 전자 기타를 배우기 위해 밴드를 시작한 40대 남성(「일렉트릭 픽션」, 『릿터』 2024년 6/7월호)이 속한다. 중소기업 정규직이나 대기업 무기계약직 정도의 안정성, 권태에서 벗어나고자 새로운 취미를 갖는 정도의 용기. 이 중위 영역을 '취미의 영역'이라고 하자.

셋째, 불안정성은 높지만 정치력은 낮은 오른쪽 하단의 영역. 카지노와 탄광, 성년과 미성년, 승자와 패자 등의 갈림길 앞을 서성이는 고등학생(「무겁고 높은」)과 얼마 전까지 재일 교포 4세였지만 이제는 일본인이 된, 그러나 여전히 어떤 이름을 말해야 할지 알 수 없는 대학원생(「세상 모든 바다」)이 여기에 있다. 높은 불확정성을 지닌 단독자들의 영역을 '실존적 영역'이라고 하자.

넷째, 불안정성도 높고 정치력도 높은 오른쪽 상단의 영역. 주어진 시시한 각본을 따르는 대신 두 사람만의 '다른 이름'을 붙이며 삶을 재발명하길 원하는 프레카리아트 커플(「두 사람의 인터내셔널」)과 영웅적인 뮤지션을 중심으로 창당을 준비하는 다중(「로나, 우리의 별」)이 여기 해당한다. 코뮌이든 정당이든 '우리'를 발명하고자 시도하는 이 영역을 '정치적 영역'이라고 하자.

이렇게 모아두니 몇 가지 사실이 확실하게 보인다. 우선, 김기태의 사회학적 영토는 차갑지도 뜨겁지도 않고 낙관적이지도 비관적이지도 않다. 불안정성이 낮으면서도 정치력이 높은 왼쪽 상단의 영역을 그리지 않았다는 점만 보더라도, 그는 결코 낭만적인 믿음에 기대는 유형의 작가가 아니다. 완벽히 안착하진 못했지만 그렇다고 불안정하게 내몰리지도 않은 중간 영역의 사람들이 실존이나 혁명보다 취미와 위로를 원한다는 점(「롤링 선더 러브」, 「일렉트릭 픽션」) 역시 지극히 현실적이다. 물론 삶은 비례와 반비례의 그래프가 아니라서, 컴컴한 한밤중의 도로 위에 놓인 신발 한 짝을 발견하고 마치 실재의 구멍이라도 본 듯 파열과 불안을 느끼는 사람이 역설적이게도 체제에 가장 완벽하게 밀착된 사람일 수도 있다(「전조등」). 그러나 그렇다고 해서 시스템 영역이 돌연 실존적 영역이나 정치적 영역으로 전환되는 일은 일어나지 않는다. 시스템 영역에 속한 자는 삶이 누설한 불안을 어떻게 봉합하고 소화해야 하는지까지 잘 알고 있고, 바로 그 점이 각 영역의 상대적 비가역성을 암시한다. 「보편 교양」의 곽이 마르크스를 읽고 혁명가로 변신하는 모습을 상상해보라. 그 낭만적 희망은 너무나도 우스꽝스러워 보일 것이다.

좌표계에서 보듯, 정치적 영역은 불안정한 상황뿐 아니라 그 불안정성이 '우리'로 이어질 우발적 마주침을 야기해야 하고 또 그 마주침이 '우리'를 향한 의지로 응결되어야 가능한, 좀처럼 도달하기 힘든 드문 장소이다. 그러니 충분히 알면서도 비판하지 않는 일은 말처럼 쉽지 않고, 사회학적 지식은 종종 우리를 냉소하게 만든다. 그러나 부르디외가 평생 믿었듯 "사회학주의적인 포기와 유토피아적 의지주의 사이에는 이성에 근거한 유토피아주의라고 할 만한 것의 공간이 있다". 사회학의 정치적 과제는 바로 그 숙명적 사실주의와 낭만적 유토피아주의 모두를 거부하고 "합리적 유토피아주의를 명료화하도록 돕는 데 있다".[5] 낙관도 냉소도 없는 김기태의 좌표계에는 사회학적 영토를 가로지르는 다양한 한계선이 존재한다. 그리고 우리에게는 "한계들 안에서 약간의 유토피아를 가질 권리"와 더 나아가 "그 한계들 너머로 가능한 한 멀리" 가보고 싶은 바람이 있다. 그 사이를 헤매는 사회학자−소설가가 자신의 임무로 삼은 것은 그 경계선의 내부와 너머에 대해 정확하게 식별하고 정직하게 분석하는 일일 것이다. 다만 필요한 것은 "아주 작은 승산"[6]이다. 그러니 과장하지도 낙담하지도 않고,

---

5 피에르 부르디외·로익 바캉, 『성찰적 사회학으로의 초대―부르디외 사유의 지평』, 이상길 옮김, 그린비, 2015, pp. 321~22.

6 피에르 부르디외·로제 샤르티에, 같은 책, p. 68.

그저 "내 손안에 있는 내 것. 내 몫의 약속"(「무겁고 높은」, p. 262)을 들어 올리기로 한다. 무엇보다 "버리려면 들어야 했다"(「무겁고 높은」, p. 249).

크레용과 샤프펜슬
─ 한강의 『노랑무늬영원』[1]

1

　결국, 소설은 깊이와 넓이에 관한 것일 수밖에 없다고, 설사 이 세계가 얼마나 얄팍하고 비좁은지 항의하는 소설이라 할지라도 그와 같은 방식으로 깊이와 넓이에 관해 이야기하는 형식이라고 말해볼 수 있다. 물론, 깊이와 넓이를 만드는 방식은 이미지에 매혹된 작가와 서사에 충실한 작가 사이에서 갈라질 수밖에 없고, 대체로 역사를 상대하는 작가는 후자에 속한다고 알려져 있다. 아마도 한강은 오랫동안 빚어온 이미지들을 통해 역사와 접속하는 독특한 행로를 찾아낸, 전자에 속하는 작가라고 할 수 있을 것이다. 이미지에 이끌린다는 것은 삶을 하나의 이미지로 압축하는 것, 혹은 압축하고자 하는 것이고, 이미지에 매혹된 자는 자신의 세계를 부채처럼 접어둔 그 이미지를 쉽게 놓아버리지 못한다. 그러니 한강의 세계를 설명할 수 있는 가장 정확한 이미지는 그의 소설에 이미 상세하고 선명하게 등장하고, 그는 그것을 설명하기 위해 부단히 노력한다. 끊임없이 그 주변을 맴돌며, 사유와 정동, 그러니까 부정확하게나마 '정신'이라고 부

---

[1] 한강, 『노랑무늬영원』, 문학과지성사, 2018. 이 책에 실린 작품을 인용할 때는 제목과 쪽수만 표기한다.

를 만한 어떤 것을 이미지에 결합하고자 한다. 그 이미지는 꿈일 수도, 사진이나 미술 작품일 수도, 묘비가 존재하지 않는 기억의 무덤일 수도 있지만, 여하튼 한편으로는 아래로 파고들어 두께를 쌓아가고 다른 한편으로는 흐름을 거스르지 않고 번지며 퍼져 나간다. 이미지는 언제나 움직이고, 그럼에도 잔상을 남긴다. 한강이 골몰하고 천착하는, 잔상 위에 겹치고 섞이는 이미지들이 『노랑무늬영원』에 뮤지엄으로 완성되어 있다.

2

「밝아지기 전에」에는 심장을 그리는 세 명의 사람이 등장한다. 크레용을 두껍게 덧칠하여 고통으로 짓이겨진 심장을 그린 화가 K. 흰 종이의 귀퉁이에 0.3밀리 샤프펜슬로 가까스로 흘러나온 증언의 목소리처럼 가냘픈 '나의 심장'을 적어둔 K의 친구. 이들의 이야기를 듣고 '나의 심장'이라는 소설을 시작한, 그러나 더는 나아갈 수 없어 멈춰 있는 소설가 '나'.

> 텅 빈 전시실을 빙 둘러서 애들 공책만 한 하얀 액자들이 걸려 있는데, 액자들 속엔 백지가 들어 있어. 잘 들여다보니까 귀퉁이에 조그만 글씨로…… 0.3밀리 샤프펜슬로 적어놨어. 나의 손, 나의 눈, 나의 심장, 이렇게. 〔……〕
> 지난 몇 개월 동안 내가 나를 짓이겨서, 심장도 아니고 그림도 아닌 저것들을 그렸는데, 그 친구는 0.3밀리 샤프펜슬로, 그렇게 조그맣게, 그렇게 아프게, 나의 심장, 이라고. (「밝아지기 전에」, p. 27)

나의 심장, 이라고 제목을 쓴 뒤 한 줄을 띄고, 그 순간 쓸 수 있는 가장 간결한 문장을 썼다. *그녀가 돌아오지 않는다.* 그리곤 다음 문장으로 더 나아갈 수 없었다. 0.3밀리 샤프펜슬과 크레용을 동시에 움켜쥔 것 같은 혼란 때문이었다. (「밝아지기 전에」, p. 27)

여러 색깔의 선들이 크레용으로 그어져 있다. 종이가 너덜너덜해지도록 선들이 덧그어져, 한 인간의 가장 어두운 부분이 어떤 적절한 거리도 없이, 육안으로 보이는 지옥처럼 떠올라 있다. 거대하고 끔찍한 덩어리들 옆에 K 선생님은 '내 심장'이라는 제목을 일련번호 없이 반복해 붙여놓았다. 수십 분의 일로 축소된 도판으로도 전달될 만큼 압도적인 고통의 형상이다. (「밝아지기 전에」, p. 28)

크레용을 힘껏 문질러 어둡고 무거운 밤을 칠하고, 가느다란 샤프심으로 아슬아슬한 선을 이어가는 것. 언제나 한강의 손에 들린 두 종류의 화구는 점성이 있는 두꺼운 크레용과 부러질 만큼 가녀린 0.3밀리 샤프펜슬이다. 두 화구 중 무엇을 택해 그려야 할지 결정할 수 없는 "그녀"는 누구일까. 오랜 투병을 마치고 더는 전과 같은 모습으로 살지 않겠다고 결심한 '나'일까, 동생의 죽음 이후 시작된 여행을 끝내지 못하거나 끝내지 않는 은희 언니일까. 물론, 어느 쪽인지가 중요한 문제는 아니다. 한강의 많은 소설이 그렇듯, 은희 언니와 '나'는 데칼코마니처럼 대칭적으로 그러나 돌연 기우뚱 솟아오르는 이탤릭체처럼, 낯설고도 익숙하게 등장한다. 서로의 분신이라 하지 않을 수 없는 두 사람 사이에 놓인 것은 크레용과 샤프펜슬로 겹쳐 그린 듯한 심장의 이미지다.

사람 몸을 태울 때 가장 늦게까지 타는 게 뭔지 알아? 심장이야.

> 저녁에 불을 붙인 몸이 밤새 타더라. 새벽에 그 자리에 가보니까, 심장만 남아서 지글지글 끓고 있었어. 〔……〕
> 그때 처음으로 은희 언니를 닮은 어떤 여자에 대해 쓰고 싶다는 생각을 했던 것 같다. 아직 밝아지지 않은 새벽, 시체가 재가 되고 뼛덩이들만 하얗게 남은 자리에 여태 지글지글 끓는 심장. 그걸 내려다보다 자신의 심장에 손을 얹는 어떤 여자. 그 여자가 고개를 들면, 무섭도록 낯익은 얼굴―꺼진 눈, 두드러진 광대뼈, 검게 죽은 내 입술이 그을린 살갗 가운데 새겨져 있을 것 같았다.
> (「밝아지기 전에」, p. 19)

은희 언니를 닮은 여자이자 내 입술을 가진 여자. 그녀의 가슴 아래 놓인 것을 불씨라 해야 할까, 심장이라 해야 할까. 구멍이라 해야 할까, 생명이라 해야 할까. 크레용과 샤프펜슬을 동시에 들고 그려야 하는 모순적인 진실. 까맣게 타버린 시신과 그 가운데 빨간 점처럼 남겨진 심장. 무채색의 건조한 잿더미와 그 위를 날카롭게 가로지르는 붉고 끈적한 열기. 그 무참하고 끈질긴 숨구멍이야말로 전부 타버려도 끝내 남는 것, 모든 것이 잿더미가 되어도 내 손 안에 놓일 유일한 진실이다.

이 잊기 힘든 이미지는 「회복하는 인간」에서도 반복된다.

> 당신은 직경 일 센티미터 남짓한 구멍들을 보고 있다.
> 당신의 부어오른 양쪽 복숭아뼈 아래, 정강이에서부터 내려온 인대가 발등으로 막 꺾어지는 자리에 그 구멍들은 뚫려 있다. 왼쪽의 구멍 안으로 보이는 회백색 물질을 가리키며 의사가 말한다.
> 왜 화상을 입자마자 바로 처치를 안 한 거죠? 오른쪽은 괜찮은데, 여기 왼쪽 피부 조직은 좀 심각합니다. (「회복하는 인간」, p. 41)

왜 바로 처치할 수 없었나. 언니가 죽었고, 언니의 영결식에서 발목을 삐었고, 아픈 자리 위로 뜸을 들이다 입은 화상이었다. '나'와 같은 공포를 느꼈고 그래서 '나'와 정반대의 길을 선택했던 언니를 묻고 돌아오던 길에 발목을 접질렀고, 그걸 치료해보겠다고 성급하게 뜸을 올렸다. 그러니 이제 '나'가 기대하는 것이 다시 감각이 돌아오고 피가 차오르는 것인지, 끝내 돌이킬 수 없어 괴사된 조직을 칼로 도려내버리는 것인지, 어느 쪽의 변화도 허용하지 않은 채 그대로 멈춰버리는 것인지, 아직은 알 수가 없다. 그러나 '나'의 마음이 어떻든, 살은 차오르고 피는 솟아날 것이다. 삶은 계속된다는 놀랍고도 진부한 진실이 흉터로 남을 것이다. 크레용을 겹겹이 문댄 두터운 마티에르처럼, 섬세한 살결이 무너지고 회백색으로 덕지덕지 뭉개진 화농된 피부조직 아래로 느리게, 그러나 기어이 샤프펜슬로 찍은 듯한 작고 빨간 점이 나타날 것이다.

> 당신의 왼쪽 발목의 구멍 속에서, 회백색 조직 가운데 샤프심으로 찍은 것 같은 불그스름한 점 하나가 생긴 것을 보고 의사가 말하리라는 것을 당신은 모른다. 〔……〕
> 일주일에 두 번 레이저 치료를 위해 열어 보는 상처는 변함없이 샤프심으로 찍은 붉은 점 하나이리라는 것을 당신은 모른다. 한 달도 더 지나서야 그 붉은 점이 두 개가 되고, 두 달이 가까워졌을 때에야 굵은 연필로 찍은 점 정도로 커지리라는 것을 모른다. (「회복하는 인간」, p. 60)

"스크래치와 거친 효과음들" 사이를 헤매는 "무엇인가와 지독하게 싸우는 사람처럼 가냘프고 절실"(「에우로파」, pp. 89~90)한 노랫소리가 그렇듯, 무자비하게 세부를 지워버리는 두툼한 마티에르와 그 위에 찍힌 작고 붉은 점이라는 이 모순적인 이미지가 우리의 삶에 깊이를 부여할 것이다. 고통은 두께를 만들고, 동시에 평평하게 밀어버린다. 삶이 켜켜이 쌓인 얇은 막으로 이루어졌음을 알려주는 동시에 그 두께를 단숨에 관통해버린다. K가 짓이기듯 그려낸 심장 덩어리처럼, 속절없이 으깨져버린 회백색의 피부조직처럼, 누구의 삶에도 예외 없이 무자비한 마모와 침식의 과정이 존재한다. 그럼에도 무채색 덩어리의 틈바구니에 연약한 얼룩 같은 점이 잉태된다. 어쩔 수 없이 소설은 남겨진 사람들의 것이고, 소설이 선사하는 진실은 그들 몫의 구멍에 담긴다. 사랑하는 사람의 죽음이라는 가장 고통스러운 소식이 "내 의식을 꿰뚫으며 구멍을 만들었고, 그래서 별안간 눈이 밝아진"다. 물론 "지금 그런 것은 중요하지 않다"(「밝아지기 전에」, p. 13). 그러나 언제까지나 중요하지 않은 것은 아니다. 깊이의 이미지는 그 시차에 머무른다.

3

나는 성운의 불길처럼 하얗게 타오르는 당신의 그림 가까이로 가 섰습니다. 당신은 삼투압과 모세관 현상의 원리를 간단히 설명해주고는, 콩알만 한 종이 죽 뭉치에 물을 흠뻑 적셔 그림에 붙이면 그 부분의 물의 밀도가 높아져 그쪽으로는 더 이상 물이 흐르지 않는다고 했습니다. 닥나무 껍질로 만든 한지에는 모세혈관들 같은 무수한 섬유질의 길들이 있는데, 그 길들을 따라 퍼져가는 먹의 모양을 그렇게 해서 잡아준다는 것이었습니다. 가끔은 당신의 몸에서 피가 흘러나와 종이의 핏줄들을 타고 흐르는 것같이

느껴진다고도 했지요. (「파란 돌」, p. 138)

　「파란 돌」에서, 더 이상 나무를 그릴 수 없게 된 '나'는 처음으로 그림을 그릴 수 있도록 도와준 '당신'을 떠올린다. 이미지는 수렴하는 동시에 확산한다. 이미지는 서사의 인과성과는 다른 유사성의 연쇄를 따라 이어지고, 강한 인력이 작용하는 이미지들 사이에는 튼튼한 통로가 만들어진다. 이 이미지의 그물망을 따라 소설에 등장하는 모든 이미지가 한곳으로 흘러 들어오고 또 빠져나간다. 안으로 물관을 품고 위로 가지를 뻗어가는 나무의 이미지는 물을 빨아들이는 한지의 섬유질로 이어진다. 모세관현상을 따라 한지 위에 번지는 먹의 흐름은 혈관을 따라 운행하는 피의 흐름에, 먹의 흔적이 그려낸 물길의 모양은 하얗게 발광하는 성운의 모양에 겹쳐진다. 흔히 생각하는 것과 달리, 유사성은 인과성보다 단순하지도 헐겁지도 않다. 물길이 번져가는 모습을 세심하게 바라보는 '당신'의 작업과 피가 멈추지 않는 병 때문에 언제나 부드럽고 조심스럽게 살아온 '당신'의 생애는, 인과의 선으로 해명할 수 없을 만큼 "지층처럼 겹겹이 쌓"(「파란 돌」, p. 142)인 유사성의 망으로 연결되어 있다. 이미지는 이 복잡한 지층을 단숨에 관통하는 섬광을 방출한다. 잊을 수 없는 이미지 앞에 서면 누구라도 예외 없이 기억의 지층을 헤집고, 그 회상을 통해 '그때의 그곳'과 '지금의 이곳'이 모두 조금씩 변형된 모습으로 돌아온다. 하나의 이미지로 겹치고 흩어지는 경로 위에서, 과거는 언제나 다른 얼굴로 도착한다. 순차적이고 고정된 시간이 아닌 가변하는 동시적 시간. "어쩌면 시간이란 흐르는 게 아닌지도 모른다는 생각"(「파란 돌」, p. 154), 어쩌면 영원이란 이런 순간에 의한 것인지도 모른다는 생각이 든다.

　「노랑무늬영원」은 이 같은 기억의 동학에 가장 충실하다. 빛 속에서 "접혀 있었던 기억의 귀퉁이가 활짝 펼쳐"(「파란 돌」, p. 250)지고,

이미지 앞에서 "잠자고 있던 기억을 불러내"는 이야기. 검푸른 수면의 빛이 우거진 나무의 빛으로, 물살 속 헤엄치는 눈부신 잔멸치 떼가 햇볕 속 반짝이는 잎사귀의 동그라미들로, 다시 그 빛방울들이 Q가 한지에 수백 개의 점을 찍어 완성한 작품으로 순환한다. 빛에서 빛으로 돋아나고 되살아나는 이야기, "빛이 물처럼"(「노랑무늬영원」, p. 251) 흐르는 이야기다.

> 눈부신 잔멸치 떼가 일제히 배 밑을 헤엄쳐 간다. 빠른 빛이다. 셀 수 없는 빠른 빛이다. 〔……〕 영원히, 시간이 정지한다. 나는 떤다. 두렵기 때문이다. 너무 아름다운 것도 고통이 된다는 것을 처음 알았기 때문이다. 그것이 못이나 씨앗처럼 몸 안에 박히기도 한다는 것을 알았기 때문이다. 그러나 그것이 평생토록, 끈덕지게 죽지 않고 살아 꿈틀거리리라는 것까지 열세 살의 나는 아직 모른다. (「노랑무늬영원」, p. 282)

> 우거진 나무를 올려다보다가 나는 문득 놀란다. 역광을 받은 나뭇잎들의 형상이 낯익게 느껴졌기 때문이다. 무수한, 어두운 초록빛 동그라미들 틈으로 비쳐 나오는 햇빛.
> 좀더 걸어가다가 나는 흠칫 깨닫는다.
> Q가 그린 것, 저것이었나. 저 노랑이었나. (「노랑무늬영원」, p. 283)

주체가 기억하는 것이 아니라 기억이 주체를 만드는 것이라면, 벤야민이 말했듯 섬광처럼 등장한 기억의 이미지는 와해되었던 시간을 다시 열어젖히는 기이한 순간을 만들어낼 것이다. 그 회상의 날이 "완성하는 시간의 날"이라고, 돌연 "시간에서 튕겨 나와 자신을 드러"[2]내는, 크로노스의 시간이 아닌 카이로스의 시간이라고 말할 수 있을 것이다. 붕괴된 것들이 다시 경험으로 정착하는 순간, 세계는 비로소 완성된다. 마치 제자리를 찾아가듯이. 그러나 원래는 존재하지 않았던 제자리, 이제 막 탄생한 제자리를 찾아가듯이. 그러니 실은, "일 밀리미터 두께도 안 되는 한지가 마치 끝없는 깊이를 가진 듯 물과 먹이 흐르는 공간이"(「파란 돌」, p. 138) 되는 것처럼, 이미지가 팽창시킨 폭과 파고든 축은 구별되거나 구획될 수 있는 종류의 것이 아니다. 완성은 넓이와 깊이를 모두 갖는다. "저것은 빛인가. 저것은 아름다움인가, 생명인가."(「노랑무늬영원」, p. 295) 만약 아름다움이 우리를 구원한다는 말이 사실이라면, 그것은 아마도 되찾은 기억이 어떤 기억을 완성하는 순간, 세계의 비밀이 전과 다르게 해독되는 순간, 우리가 그 순간의 느낌을 아름다움이라고 믿기 때문일 것이다. 결국, 기억이 나를 구원할 것이다. 내가 지닌 것으로 나를 구원할 것이다. 이 구원이 역사를 향하면, 이 글의 범위를 초과하는 이야기지만, 한강의 최근작들에 관한 이야기가 될 수 있을 것이다.

*

소설을 읽으며 최병소의 작품을 떠올릴 때가 닿았다. 얇은 신문지 위에 모나미 볼펜으로 무수한 선을 그어, 군데군데 비늘처럼 찢긴 까만 종이 위로 마침내 얼룩진 빛을 띄우고야 마는 작업. 볼펜이 지나간 자리를 따라 평행의 결이 층층이 쌓여 마치 밤바다의 파도처럼 종이가 출렁거리고, 그 파도를 따라 조금씩 다른 각도로 잔멸치 떼처럼 잉크의 얼룩이 반짝인다. 고작 볼펜을 그어 만들어냈다고는 도무지 믿

---

2 발터 벤야민, 「보들레르의 몇 가지 모티프에 관하여」, 『보들레르의 작품에 나타난 제2제정기의 파리/보들레르의 몇 가지 모티프에 관하여 외』, 김영옥·황현산 옮김, 도서출판 길, 2010, p. 226.

기지 않던, 숯이나 편마암 같은 광물을 절편처럼 썰어 붙여둔 것처럼 보이던, 얇은 신문지가 지닌 놀랍도록 압도적인 깊이와 빛. 이미지를 차곡차곡 쌓아가는, 한강 특유의 감각적인 문장이 이와 닮아 보였다. 크레용을 으깨어 존재의 면을 만들고 그 위에 샤프펜슬로 빛의 사선을 새긴다. 무수한 선을 그어 기어이 새로운 시간의 물성을 만들어낸다. 소설가는 그 일을 오직 문장으로 해낸다. 모나미 볼펜과 신문지만으로 전혀 다른 광물을 빚어내는 것처럼.

중력과 미래
— 인아영의 『진창과 별』[1]

1

　웃지 않기로 한 사람들이 있다. 임솔아의 소설 「내가 아는 가장 밝은 세계」[2](이하 「밝은 세계」)에서 '나'가 그러하다. "어떤 웃음은 타인을 향해 수천 개의 화살처럼 발사되"고 "어떤 웃음은 핏방울처럼 바닥으로 똑똑 떨어"(「밝은 세계」, p. 129)지기에, 둔하지 않은 사람이 환한 웃음을 잃지 않기 위해서는 눈감거나 지워야 할 것들이 적지 않다. '나'는 "그것들을 버텨내지 않기로 선택"(「밝은 세계」, p. 132)하고 웃음의 혜택을 포기한 사람이었다. '나'의 눈에 오직 문학만이 표정 따위 관리할 필요 없는 원칙과 자부의 세계로 보였기에 '나'는 작가가 되어 무표정의 자유를 얻었다. 그러나 그러던 '나'가 사기에 가까운 빌라 매매에 연루되는 것을 시작으로 웃음의 세계와 공모하는 과정은 서늘하고도 참담하다. 더 이상 무표정할 수 없는 '나'의 얼굴에는 자꾸 의도와 무관한 웃음이 새어 나오고, 그 웃음을 지붙이며 높고 넓은 아파트에 도달한 '나'는 "내가 원하는 풍경이었다"(「밝은 세계」, p. 152)

---

[1] 인아영, 『진창과 별』, 문학동네, 2023. 이 책에 실린 작품을 인용할 때는 제목과 쪽수만 표기한다.
[2] 임솔아, 「내가 아는 가장 밝은 세계」, 『아무것도 아니라고 잘라 말하기』, 문학과지성사, 2021.

라고 읊조린다. 기괴할 만큼 반어적인 순간이다.

비평가 인아영 역시 고백한다. "나는 웃을 수가 없었다. 조금도 재미있지 않았다. 웃음은 특정한 가치관과 감수성을 공유하는 사람들 사이에서 유통되는 문화적 코드로, 그 분위기에 동참한 사람들을 즉각적으로 뭉치게 하는 반면 그러지 못한 사람들을 곧장 소외시킨다."(「반지성주의 시대의 문학」, p. 224) 소설가가 작중 인물의 웃음을 통해 자신의 무표정을 지키는 반어를 구사한다면, 비평가는 명시적으로 세계의 웃음을 거부하고 비판하길 결심한다. 그러나 비평가의 거부와 비판 역시 텍스트를 경유한다. 그는 내심 텍스트의 뒷면에서 자신이 미처 예상치 못한 희망과 미래의 형상 또한 포착할 수 있길 기대하기 때문이다. 바로 비평가 인아영에게 소설이란 그저 유토피아도 디스토피아도 아닌 "유토피아가 거울의 기능을 할 수 있도록 가상의 유토피아를 전유하여 나름의 방식으로 뒤집고 비트는 일", "그래서 디스토피아에 가까운 현실의 민낯을 다각도로 비추는 일", 그러므로 "우리가 없는 곳에 있는 우리를, 그리고 우리가 있는 곳에 있는 우리를 보여주는"(「유토피아에서 있었던 일에 대해 알아보려고 합니다」(이하 「유토피아」), p. 247) 일에 다름 아니다.

그러니 인아영을 비평가로 등장시킨 데뷔작이 박민정의 소설에 대한 비평이었던 것도 우연일 리는 없다. 박민정의 소설 세계를 한마디로 압축하면 "기어이 알고자 하는 태도"라고 할 수 있을 테니. 퀴어 가족을 소비하는 텔레비전 프로그램의 출연을 거부하던 '설혜'가 결국 카메라 앞에 서기를 결심하고 "이것이 내가 원한 유토피아"라고 다짐하는 소설에서, 인아영이 읽어낸 것은 냉소와 비판 같은 따위가 아니다. "카메라 앞에서 아들과 서서 웃는 설혜의 몸은 반어적인 유토피아와 기어코 한몸이 된다. 이 반어적 형상화는 개인을 무력하게 만드는 폭력적인 세계의 민낯을 효과적으로 폭로한다."(「유토피아」, pp.

264~66) 오히려 그가 발견한 건 문학이 고발하면서 고백하는 것들, 폭로하면서 다짐하는 것들이다. 이론과 담론의 촘촘한 그물에도 쉽사리 걸려들지 않는, 소설 속 '알고자 하는 이'와 '알아가는 과정'과 '알도록 요구하는 압력'에 의해서만 가까스로 형상화되는 복잡한 실존적 조건과 그 조건을 탐구하고 해독하는 작가와 독자에 의해 작품 내외부를 오가며 빚어지는 문학적이고도 실천적인 '앎의 공간'. 그러니까 비평가 인아영은 성실하고 단호하게 기록하고 있다. 정교한 문학은 스스로 알고자 하는 자를 돕는다는 것을.

2

그런 이유로 인아영의 비평은 앎의 문제와 강력하게 결합한다. 앎의 입장에서 문학은 감수성을 키우는 것이기에 앞서 지성을 키우는 것이다. 웃음의 세계에서 불편함을 느끼지 않는 자, 종종 타인을 모욕하며 웃기도 하는 자, "그는 젠더 감수성, 인권 감수성, 장애 감수성을 비롯한 감수성을 결여한 것이 아니라 우리가 모두 저마다 다른 욕망과 고통으로 살아간다는 것을 이해하는 지성이 모자란 것이다"(「반지성주의 시대의 문학」, p. 227). 그러니 이 웃음의 세계에 흐르는 폭력을 상대하는 일은 탁월한 윤리적 감수성이나 타인의 고통에 공감하는 섬세한 감성을 요청할 문제가 아니라, "머리로 익히고 공부해야 하는 일이다". 문학을 둘러싼 흔하고 아름다운 통념 중 하나는, 웃음에 반대하기 위해서는 눈물이라도 흘려야 한다는 것이지만, 실은 "타인의 고통을 헤아리는 일은 번번이 마음 찢어지도록 아파서 도달하는 경지일 수 없"고 "매번 눈물을 흘리며 공감해야 하는 일"도 아니다. 그것은 무엇보다 "비판적인 지성의 힘으로 가능"(「반지성주의 시대의 문학」, p. 227)한 일이고, 그럴 때 문학은 울퉁불퉁 조각난 세계를 탐구하고 이름 붙여 어떻게든 배우게 만드는 것, 다시 말해 '비판적 지성의 힘'을 확보하도록 돕는 것이어야 한다.

그러나 인아영이 추구하는 앎과 문학의 연결을 흡사 문학의 숲에서 이루어지는 보물찾기처럼 문학작품에 숨겨진 '교훈 찾기' 따위로 독해해서는 곤란하다. 앎과 문학을 매개할 수밖에 없는 비평의 특성상 그 매개 방식은 다양하다. 한편에는 "작가의 주인"처럼 작품을 심판하며 "더 잘할 수 있었다"고 판단하거나 외부적 규준을 마련한 뒤 작품을 선도하는 "규범적 비평" 혹은 "초월적 비평"이 있다. 다른 한편에는 기꺼이 "작가의 공모자"가 되길 소망하며 작품의 세부를 편집증적으로 음미하는 "경험주의적 비평" 혹은 "내재적 비평"[3]이 있다. 아마도 1970~1980년대에 활발했던 비평, 지사나 지식인의 역할을 맡은 비평가가 수행했던 '지도적 비평'이 전자에 해당할 것이고, 2000년대 이후 주류가 된 비평, 작품 내부를 섬세하고 유려하게 해설하여 작가와 독자 사이에 존재하는 번역가가 되길 자처하는 '리뷰형 비평'이 후자에 해당할 것이다. 두 유형의 비평은 언뜻 정반대의 형식으로 보이지만 둘 다 닫힌 회로 안에서 자족하는 공통점을 갖는다.

인아영의 비평은 두 유형의 폐쇄 회로에 빠지지 않고자 소설이 독자에게 '주는 좋은 답'을 찾는 대신 소설이 '줄 수 있는 좋은 질문'을 모색하는 편을 택한다. 예컨대, 제자와 성관계를 맺은 윤리교사를 화자로 삼아 화제가 되었던 소설 「고두」[4]에 대해, 인아영은 이 소설이 "사회 내에서 작동하는 가치 규범들이 얼마나 위선적이고 기만적인지를 폭로"(p. 185)하고 있음을 부정하지 않는다. 다만, 자신의 비평이

---

[3] 피에르 마슈레, 『문학생산의 이론을 위하여』, 윤진 옮김, 그린비, 2014, pp. 34, 64.
[4] 임현, 『그 개와 같은 말』, 현대문학, 2017.

목표하는 바가 소설을 평가하는 데 있지 않음을. "작품 자체가 아니라 그것을 둘러싼 현상과 독법에 대해서 다루"고자 함을 명시한다. "초점은 '이 소설이 무엇을 말하고 있는가'라기보다는 '(독자들이 처한 다양한 맥락 속에서) 이 소설이 어떻게 읽힐 수 있는가'에 맞"(「답을 주는 소설과 질문하는 소설」, pp. 183, 185)춰진다. 그러니 비평가 인아영이 공들여 길어 올리는 앎은 텍스트에 꽁꽁 숨겨져 비평가에 의해 발견되거나 드러나야 하는 종류의 것이 아니다. 앎은 "현실에서 출발해서 그 현실에 대해 무언가 다른 얘기를 함으로써 현실을 증대시키는" 힘이고, 이 힘은 작품의 내외부를 오가는 과정에서 비평의 결과물로 형성된다. 다시 말해, 작품 외부의 것이든 내부의 것이든 문학비평이 탐구할 대상은 미리 존재하지 않는다. 그것은 오직 비평에 의해 만들어지고, 그렇기에 "진정한 지식은 담론으로 존재한다".[5] 알다시피 비평가 인아영의 앎이자 담론은 페미니즘과 무관하지 않고, 이때의 페미니즘은 여성을 대상으로 삼은 기술적 학문도, 하나의 가치나 실체를 전제하는 한정된 주장도 아닌, 새로운 현실을 양각하는 비평 행위이자 그에 기댄 실천의 총체, 다시 말해 하나의 인식론이라 할 수 있다.

3

비평은 시공과 무관할 수 없고, 어쩔 수 없이 시대에 부착된 비평가는 언제나 불안에 시달린다. 상황이 종료된 후 복기를 거듭하며 심층적인 이론에 도달하기까지 시간의 도움을 받을 수 있는 학자와 달리, 비평가는 자신이 지닌 부족하고 성긴 이론과 경험의 보따리를 들

---

5 피에르 마슈레, 같은 책, pp. 21~22.

고 사건 속으로 뛰어들어야 한다. 그러나 크게 두려워할 필요는 없다. 애당초 "비평가는 지난 예술시대를 해석하는 자와 아무 상관도 없"을 뿐만 아니라 비평가의 "상위의 심급"은 동료 비평가지 독자나 후세가 아니기 때문이다. 비평가는 감격하는 자가 아니다. 벤야민에 따르면 "예술에 대한 감격은 비평가에게는 낯선 개념이다. 비평가의 수중에 든 예술작품은 정신적 가치를 두고 벌이는 싸움에서 그가 투입할 수 있는 백병(白兵)이다".[6]

물론, 비평이 무엇이고 또 무엇이어야 하는가를 설명하는 것부터 '비평에 대한 비평'에 해당하기에 마슈레의 분류나 벤야민의 지침 역시 하나의 비평적 관점에 불과하다. 그러나 적어도 나에게 비평이란 그런 것이다. 자신이 위치하고 차지한 좌표에 대해 갖는 분명하고도 정교한 자의식. 그러니 '누가' '언제' 썼는지 선명하지 않은 글은 내 관심의 범위도 아닐뿐더러 아무리 유려하고 재치 있게 씌어졌다 한들 내게는 지루하기 짝이 없다. 비평가를 판단하고 평가하는 나의 기준은, 비평가가 스스로 부여한 좌표가 선명하게 가시화되어 있는지, 있다면 어디에 어떤 모습으로 존재하는지, 그 좌표의 세공을 위해 비평가가 기울이는 노력은 무엇에 근거하는지와 같은 것들이다. 그런 의미에서 인아영이 비평가로서 보여주는 확고한 좌표와 성실한 수고에는 감탄할 만한 데가 있다.

"문학이 언제나 억압하는 것은 아니지만, 애써 긴장하여 성찰하지 않으면, 계속 비판하며 살펴보지 않으면, 문학은 언제라도 인간을 억압할 수 있다." 실은 인간의 손에 쥐어진 모든 것이 이와 같아서 "문학은 유난하게 무용하지도 특별하게 무력하지도 않으며, 맥락에 따라"(「문학은 억압한다」, pp. 129~30) 얼마든지 다르게 기능하고, 그렇기에 문

---

6 발터 벤야민, 『일방통행로/사유이미지』, 최성만·김영옥·윤미애 옮김, 도서출판 길, 2007, pp. 102~103.

학의 실체를 규명하거나 정의하는 일보다 중요한 것은 "지금 여기 문학의 다양한 쓸모들을 직시하고 고민하는"(p. 134) 일이다. 인간적인, 너무나 인간적인 결과물을 들고 상찬하는 일도 냉소하는 일도 문학을 신비화하는 하나의 방식이다. 비평가는 자신의 손에 쥐어진 것을 향해 신비한 아우라를 부여하는 대신 그 끈적이고 질척거리는 '진창'의 중력을 감지하고 그럼에도 포기할 수 없는 '별'의 미래를 희망할 임무를 지닌다. 그 임무에 충실한 비평가의 좌표가 나의 '심급'으로 반짝이고 있음을 반갑게 바라본다. 그저 나의 바람이지만, 어쩌면 동료 비평가인 나의 좌표 역시 그의 심급일지도 모른다는 상상을 해본다. 그런 생각을 할 땐, 시대에 밀착된 채 불안하게 나부끼는 비평가들의 좌표계조차 조금은 "혼란스럽고도 매력적인"(「진창과 별」, p. 218) 풍경으로 보인다. 그러니 이대로, 계속, 함께, 버텨볼 만하다.

*

  이 책에 실린 평론의 전편을 아우르지도, 그렇다고 한 편을 상세히 분석하지도 못했다. 비평가가 다른 비평가의 저서를 향해 말을 건네는 지면이기에, 비평의 역사를 다룬 2부를 중심으로 이야기할 수밖에 없었고 그마저도 앙상한 인상비평에 머물렀다. 인아영의 과감하고 날렵한 비평에 감탄해본 독자라면 그를 명석한 페미니스트 비평가로 기억할 테고, 그것은 정동보다 비판, 사건보다 맥락을 선택한 비평가에게 타당한 평가일 것이다. 그러나 여전히 아쉬움이 남는다. 그가 개별 작품을 분석하며 들이는 노력과 정성은, 사랑의 형식을 섬세하게 식별하는 것이기도 하고 그 사랑의 범위가 어디까지 얼마만큼 확장되고 발명될 수 있는지 모색하는 것이기도 한, 아름답고 따뜻한 것이다. 역시나 진창에서 별을 보는 일과 다르지 않다. 그러니 "진창이자 별이고 별이자 진창인"(「진창과 별」, p. 218) 사랑의 세계를 보고 싶은 독자들에게도 망설임 없이 이 책의 일독을 권하고 싶다.

그렇게 열린 틈으로 무엇이
— 이광호의 『작별의 리듬』[1]

1

> 학자들이 진화과정에서 겪게 되는 공통의 법칙이 있습니다. 〔……〕 공인은 대체로 연구대상의 변화를 초래합니다. 즉, 사람들은 어떤 장에서 더 큰 공인을 받을수록, 더 많은 야심을 갖기 마련입니다. 예를 들어 학자들은 〔명성을 얻게 되면〕 두 번째 경력을 시작하는데, 대개는 철학자가 됩니다.[2]

피에르 부르디외의 말을 조금 변형하면, 대체로 문학장에서 크게 인정받은 바 있는 중견 비평가들은 "더 많은 야심"을 갖고 "두 번째 경력"을 시작한다. 암묵적으로 높은 사회적 위계를 차지하는, '역사'와 '명작'처럼 사회적 공인에 어울리는 연구 대상을 택하는 방식으로. '고전'으로 구획된 문학사의 유클리드공간으로 복귀하여 보편적인 인생의 교훈에 복무하는 방향으로. 그러나 소수의 비평가는 부르디외의 법칙을 위반하기로 한다. 정반대의 방향으로, 바닥 혹은 변방으로. 문

---

1 이광호, 『작별의 리듬』, 문학과지성사, 2024. 이하 본문에서 인용할 때에는 쪽수만 기입한다.
2 피에르 부르디외·로제 샤르티에, 『사회학자와 역사학자』, 이상길·배세진 옮김, 킹콩북, 2019, p. 113.

학이 아닌 것을 통해 문학을 삐딱하게 뒤집어보고, 문학 장치를 교란하는 불손한 것들을 환영하고, 예술과 비예술의 경계를 번지고 흐리게 뒤섞어보기로 한다.

 그러나 어쩌면 이와 같은 행로야말로 더 큰 야심에서 기인하는 걸지도 모른다. 예술 전체를, 감성의 체계 전부를, 문화와 사회를, 나를 둘러싼 세계 전체를 비평의 대상으로 삼겠다는 야심. 야심이 사라지면 비평을 할 수도 없거니와 할 필요도 없을 테니, 부르디외가 말한 야심은 양적인 기준이 아니라 질적인 기준으로 다시 구별될 필요가 있다. 부르디외 자신도 품지 않았던 "더 많은 야심"이란 실은 더 큰 야심이 아니라 오히려 위축된 야심, 균질화된 야심, 안전한 야심으로 보인다. 어떤 종류의 야심은 보편을 향한 길을 닦는다. 그러나 다른 어떤 종류의 야심은 더 많은 것을 의심하기로 한다. 주어진 가능성을 모두 소진하고, 더는 가능성의 목록이 존재하지 않는 곳에 도착하여 가까스로 빛을 발하는 희미한 틈새를 찾아보기로 한다. 그렇게 어떤 종류의 야심가는 모호한 지대에 멈춰 선다. 그리고 비평가 이광호가 선택한 방향은 이쪽으로 보인다.

2

> 비평가는 지난 예술시대를 해석하는 자와 아무 상관도 없다.
> 〔……〕
> 비평가들에게 그의 직업동료는 상위의 심급(審級)이다. 독자가 그러한 심급이 될 수 없다. 후세는 더더욱 아니다.[3]

---

3 발터 벤야민, 『일방통행로/사유이미지』, 최성만·김영옥·윤미애 옮김, 도서출판 길, 2007, p. 102.

그러니 당연하게도 이광호의 비평적 관심은 현재를 사유하는 방법론을 마련하는 것이다. 시대를 결산하는 잘 짜인 해설을 제공하는 대신 지금 이곳을 사유하는 방법을 세공하는 일. 그가 보여주고자 하는 것은 교훈적인 결론이 아니라 정교하게 구성된 그러나 아직은 미완으로 남은 부단한 과정이다. 이 과정을 완성할 수 있을까. 그럴 수는 없을 것이다. 현재를 특별한 시대나 진보한 시대로 만들고 싶은 비평가라면 과거에는 없었으나 지금은 있는 것을 포착하여 그것을 시대의 정수로 삼으면 된다. 반대로 현재를 영원과 보편의 일부로 삼고 싶은 비평가는 과거에도 있었고 지금도 있는 것을 의미화하여 인간사와 세계의 본질로 삼으면 된다. 그러나 현재를 특권적인 것으로도 보편적인 것으로도 여기지 않는 비평가는 이 같은 '발견과 확정의 회로'에서 이탈한다. 그는 색다른 빛을 뿜어내는 것들 앞에서도 태양 아래 새로운 건 없다고 의심하고, 오래된 유물처럼 더는 빛나지 않는 것들 앞에서도 한번 탄생한 것은 쉽게 소멸하지 않는다고 중얼댄다. 과거에도 있었고 지금도 있는 것들, 그러나 그때와 다른 모습으로 뒤틀려 작동하는 것들의 복잡한 역장을 파악하는 일. 일직선으로 이어지는 진보의 시간과 무한히 회귀하는 보편의 시간을 포기한 자는 모든 편의적인 소묘를 포기한 채 시대를 몽타주하기로 한다. 그는 스스로 곤경에 처하기로 한다.

바로 이 곤혹스러운 사태에서 "비평의 다른 리듬"(p. 19)이 시작된다. 시대의 불가능성을 사유하는 일이야말로 시대를 사유하는 가장 첨예한 방법이라는 역설을 충분히 이해해야만, "횡단의 과정 속에서 간신히 대면할 수 있는 얇고 잠재적인"(p. 8) 진실을 만날 수 있다. 역사 옆에서 사건을 발견하고 사건 뒤에서 역사를 검토하면서, 서로 반박하지만 서로에 의해서만 설명될 수 있는 것들을 이리저리 겹쳐보면서, 그는 시대가 환영하는 방식과는 어긋난 방식으로 그러나 가장 정치적인 방식으로 시대에 개입하길 원한다. 모순의 해소 대신 모순의 지속을 선택하고 그 불투명한 과정을 감당하기로 한다.

그런 이유로 비평가 이광호는 모든 '이후의 시간'을 단절의 시작으로 선언하길 거부한다. 문제는 벌어진 사태와 닥쳐온 상황을 사건화하고 정치화하는 것이지, 누군가를 빠르게 정죄하고 타자화하여 거대하고 숭고한 주체를 세우는 일이 아니다. 세월호 이후, 표절 사태 이후, 페미니즘 리부트 이후, 문단 미투 이후, 포스트휴먼 이후…… 그의 비평은 '이후의 시간'이 불러일으킨 폭풍의 존재와 힘을 부정하지 않는다. 그의 관심은 폭풍의 의미를 제대로 파악하지 못한 채 잔잔했던 이전의 세계를 그리워하는 복고적인 그리움과는 거리가 멀다. 그렇다고 폭풍이 더럽고 오래된 모든 것을 깨끗이 휩쓸고 내려가 세계를 정화해주리라는 기만적 희망 역시 품어본 적 없다. 폭풍이 불어닥친다고 해도 그 이전과 이후를 깔끔하게 절단할 수 없다는 사실을 누구보다 잘 알기 때문이다. 폭풍이 지나간 후에도 우리는 잔해를 주워 모아 보금자리를 마련해야 한다. 그러나 그 보금자리가 이전과 같은 모습일 수는 없을 것이다. 그러니 비평가는 언제나 사태를 재구성하고 재점화하기 위한 사유를 준비하고 버틸 수밖에 없다. 낭만적이지 않은, 그러나 냉소적이지도 않은 지점을 확보하는 것이 비평가의 목표가 된다.

3

'이전'과 '이후'의 이분법을 통해 '우리 시대'의 역사적 단절선을 만드는 이념 체계로부터 그 단절선에 포함되지 않는 시간

> 을 도입하고 재분할하는 것은, 역사를 둘러싼 일종의 몽타주 작업이다. 동시대에 대한 비판적 성찰을 위해 시간과 역사를 둘러싼 '반-유기적' 실천으로의 '몽타주'를 사유할 수 있다. 몽타주는 현실을 재구성하기 위해 잠재된 미시적·미분적 힘들을 해방하고 새로운 시간성을 도입하는 작업이다. (pp. 43~44)

이제 이광호가 수집하고 보살피는 것은 잠재된 것들, 이미 있으나 여전히 없는 것들이다. 앞으로 나아가는 시간을 잡아끌어 동그랗게 휘어지다가 돌연 어딘가 뚫리고 어디론가 사라져버리는, 불길하고도 풍요롭고 희미하고도 끈질긴 것들. 이 같은 "잔존의 시간들을 증상화"(p. 42)하는 것은 그간 문학비평이 해왔던 징후적 읽기와 크게 다르지 않을 것이다. 그러나 좀더 빛에 감작된 상태, 어두운 곳에서도 능숙하게 움직이기 위해 빛에 민감해지는 암순응dark adaptation을 마친 상태에서 이루어져야 한다. 이제 그의 비평은 미약한 빛을 발견하고 그 빛에 비친 다른 시간성을 발명하는, 징후적 읽기보다 한결 긍정적인 작업으로 보인다. 물론 그 역시 관성화되고 동일화된 '시대'를 향한 비판의 작업이 아닐 수 없다. 그럼에도 정고한 분석과 비판적 독해보다 그가 더 염두에 두는 것은 "반시대적 이미지들의 출현 앞에"(p. 44) 멈춰 서는 일이다. 비판의 작업이 중단되지 않길, 그러나 그에 앞서 미약한 빛의 잔존을 놓치지 않길. 시대를 초과할 수 있다고 속지 않길, 그러나 언제나 시대와 기꺼이 작별할 수 있길. "작별은 끝이 아니라 다른 잠재성의 출현이라는 존재론적 사건이다"(p. 308).

그러니 "비평적 실천으로서의 시대착오는 의도적인 아나크로니즘 anachronism을 둘러싼 수행성의 문제이다"(pp. 41~42). 과거는 언제나 아직 실현되지 못한 것들을 품고 있고, 그의 말대로 "어떤 기억은 과거가 아니라 미래에 속한다"(p. 148). 예컨대, 시대착오를 감행하는 비평가가 1980년 5월의 광주를 기억하는 것은 단지 과거를 망각하지 않겠다는 의지의 표명만이 아닌, 희미해진 미광을 따라 "다른 '정치-시간'의 잠재성"을 되살리고 "지배가 아닌 정치의 영역 속에서 삶을 상상"하여 "아직 말하지 못한 미지의 '삶-언어'들"(p. 173)을 발명하는 미래의 실천인 것처럼. 결국, 바로 여기에서 문학과 정치의 관계, 문학과 역사의 관계가 이어질 것이다. 문학이 고작 부족한 것이나 유용한 것을 채우는 가능성의 영역에 머무르는 대신 아직은 무엇인지조차 알 수 없는 잠재성의 시간을 맞이할 수 있다면, 그렇게 가까스로 열린 틈으로 예상이나 예측 같은 말이 대신할 수 없는 진짜 미래가 들어올 수 있다면. 물론 이 모든 일은 오직 "'지금'에 대한 충실성"(p. 249)으로만 가능할 것이다.

4

스스로 시대착오를 각오한 비평가는 문학의 시공에만 거주할 수 없다. 잔존하는 빛의 궤적이 일정하지 않은 것처럼, 잠재된 힘의 방향이 한곳으로 수렴하지 않는 것처럼, 미래는 어디로든 어떻게든 들어온다. 그 장소의 이름이 문학이 아니라 해도.

> 모든 것을 다시 시작해야 하는가? 그렇다. 모든 것을. 그러나 이번에는 영화 없이 다시 시작해야 한다. 〔……〕 우리는 영화를 믿었고, 다시 말해 영화를 믿지 않으려고 모든 것을 다 했기 때문이다.[4]

---

4 세르주 다네, 「「카포」의 트래블링(1992)」, 『사유 속의 영화』, 이윤영 엮고 옮김, 문학과지성사, 2011, p. 352.

1992년, 비평가 세르주 다네는 '영화의 시대'라고 부를 수도 있었을, 영화가 세계를 설명하고 비판하고 한계 짓던 한 시절이 끝났음을 고백하는 글을 쓴 적이 있다. 내게는 언뜻 서글프게 그러나 꽤 낭만적으로 읽히는 이야기다. 저 문장을 문학으로 옮겨 와 이렇게 바꿔볼 수도 있다. '문학을 믿었고, 다시 말해 문학을 믿지 않으려고 모든 것을 다 했다.' 분명 이렇게 말할 수 있는 세대의 비평가들이 존재할 것이다. 그러나 나는 저 말의 순서를 정확히 반대로 바꾸어 말해야 한다. '문학을 믿지 못했고, 다시 말해 문학을 믿으려고 모든 것을 다했다.'

　이광호의 비평집에서 다루는 10여 년 사이의 분기점을 나는 모두 다른 장소에서 다른 방식으로 맞이했다. 세월호는 내가 문학을 공부하기도 전에 침몰했고, 표절 사태와 문단 미투는 대학원을 다니기 시작할 무렵 곁눈질로 보았다. 문학에 실망했냐고? 그렇지 않았다. 어차피 문학 말고도 믿을 건 없었기 때문이다. 더 믿을 것도, 덜 믿을 것도 없었다. 그러니 우스운 이야기지만, 어떤 세대는 한 번이라도 믿어본 경험이 있는 다른 세대의 사람들에게 이상한 향수를 느낀다. 그들이 불신에 관해 이야기하는 걸 목격할 때조차. 물론 어처구니없을 만큼 왜곡된 감정이다. 한 번도 가져본 적 없는 것을 그리워하는 건 기만적인 일이니까. 그러나 그 기이한 향수가 의도적인 시대착오로 전환될 수 있다면, 향수를 가진 쪽이 향수조차 없는 쪽보다, 향수를 불러일으키는 이들을 만나보지도 못한 쪽보다 그리 나쁘지 않다는 생각도 든다.

　문학을 믿어서 모든 걸 다 하든, 문학을 믿지 못해서 모든 걸 다 하든, 결국 모든 걸 다 해보는 수밖에 없을 것이다. 이광호가 시도하는 것처럼, 이미 문학이 제기한 물음을 문학보다 넓은 형식에 반복하여 던져보는 것은 어느 쪽으로 뒤집힌 문장을 쓰든 해볼 만한 일일 것이다. 우리에게 남은 건 그것뿐이다. 그가 들려주는 문학의 이야기가 문학이 아닌 것의 이야기로 들리고, 문학이 아닌 것의 이야기가 문학의 이야기로 들린다. 영화 「헤어질 결심」(2022)에서 "붕괴 이후의 사랑"을 발견하는 것, 그러니까 "사랑을 닫힐 수 없는 미결의 상태로 옮겨 놓는"(p. 181) 서래의 사랑과 바다를 이야기하는 것은 정확히 문학에 관한 이야기로 들린다. 사랑이 "이 무서운 붕괴의 연안으로 나아가는 일"(p. 182)이라면, 문학이야말로 그런 것이니까. 그가 서로 반박하고 충돌하는 경구들로 채워진 제니 홀저의 공간을 보며 하는 말도 문학의 장소에 관한 이야기로 들린다. 관객들이 작품을 통해 "어떤 만남과 상황" 속으로 들어가 "'지금—여기'의 미학적·정치적 감각을 다시 만들어"(p. 203)가는 과정은 문학적인 경험과 전혀 다르지 않으니까. 결국, 언제 어디서든 이광호가 건져 올리는 것은 "다른 '삶—언어'로의 이행과 잠재성의 문제"(p. 187)로 보인다. 문학에 던졌던 질문을 다시 다른 시간과 다른 장소에 던져보는 일. 그러니 부르디외의 말은 확실히 정정될 필요가 있다. 더 많은 야심이 비평가를 어둡고 낮고 넓은 곳으로 내려가게 이끈다. 더 큰 야심이 그를 충실한 비평가로 살게 만든다.

나가며

번역의 시간

어릴 적 나는 외할아버지를 무척 좋아하여, 할아버지의 행동을 유심히 관찰해서 흉내 내곤 했다. 할아버지는 신문 사이에 낀 광고지를 이면지로 사용할 수 있도록 곱게 철해두곤 하셨는데, 어찌나 반듯하고 맵시 있는 모양으로 묶여 있던지 그 솜씨에 감탄한 나는 집에 돌아온 후 굴러다니는 광고지들을 모아 할아버지처럼 송곳으로 구멍을 뚫고 노끈으로 묶느라 낑낑댔다. 당연하게도 완성품은 어설프기 그지없었고, 다음번 외가에 갈 때 선물로 가져가겠다는 나의 계획은 흐지부지 실패로 끝났다. 지금 생각하면 조금 웃음이 나온다. 그것은 애초부터 할아버지에게 필요한 물건이 아니었으니까. 종이만 보이면 어디든 그림을 그리던 손녀를 위한 낙서장이었으니까. 꼬맹이였던 나만 그걸 몰라서, 할아버지가 광고지를 좋아한다고 철석같이 믿고 폐지를 잔뜩 모아 가져가려 했으니까.

떠올리면 새삼스레 가슴 아픈 기억도 있다. 할아버지는 오랫동안 협심증을 앓으셨는데, 갑자기 가슴을 쥐어짜는 통증이 찾아오면 어떤 소리도 내지 않고 어떤 표정도 짓지 않은 채 그대로 가만히 멈춰 계셨다. 내가 그 모습을 보았던 때는 주로 식사 시간이었다. 반찬을 집다가도, 음식을 씹다가도, 다른 사람의 말에 귀를 기울이다가도 할아버지의 흉통은 불현듯 찾아왔다. 조용히 정지한 채로 고통이 지나가길 기다리는 시간. 그 몇 초간 일시 정지 버튼이 눌린 듯 가족들도 움직임을 멈추고 할아버지의 고통이 지나가길 함께 기다렸다. 나는 그 시간이 할아버지가 통증을 견디는 시간이라는 걸 알지 못했다. 할아버지가 그에 대해 어떤 부연도 하지 않은 채 다시 원래의 모습으로 돌아오셨기 때문이기도 하고, 어떤 고통은 죽음과 맞닿아 있다는 걸 전혀 짐작하지 못할 만큼 내가 어렸기 때문이기도 하다. 그저 가족들을 모두 얼음으로 만들어버리는 그 절대적인 무언가에 철없이 감탄했다. 그 후 나는 종종 밥을 먹다가 심각한 표정으로 몇 초간 가만히 멈춰보곤 했는데, 그때마다 엄마는 혀를 씹은 거냐고 다정하게 물을 뿐, 내가 할아버지를 보았던 것처럼 감탄하는 눈으로 나를 바라보지는 않으셨다.

학교에 입학한 후 방학은 주로 외가에서 보냈다. 나는 할아버지에게 일찍 일어나는 기특한 아이로 보이고 싶어 억지로 눈을 비비며 새벽에 일어났다. 내가 얼마나 할아버지를 닮아 일찍 일어나는 아이인지 보여주고 싶었고, 그래서 깨어나자마자 눈도장을 찍으러 할아버지 방에 찾아갔다. 그러다 더 욕심을 부려 할아버지보다 먼저 일어나 잠든 할아버지를 깨우겠노라는 결심을 한 적도 있지만, 성공한 적은 한 번도 없다. 내가 볼 수 있었던 건, 창문을 면한 책상 앞에 앉아 늘 무언가를 적고 있던 둥근 등, 그렇게 전날의 일을 정리하여 일기로 남긴 후 몇 종의 신문을 정독하던 골똘한 표정, 책상에서 물러나 화투장을 펼쳐두고 그날의 운을 점쳐보던 능숙한 손동작 같은 것이다. 그것이 하루도 빠짐없이 아침마다 반복되는 할아버지의 의식이었다.

당시 어렸던 나는 내 마음을 정확히 파악하지는 못했지만, 그래도 어렴풋하게나마 알아챘던 것 같다. 내가 어떤 사람에게 이유 없이 호감을 느끼는지. 물론 지금의 나는 완벽히 알고 있다. 매일 같은 시간 같은 장소에 같은 모습으로 존재하는 사람, 언제나 변함없이 자신만의 의식을 치르는 사람, 반복되는 일과를 늘 정성 들여 솜씨 있게 해내는 사람. 나는 그런 사람이 될 순 없지만 그런 사람들을 무척 좋아한다는 것을. 할아버지는 심근경색으로 돌아가시기 며칠 전까지 40년이 넘도록 매일 일기를 쓰셨다. 할아버지의 모습과 『안네의 일기』에 자극을 받았던 나는 해마다 자물쇠가 달린 일기장에 이름을 붙여 1월 1일의 일기를 시작했지만, 그 결심이 달이 바뀌고도 이어진 기억은 없다.

할아버지는 1924년 갑자년에 태어나셨다. '묻지 마라, 갑자생'이라는 말이 있을 만큼 기구한 세대였다는 건 할아버지가 돌아가시고도 한참이 지나서야 알게 되었다. 일본은 1944년 전쟁의 막바지에 이제 막 성년을 맞이한 갑자생들을 '물어볼 것도 없이' 대거 징집했고, 만 20세가 된 할아버지 역시 학업을 마치지 못한 채 학병으로 끌려가 일본 해군으로 태평양전쟁에 참전하셨다. 할아버지가 탄 배는 베트남 북부 해안에 주둔했는데, 폭격을 맞아 배가 폭발하고 탑승했던 군인들이 전멸하는 바람에 할아버지의 본가에는 전사 통지서가 날아들었다. 할아버지의 아버지는 반쯤 정신이 나간 상태로 아들의 소식을 찾아 여기저기 헤매셨다는데, 광복을 맞이한 후 꼭 1년 만에 할아버지는 무사히 집으로 돌아오셨다.

할아버지가 가까스로 살아남을 수 있었던 건 그 배에 드나들던 조선인 군납업자 덕분이었다고 한다. 그는 당시 벌써 태국과 필리핀 등지를 오가며 목재 사업을 하던 눈 밝은 사람이었는데, 같은 고향 출신인 할아버지에게 일본은 곧 망할 것이고 이대로 있다가는 꼼짝없이 죽게 될 테니 어서 도망치라고 일러주며 탈출을 도왔다고 한다. 그렇게 조선인 학병 여섯 명과 일본인 학병 한 명이 베트남 밀림 지대로 숨어들었다. 아이러니하게도 그들이 받은 훈련이 그들을 살렸다. 그들은 독사와 독충을 피해 나무 위에 집을 지을 줄 알았고, 번갈아 보초를 서는 일도 게을리하지 않았다. 가지고 나온 총으로 자신의 몸을 지키며 사냥을 할 수도 있었다. 그래도 부족한 생필품은 민가에서 얻었다고 한다. 숯을 구우러 밀림에 들어오던 베트남인 부부를 통해 근방 작은 마을의 촌장과 접촉했고, 글을 아는 촌장과 한문으로 필담을 주고받으며 많은 도움을 얻었다. 마을 사람들은 아무런 대가도 바라지 않고 일곱 명의 청년이 살아남을 수 있도록 도와주었고, 할아버지는 친해진 마을 사람에게 작별 인사로 받은 비단 복주머니를 평생 간직하셨다. 그렇게 종전 이듬해, 할아버지는 프랑스어로 씌어진 국적 증명서를 들고 일본을 통해 고향으로 돌아오셨다.

  그 후 할아버지는 평생 공무원으로 일하며 비교적 평탄한 삶을 사셨고, 유달리 엄마를 애지중지 키우셨으며, 그 딸의 딸인 나를 몹시도 사랑해주셨다. 할아버지의 배에는 넓고 울퉁불퉁한 흉터가 세계지도처럼 남아 있었지만, 전쟁에 관해 이야기하지는 않으셨다. 베트남에서의 기억 때문에 바나나와 자몽을 좋아하신다는 것쯤은 가족들도 알고 있었지만, 그 이상의 것은 말씀하지 않으셨다. 내가 이 정도라도 알게 된 것은 할아버지가 남긴 기록들과 호기심 많은 사위였던 나의 아빠 덕분이다. 아빠는 장인어른을 쫓아다니며 그 시절 이야기를 물었다. 할아버지를 모시고 조선인 군납업자의 손자가 운영하는 약국에 가본 적도 있다고 한다. 할아버지가 베트남을 떠나려 할 때, 그는 할아버지를 붙잡으며 조선에는 미래가 없으니 여기 남아 함께 목재 사업을 하자고 제안했다고 한다. 할아버지는 그 제안을 거절하고 돌아오셨지만, 적어도 그의 손자가 장성하여 약국을 운영할 때까지 연락이 끊기지는 않았던 모양이다. 그러나 가족들은 아빠를 통해 이 이야기를 전해 듣기 전까지 아무도 그 사실을 알지 못했다.

  놀랍게도 할아버지는 그 고단한 행로 속에서도 해군 수첩과 일기장을 잃어버리지 않으셨고, 그 수첩들은 지금 무사히 내 손에 있다. 할아버지는 배의 구조나 무기와 장비를 명암을 살려 세밀하게 그려두셨고, 각종 투시도와 삼각함수 수식을 자로 댄 듯 반듯하게 표기해두셨다. 기이할 정도로 단정한 필체 때문에 들여다볼수록 조금씩 더 서글퍼진다. 나는 아직도 잘 모르겠다. 바다로 뛰어내리고 밀림에 숨어 지내는 동안 무엇으로 감싸고 얼마나 품어야 이 수첩이 젖지 않을 수 있는지. 그 후 또 한 번의 전쟁을 겪고 몇 번의 이사를 하는 동안 어떻게 이 수첩은 한 번도 짐 꾸러미에서 빠지거나 훼손되지 않았는지. 자식 넷을 키우는 동안 섣불리 입을 열지 않으셨으니 할아버지가 그 시절에 관해 이야기하는 걸 원치 않았다고 보는 편이 맞을 것이다. 그러나 그 시절을 잊으려 한 것이냐고 묻는다면 그렇게 답할 수는 없을 것이다. 할아버지는 절박해 보일 정도로 그때의 기록을 간수하셨다. 자식들에게 물려주고 싶은 이야기가 아니었을 뿐, 결코 그 시간을 잊지 않았고 나아가 잊고 싶지도 않았다고 말하는 편이 맞을 것이다.

그리하여 패망 직전의 일본 해군 수첩과 프랑스어로 씌어졌고 베트남에서 작성된 국적증명서와 이십 대부터 육십 대까지의 기록이 담긴 사십여 권의 수첩이 남았다. 할아버지는 당신의 죽음을 짐작하고도 어느 것 하나 버리거나 태우지 않으셨고 오히려 10년 단위로 정갈하게 묶어 남겨두셨다. 할아버지의 유품을 정리할 때, 돌아가시기 며칠 전의 일기를 어른들이 읽어주었던 기억이 난다. 할아버지는 담담하게 당신의 삶을 정리하고 계셨고 거기엔 나에 관한 이야기도 있었다. 부끄럽지만 할아버지 눈에 비친 나는 영리하고 귀여운 손녀였고, 거의 한자로만 이루어진 일기에 '귀여운'이라는 글자만큼은 한글로 씌어져 나도 그걸 읽을 수 있었다. 엄마와 이모와 삼촌들은 그 며칠의 일기만을 돌려 읽은 후 다시 그것을 단단히 봉했다. 가족 중 누구도 더 이상 읽을 엄두를 내지 못했다. 할아버지가 조금 더 사셨으면 좋았을 거라고, 할아버지가 더 많은 이야기를 해주셨다면 좋았을 거라고 진심으로 바라는 가족 중 누구도 그 이야기가 담긴 수첩을 펼쳐 볼 용기를 내지 못했다. 다만 그 수첩들을 소중히 간직하고 있을 뿐.

나의 할아버지에 관한 이야기를 듣고 김미정 평론가는 그 기록을 연구하기 위해 내가 문학을 전공하게 된 것이라고, 내밀한 가족사가 담겨 있기에 다른 사람이 아닌 내가 그걸 연구해야 한다고 말해주었다. 솔직히 말해 다른 가족들처럼 나 역시 용기가 나지 않는다. 그 기록이 우연히 살아남은 것이 아니라 해독을 기다리고 있는 것이기에 더. 그런데도 그 말은 쉽게 잊히지 않는다. 실제로 문학을 공부한 후부터 그 수첩들은 점점 더 구체적인 형상으로 변해왔다. 나에게 할아버지의 수첩은 처음 겪은 사랑하는 이의 죽음과 맞물려 오랫동안 강렬한 상징으로 남아 있었다. 그러나 공부를 하고 나이를 먹어가면서 그 상징의 단단함은 서서히 흩어지고, 대신 그 자리에 조금 더 연약하고 복잡한 기억이 조형되어갔다.

할아버지는 결코 말이 많은 분이 아니셨지만, 남겨둔 기록들을 보면 반드시 그런 것만도 아니라는 생각이 든다. 할아버지는 전쟁과 밀림에 관해 말하지 않는 방식으로 단절을 선택하셨지만, 다른 한편 필사적으로 기록을 보존하며 연결을 원하셨다. 아마도 할아버지는 '말할 수 있는 것'과 '말할 수 없는 것' 사이의 깊은 낙차를 알았기에 쉽게 입을 열지 못했을 것이다. 그러나 그보다 얕을 리 없는 '쓸 수 있는 것'과 '쓸 수 없는 것' 사이의 낙차는 알면서도 계속 글을 쓰셨다. 왜 어떤 낙차는 포기하게 만들고 어떤 낙차는 무릅쓰게 만드는 걸까. 그 마음을 정확히 알 수는 없지만 어쩌면 내게도 비슷한 구석이 있는 건 아닌지 생각해본다. 수첩을 펼쳐 기록을 확인할 용기를 내진 못하지만, 그 기록을 남긴 할아버지에 관해 기억하고 상상하고 글을 쓴다.

그렇게 이야기의 기다림은 영원히 끝나지 않고, 완결되지도 해독되지도 못한 이야기가 조금은 이상한 방식으로 가까스로 이어진다. 물론 언젠가는 읽고 싶다. 운이 좋다면 뭔가 쓸 수 있을지도 모른다. 그러나 아직은. 어쩔 수 없이 역부족.

다만 지금은 기다릴 수밖에 없다. 더 이상 좋아 보이는 것을 멋모르고 따라 하는 철없는 꼬맹이가 아니길 바라며. 지금 읽고 쓰는 모든 것이 나로 하여금 조금은 괜찮은 사람이 될 수 있게 도와주길 바라며. 이토록 난망한 일을 기어이 해내고야 마는 사람들에게 사심 없는 축하와 존중을 보낼 수 있길 바라며. 그리고 언젠가 내게도 번역의 시간이 찾아오길 바라며. 그렇게.